Uni-Taschenbücher 1849

W0179831

UTB
FÜR WISSEN
SCHAFT

Eine Arbeitsgemeinschaft der Verlage

Wilhelm Fink Verlag München
Gustav Fischer Verlag Jena und Stuttgart
Francke Verlag Tübingen und Basel
Paul Haupt Verlag Bern · Stuttgart · Wien
Hüthig Verlagsgemeinschaft
Decker & Müller GmbH Heidelberg
Leske Verlag + Budrich GmbH Opladen
J.C.B. Mohr (Paul Siebeck) Tübingen
Quelle & Meyer Heidelberg · Wiesbaden
Ernst Reinhardt Verlag München und Basel
Schäffer-Poeschel Verlag · Stuttgart
Ferdinand Schöningh Verlag Paderborn · München · Wien · Zürich
Eugen Ulmer Verlag Stuttgart
Vandenhoeck & Ruprecht in Göttingen und Zürich

Rudi Keller

Zeichentheorie

Zu einer Theorie semiotischen Wissens

Francke Verlag Tübingen und Basel

Mesch '95

Rudi Keller, Jahrgang 1942, ist Professor für Germanistische Sprachwissenschaft an der Universität Düsseldorf.

Die Deutsche Bibliothek – CIP-Einheitsaufnahme

Keller, Rudi:
Zeichentheorie: zu einer Theorie semiotischen Wissens / Rudi Keller.
– Tübingen; Basel: Francke, 1995
   (UTB für Wissenschaft: Uni-Taschenbücher; 1849)
   ISBN 3-8252-1849-X (UTB)
   ISBN 3-7720-2237-5 (Francke)
NE: UTB für Wissenschaft / Uni-Taschenbücher

© 1995 · A. Francke Verlag Tübingen und Basel
Postfach 25 60 · D-72015 Tübingen
ISBN 3-7720-2237-5

Einbandgestaltung: Alfred Krugmann, Stuttgart
Satz: Nagel, Reutlingen
Druck und Bindung: Presse-Druck, Augsburg
Printed in Germany

ISBN 3-8252-1849-X (UTB-Bestellnummer)

"Was ihr denkt, das weiß ich nicht", antwortete der Schalk, "wie kann einer des anderen Gedanken erraten! Aber was ihr mir gesagt habt, das weiß ich."

Till Eulenspiegel (1519/1948: 82)

Inhalt

Teil V: Die diachrone Dimension

Vorbemerkungen

1 Vorwort

Dieses Buch handelt von sprachlichen Zeichen und ihrer Dynamik. Es will zeigen, wie Zeichen entstehen, funktionieren und sich verändern im Zuge der menschlichen Kommunikation. Sprachliche Zeichen sind nicht Voraussetzungen unserer kommunikativen Bemühungen, sondern deren (meist unintendierte) Folge. Daß der unüberschaubar großen Zahl an Publikationen über diesen Gegenstand eine weitere hinzugefügt wird, ist erläuterungsbedürftig. "Most of what we know about language has been learned in the last three decades", schrieb Derek Bickerton im Jahre 1990.[1] Wenn diese Aussage mehr sein soll als ein autobiographisches Vermächtnis, so dürfte sie falsch sein. Mit Sicherheit trifft sie nicht zu für den Bereich der linguistischen Zeichentheorie. Alles was über sprachliche Zeichen gesagt werden kann, ist vermutlich irgendwann zwischen Platon und heute gesagt worden. In einem sprachphilosophischen Gebiet mit mehr als zweitausendjähriger Tradition läßt sich wirklich Neues wohl kaum mehr entdecken. Mit anderen Worten, keine der wahren Aussagen dieses Buches erhebt Originalitätsanspruch. (Die falschen mögen origineller sein.) Allerdings bin ich der Meinung, daß dem vorschnellen Defensivargument "Das hat doch schon XY gesagt" nicht allzuviel Gewicht zuzubilligen ist. Denn bei genauerem Hinsehen zeigt sich meist, daß mindestens die Zusammenhänge, in denen etwas bereits früher gesagt wurde, andere waren. Den Nutzen dieser Arbeit sehe ich in erster Linie in der Rekombination von Ideen und Überlegungen, die verschiedenen Traditionen entnommen sind, sowie in der Perspektive ihrer Auswahl.

Zeichentheoretische Überlegungen mögen auf den ersten Blick den Eindruck empirisch irrelevanten und unnützen Philosophierens erwecken. Martti Nyman sagt deutlich, weshalb dies falsch ist:

---

1   Bickerton 1990: 5

"A theory of language change depends on the underlying theory of language. Therefore [...], it is not at all idle ivory-towering to dwell upon ontological questions about language. For example, if we look upon language as an abstract Platonic object [...], we get virtually no theory of language change at all."[2] All die psychologistischen Sprachauffassungen, die den Ort der Existenz der Sprache ausschließlich im Kopf des Menschen ansiedeln, sind ebensowenig in der Lage, Sprachwandel als inhärentes Phänomen zu konzipieren. "Die Sprache hat schließlich keine eigene Existenz unabhängig von ihrer mentalen Repräsentation",[3] schreibt Chomsky und entzieht sich damit der Möglichkeit, den Zustand einer Sprache (auch) in seiner historischen Bedingtheit zu begreifen. Das Verständnis von Wandel und Genese der Sprache ist ein konstitutives Moment des Verständnisses ihres Wesens, und *vice versa*. Grundlage einer jeden Sprachtheorie ist der Zeichenbegriff. Auch sprachliche Zeichen fallen nicht vom Himmel. Was Nyman von der Sprache allgemein sagt, gilt auch von Zeichen im besonderen. Wenn wir sie im platonischen Himmel ansiedeln oder ausschließlich im menschlichen Kopf, erfahren wir nicht, woher sie kommen. Daß wir sie verwenden, um kommunikative Ziele zu erreichen, ist psychologistischen Auffassungen gemäß kontingent. Und daß sie entstehen im Zuge unserer Bemühungen, kommunikative Ziele zu verwirklichen, muß einer solchen Theorie verborgen bleiben. Die vorliegenden zeichentheoretischen Überlegungen gehen von dem Faktum aus, daß die Sprache, die wir heute sprechen, samt der Zeichen, die wir heute benutzen, eine Episode im permanenten Prozeß sprachlichen Wandels sind.[4]

Platon stellte in seinem Kratylos-Dialog unter anderem die folgende Frage: "Wenn ich dieses Wort ausspreche" und dabei "jenes denke", wie ist es dann überhaupt möglich, "daß du erkennst, daß ich jenes denke"?[5] Er formuliert damit ein zeichentheoretisches Grundproblem, das bis auf den heutigen Tag in verschiedenen Versionen diskutiert wird. Till Eulenspiegel formulierte es so: "Was Ihr denkt, das weiß ich nicht [...], wie kann einer des anderen Gedanken erraten!

---

2   Nyman 1994: 157
3   Chomsky 1968/1970: 155
4   Keller 1994
5   Platon 434e

Aber was Ihr mir gesagt habt, das weiß ich."[6] In Ludwig Wittgensteins
Philosophischen Untersuchungen findet sich die folgende Version:
"Wenn man aber sagt: 'Wie soll ich wissen, was er meint, ich sehe ja
nur seine Zeichen', so sage ich: 'Wie soll *er* wissen, was er meint, er
hat ja auch nur seine Zeichen.'"[7] Was Platon, Till Eulenspiegel und
Wittgenstein mit unterschiedlicher Akzentuierung thematisieren, ist
die Frage, vermöge welcher Eigenschaften Zeichen zu erkennen geben,
welche kommunikative Absicht der Sprecher mit ihrer Verwendung zu
realisieren beabsichtigt. Dies ist die zentrale Frage, die in diesem Buch
erörtert wird. Das Leitmotiv, unter dem es geschrieben wurde, haben
Raimo Anttila und Sheila Embleton formuliert: "Change is the essence
of meaning."[8] An anderer Stelle schreibt Anttila: "Only a full understanding of the notion 'linguistic sign' makes both change and reconstruction comprehensible and theoretically explainable."[9] Es ist meine
Absicht, einen kohärenten zeichentheoretischen Entwurf vorzuschla-
gen, der in der Lage ist, einen Betrag zum Verständnis der Dynamik
und der Evolution natürlicher Sprachen zu leisten. Dabei bin ich mir
bewußt, daß die Chance, ein solches Ziel zu treffen, geringer ist, als es
zu verfehlen.

"The recent history of semiotics has been one of simultaneous in-
stitutional success and intellectual bankruptcy",[10] schreiben Dan
Sperber und Deirdre Wilson mit einem gewissen Mangel an Selbstkritik. Aber selbst wenn man den Bankrott nicht ganz so dramatisch
sieht, muß man wohl zugestehen, daß die zeichentheoretischen
Überlegungen für die Sprachwissenschaft (mit wenigen Ausnahmen[11])
weitgehend folgenlos waren. "After the publication in 1957 of Noam
Chomsky's *Syntactic Structures*, linguistics took a new turn and did
undergo remarkable developments; but these owed nothing to
semiotics."[12] Nun könnte man argumentieren: Das liegt nicht an der
Zeichentheorie, sondern am Chomskyschen Paradigma. Zu welchem
Urteil man auch immer kommen mag, die Konsequenzlosigkeit der

---

6 Till Eulenspiegel 1519/1948: 82
7 Wittgenstein PU 504 (Einem Usus gemäß zitiere ich Wittgensteins Werke mit der
   üblichen Abkürzung, gefolgt von der Ziffer, die den Paragraphen bezeichnet.)
8 Anttila und Embleton 1989: 157
9 Anttila 1972/1989: 13
10 Sperber und Wilson 1986: 7
11 Eine große Ausnahme stellen m.E. die Überlegungen von Grice dar.
12 Sperber und Wilson 1986: 8

Zeichentheorie scheint mir für jedes andere linguistische Paradigma in gleicher Weise zuzutreffen. Dafür gibt es meiner Ansicht nach zwei Gründe.

Zum einen ist die herrschende Metapher, in deren Licht Kommunikation gemeinhin gesehen wird, inadäquat. Das Problem des Kommunizierens wird als Transportproblem konzeptualisiert. Der in diesem Buch vorgetragenen Ansicht gemäß hat Kommunikation nichts mit dem Vorgang des Einpackens, Wegschickens und Wieder-Auspackens zu tun. Kommunizieren ist vielmehr ein inferentieller Prozeß. Kommunizieren heißt versuchen, den Adressaten zu bestimmten Schlüssen zu bewegen. Demgemäß haben Zeichen nicht den Charakter von Versandkartons, sondern vielmehr den von Prämissen für interpretierendes Schließen.

Zum anderen werden sprachliche Zeichen als im Grunde stabile Einheiten gesehen, denen bisweilen das Mißgeschick des Wandels widerfährt. Zeichentheorien befassen sich gemeinhin mit Fragen der Architektur von Zeichen: Wie sind sie gebaut? Wieviele Seiten haben sie? Welches sind ihre Teile? Wie lassen sie sich ihrem Aufbau gemäß klassifizieren? Solche zeichentheoretischen Fragen passen zu der vorchomskyschen Syntax, die sich im wesentlichen mit der Architektur von Sätzen befaßte. Die hier vorgeschlagene Zeichentheorie versucht, einen anderen Weg zu gehen. Ihr oberstes Ziel ist nicht, die Frage nach der Architektur von Zeichen zu beantworten, sondern die nach den Prinzipien ihrer Bildung. Antworten auf die Frage der Architektur ergeben sich dabei von selbst. Menschen verfügen über die Fähigkeit, Dinge (im weitesten Sinne) *als* Zeichen zu interpretieren. Sie sind in der Lage, aus 'Dingen', die sie sinnlich wahrnehmen, interpretierende Schlüsse zu ziehen. Genau diese Fähigkeit beuten sie zum Zwecke des Kommunizierens aus. Kommunizieren besteht darin, sinnlich Wahrnehmbares zu tun bzw. hervorzubringen in der Absicht, einen anderen damit zu interpretierenden Schlüssen zu verleiten. Kommunizieren ist ein intelligentes Ratespiel.[13] Die Fähigkeit, dem Adressaten Interpretationsvorlagen zu geben, die ihm das Erraten des Kommunikationsziels erlauben, möchte ich *semiotische Kompetenz* nennen. Das Wissen, das dieser Fähigkeit zugrunde liegt, sei *semiotisches Wissen* genannt. Die hier vorgelegte Zeichentheorie ist konzipiert als eine Theorie unseres semiotischen Wissens. Semiotische Kompetenz und

---

13 Erica García (1994: 15) spricht von "intelligent guesswork".

semiotisches Wissen sind der sprachlichen Kompetenz logisch vor-
geordnet: Dank unserer Fähigkeit, Wahrnehmbares interpretativ zu
nutzen, und dank der Fähigkeit, diese Fähigkeit wiederum zum Zwek-
ke der Kommunikation auszubeuten, bilden sich sprachliche Zeichensysteme als spontane Ordnungen heraus. Etwas verkürzt kann
man sagen: Sprachen entstehen durch die Nutzung semiotischen Wissens zum Zweck der Beeinflussung von Mitmenschen.

Das Buch besteht aus fünf Teilen mit insgesamt zwanzig Kapiteln. Im
ersten Teil werden zwei prototypische Zeichenauffassungen einander
gegenübergestellt. Jeweils am Beispiel eines klassischen und eines mo-
dernen Sprachphilosophen wird die instrumentalistische und die repräsentationistische Zeichenauffassung vorgestellt. Erstere wird durch
Platon und Wittgenstein dokumentiert, letztere durch Aristoteles und
Frege. Der instrumentalistische Gedanke wird zur Grundlage der weiteren Überlegungen gewählt. Im zweiten Teil wird die Beziehung von
Semantik und Kognition angesprochen. Ich versuche zu zeigen, daß
eine Identifikation der Bedeutung sprachlicher Zeichen mit den ihnen
(möglicherweise) entsprechenden kognitiven Einheiten den in diesem
Buch verfolgten Erklärungszielen inadäquat ist. Plakativ gesagt: Begriffe eignen sich nicht als Kandidaten für Bedeutungen. Der dritte Teil
befaßt sich mit den drei zeichenbildenden Verfahren, die den Kern-
bereich unserer semiotischen Kompetenz ausmachen: dem symptomischen, ikonischen und symbolischen Verfahren. Im vierten Teil versuche ich zu zeigen, daß diese drei grundlegenden zeichenbildenden
Verfahren eine Art eingebaute Dynamik haben. Ein Verfahren kann
von einem anderen abgelöst werden, ohne daß planende Absicht im
Spiel ist. So können Symptome und Ikone zu Symbolen werden, und
zwar ausschließlich durch die Art und Weise, in der sie zum Zwecke
des Kommunizierens verwendet werden. Die drei gundlegenden
zeichenbildenden Verfahren sind auf einer höheren Ebene erneut
anwendbar. Wir nutzen sie, um Metonymien, Metaphern zu bilden,
und um mittels Sprache über Sprache reden zu können. Im fünften
Teil zeige ich an einigen Beispielen die Relevanz der dargelegten zeichentheoretischen Überlegungen im Rahmen erklärender Theorien des
Sprachwandels.
  Zeichentheoretische Schriften sind meist schwer zu verstehen. Es
ist mein Wunsch, daß dies für den vorliegenden Text nicht gelten
möge. Ich habe mich jedenfalls bemüht, so klar, unprätentiös und

verständlich zu schreiben, wie es mir möglich ist. Um das Buch für die Leserin und den Leser und nicht zuletzt auch für den akademischen Unterricht benutzerfreundlich zu machen, habe ich versucht, jedes einzelne Kapitel so verfassen, daß es möglichst autonom ist. Jedes Kapitel sollte idealiter auch einzeln lesbar und aus sich selbst heraus verständlich sein. Ich hoffe, daß mir dies einigermaßen gelungen ist, wenngleich mir bewußt ist, daß dieses Ziel nur um den Preis unzumutbarer Redundanz wirklich konsequent durchführbar gewesen wäre. Insbesondere gilt für das zehnte Kapitel, daß es Voraussetzung für das Verständnis aller nachfolgenden Kapitel ist.

Vorfassungen des vorliegenden Textes wurden ganz oder teilweise gelesen und konstruktiver Kritik unterzogen von Raimo Anttila, Axel Bühler, Sheila Embleton, Fritz Hermanns, Jochen Lechner und Frank Liedtke. Ihnen sei für ihre Hilfe sehr herzlich gedankt. Ständige Gesprächspartnerin in jeder Phase der Entstehung dieses Buches war mir Petra Radtke. Ihre inhaltlichen wie sprachlichen Einflüsse, die in die vorliegende Fassung eingingen, sind so zahl- und umfangreich, daß es ein unmögliches Unterfangen wäre, sie im einzelnen lokalisieren zu wollen. Sie wird das Maß des Dankes, das ich ihr schulde, selbst am besten einzuschätzen wissen. Nicole Schmitz hat mir bei der redaktionellen Überarbeitung und der Erstellung der Register sehr geholfen. Dafür sei auch ihr gedankt. Schließlich haben die Studierenden, Kollegen und Diskutantinnen, die Teile dieses Buches in Form von Vorlesungen und Vorträgen gehört haben, viel zum Entstehen beigetragen. Dankbar bin ich auch dem Verlag für die zuverlässige Betreuung und stets kooperative Unterstützung.

2 Zeichen im Alltag

Zeichen bestimmen unser Leben. Dies gilt nicht nur für die sprachlichen Zeichen. Wir sind umgeben von Zeichen, wir umgeben uns mit Zeichen, und meist ist uns dies gar nicht bewußt. Bewußt wird uns die Tatsache, daß unser Leben nahezu vollständig zeichenimprägniert ist, oft erst dann, wenn die Zeichen, mit denen wir uns umgeben und die wir verwenden, Anlaß zu unerwarteten Interpretationen sind. Mein Auto ist zeichenhaft, mein Fahrrad auch. Hätte ich kein Auto, wäre auch dies zeichenhaft. Austern essen ist ebenso zeichenhaft wie der Verzehr von Hamburgern. Wenn ich eine Krawatte trage, so ist dies zeichenhaft, ebenso wenn ich auf sie verzichte. Das gleiche gilt für die Cordhosen, die Jeans und meine Anzüge. Jemand könnte auf die Idee kommen zu sagen: "Ich habe es satt, daß alles stets interpretiert wird; ich mache nicht mehr mit!" Auch für diese Haltung gibt es die geeignete Kleidung. Individualisten erkennt man, wie die Spießer, an ihren Zeichen. Es gibt kein Entrinnen aus der Interpretierbarkeit. Dies erinnert an den berühmt gewordenen Satz von Watzlawick, Beavin und Jackson: "Man kann nicht nicht kommunizieren."[14] Aber diese These soll hier nicht vertreten werden. Ihr liegt der, wie wir noch sehen werden, unangemessene Schluß zugrunde, daß alles, was interpretierbar ist, kommuniziert sein muß. Dem ist jedoch nicht so.

Bedeutsam ist in unserem Leben nicht nur *wie* etwas interpretiert wird, sondern auch das *Was*. Kulturen und Subkulturen unterscheiden sich im Ausmaß und in den Bereichen, die Gegenstand zeichenhafter Interpretation sind. Das Maß der Zeichenhaftigkeit der verschiedenen Lebensbereiche einer Gruppe ist nachgerade das Maß der Zivilisiertheit, die dieser Gruppe zugebilligt wird. In je höherem Maß das Leben einer Gruppe "durchsemiotisiert" ist, desto mehr Kultur (im umgangssprachlichen Sinne) schreiben wir ihr zu. Kultur besteht unter anderem darin, Dingen des täglichen Lebens Zeichenhaftigkeit beizumessen. "Culture depends on symbolic structure", schreibt Raimo Anttila. "Culture is learned sign behavior."[15] Es ist die Regelhaftigkeit, die Verhalten zeichenhaft zu machen im Stande ist – eine Tatsache, die uns noch ausgiebig beschäftigen wird. Wenn wir von "primitiven Kulturen" reden, meinen wir Kulturen, deren Lebensformen mehr zeichenfreie Räume enthalten als die unsrigen oder deren Zeichenhaftigkeit wir nicht als zeichenhaft erkennen. Wenn wir in einer Kultur einen zeichenfreien Bereich entdecken, der in unserer Kultur zeichenhaft ist, so tendieren wir dazu, jene Kultur als in diesem Bereich "unzivilisiert" zu bewerten. Betrachten wir ein einfaches Beispiel: Bei uns sind Körpergeräusche wie Schmatzen, Rülpsen oder noch Unanständigeres streng reglementiert. Wir bringen unseren Kindern mit

14 Watzlawick, Beavin, Jackson 1967/1971: 53
15 Anttila 1972/1989: 19

einigem Aufwand bei, wo und wann man was tun darf und wann nicht; beispielsweise, daß man bei Tisch nicht schmatzt. Es gibt jedoch genau ein körperliches Geräusch, das zu allem Überfluß noch mit einer unappetitlichen Körperausscheidung verbunden ist, das hierzulande so gut wie nicht reglementiert ist: das Schneuzen. Die Nase darf man sich überall putzen und zu jeder Zeit: in der Straßenbahn, im Unterricht, sogar bei Tisch. Nicht so beispielsweise in Korea und anderswo in Ostasien. Dort ist es nachgerade der Gipfel an Barbarei, sich etwa bei Tisch Schleim aus den Nasenlöchern in ein Tuch zu pusten. Was hierzulande weitgehend unreglementiert ist, ist anderswo Gegenstand der Interpretation. Es gilt als unanständig, unzivilisiert und eklig. Regelungslücken erzeugen semiotische Löcher. Sie fallen meist nur denen auf, bei denen sie geschlossen sind.

Es scheint ein Kennzeichen sogenannter Hochkulturen zu sein, Wünsche und Bedürfnisse nicht (nur) real, sondern (auch und) vor allem symbolisch zu verarbeiten. Wer hierzulande Abenteuerlust verspürt, geht nicht in die Wildnis, sondern raucht Marlboro oder Camel und fährt mit dem allradgetriebenen Geländewagen ins Büro. Große Männer, und solche, die sich für wichtig halten, haben große Büros, große Schreibtische, große Sessel, und rauchen dicke Zigarren. Es handelt sich hierbei um die Symbolisierung sozialen Revieranspruchs. Natürlich ist das karikierend überzeichnet. Aber wahr daran ist: Wenn wir unsere Lebensform verstehen wollen, müssen wir sie in ihrer Zeichenhaftigkeit interpretieren. Wählen wir als Beispiel die Wohnung. Sie ist ein Teil unserer Lebensform, der weitgehend semiotisiert ist; insbesondere das Wohnzimmer. Alphons Silbermann spricht von einem "Symbolmilieu".[16] Wir leben in einer Kultur, in der es üblich ist, Gäste bei sich zu Hause zu empfangen und zu bewirten. Dies hat unmittelbare Auswirkungen auf die Struktur unserer Wohnungen.[17] Es folgt beispielsweise daraus, daß der "öffentliche" Teil der Wohnung zur Selbstdarstellung genutzt wird. Öffentlich zugängliche Bereiche der Wohnung sind in erster Linie Flur und Wohnzimmer, in zweiter Linie Küche und Bad. Der Besucher soll von dem ihm zugänglichen Teil der Wohnung auf den Rest der Wohnung und letztlich auf die Persönlichkeit des Bewohners selbst schließen. Untersuchungen zeigen, daß diesen Bereichen die größte Sorgfalt und der größte finan-

---

16 Silbermann 1966: 29
17 cf. Kanacher 1987: 95

zielle Aufwand bei der Einrichtung und Gestaltung gewidmet wird.[18] Auch dies dient der Symbolisierung sozialen Revieranspruchs.

Betrachten wir für einen Augenblick das Wohnzimmer des deutschen Mittelstandes im Lichte seiner Zeichenhaftigkeit als Beispiel unserer Alltagssemiotik.

1. Ein Vergleich der Grundrisse handelsüblicher Fertighäuser macht folgendes deutlich: Während das Kinderzimmer im Durchschnitt 8% der Gesamtfläche ausmacht, entfallen auf das Wohnzimmer durchschnittlich 30% der Wohnfläche. Insgesamt gilt: Je größer die Gesamtfläche ist, desto geringer ist der prozentuale Anteil des Kinderzimmers; der Zuwachs geht stets zugunsten der Wohnzimmergröße.[19] Das Wohnzimmer ist gleichsam die republikanische Weiterentwicklung des aristokratischen Salons des 18. und 19. Jahrhunderts. Es "erinnert", wie Mitscherlich feststellt, "an ein Fürstenzimmer ohne das Schloß im Hintergrund".[20]

2. Früher, etwa bis zur ersten Hälfte dieses Jahrhunderts, gab es die sogenannte "gute Stube". Das war ein Raum, der ausschließlich Repräsentationszwecken diente. Er wurde nur genutzt, um Besuch zu bewirten und zu besonderen familiären Anlässen. Der Tatsache, daß die gute Stube auch nur zu diesen Anlässen beheizt wurde, verdankte sie die ironische Bezeichnung "die kalte Pracht".[21] Das alltägliche Leben fand in der Küche statt. Unser heutiges Wohnzimmer hat beide Funktionen zu erfüllen. Es ist Repräsentationsraum und Hauptlebensraum. Damit aber sind Konflikte programmiert. Als Repräsentationsraum muß er stets "vorzeigbar" sein, d.h. sauber und aufgeräumt, als Hauptlebensraum kann er das nicht sein. Das hat mindestens drei Konsequenzen, die jedem (mindestens vom Hörensagen) vertraut sind: a) Es gibt einen permanenten Konflikt mit den Kindern, die da spielen wollen, wo die Erwachsenen sich aufhalten, dies aber nur in bescheidenem Umfang dürfen, da das Wohnzimmer zu jeder Zeit Repräsentationszwecken dienlich sein muß. b) Die sogenannte Eßecke des Wohzimmers wird, um "unnötiges Durcheinander" zu vermeiden,

---

18   s. Tränkle 1972: 113
19   Tränkle 1972: 59 ff.
20   Mitscherlich 1969: 138. Zur Geschichte der Haus- und Wohnungsgrundrisse s. Kanacher 1987 sowie Elias 1969
21   Zur "guten Stube" s. Kanacher 1987: 112 ff. sowie Tränkle 1972: 111

nur benutzt, wenn Gäste zu Besuch kommen. Ansonsten wird für die alltägliche Nahrungsaufnahme der Familienmitglieder in die zu kleine Küche ein kleiner Eßtisch gezwängt. c) Fröhlichere Feste werden in den Partykeller, so vorhanden, ausgelagert, um die Repräsentativität des Wohnzimmers nicht zu gefährden.

3.   Wohnzimmereinrichtungen zeigen, wie Untersuchungen belegen,[22] ein überraschend hohes Maß an Konformität, und zwar in zunehmendem Maße mit abnehmendem Sozialprestige ihrer Bewohner. Wohnzimmer der unteren Mittelschicht weisen ein höheres Maß an Konformität auf als Wohnzimmer der gehobenen Mittelschicht, und diese wiederum sind weniger individuell als Wohnzimmer der sozialen Oberschicht. Auch dies ist, wie wir gleich sehen werden, eine Folge ihres Zeichencharakters.

Das Wohnzimmer einer Familie der unteren Mittelschicht ist üblicherweise möbliert mit schweren Polstersitzmöbeln, bestehend aus einem dreisitzigen Sofa und zwei mächtigen Sesseln in überladenem Mischstil oder im sogenannten altdeutschen Stil. Ein Blick in die entsprechenden Werbebroschüren der Möbelhäuser zeigt, daß in den Beschreibungen der Abbildungen Adjektive wie *schwer, repräsentativ, rustikal, massiv* eine besondere Rolle spielen. Das Polstensemble nennt man wie das obligatorische Petersiliensträußchen auf dem Tomatenachtel am Tellerrand eines Jägerschnitzels bezeichnenderweise "Garnitur". Zu der Polstergarnitur kommt ein halbhoher Couchtisch, ein Wohnzimmerbüffet mit Glasvitrine für das Schaugeschirr oder, alternativ dazu, eine Schrankwand. Der dominierende Punkt, auf den die Einrichtung ausgerichtet ist, ist der Fernsehapparat. Der Tatsache, daß Wohnzimmer in früheren Zeiten (wie auch die Salons) stets zur Straßenseite lagen, ist wohl noch die vor allem in der unteren Mittelschicht ausgeprägte Vorliebe zu "Gardinenkult" und überladener Fensterdekoration zu verdanken.[23] Während in der unteren Mittelschicht Wertsymbole überwiegen, überschwere Sessel, Eichenholz usw., finden sich im Wohnzimmer der gehobenen Mittelschicht eher Bildungssymbole: Bücherregale, Kunstdrucke, Antiquitäten und Musikinstrumente.[24] Die Möbel sind im allgemeinen leichter. Kehren wir zurück zu der Frage, wie es zu dem hohen Maß an Konformität

---

22   s. Tränkle 1972: 131
23   Tränkle 1972: 104 f.
24   Tränkle 1972: 115

kommt, obgleich sich die Bewohner bei Befragungen allgemein zu einer Hochschätzung von Individualismus und Originalität bekennen.[25] Die Antwort folgt aus dem Repräsentationscharakter des Wohnzimmers. Repräsentation (im hier relevanten Sinne) ist die Darstellung von Werten, die man hat oder gerne beanspruchen würde, mit Hilfe von Symbolen. Ein Zimmer, das eine Person bzw. eine Familie repräsentieren soll, muß also die Werte, auf die es ankommt, das sind im wesentlichen Wohlstand, Sozialprestige und Bildung, symbolisch ausdrücken. Der Erfolg der Repräsentation ist davon abhängig, daß die verwendeten Symbole verstanden werden, d.h. die intendierte Wertschätzung finden. Somit muß sich jeder, der seine Werte auf verständliche Weise symbolisch darstellen will, nach den Interpretationsmöglichkeiten und antizipierten Werturteilen seiner Adressaten richten. Das Streben nach Verständigung führt zu Homogenität der Mittel in der entsprechenden Gruppe.

Je höher die soziale Schicht, desto subtiler und versteckter werden (hierzulande) die Symbole der Selbstdarstellung. Das liegt zum einen am umfassenderen Bereich der zu repräsentierenden Werte, zum zweiten an der größeren Interpretationsfähigkeit der Adressaten und zum dritten an unserer Ethik der Bescheidenheit.[26] Der Gebildete ist gerne wohlhabend, aber er verachtet den, der es zu offen zeigt. Sich die Schneidezähne vergolden zu lassen, gilt als unfein. Das Bescheidenheitsgebot führt zu einem Paradox der Selbstdarstellung der Art: "Ich bin wohlhabend und gebildet; das soll jeder wissen, aber ich darf es nicht zeigen." Diese Situation führt notwendigerweise zu einer Selbstdarstellung nach der Maxime: "Gib dem andern zu erkennen, was du hast und was du bist, und zwar so, daß er nicht erkennt, daß du beabsichtigst, ihm dies erkennen zu geben." Die vollkommene Kunst der Selbstdarstellung besteht gemäß dieser Maxime darin, dem andern erkennen zu geben, daß man so wohlhabend und gebildet ist, daß man es nicht nötig hat, dies dem andern zu zeigen. Dies ist das Ziel der Strategie des sogenannten "Understatement". Das angemessene Mittel, diesen Effekt zu erreichen, besteht darin, Symbole zu verwenden, deren Entschlüsselung Kennerschaft voraussetzt: Kunst, Exotik, Antiquitäten, Designermöbel, Teppiche usw. Sie sind von hoher Zielgenauigkeit; denn nur diejenigen, die auch Ziel der Botschaft sind, sind

---

25 Tränkle 1972: 131
26 cf. "Luxus als Negativkategorie" Tränkle 1972: 118ff.

in der Lage, die Zeichen zu interpretieren. Da aber auch das Understatement darauf angewiesen ist, verstanden zu werden, entstehen auch hier Konventionen seiner Symbolik, die den Bereich der theoretischen Möglichkeiten auf eine überschaubares Repertoire der faktisch genutzten reduziert.

4. Betrachten wir zum Abschluß des Exkurses über das Wohnzimmer noch einen Aspekt, der ebenfalls eine Folge seiner Zeichenhaftigkeit sein dürfte, seine Kommunikationsfeindlichkeit. Jeder hat es schon erlebt: Nach dem Essen hebt die Gastgeberin oder der Gastgeber die Tafel auf mit den Worten: "Kommt, wir setzen uns noch ein bißchen gemütlich ins Wohnzimmer." Dies ist das sichere Ende der Gemütlichkeit und/oder der angeregten Gespräche. Die Gäste sitzen weit auseinander in tiefen, weichen Sesseln bei gedämpfter Beleuchtung. Drei davon sitzen, wie die Hühner, nebeneinander auf der Couch, einem "Dreisitzer". Sie haben nun die Wahl zwischen zwei Optionen: Entweder sie nehmen die Körperhaltung ein, die von den Sitzmöbeln vorgesehen und vorgegeben ist: tief in den Polstern sitzend mit behaglich zurückgelehntem Oberkörper. Das ist genau die Haltung, mit der man das Gegenteil von Zuwendung und Gesprächsbereitschaft signalisiert. In dieser Haltung ist ein lebendiges Gespräch so gut wie unmöglich. Die andere Möglichkeit ist, daß das Kommunikationsbedürfnis über das Verhaltensangebot der Polstermöbel siegt. In diesem Falle sitzen die Gäste auf der vorderen Kante der für diese Haltung zu weichen Sitzposter mit auf den Knien aufgestützten Ellenbogen. Am härtesten trifft es dabei die drei auf der Couch: Die mittlere Person beugt sich zurück, um den beiden äußeren, schräg auf der Kante sitzenden Personen den Blickkontakt zu gewähren. Die zweite Option erlaubt es, unter erheblichen körperlichen Opfern, gleichsam den Möbeln zum Trotz, die Kommunikation aufrecht zu erhalten

Das Fazit lautet: Unsere Wohnzimmer sind dazu da, Wohlstand, Sozialprestige und Bildung zu symbolisieren. Ihre Größe, der Ausstattungsaufwand sowie das hohe Maß an Konformität sind eine Folge der Zeichenhaftigkeit. Die Sitzmöbel sind Zeichen der Muße. Für angeregte Gespräche sind sie nicht gemacht. So gesehen ist es nur konsequent, daß die Gäste einer Party im allgemeinen der Küche, auch wenn sie noch so klein ist, als Aufenthaltsraum den Vorzug geben.

Was haben Wohnzimmermöbel mit sprachlichen Zeichen gemein? Beides sind Mittel der Beeinflussung. Wir nutzen sie in der Absicht, dem anderen damit etwas zu erkennen zu geben. Dies ist die wesentliche Eigenschaft kommunikativ genutzter Zeichen. Von nun an werden wir uns im wesentlichen mit sprachlichen Zeichen und den Formen ihrer Genese befassen. Beginnen werden wir mit der ersten überlieferten Zeichentheorie, die, im Gegensatz zu Sprachursprungsmythen, wissenschaftlichen Anspruch erheben darf, Platons *Kratylos*.

Teil I
Zwei Zeichenauffassungen

3 Platons instrumentalistische Zeichenauffassung

Symbole gibt es nicht von Natur aus. Sie werden gemacht; oder vielleicht unverfänglicher ausgedrückt: sie entstehen. "Symbols grow", schrieb der amerikanische Philosoph und Zeichentheoretiker Charles Sanders Peirce.[1] Das Wort *growth* hatte in den Sozial- und Kulturwissenschaften des 19. Jahrhunderts, ebenso wie das Wort *Wachsthum* in der Linguistik, eine besondere Bedeutung, nämlich die, die wir ihm auch heute noch beilegen, wenn wir etwa von einer Stadt sagen, sie sei "organisch gewachsen", um damit zum Ausdruck zu bringen, daß sie nicht "künstlich am Reißbrett" entstanden ist. Es handelt sich dabei um eine der im 19. Jahrhundert so beliebten organizistischen Metaphern, die, solange sie nicht aufgelöst ist, wenig besagt. Eines der Ziele dieser Arbeit ist es, diese Metapher aufzulösen. Die Wachstumsmetapher weist jedoch korrekterweise darauf hin, daß Symbole normalerweise nicht willentlich und planvoll von Menschen erfunden werden und daß ihr Entstehen prozeßhaft ist. Das gilt für sogenannte Statussymbole, wie die in Kapitel 2 betrachteten, ebenso wie für sprachliche Symbole. Natürlich gibt es auch künstlich und willentlich entworfene Symbole, wie etwa Firmenlogos oder durch definitorische Akte hervorgebrachte wissenschaftliche Termini. Aber die sind genau aus diesem Grunde zeichentheoretisch relativ uninteressant. Daß die Geschichte einer Sprache mit einer Phase der "Urschöpfung" begonnen habe – dem dann typischerweise die des "Verfalls" folgt – ist ist einer der hilflosen Mythen unserer Wissenschaft.[2] Letzte Reste des linguistischen Schöpfungsmythos sind auch heute noch zu finden. So schreibt Johannes Erben: "Für eine entwickelte Kultur- und Literatur-

---

1 Peirce CP 2.302 (Ich folge der üblichen Peirce-Zitierweise. Sie besagt: *Collected Papers*, Band 2, Paragraph 302.)
2 s. Ehrismann 1986

sprache wie das Deutsche oder Englische ist natürlich die Anfangs-
phase der *Wortschöpfung,* der erstmaligen Zuordnung völlig neuer
Lautformen zu bestimmten Inhalten und der Konventionalisierung als
Sprachzeichen, die verständlich und reproduzierbar sind, längst vorbei."[3] Ob man daraus schließen darf, daß in weniger entwickelten
Sprachen diese Phase noch in vollem Gange ist? Wenn wir das Wesen
unserer Zeichen und, was eng damit zusammenhängt, die Prinzipien
ihrer Verwendung verstehen wollen, müssen wir versuchen zu explizieren, wie Symbole entstehen, wie Zeichen "wachsen". Die Frage,
wie die Zeichen der Sprache entstehen oder entstanden sind, hat die
Menschen offenbar schon immer beschäftigt. Es gibt kaum einen
Schöpfungsmythos, der nicht auch Aussagen darüber enthält, wie der
Mensch zu seiner Sprache gekommen ist.[4] Die früheste uns erhaltene
wissenschaftlich-philosophische Schrift zu der Frage nach dem Wesen
der Zeichen ist Platons Dialog "Kratylos", vermutlich aus dem Jahre
388 v.Chr. Ich möchte auf diese Schrift näher eingehen, und zwar
nicht wegen ihres einzigartigen philosophiegeschichtlichen Ranges und
ihres eminenten Einflusses auf die Sprachphilosophie bis in unsere Tage. Beides ist schon mehrfach in hinreichendem Maße und von kom-
petenter Seite dargestellt und gewürdigt worden.[5] Das Motiv, Platons
"Kratylos" eingehender zu untersuchen, liegt vielmehr in seiner Aktua-
lität. Die meisten der zeichentheoretischen Fragen, die heute in Diskussion sind, werden in Platons Schrift bereits angesprochen. Meine
Absicht ist also nicht, Platon philosophiehistorisch gerecht zu werden,
hingegen will ich versuchen, "Kratylos" sozusagen mit heutigen Augen
zu lesen, die zentralen Argumentationen des Dialogs darzustellen, und
auf der Basis heutigen Wissens zu bewerten.[6]

In dem Dialog diskutieren Hermogenes, Kratylos und Sokrates das
Problem, ob die Bedeutung eines Zeichen von der Natur dessen, was
es bezeichnet, bestimmt wird oder ob die Bedeutung auf Konvention
beruht. In moderner Terminologie könnte man sagen: Der Dialog hat
die Frage zum Gegenstand, ob die Zeichen einer Sprache arbiträr sind

---

3   Erben 1993: 18
4   cf. Peters 1985
5   s. Steinthal 1890/1971, Gadamer 1960: 383ff., Derbolav 1972, Coseriu 1975 und
    vor allem Itkonen 1991a.
6   Ich beziehe mich auf den Kratylos-Text (1957) in der Übersetzung von Friedrich
    Schleiermacher und zitiere, wie allgemein üblich, nach der Stephanus-Numerie-
    rung.

(*nomo*) oder ob sie den Dingen, die sie benennen, zu entsprechen
haben (*physei*).[7] Kratylos vertritt die These, "jegliches Ding habe seine
von Natur ihm zukommende richtige Benennung; [...] es gebe eine
natürliche Richtigkeit der Wörter, für Hellenen und Barbaren insgesamt die nämliche." (383 b) Hermogenes hat die Rolle des Oppo-
nenten. Ihm fällt die Aufgabe zu, die Arbitraritätsthese zu vertreten:
"Ich meines Teils, Sokrates, habe schon oft mit diesem und vielen
andern darüber gesprochen, und kann mich nicht überzeugen, daß es
eine andere Richtigkeit der Worte gibt, als die die sich auf Vertrag und
Übereinkunft gründet." (384 d) Sokrates schließlich ist der scharf-
sinnige Dialogpartner, der, vor allem im Gespräch mit Hermogenes,
versucht, diesen aufs Glatteis zu führen und auf diese Weise dessen
These auf ihre Haltbarkeit hin zu prüfen. Wohlgemerkt, die Diskussion hat nicht die Frage zum Gegenstand, ob der Mensch seine Sprache von Natur aus hat bzw. ob die Zeichen ihre Bedeutung von Natur
aus haben oder ob sie ihnen von Menschen beigelegt wurde. Daß die
Benennungen der Dinge von Menschen gemacht sind, genauer gesagt
vom Wortbildner (*nomothetes*), ist unstrittig. Es geht vielmehr um die
Frage, ob es sinnvoll ist, in bezug auf die Benennung eines Dings
richtige Benennung von falscher Benennung zu unterscheiden. Kratylos vertritt die These "Ja, es ist sinnvoll", Hermogenes vertritt die
These "Nein, es ist nicht sinnvoll". Das Gespräch verläuft in zwei
Argumentationssequenzen, einem destruktiven und einem konstrukti-
ven Teil. Im ersten Teil versucht Sokrates, die These der Beliebigkeit
sprachlicher Zeichen zu destruieren; im zweiten Teil versucht er zu
erläutern, worin die "Richtigkeit" der Wörter zu suchen ist. Das Ganze
hat einen versöhnlichen Ausgang. Den ersten Teil des Schlagabtauschs
können wir wiederum in drei Runden einteilen. Betrachen wir nun die
Argumente im Detail.

Erster Teil, erste Runde

Die Beispiele, die für die These des Kratylos angeführt werden, geben
einen ersten Hinweis, wie die These der Richtigkeit der Benennung
gemeint sein könnte: "Ich frage ihn also", berichtet Hermogenes dem
Sokrates, "ob denn Kratylos in Wahrheit sein Name ist, und er gesteht
zu, ihm gehöre dieser Name. – Und dem Sokrates? fragte ich weiter.

---

7   Zur Erläuterung des Begriffs der Arbitrarität s. Kap. 12.

– Sokrates, antwortete er. – Haben nun nicht auch alle andern Menschen jeder wirklich den Namen, mit dem wir jeden rufen? – Wenigstens der deinige, sagte er, ist nicht Hermogenes, und wenn dich auch alle Menschen so rufen." (383 b) Wie kann Kratylos auf die Idee kommen, daß *Hermogenes* in Wahrheit nicht der Name des Hermogenes ist, obwohl ihn alle so nennen? (Sokrates vermutet, "daß er spöttelt". (348 c)) Das zugrundeliegende Argument ist die etymologische Analyse: Hermo-genes ist nicht der von Hermes Abstammende!

Hermogenes seinerseits fügt seiner Konventionalitäts- und Arbitraritätsthese eine Erläuterung hinzu, die sich für seine Argumentation als verhängnisvoll erweisen wird: "Denn mich dünkt, welchen Namen jemand einem Ding beilegt, der ist auch der rechte, und wenn man wieder einen andern an die Stelle setzt und jenen nicht mehr gebraucht, so ist der letzte nicht minder richtig als der zuerst beigelegte, wie wir unsern Knechten andere Namen geben." (384 d) Hermogenes schießt mit dieser radikalen Beliebigkeitsannahme bei weitem über sein Argumentationsziel hinaus. Seine eigentliche These, "kein Name irgendeines Dinges gehört ihm von Natur, sondern durch Anordnung und Gewohnheit derer, welche die Wörter zur Gewohnheit machen und gebrauchen" (348 e), impliziert natürlich nicht die Annahme, daß ein Individuum nach eigenem Gutdünken, Benennungen verändern kann, so wie man damals offenbar nach Belieben die Namen der Knechte ändern konnte. Sokrates läßt sich diese Chance nicht entgehen und hakt sofort nach. "Wie nun, wenn ich irgendein Ding benenne, wie, was wir jetzt Mensch nennen, wenn ich das Pferd rufe und was jetzt Pferd, Mensch: dann wird dasselbe Ding öffentlich und allgemein Mensch heißen, bei mir besonders aber Pferd, und das andere wiederum bei mir besonders Mensch, öffentlich aber Pferd? Meinst du es so?" (385 a) Und Hermogenes fällt darauf rein: "So dünkt es mich." (385 b)

Die erste Runde endet offenbar mit einem Punktverlust für Hermogenes. Seine These, der Name komme einem Ding durch die Konvention des Gebrauchs zu, so daß sich die Frage der Richtigkeit der Benennung nicht stelle, ist, mit einigem Wohlwollen interpretiert, korrekt. Das Wohlwollen ist notwendig, weil eine Sprache nicht einfach als ein System von Benennungen von sprachunabhängig gegebenen Dingen angesehen werden kann. Viele Kategorien werden durch die jeweilige Sprache erst geschaffen und nicht einfach benannt; außerdem ist das Benennen nicht die einzige Handlung, die wir mit Wörtern ausführen. Das wollen wir ihm hier aber nicht vorwerfen, da die Unterstellung einer realistischen Sprachkonzeption unter den drei Diskussionsteilnehmern wohl unstrittig ist. Irreführend ist Hermogenes' Unterstellung, Wörter verhielten sich zu ihren Referenzobjekten wie Eigennamen zu ihren Trägern; als sei der Personenname sozusagen der prototypische Fall referierender Ausdrücke.[8] Diese überbewertende Generalisierung der Eigennamenrelation hängt wohl damit zusammen, daß der Eigenname einer der seltenen Fälle ist, wo der Mensch willentliche und bewußte Akte der Referenzfixierung vornehmen kann, zum Beispiel durch die Taufe. In Wahrheit ist aber der Eigenname ein Sonderfall, der nicht als Analogieargument für den Normalfall herangezogen werden kann. Dies verkennt Hermogenes und läßt sich dazu verleiten, von der Arbitrarität der Konvention auf die Möglichkeit idiosynkratischer Beliebigkeit der Benennung durch einzelne Individuen zu schließen. Dieser Schluß ist ungültig. Dies wird noch in Kapitel 12 deutlich werden, wo der Begriff der Arbitrarität in seinem Bezug zu dem der Konventionalität und der Regelhaftigkeit erörtert wird. Ferdinand de Saussure sieht sich noch gute 2000 Jahre nach Platon veranlaßt, vor der Fehlannahme der radikalen idiosynkratischen Beliebigkeit zu warnen: "Das Wort 'beliebig' erfordert hierbei eine Bemerkung. Es soll nicht die Vorstellung erwecken, als ob die Bezeichnung von der freien Wahl der sprechenden Person abhinge."[9]

Erster Teil, zweite Runde

Das zweite Argument, mit dem Sokrates Hermogenes aufs Glatteis zu führen versucht, hat folgende Struktur: Sokrates bietet Hermogenes vier Prämissen an, denen dieser auch zustimmt. Aus diesen Prämissen zieht Sokrates sodann den folgenden gültigen Schluß: Es gibt eine den Dingen gemäße Richtigkeit der Bezeichnungen. Die Prämissen sind (385 b–c):

1. Eine Rede kann wahr oder falsch sein.
2. Jede Rede besteht aus Teilen.
3. Wenn eine Rede als ganze wahr sein soll, müssen auch alle ihre Teile wahr sein.

---

8   Zur Beziehung von Name und Wort bei Platon s. Gadamer 1960: 383
9   de Saussure 1916/1967: 80

4. Das Wort ist der kleinste Teil der Rede.

Daraus folgt:

5. Das Wort einer wahren Rede ist ein wahres Wort.

Daraus folgt außerdem: Es muß auch falsche Bezeichnungen geben können. Hermogenes gibt sich zunächst geschlagen: "Wie anders!" (385 d), aber überzeugt ist er nicht. Er versucht mit einem Evidenzargument zu parieren: "Und so sehe ich auch, daß für dieselbe Sache bisweilen einzelne Städte ihr eigenes eingeführtes Wort haben und Hellenen ein anderes als andere Hellenen, und Hellenen auch wiederum andere als Barbaren." (385 e) Auch dieses Argument wird noch von de Saussure zur Stützung seiner These der Beliebigkeit des Zeichens bemüht: "Das beweisen die Verschiedenheiten unter den Sprachen und schon das Vorhandensein verschiedener Sprachen: das Bezeichnete 'Ochs' hat auf dieser Seite der Grenze als Bezeichnung *o-k-s*, auf jener Seite *b-ö-f* (bœuf)."[10] Nun folgt natürlich, wenn man es genau nimmt, aus der Arbitrarität weder die Verschiedenheit (denn alle Hellenen und Barbaren könnten ein und derselben Konvention folgen), noch folgt aus der Verschiedenheit der Bezeichnungen deren Arbitrarität (denn Verschiedenheit könnte anders verursacht sein). Aber in der Tat legt Verschiedenheit die Annahme der Konventionalität und somit der Arbitrarität nahe.

Das Argument des Sokrates enthält zwei entscheidende Fehler: Erstens ist es eine Äquivokation, von der Frage der Richtigkeit oder Falschheit der Benennung stillschweigend überzugehen zu der Frage der Wahrheit oder Falschheit einer Aussage. Richtigkeit ist nicht dasselbe wie Wahrheit. Die Prädikate *richtig* und *falsch* dienen nicht dazu, Propositionen Wahrheitswerte zuzuschreiben, sondern dazu, Handlungen bezüglich ihrer Korrektheit zu beurteilen. Die Frage, ob Zeichen arbiträr sind, ist unabhängig von der Frage, ob Aussagen wahrheitswertdefinit sind. Zweitens enthält die Prämisse 3 einen Irrtum: Es ist ein Fehlschluß, von der (korrekten) These, daß Aussagen wahrheitswertdefinit sind, überzugehen zu der (inkorrekten) These, daß auch alle ihre Teile wahrheitswertdefinit sein müssen. Sokrates nimmt offenbar einen Homomorphismus in der Sprache an, der bis hinunter zur Ebene der Wörter reicht. Das Prinzip des Homomorphismus der Abbildung, es wurde erstmals von dem Physiker Heinrich Hertz for-

---

10 de Saussure 1916/1967: 79

muliert,[11] besagt, daß ein Teil einer Abbildung stets die Abbildung eines Teils ist. Dieses Prinzip gilt für jede Abbildung und für einige Fälle sprachlicher Abbildungen. So ist ein Teil einer Fotografie eines Hauses stets eine Fotografie eines Teils eines Hauses, und ein Teil einer Beschreibung eines Abendessens ist stets die Beschreibung eines Teils eines Abendessens. Dieses Prinzip hat jedoch nach unten hin eine Grenze der Gültigkeit. Wo genau sie sich in der Sprache befindet, darüber streiten sich bis heute die Sprachphilosophen.[12] Ein Teil einer wahren Beschreibung ist die wahre Beschreibung eines Teils; das gilt nur bis zu der Ebene wahrheitswertdefiniter Einheiten, und das sind Aussagen oder Propositionen. "Das Prinzip von Hertz wird nicht nur in der Sprache nach unten ungültig, sondern auch z.B. bei Photographien. Wörter entsprechen Rasterpunkten (oder dem Korn). Rasterpunkte sind keine Bilder, sondern leiten ihre Beziehung zum Original aus dem Zusammenhang im Bild ab. Sie sind ebenfalls arbiträr."[13] Sokrates versucht, das Prinzip des Homomorphismus bis hinunter auf die Ebene der Wörter (und, wie wir gleich sehen werden, auf die Ebene der Laute) zu führen. Diesen Fehler hat bereits Platons Schüler Aristoteles in seiner Schrift "Peri Hermeneias"[14], allerdings ohne Platon beim Namen zu nennen, in angemessener Weise aufgedeckt:

> Wie aber die Gedanken in der Seele bald auftreten, ohne wahr oder falsch zu sein, bald so, daß sie notwendig eins von beiden sind, so geschieht es auch in der Rede. Denn Falschheit und Wahrheit ist an Verbindung und Trennung der Vorstellungen geknüpft. Die Nomina und Verba für sich allein gleichen nun dem Gedanken ohne Verbindung und Trennung, wie z.B. das Wort *Mensch* oder *weiß*, wenn man sonst nichts hinzusetzt: Hier gibt es noch nicht Irrtum und Wahrheit. Dafür haben wir einen Anhaltspunkt z.B. an dem Wort *Tragelaphos* (Bockhirsch): es bedeutet zwar etwas, aber doch nichts Wahres oder Falsches, so lange man nicht hinzusetzt, daß das Ding ist oder nicht ist, schlechthin oder zu einer bestimmten Zeit.[15] (16 a)

Auch in der zweiten Runde ist Hermogenes argumentativ unterlegen. Er vertritt zwar eindeutig die plausiblere These, nämlich die Arbitrari-

---

11 Hertz 1894; s. Beeh 1993
12 s. Beeh 1993
13 Beeh 1993: 36
14 Der lateinische Titel dieser Schrift lautet "De Interpretatione", der deutsche "Lehre vom Satz".
15 Kursivsetzungen von mir

tätsthese, ist aber den fintenreichen Argumenten des Sokrates nicht gewachsen. Insbesondere erweist sich seine Zustimmung zu Prämisse 3, dem unterstellten Homomorphismus von Rede und Redeteil, als verhängnisvoll. Sokrates spielt nun eine Serie von Argumenten aus, die auf dem Gedanken des Werkzeugcharakters der Wörter aufbauen.

Erster Teil, dritte Runde

So wie die Dinge "ihr eigenes Wesen haben" (386 e) und nicht jeweils so sind, wie sie dem einen oder anderen erscheinen mögen, argumentiert Sokrates, so haben auch Handlungen ihre ihnen eigene Natur (387 a). Das heißt, Handlungen kann man richtig oder falsch ausführen. Nun ist auch das Reden eine Handlung; und das Benennen ist ein Teil des Redens. "Also ist auch das Benennen eine Handlung." (387 c) Daraus folgt: Man kann nicht einfach nach eigenem Gutdünken benennen, "wie wir etwa jedesmal möchten" (387 d), sondern es gibt eine Richtigkeit des Benennens, "wie es in der Natur des Benennens und Benanntwerdens der Dinge liegt". (387 d) Hermogenes pflichtet bei: "Offenbar."

Auf der korrekten These, daß das Benennen eine Handlung ist, für deren Ausführung es ein Richtig und Falsch gibt, baut Sokrates nun seine Gegenargumente auf. Um eine handwerkliche Tätigkeit korrekt ausüben zu können, bedarf es des geeigneten Werkzeugs: Zum Weben dient uns die Weberlade, zum Bohren der Bohrer; und was dient uns zum Benennen? Hermogenes: "Das Wort." "Richtig", sagt Sokrates, "ein Werkzeug ist also auch das Wort." (388 a) Er erläutert auch sogleich, zu welcher Tätigkeit das Wort als Werkzeug dient: Wir lehren "einander etwas und sondern die Gegenstände voneinander, je nachdem sie beschaffen sind". (388 b) Das Wort dient also zum Belehren, zum Sondern und natürlich zum Benennen. Damit hat Sokrates die drei wesentlichen Funktionen der Sprache auf den Punkt gebracht: Kommunikation, Klassifikation und Repräsentation. Dies sind in der Tat genau die drei Aspekte, die wir im Auge behalten müssen, wenn wir das Funktionieren unserer Sprache und der Zeichen verstehen wollen. Sokrates überzieht allerdings den Werkzeuggedanken, wie wir gleich sehen werden. Er nimmt die Metapher wörtlich, und zwar in drei eng aufeinander bezogenen Argumentationsschritten, und kommt so zu falschen Folgerungen. Die drei Schritte sind:

1. Nicht jeder beliebige, sagt Sokrates, ist in der Lage, eine Weberlade oder einen Bohrer herzustellen. Es bedarf eines Spezialisten, der sich auf die Kunst der Herstellung dieser Werkzeuge versteht. Da dies für alle Werkzeuge gilt, muß es auch für das Wort gelten. "Also, o Hermogenes, kommt es nicht jedem zu, Worte einzuführen, sondern nur einem besonderen Wortbildner. Und dieser ist, wie es scheint, der Gesetzgeber, von allen Künstlern unter den Menschen der seltenste." (389 a)

2. Jedes Werkzeug hat einen bestimmten Zweck zu erfüllen. Es muß folglich so beschaffen sein, daß es seinen Zweck zu erfüllen im Stande ist. So fordert jede Art von Gewebe ihre eigene Weberlade. Also muß auch der Wortbildner jedem Ding den ihm adäquaten Namen "in Tönen und Silben niederzulegen" (389 d) wissen. Natürlich ist auch Platons Sokrates nicht entgangen, daß es verschiedene Sprachen gibt. Auch dafür hat er eine passende Theorie, die zugleich eine Antwort auf Hermogenes' oben erwähntes Evidenzargument darstellt: So wie auch nicht jeder Schmied für ein Werkzeug dasselbe Eisen nimmt, so nimmt auch nicht jeder Wortbildner überall dieselben Silben. "Solange er nur die Idee des Wortes, wie sie jedem insbesondere zukommt, wiedergibt, in was für Silben es auch sei" (390 a), so muß ein Wortbildner der Barbaren kein schlechterer sein als einer der Hellenen.

3. Und wer ist am besten in der Lage zu beurteilen, ob ein Werkzeug gut gefertigt ist, fragt Sokrates. Natürlich derjenige, der damit umgehen muß. Der Weber kann am besten die Qualität einer Weberlade ermessen. Das Werk des Wortbildners und Gesetzgebers kann am besten der Dialektiker beurteilen. Das ist derjenige, "der zu fragen und zu antworten versteht". (390 c)

Das Fazit aus all den Argumenten des Sokrates lautet: "Kratylos hat recht, wenn er sagt, die Benennungen kämen den Dingen von Natur zu, und nicht jeder sei ein Meister im Wortbilden, sondern nur der, welcher, auf die einem Jeden von Natur eigene Benennung achtend, ihre Art und Eigenschaft in die Buchstaben und Silben hineinzulegen versucht." (390 e)

Worin besteht der Irrtum? Sokrates begeht zwei Fehlschlüsse. Den einen möchte ich den *instrumentalistischen Fehlschluß* nennen, den anderen den *rationalistischen Fehlschluß*. Der instrumentalistische Fehlschluß ist im Zusammenhang unserer Argumentation der wichti-

gere; geistesgeschichtlich betrachtet sollte sich jedoch der rationalistische Fehlschluß als verhängnisvoller erweisen.[16] Betrachten wir sie
kurz der Reihe nach.

Der instrumentalistische Fehlschluß lautet: Alle Werkzeuge sind
aufgrund ihrer spezifischen Beschaffenheit für ihren Zweck geeignet.
Ihre spezifische Beschaffenheit wird diktiert von dem Zweck, den sie
zu erfüllen haben. (Nur die jeweiligen Spezialisten könne gute Werkzeuge herstellen bzw. deren Güte beurteilen.) Wörter sind Werkzeuge.
Somit gilt all dies auch für Wörter.

Da dieser Schluß formal gültig ist, muß am Inhalt der Prämissen
etwas nicht in Ordnung sein. Wir haben zwei Optionen, den Fehlschluß zu vermeiden. Wir können entweder sagen: "Wörter sind keine
Werkzeuge." Oder wir sagen: "Nicht alle Werkzeuge haben eine von
ihrem spezifischen Zweck diktierte Beschaffenheit." Die Bedeutung
des Wortes *Werkzeug* scheint mir nicht so eindeutig festgelegt zu sein,
daß wir zu der einen oder anderen Option gezwungen wären. Wir
haben die Wahl zwischen zwei Auswegen, die beide vertretbar zu sein
scheinen. Der erste Ausweg besteht in der Annahme, "Wörter sind nur
im metaphorischen Sinne Werkzeuge, und der Aspekt der Zweck-
adäquanz ihrer Beschaffenheit ist von der Metapher nicht abgedeckt".
(Es gehört ja, wie wir noch sehen werden, nachgerade zum Wesen
einer Metapher, daß sie nicht in allen Aspekten zutrifft.) Der zweite
Ausweg ist: "Es gibt Werkzeuge, die ihren Zweck allein dank ihres
konventionellen Gebrauchs zu erfüllen im Stande sind, und dazu
gehören die Wörter – ebenso wie beispielsweise Spielkarten oder
Geld." Einem Tausendmarkschein muß nichts Bovines anhaften, um
zum Kauf einer Kuh geeignet zu sein. Wörter sind zwar keine
prototypischen Werkzeuge, aber sie sind Werkzeuge, die dazu da sind,
bestimmte Wirkungen beim Adressaten hervorzurufen. Ich werde in
Kapitel 12 noch ausführlich auf den Zusammenhang von Werkzeug-
haftigkeit, Arbitrarität und Konventionalität zu sprechen kommen.

Der rationalistische Fehlschluß besteht in der Annahme, daß alle
zweckmäßigen Einrichtungen der Menschen, die nicht von Natur aus
da sind, Ergebnisse kluger Planung und weiser Durchführung sind.
Kluge Einrichtungen müssen von klugen Menschen erfunden worden
sein; wo sonst sollten sie herkommen? Es wird nicht das spontane
Entstehen "weiser" und nützlicher soziokultureller Einrichtungen in

---

16 s. dazu vor allem Hayek 1988.

Rechnung gestellt. "Der Mensch bildet sich ein, viel gescheiter zu sein, als er ist."[17] Dies war eines der Leitmotive des sozialphilosophischen Denkens von Friedrich August von Hayek. Sokrates' kluger Wortbildner, "von allen Künstlern unter den Menschen der seltenste" (389 a) – denn er wurde offenbar noch von niemandem gesichtet –, ist ein geistiges Produkt dieser Überschätzung der Vernunft.[18] In Wahrheit sind die Wörter (mit wenigen Ausnahmen) nicht Schöpfungen begnadeter Künstler, sondern unbeabsichtigte Nebeneffekte des alltäglichen Kommunizierens ganz normaler Menschen. Sie sind Ergebnisse von Prozessen kultureller Evolution, denen wir in den folgenden Kapiteln versuchen wollen, auf die Spur zu kommen. So viel zunächst zu den beiden Fehlschlüssen. Kehren wir nun zurück zu dem Dialog.

Hermogenes ist von Sokrates' Argumenten verunsichert, aber überzeugt ist er immer noch nicht. "Ich weiß freilich nicht, Sokrates, wie ich dem, was du sagst, widersprechen soll. Es mag aber wohl nicht leicht sein, auf diese Art so schnell überzeugt zu werden" (391 a), sagt Hermogenes und fordert Sokrates auf, nicht nur dafür zu argumentieren, *daß* es eine Richtigkeit der Benennung gibt, sondern ihm zu zeigen, *worin* diese Richtigkeit besteht. Damit beginnt die zweite, die konstruktive Argumentationssequenz des Dialogs.

Zweiter Teil

Sokrates gibt sich Mühe, dem Wunsch nach positiven Argumenten für die These der natürlichen Richtigkeit der Benennung zu liefern. Aber er ist sich der Dürftigkeit seiner Argumente durchaus bewußt. Da dieser Teil des Dialogs aus heutiger Sicht zeichentheoretisch weniger ergiebig ist, will ich mich kurz fassen.

Sokrates unterscheidet abgeleitete Wörter von Stammwörtern. Er zeigt zunächst am Beispiel zahlloser abgeleiteter Wörter, darunter auch viele Eigennamen der griechischen Mythologie, daß sie "richtig" gebildet sind. Die Methode ist, wie wir bereits am Beispiel des Namens *Hermo-genes* gesehen haben, die der etymologischen Ableitung. (*Hermogenes* ist nicht der "richtige" Name für Hermogenes, weil Hermogenes in Wahrheit nicht von Hermes abstammt.) Übertragen auf das

---

17 Diskussion zwischen Rudolf Haller, Friedrich A. von Hayek, Niklas Luhmann, Erhard Oeser; Leitung: Franz Kreuzer. In: Riedl/Kreuzer (Hg.) 1983: 234
18 cf. von Hayek 1983

Deutsche könnte Sokrates etwa wie folgt argumentieren: "Der Winter trägt seinen Namen zurecht. Denn das Wort *Winter* ist verwandt mit altgallisch *vindo* 'weiß' und bezeichnet die Zeit, in der das Land mit Schnee bedeckt ist."[19] Oder: "Der Name *Weisheitszahn* ist richtig gebildet, da der Mensch diese Zähne erst in einem Alter bekommt, in dem er bereits über Weisheit verfügt." Wem diese Form der Argumentation aus heutiger Sicht naiv vorkommt, der möge sich daran erinnern, daß sie auch heutzutage durchaus gang und gäbe ist, vor allen Dingen im Rahmen sprachkritischer Belehrungen: "Es gibt keine Unkosten; es gibt nur Kosten. Denn *un-* ist eine Negationspartikel." Oder: "Es heißt nicht *Gentechnologie*, sondern *Gentechnik*. Denn *techno-logie* heißt 'die Lehre von der Technik'."[20] Wer so argumentiert, bedient sich der Methode des Sokrates und geht offenbar davon aus, daß es eine "natürliche Richtigkeit der Wörter" gebe. Diese Form der "Richtigkeit", die in der systemgerechten oder logisch korrekten Ableitung oder Zusammensetzung besteht, wird heute bisweilen "sekundäre Motiviertheit der Zeichen" genannt. Etymologisieren heißt sprachliche Zeichen auf ihren ehemaligen motivierten Zustand zurückverfolgen.[21]

Diese Argumentationsweise hat natürlich da ihre Grenze, wo Wörter nicht mehr etymologisch von zugrundeliegenden Wörtern abgeleitet werden können, bei "Urbestandteilen" oder "Stammwörtern", wie Sokrates sie nennt. (422 b) Die Richtigkeit der "späteren oder abgeleiteten Wörter" (422 d) besteht darin, daß sie kundtun, "wie und was jedes Ding ist". (422 d) Sie können dies "mittels der früheren bewirken". (422 d) Für die früheren, die Stammwörter, entwickelt Sokrates eine Art onomatopoetischer Bildtheorie. "Der Name ist [...] ebenso eine Nachahmung wie das Bild."(431 a) Das *r* ist "gleichsam das Organ jeder Bewegung" (426 c); *d, t, b* und *p* enthalten "eine nützliche Eigenschaft zu Nachahmung des Bindenden, Dauernden, so wie bei *Pech* und *Teer*", und da beim *l* "die Zunge am behendesten schlüpft", eignet es sich besonders "um das Lose, Lockere und

---

19　cf. Kluge 1963: 864

20　Der Vollständigkeit halber sei darauf hingewiesen, daß wir *-logie* nicht nur im Sinne von 'die Lehre von' verwenden, sondern auch im Sinne von 'ein System von', 'ein Gebäude von'. Eine Terminologie ist keine Lehre von den Termen, sondern ein Gebäude von Termen. In diesem Sinne wird offenbar auch das Wort *Technologie* ("Der Motor hat eine ganz neue Technologie") verwendet.

21　cf. Levin 1994: 6

Schlüpfrige selbst und das Leckere und Leimige und viel anderes
dergleichen zu benennen". (427 b) Dies ist natürlich Unsinn, und
Sokrates weiß das auch: "Was ich nun von den ursprünglichen Wörtern gemerkt habe, dünkt mich gar wild und lächerlich", (426 b) gesteht er ein. Er sieht jedoch keine andere Lösung: "Aber es muß doch
so sein; denn wir haben nichts besseres als dieses, worauf wir uns
wegen der Richtigkeit der ursprünglichen Wörter beziehen könnten."
(425 d) Sokrates hat nicht nur bemerkt, daß seine Bildtheorie gar wild
und lächerlich ist; er hat schließlich auch erkennen müssen, daß es
massenhaft Gegenbeispiele gibt: etwa Wörter mit *r*, die keine Bewegung ausdrücken, sondern vielmehr *Ruhe*, und dergleichen mehr. (432
d–e) Dies zwingt ihn schließlich zum Rückzug, bei dem er sich nun
doch der Konventionalitätsthese des Hermogenes annähert.

Sokrates vergewissert sich nochmals bei Hermogenes, was dieser
denn unter 'Gewohnheit' verstehe: "Und wenn du Gewohnheit sagst,
glaubst du etwas anderes zu sagen als Verabredung? Oder meinst du
unter 'Gewohnheit' etwas anderes, als daß ich, wenn ich dieses Wort
ausspreche, jenes denke, und daß du erkennst, daß ich jenes denke?"
(434 e) Da wir offensichtlich in der Lage sind, dem andern erkennen
zu geben, was wir denken, mittels Wörtern, die keinerlei Ähnlichkeit
mit dem Benannten aufweisen, muß es wohl so sein, daß die Gewohnheit darzustellen in der Lage ist, und zwar "durch Ähnliches wie
durch Unähnliches". (435 b) Dies scheint mir eine wichtige Einsicht zu
sein. Denn diese Feststellung besagt doch wohl, daß die Alternative
gar nicht darin besteht, entweder durch Gewohnheit oder durch
Ähnlichkeit darzustellen. Auch wenn bei einem Wort Ähnlichkeit mit
dem Referenten gegeben ist, bedarf es dennoch der Gewohnheit, den
Referenten durch Ähnlichkeit zu bezeichnen. Der Aspekt der Ähnlichkeit allein ist "gar zu dürftig" (435 c); "Verabredung und Gewohnheit"
müssen "notwendig [...] etwas beitragen zur Kundwerdung der Gedanken, indem wir sprechen". (435 b) Die Gewohnheit sei das "Ge-
meinere". (435 c) Mit anderen Worten: Onomatopoesie allein macht
einen Laut noch nicht zu einem sprachlichen Zeichen; es bedarf zusätzlich der Konvention, den onomatopoetischen Ausdruck zur
"Kundwerdung der Gedanken" zu verwenden. So ist es beispielsweise
eine unserer Konventionen, daß wir zu Bezeichnung des Kuckucks das
onomatopoetische Wort *Kuckuck* verwenden.

Fassen wir zum Abschluß den Verlauf der Diskussion und deren Ergebnisse nochmals kurz zusammen. Sokrates führt gegen die Arbitraritätsthese zunächst im wesentlichen drei Argumente ins Feld:

1. Radikale Beliebigkeit gibt es nicht.
2. Wenn es wahre und falsche Sätze gibt, muß es auch wahre und falsche Wörter geben.
3. Wenn Wörter Werkzeuge sind, müssen sie ihren spezifischen Zwecken gemäß gefertigt sein.

Das erste Argument ist gültig, aber es bekämpft eine These, die aus der Arbitraritätsthese nicht folgt. Die beiden anderen Argumente sind, wie ich zu zeigen versucht habe, ungültig.

Die These der Nichtarbitrarität versucht Sokrates mit Hilfe etymologischer Ableitungen und einer onomatopoetischen Bildtheorie zu belegen. Die Erkenntnis der Schwäche seiner Bildtheorie zwingt ihn schließlich zu dem Zugeständnis, daß "die Darstellung [...] in der Gewohnheit [liegt ...], denn diese, wie mir scheint, stellt dar, durch Ähnliches wie durch Unähnliches". (435 b)

Das Ergebnis der Diskussion zwischen Sokrates und Hermogenes läßt sich in folgende Thesen fassen: Mittels Konventionen sind wir in der Lage, Dinge zu bezeichnen, dadurch daß wir dem andern zu erkennen geben, woran wir denken, ganz gleich, ob Ähnlichkeit gegeben ist oder nicht. Allerdings, so fügt Sokrates hinzu, sind Wörter "auf das bestmögliche" (435 c) gebildet, wenn Ähnlichkeit vorhanden ist. Diese Thesen sind vollständig korrekt. Auf beide werden wir zurückkommen.

Vier Gedanken sind es, die auch heute noch Gültigkeit haben:

1. die relative Arbitrarität der Zeichen,
2. der Handlungscharakter des Redens,
3. der Werkzeugcharakter der Sprache,
4. die Funktionsbestimmung der Sprache: Kommunikation, Klassifikation und Repräsentation.

Sie werden uns im weiteren beschäftigen.

4 Aristoteles' repräsentationistische Zeichenauffassung

Wer über Zeichen, deren Beziehung zur kognitiven Welt und zur Welt
der Dinge reden will, der muß drei Ebenen der Betrachtung klar und
deutlich auseinanderhalten:

1. die linguistische Ebene der Zeichen (Wörter, Sätze),
2. die epistemologische Ebene der kognitiven Korrelate (Begriffe,
   Propositionen) und
3. die ontologische Ebene der Dinge, Wahrheitswerte[22] und Sachverhalte.

Dazu ist es notwendig, eine Schreibkonvention zu übernehmen. Man
kann von Elefanten reden, von 'Elefant' und von *Elefant*. Im ersten Fall
redet man von bestimmten Tieren, im zweiten Fall von einem Begriff
und im dritten Fall von einem deutschen Substantiv. Vorsichtshalber
sei betont, daß diese Unterscheidungen weder zu der Annahme ver-
pflichten, daß jedem sprachlichen Zeichen ein begriffliches Korrelat
entspricht, noch zu der Annahme, daß die Bedeutung eines Zeichens
auf der epistemischen Ebene anzusiedeln ist. Beide Annahmen werden
wir eingehend zu diskutieren haben.

Platon unterscheidet im "Kratylos" diese drei Ebenen der Betrachtung: die der Wörter, die der Gedanken und die der Dinge.[23] Aber er
trifft diese Unterscheidung eher versteckt. Die Konvention, so sagt er,
diene dazu, "daß du erkennst, daß ich jenes denke". (434 e) Wörter
dienen somit dem Sprecher dazu, dem Adressaten seine Gedanken
"kundzumachen". (435 a) So ist die Frage konsequent, vermöge welcher Eigenschaften der Wörter der Hörer erkennen kann, was der
Sprecher denkt. Platons Antwort lautet: Es ist die Bildhaftigkeit
und/oder Konventionalität des Wortes. Das Wort ist jedoch kein Bild
des Gedankens, sondern ein Bild des Gegenstandes, an den der Sprecher denkt. Das Modell der Bildhaftigkeit ist, vereinfacht gesagt,
folgendes: Das Wort, das ich verwende, ähnelt dem Wesen des Dings,
an das ich denke, und so kannst du erkennen, an welches Ding ich
denke. Dies ist, wie wir noch sehen werden, ein Modell des Kommuni-

---

22 Das Wahre und das Falsche im Fregeschen Sinne; s. Kapitel 5.
23 Dies ist ein wenig verkürzt dargestellt, denn Platon denkt sich jedem Ding eine
    Idee des Dings, ein *Eidos* zugeordnet (s. 389b–e, 390a).

zierens mit ikonischen Zeichen. Wer versteht, daß das Schildchen mit dem durchgestrichenen Schwein auf dem Eßteller, das die Lufthansa auf ihren "no pork flights" verwendet, besagen soll, daß die Speisen auf dem Teller den Speisegeboten des Korans entsprechen, erkennt "die Gedanken des Sprechers" dank einer Ähnlichkeit des verwendeten Zeichens mit den Speisen.

Die Unterscheidung der drei Betrachtungsebenen wurde zum ersten Mal in voller Deutlichkeit von Aristoteles getroffen, und zwar in der bereits erwähnten Schrift, deren deutsche Übersetzung den Titel "Peri Hermenias oder Lehre vom Satz" trägt. Aristoteles' primäres Interesse galt der Theorie des Syllogismus und der Logik. Seine zeichentheoretischen Bemerkungen auf den ersten drei Seiten dieser Schrift haben eher den Charakter von Vorbemerkungen im Dienste einer Theorie des Satzes, die wiederum im Dienste einer Theorie des Syllogismus steht.[24] Aber so spärlich seine Ausführungen zur Theorie der Zeichen auch sind, so einflußreich sind sie auf das europäische sprachphilosophische Denken geworden.[25]

Die zentralen zeichentheoretischen Aussagen lauten:

Es sind also die Laute [*phonai*], zu denen die Stimme gebildet wird, Zeichen [*symbola*] der in der Seele hervorgerufenen Vorstellungen [*pathemata*], und die Schrift ist wieder ein Zeichen der Laute. Und wie nicht Alle dieselbe Schrift haben, so sind auch die Laute nicht bei Allen dieselben. Was aber durch beide an erster Stelle angezeigt wird, die einfachen seelischen Vorstellungen, sind bei allen Menschen dieselben, und ebenso sind es die Dinge [*pragmata*], deren Abbilder die Vorstellungen sind. [...] Das Nomen also ist ein Laut, der konventionell etwas bedeutet, ohne eine Zeit einzuschließen, und ohne daß ein Teil von ihm eine Bedeutung für sich hat. Denn in dem Eigennamen Kallippos hat Hippos (Pferd) für sich durchaus nicht die Bedeutung, die es in den Worten kalos Hippos (schönes Pferd) hat. [...] Die Bestimmung 'konventionell' (auf Grund einer Übereinkunft) will sagen, daß kein Nomen von Natur ein solches ist, sondern erst wenn es zum Zeichen geworden ist. Denn auch die artikulierten Laute, z.B. der Tiere, zeigen etwas an, und doch ist keiner dieser Laute ein Nomen. (16 a)[26]

---

24 s. Itkonen 1991a: 174 f. sowie Coseriu 1975: 70
25 s. Arens 1984: Kap.1. Das Kapitel 3 des Buches von Arens stellt einen ausführlichen Kommentar zu Aristoteles dar.
26 Griechische Klammerzusätze von mir

Um die Position des Aristoteles zu verdeutlichen, will ich versuchen, seine Aussagen in reformulierter Form aufzulisten (wobei ich die über die Schrift beiseite lasse):

1. Laute sind konventionelle Zeichen von Vorstellungen.
2. Laute sind sprachspezifisch.
3. Vorstellungen sind Abbilder von Dingen.
4. Vorstellungen und Dinge sind universal.
5. Die Bedeutung eines Nomens ist nicht kompositionell.
6. Ein natürliches Zeichen kann kein Nomen sein.

Das Zeichenmodell enthält somit drei Elemente und zwei Relationen:

Laut ——————— Vorstellung ——————— Ding
    symbolisiert   bildet ab
    (konventionell)   (natürlich)

Norman Kretzmann faßt dieses Zeichenmodell wie folgt zusammen: "It seems that, according to this account, words signify things in virtue of serving as symbols of mental modifications resembling those things."[27] Gegenüber Platons im "Kratylos" entfalteter Zeichentheorie stellt die Aristotelische Theorie einen großen Fortschritt dar. Der Fortschritt besteht in den folgenden vier Punkten:

1. Wahrheit und Falschheit wird nicht mehr Wörtern zugeschrieben, sondern nur der Rede, wobei Aristoteles selbst den Fall nicht-assertiver Sprechakte berücksichtigt: "So ist die Bitte zwar eine Rede, aber weder wahr noch falsch." (17a)
2. Die Bedeutung von Wörtern und Namen wird nicht als zusammengesetzt aus der Bedeutung von Wortteilen oder Lauten angesehen.
3. Die Bedeutung von Eigennamen wird nicht mehr etymologisierend gedeutet. (Vgl. Aristoteles' Beispiel *Kallippos* vs. Platons Beispiel *Hermogenes*.)
4. Symbolcharakter wird nur konventionell symbolisierenden Lauten zugesprochen. Damit wird eine erste Unterscheidung von Symbolen und Symptomen (z.B. Tierlauten) getroffen.

---

27 Kretzmann 1967: 362; Coseriu 1975: 80f. gibt eine davon abweichende Interpretation (vgl. dazu auch Itkonen 1991a: 175).

Allerdings enthält diese Theorie auch – aus heutiger Sicht – drei deutliche Fehleinschätzungen bzw. Schwächen und – aus der Sicht der im folgenden propagierten Zeichenauffassung – einen Nachteil gegenüber Platons Auffassung:

1. Die Welt der Dinge sowie die der Vorstellungen von den Dingen wird objektivistisch konzipiert. Die Sprache ist für Aristoteles ein konventionelles Nomenklatursystem kognitiver Abbildungen objektiv vorgegebener Dinge.
2. Konvention wird mit Übereinkunft gleichgesetzt.
3. Die Relation des Symbolisierens bleibt unexpliziert.

Aristoteles scheint in etwa von dem folgenden Weltbild ausgegangen zu sein: Die Welt der Dinge ist objektiv so, wie wir sie wahrnehmen. Durch die Wahrnehmung entstehen innere Bilder der Dinge. Die inneren Bilder werden durch Übereinkunft mittels Lauten symbolisiert. Daraus folgt: (i) Die inneren Bilder, die Vorstellungen, müssen eine "natürliche Richtigkeit" in Platons Sinne haben; d.h. sie sind *physei*. (ii) Da eine Sprache die Vorstellungen von den Dingen nur noch symbolisiert, können die Klassifikationen, die wir mit unserer Sprache vornehmen, nur von der Natur der Dinge vorgegeben sein. Arbiträr ist also nur die Bezeichnung der Vorstellung, nicht die Vorstellung selbst und nicht die begriffliche Klassifikation, die wir mit unserer Sprache vornehmen. Es ist dieser Theorie gemäß wohl kaum zu verstehen, weshalb Angelsachsen den Begriff 'Fleisch' in zwei Begriffe "aufspalten", nämlich 'flesh' und 'meat'; oder weshalb es im Spanischen keinen Begriff gibt, der unserem Begriff 'Salat' entspricht.[28] Es gibt meines Wissens keine befriedigende Theorie über den Zusammenhang der Einheiten der ontologischen, epistemischen und sprachlichen Ebene. Die objektivistische Sicht von Aristoteles ist jedoch mit Sicherheit falsch. Angemessener dürfte eine Theorie sein, wie sie beispielsweise von Derek Bickerton vertreten wird: "The categories, into which we divide nature are not in nature, they emerge solely through the interaction between nature and ourselves."[29] Das System unserer Begriffe ist kein Spiegel der Welt, sondern ein Spiegel unserer Auseinandersetzung mit der Welt. Es ist zu vermuten, daß es ein Kontinuum

---

28 Man muß (beispielsweise) lechuga kaufen oder ernten, diese zerteilen, waschen und anmachen, dann hat man eine ensalada zubereitet (cf. Kap.7).
29 Bickerton 1990: 53

gibt zwischen Begriffen, die mehr oder weniger universaler Natur sind, wie 'Baum', 'rot', 'Wasser' oder 'fünf', und solchen, die sehr kultur-spezifisch und/oder sprachspezifisch sind, wie etwa 'Sünde', 'Salat', 'Geschenkartikel', 'gemütlich' oder 'Geflügel'. Auf diese Fragen wer-den wir in Kapitel 7 zurückkommen.

Die unter (2) und (3) genannten Schwächen der Theorie des Ari-stoteles kann man auch heute noch finden. Ich will sie hier nur vorläu-fig ansprechen und die eingehendere Behandlung einem späteren Kapitel vorbehalten. Zunächst ein Wort zu dem Begriff 'Konvention'. Konventionen und Übereinkünfte sind verschiedene Dinge. Nicht alle Übereinkünfte sind Konventionen, und nicht alle Konventionen sind aus Übereinkünften entstanden. Sprachliche Symbole gehen normaler-weise nicht auf Übereinkünfte zurück. Konventionen sind, das hat David Lewis[30] gezeigt, Verhaltensregularitäten von Individuen einer Gruppe, die durch komplexe, wechselseitig aufeinander gerichtete Erwartungen erzeugt werden. Aber nehmen wir der Einfachheit halber für einen Augenblick an, Aristoteles hätte recht mit der Annahme, Laute symbolisierten Vorstellungen aufgrund einer Übereinkunft. Kommen wir überein, der Laut [kulp] möge die Vorstellung eines runden halbhohen Tisches mit drei Beinen symbolisieren. Wie können wir [kulp] dazu bringen, diese Vorstellung auch tatsächlich zu symbo-lisieren? Wenn wir darin übereinkommen, [x] möge 'y' symbolisieren, wie macht [x] das? Symbolisiert [x] 'y', wenn wir vereinbaren, daß dies so sei? Diese Frage muß jede Theorie beantworten können, die eine Relation zu einem Korrelat als wesentlichen Bestandteil der Zeichen-haftigkeit ansieht. Man könnte annehmen, [x] symbolisiere 'y' genau dann, wenn [x] für 'y' steht oder wenn [x] 'y' repräsentiert. Mit einer solchen Antwort hätten wir jedoch das Rätsel nur verdoppelt oder verdreifacht. Denn "stehen für" und "repräsentieren" bedürfen nicht weniger der Erläuterung als "symbolisieren" selbst.[31] Mit anderen Worten, es muß klar gemacht werden, was es heißt zu sagen, etwas symbolisiere etwas. Selbst wenn wir annehmen, daß ein Laut genau dann Bedeutung hat, wenn er für etwas steht oder etwas symbolisiert, sei es eine Vorstellung oder ein Ding (Annahmen, die ich nicht ver-treten werde), müssen wir die Frage beantworten, wie Sprecher und Hörer denn wissen oder auch lernen können, für welche Vorstellung

---

30 Lewis 1969/1975
31 Eine eingehende Diskussion dieser Frage gibt Tugendhat 1976, 20.Vorlesung.

oder für welches Ding der Laut steht. Die Annahme, daß die Bedeutung eines Lautes oder die Bedeutung eines Zeichens in seiner Entsprechung zu einem wie auch immer gearteten Korrelat besteht, enthebt uns nicht der Verpflichtung, anzugeben, wie die Verbindung zu dem Korrelat hergestellt und aufrechterhalten wird.

Kommen wir noch einmal für einen Augenblick auf Platons Sprach- und Zeichenverständnis zurück und vergleichen wir dieses mit dem des Aristoteles: Für Platon sind die Wörter dazu da, vermöge ihrer Ähnlichkeit und/oder ihrer Konventionalität dem Adressaten die Gedanken des Sprechers zu verraten. Kommunizieren heißt für Platon offenbar, dem Hörer Mittel "an die Hand" zu geben, damit dieser erschließen kann, woran der Sprecher denkt. Für Aristoteles sind die Wörter dazu da, Dinge zu bezeichnen, indem sie Vorstellungen symbolisieren, die Abbilder der Dinge sind. Auf die Frage, um die Platon gerungen hat: "Wie schaffen es die Wörter, etwas über die Gedanken zu verraten?" gibt Aristoteles eine Scheinantwort: Sie schaffen es dadurch, daß sie sie symbolisieren! "The famous question of [...] the rightness of names, which was the subject of Cratylus, can no longer arise", schreibt Hans Arens und fügt enthusiastisch hinzu: "This is a remarkable progress."[32] Diese Fortschrittseuphorie kann ich nicht teilen. Denn Platons unangemessene Antwort spricht nicht gegen die Angemessenheit der Frage, die weiterhin im Raume steht. Die Sprache wird von Aristoteles als lautliches Repräsentationssystem eines kognitiven Repräsentationssystems angesehen. Sie ist somit ein sekundäres Repräsentationssystem – eine These, die, unabhängig von Aristoteles, auch von Bickerton entdeckt worden ist.[33] Während Platon eine instrumentalistische Zeichenkonzeption vertritt, hat Aristoteles eine repräsentationistische. Die Frage, die Platon zum Teil in unangemessener Weise beantwortet, wird von Aristoteles gar nicht gestellt.

Hat Aristoteles eine psychologistische Bedeutungstheorie vorgelegt? Im allgemeinen wird diese Frage bejaht:[34] "There can be no doubt that Aristotle has generally been understood as representing the psychologistic theory of meaning: meanings are just those mental concepts and judgements which are expressed by words and sentences (more precisely: by strings of sounds identifiable as word-forms and

---

32 Arens 1984: 28
33 Bickerton 1990: Kap. 4
34 Zur Diskussion dieser Frage s. Ax 1992: 252f.

sentence forms)."[35] Eine solche Annahme setzt jedoch zweierlei voraus: erstens, daß das, was ein Laut symbolisiert, als seine Bedeutung
angesehen wird, und zweitens, daß Vorstellungen (*pathemata*) psychologische Einheiten sind. Die erste Annahme mag so selbstverständlich
erscheinen, daß eine Alternative gar nicht in den Sinn kommt. Zu
gegebener Zeit werde ich die These vertreten, daß es nicht sinnvoll ist,
das als Bedeutung anzusehen, wofür Laute "stehen", sondern das, was
sie zu Zeichen macht. Die zweite Annahme ist schwieriger zu beurteilen. Denn eine Psychologie im heutigen Sinne gab es zu Aristoteles'
Zeiten freilich nicht. Zumindest aus heutiger Sicht bietet sich eine
platte psychologistische Interpretation nicht an. Die *pathemata*, von
denen bei Aristoteles die Rede ist, sind erstens überindividuell ("bei
allen Menschen dieselben"), und zweitens sind sie zeitlos. Beides trifft
auf Vorstellungen im psychologischen Sinne nicht zu. Aristoteles'
pathemata sind objektive Abbilder der Dinge; Vorstellungen im psychologischen Sinne haben stets ein subjektives Moment.[36] *Pathemata*
sind Resultate der Erkenntnis der Dinge; die Lehre der Erkenntnis ist
nicht die Psychologie. Hans Arens sagt es deutlich: "He does not say:
'all human beings form the same notions in their minds'."[37] Aber er
benötigt aufwendige Argumentationskonstruktionen, um Aristoteles'
These, daß die *pathemata* bei allen Menschen dieselben seien, als
sinnvoll zu retten. Ich möchte die Frage, ob Aristoteles eine psychologistische Bedeutungstheorie vorgelegt hat, den Aristoteles-Kennern
überlassen und hier lediglich darauf hinweisen, daß aus der Tatsache,
daß er den Ausdruck *pathemata* verwendet, dies meines Erachtens
nicht ohne zusätzliche Begründung gefolgert werden kann.

Die beiden genannten Sprach- bzw. Zeichenauffassungen, die instrumentalistische und die repräsentationistische, stehen sich in der
Sprachwissenschaft und der Sprachphilosophie auch heute noch gegenüber. Als prototypischen und vielleicht einflußreichsten Theoretiker einer repräsentationistischen Sprachkonzeption möchte ich Gottlob Frege mit seiner Theorie über Sinn und Bedeutung darstellen. Der
prominenteste Vertreter einer instrumentalistischen Auffassung ist
Ludwig Wittgenstein mit seiner in seinem Spätwerk vorgelegten

---

35 Itkonen 1991a: 176
36 zum Begriff der Vorstellung im allgemeinen s. Frege 1918/1966: 40ff.
37 Arens 1984: 28

Gebrauchstheorie der Bedeutung. Beide werden die Grundlage unserer weiteren Überlegungen sein.

5 Freges repräsentationistische Zeichenauffassung[38]

Frege hat seine Zeichentheorie in einer Reihe von Aufsätzen[39] darge- legt, deren wichtigster den Titel "Über Sinn und Bedeutung" trägt. Ich werde die Grundgedanken der Fregeschen Zeichentheorie anhand dieses Aufsatzes darstellen und die übrigen Schriften da, wo es mir nötig erscheint, zur Erläuterung heranziehen.

Frege war in erster Linie Mathematiker und Logiker und erst in zweiter Linie Sprachphilosoph. Seine sprachphilosophischen Überle- gungen sind im wesentlichen motiviert von dem Bestreben, die Grundlagen der Mathematik und der Logik auf klare und stringente Weise zu formulieren. So war es offenbar unter Mathematikern seiner Zeit nicht selbstverständlich, "Form" und "Inhalt"[40] klar zu unter- scheiden; deutlich zu machen, ob von dem Zeichen für die Zahl (der Ziffer) oder von der Bedeutung des Zeichens (der Zahl) die Rede ist. Man sei dazu verleitet, schreibt Frege, "die Zahlzeichen selbst für die Zahlen, für die eigentlichen Gegenstände der Betrachtung zu halten, und dann wären ja freilich 7 und 2+5 verschieden. Aber eine solche Auffassung ist nicht zu halten, weil man gar nicht von irgendwelchen arithmetischen Eigenschaften der Zahlen sprechen kann, ohne auf die Bedeutung der Zahlzeichen zurückzugehen."[41] Mit anderen Worten, es ist unbedingt notwendig, "der Verwechslung von Form und Inhalt, von Zeichen und Bezeichnetem"[42] entgegenzutreten. Allein, die Unter- scheidung von Form und Inhalt reicht vielfach nicht aus, um einen Satz angemessen interpretieren zu können. Frege macht dies am

---

38   Ich danke Jochen Lechner für die kritische Durchsicht dieses Kapitels.

39   "Funktion und Begriff" (Frege 1891/1966), "Über Sinn und Bedeutung" (Frege 1892a/1966), "Über Begriff und Gegenstand" (Frege 1892b/1966), "Der Gedanke. Eine logische Untersuchung" (Frege 1918/1966). Eine gute Einführung gibt Fabian 1975.

40   Frege 1891/1966: 19

41   Frege 1891/1966: 19f.

42   Frege 1891/1966: 19

Beispiel einer Identitätsaussage der Form $a=b$ deutlich: "Ist sie [die Gleichheit] eine Beziehung? eine Beziehung zwischen Gegenständen? oder zwischen Namen oder Zeichen für Gegenstände?"[43] Wenn wir Form und Inhalt ordnungsgemäß unterscheiden, ergibt sich folgendes Dilemma: Nehmen wir an, die Aussage $a=b$ sage etwas über die Zeichen aus, so ist sie evidentermaßen falsch. Denn das Zeichen a ist ja nicht identisch mit dem Zeichen b. Nehmen wir aber an, die Aussage sage etwas über die bezeichneten Gegenstände aus, so besagt $a=b$ per definitionem dasselbe wie die Aussage $a=a$. Denn wenn b identisch ist mit a, sollte man b durch a ersetzen können. Nun sind aber $a=a$ und $a=b$ "offenbar Sätze von verschiedenem Erkenntniswert".[44] Eine Aussage der Form $a=b$, z.B. die Aussage *Der Morgenstern ist identisch mit dem Abendstern*, kann zu einer wertvollen Erweiterung unserer Erkenntnis führen, während $a=a$, also etwa die Behauptung *Der Morgenstern ist identisch mit dem Morgenstern*, uns nur sagt, was wir schon immer wußten, daß ein Ding mit sich selbst identisch ist. Was also will man mit einem Satz der Form $a=b$ sagen? Dies ist das Problem, das Frege zu lösen sich vornimmt. Wie sieht nun sein Lösung aus?

Erinnern wir uns an das zu Beginn des vorigen Kapitels Gesagte: Wenn wir über Zeichen reden, so müssen wir drei Ebenen der Betrachtung vorsehen, die linguistische Ebene, die epistemologische Ebene und die ontologische Ebene; oder anders ausgedrückt, die Ebene der Sprache, die der Erkenntnis und die der Dinge. Das Fregesche Dilemma macht deutlich, daß es nicht ausreicht, die linguistische und die ontologische Ebene zu unterscheiden, um den Witz einer Aussage der Form $a=b$ zu verstehen. Eine Aussage der Form $a=b$ ist weder eine Aussage über die Sprache noch eine Aussage über die Welt; sie ist vielmehr eine Aussage über die Beziehung der Sprache zur Welt. Sie besagt weder 'Das Zeichen a ist identisch mit dem Zeichen b', noch 'Das Ding ist identisch mit sich selbst', sondern sie besagt 'Das Ding, das mit dem Zeichen a bezeichnet wird, ist identisch mit dem Ding, das mit dem Zeichen b bezeichnet wird'. Die Art und Weise, wie ein Ding sprachlich repräsentiert ist, nennt Frege "die Art des Gegebenseins".[45] Der unterschiedliche Erkenntniswert von $a=a$ und $a=b$ "kann nur dadurch zustande kommen, daß der Unterschied

---

43 Frege 1892a/1966: 40
44 Frege 1892a/1966: 40
45 Frege 1892a/1966: 41

des Zeichens einem Unterschied in der Art des Gegebenseins des Bezeichneten entspricht".[46] Das heißt, mit einem Satz der Form $a{=}b$ sagen wir, daß die Zeichen *a* und *b* unterschiedliche "Arten" sind, ein und denselben Gegenstand zu "geben". Frege führt nun eine aus heutiger Sicht etwas gewöhnungsbedürftige Terminologie ein, indem er sagt: "Es liegt nun nahe, mit einem Zeichen (Namen, Wortverbindung, Schriftzeichen) außer dem Bezeichneten, was die Bedeutung des Zeichens heißen möge, noch das verbunden zu denken, was ich den Sinn des Zeichens nennen möchte, worin die Art des Gegebenseins enthalten ist."[47] Frege unterscheidet somit auf der sprachlichen Ebene die Zeichen, im wesentlichen Namen, Prädikate und Sätze, auf der begrifflichen Ebene den Sinn und auf der ontologischen Ebene die Bedeutung. In bezug auf die Fregesche Unterscheidung zwischen Sinn und Bedeutung haben zwei Thesen Verbreitung gefunden. Die erste These lautet: Was Frege "Sinn und Bedeutung" nennt, ist das, was gemeinhin "Intension und Extension" genannt wird. Die zweite These ist: Was Frege "Sinn" nennt, ist das, was gemeinhin "Bedeutung" genannt wird.[48] Beide Thesen sind inkorrekt. Wir wollen uns nun diese Kategorien und Unterscheidungen genauer ansehen.

Zunächst ist eine Bemerkung erforderlich zum Verständnis des Gebrauchs der Ausdrücke *Namen*, *Prädikat* und *Satz*. Namen sind nach Frege all diejenigen Bezeichnungen, "deren Bedeutung also ein bestimmter Gegenstand ist (dies Wort im weitesten Umfange genommen)",[49] also sowohl echte Eigennamen wie *Aristoteles* als auch andere referierende Ausdrücke und Kennzeichnungen wie *der gegenwärtige Präsident der USA*. Prädikate sind all diejenigen Ausdrücke, die eine Leerstelle mit sich führen, d.h. Ausdrücke, die ungesättigt sind, also etwa der Ausdruck *( ) schläft* oder *( ) eroberte Gallien*. (Die Leerstelle habe ich der Deutlichkeit halber durch eine leere Klammer gekennzeichnet.) Wird die Leerstelle eines Prädikats durch einen Namen gesättigt, entsteht ein Satz, also etwa *Aristoteles schläft* oder *Caesar eroberte Gallien*.

Es soll nun erläutert werden, was Frege als Sinn und was er als Bedeutung der Namen, Prädikate und Sätze ansieht. Für die Namen

---

46 Frege 1892a/1966: 41
47 Frege 1892a/1966: 41
48 s. beispielsweise Lyons 1977/1980: 211, Brekle 1972: 63
49 Frege 1892a/1966: 41

habe ich es schon angedeutet: Unter der Bedeutung des Namens
versteht Frege den Gegenstand, auf den sich der Name bezieht. Dies
ist, bezogen auf die natürliche Sprache, eine sehr ungewöhnliche
Gebrauchsweise des Ausdrucks *Bedeutung*, denn ihr gemäß kann man
von Bedeutungen ungewöhnliche Dinge aussagen, etwa daß sie aus
Holz sind, oder tot, oder 25 Jahre alt, und dergleichen. Die Bedeutung
des Namens *Köln* hat beispielsweise eine Million Einwohner, und die
Bedeutung des Namens *Gottlob Frege* ist gestorben. Diese Terminologie mutet zwar zunächst befremdlich an, aber sie fügt sich, wie wir
gleich sehen werden, zu einem konsequenten Gebäude; und für den
Bereich der Mathematik, dem ja Freges Hauptinteresse galt, klingt es
weit weniger befremdlich, etwa zu sagen, daß die Bedeutung des
Zahlzeichens *4*, ebenso wie die des Zahlzeichens -2^2 oder *16:4*, die
Zahl 4 ist. Zahlzeichen kann man beispielsweise ausradieren, die
Bedeutung von Zahlzeichen kann man beispielsweise teilen. Die Bedeutung eines Namens ist also sein tatsächlicher Referent. Daraus
folgt, daß nicht jeder Name eine Bedeutung hat. Die Namen *Schneewittchen* oder *die größtmögliche Zahl* oder *4:0* haben beispielsweise
keine Bedeutung. Wohl aber haben diese Namen einen Sinn. "Der Sinn
eines Eigennamens wird von jedem erfaßt, der die Sprache [...] hinreichend kennt, der er angehört."[50] Man kann also sagen: Der Sinn eines
Namens ist seine Intension und die Bedeutung ist seine Extension.[51] In
bezug auf die eigentlichen Eigennamen hat dies eine Besonderheit zur
Folge, die nicht ganz so unproblematisch ist, wie Frege anzunehmen
scheint. "Man könnte z.B. als Sinn [des Eigennamens *Aristoteles*]
annehmen: der Schüler Platos und Lehrer Alexanders des Großen.
Wer dies tut, wird mit dem Satze 'Aristoteles war aus Stagira gebürtig'
einen anderen Sinn verbinden, als einer, der als Sinn dieses Namens
annähme: der aus Stagira gebürtige Lehrer Alexanders des Großen."[52]
Das heißt, wenn wir einen wirklichen Eigennamen verwenden, wissen
wir nie, ob unser Gesprächspartner mit diesem Namen denselben Sinn
verbindet. Aber dies schadet normalerweise auch nicht. "Solange nur
die Bedeutung dieselbe bleibt, lassen sich diese Schwankungen des
Sinnes ertragen", glaubt Frege, denn es kommt uns bei der Verwen-

---

50 Frege 1892a/1966: 42
51 Bezüglich der Namen ist die Gleichsetzung von Sinn und Bedeutung mit Intension
    und Extension korrekt; bezüglich der Prädikate ist sie, wie gleich gezeigt wird,
    nicht gegeben.
52 Frege 1892/1966: Anm.2

dung von Eigennamen ohnehin meist nur auf die Referenzfixierung an.[53]

Als erstes Zwischenfazit können wir festhalten: Jeder "grammatisch richtig gebildete Ausdruck, der für einen Eigennamen steht",[54] hat einen Sinn, nicht jedoch notwendigerweise eine Bedeutung. Die Bedeutung eines Namens ist sein Referent, der Sinn ist das, was man weiß, wenn man "die Sprache [...] hinreichend kennt".[55] Frege nennt dies "die Art des Gegebenseins". Die Bedeutung eines Eigennamens ist somit sprachunabhängig, der Sinn hingegen ist nur sprachbezogen zu fassen.

Betrachten wir nun Sinn und Bedeutung der Prädikate. Vom Verständnis der Verhältnisse beim Prädikat hängt das Verständnis des gesamten Fregeschen Theoriegebäudes ab. Eine etwas ausführlichere Darstellung ist deshalb geboten. Erinnern wir uns: Prädikate sind sprachliche Zeichen, die eine Leerstelle mit sich führen. Durch Sättigung dieser Leerstelle mit einem Eigennamen entsteht ein Satz. Sättigen wir das Prädikat *eroberte Gallien* mit dem Eigennamen *Caesar*, so erhalten wir den Satz *Caesar eroberte Gallien*. Prädikate sieht Frege in Analogie zu mathematischen Funktionsausdrücken. Mathematische Funktionen sind "unvollständig, ergänzungsbedürftig oder ungesättigt zu nennen. Und dadurch unterscheiden sich die Funktionen von den Zahlen von Grund aus."[56] Namen verhalten sich somit zu Prädikaten wie Zahlzeichen zu Funktionsausdrücken. Die Funktion $8:x^2$ ergibt, wenn sie mit 1 gesättigt wird, den Wert $8:1^2$, also den Wert 8; mit 2 gesättigt ergibt sie den Wert 2, und mit 4 gesättigt den Wert 0,5 etc. Die Zahlen, mit denen die Funktion gesättigt wird, nennt man Argumente, und "das, wozu die Funkion durch ihr Argument ergänzt wird, den Wert der Funktion für dies Argument".[57] Der Wert der Funktion $8:x^2$ für das Argument 4 ist somit 0,5. Funktionen sind Abbildungen; die Funktion $8:x^2$ bildet 4 in den Wert 0,5 ab und -2 in den Wert 2.

---

53 Frege 1892/1966: Anm. 2; allerdings hat die Auffassung, daß auch wirkliche Eigennamen einen Sinn haben, die unbequeme Konsequenz, daß für den einen die Aussage *Aristoteles war der Lehrer Alexanders des Großen* analytisch ist, für den anderen jedoch nicht. Damit würde die Frage der Analytizität gleichsam personalisiert. Den unliebsamen Konsequenzen dieser Auffassung kann im Rahmen der vorliegenden Arbeit nicht nachgegangen werden.
54 Frege 1892a/1966: 42
55 Frege 1892a/1966: 42
56 Frege 1891/1966: 22
57 Frege 1891/1966: 22

Der Ausdruck *8:x²* ist eine "Art", die Funktion $8:x^2$ zu "geben"; der Ausdruck *(4+4):x²* ist eine andere "Art des Gegebenseins" dieser Funktion. Das heißt: Die Funktionsausdrücke *8:x²* und *(4+4):x²* haben verschiedenen Sinn, aber die gleiche Bedeutung, nämlich die Funktion $8:x^2$. Es gibt zahllose Arten des Gegebenseins ein und derselben Bedeutung. Kehren wir nun zurück zur natürlichen Sprache.

Prädikate bezeichnen wie die Funktionsausdrücke der Mathematik Funktionen. Die Funktionen, die von Prädikaten der natürlichen Sprache bezeichnet werden, nennt Frege "Begriffe". Die Bedeutung eines Prädikats wie *eroberte Gallien* ist also ein Begriff. Wenn der Begriff eine Funktion ist, so stellt sich die Frage, welches seine Argumente und welches seine Werte sind. Freges Antwort lautet: Begriffe sind Funktionen, die Gegenstände in Wahrheitswerte abbilden. Wird ein Begriff durch einen Gegenstand (= Argument) gesättigt, ergibt sich ein Wahrheitswert (= Wert). Die Bedeutung des Begriffs 'eroberte Gallien' zu kennen, heißt somit zu wissen, welche Sättigung welchen Wahrheitswert ergibt; heißt beispielsweise zu wissen, daß der Wahrheitswert "wahr" entsteht, wenn dieser Begriff die Person Caesar als Argument nimmt. Wird der Begriff 'eroberte Gallien' hingegen durch Aristoteles gesättigt, ergibt sich der Wahrheitswert "falsch". Das heißt natürlich nichts anderes, als zu sagen, die Behauptung des Satzes *Caesar eroberte Gallien* behauptet etwas Wahres und die des Satzes *Aristoteles eroberte Gallien* behauptet etwas Falsches. Als zweites Zwischenergebnis können wir somit festhalten: Prädikate bezeichnen Begriffe; d.h. die Bedeutung eines Prädikats ist ein Begriff.[58] Ein Begriff ist eine Funktion, die, gesättigt mit einem Gegenstand, einen Wahrheitswert ergibt. Der Sinn eines Prädikats ist die Art des Gegebenseins seines Begriffs.

Ich habe bereits angedeutet, daß Sinn und Bedeutung nicht generell mit Intension und Extension gleichgesetzt werden dürfen. Anhand der Prädikate wird dies deutlich. Die Bedeutung des Prädikats ist der Begriff und nicht die Extension des Begriffs, die Frege *Begriffsumfang*[59] nennt. Die Extension eines Begriffs ist die Menge der Ge-

---

58 Searle 1969/1971: 150ff. weist darauf hin, daß Frege den Ausdruck *Begriff* zweideutig verwendet, und analysiert diese Zweideutigkeit eingehend. Ich übergehe hier diese Problematik.

59 Frege 1971: 26

genstände, die unter den Begriff fallen. Die Beziehung eines Begriffs zu seinem Umfang nennt er Subsumtion.[60]

Wir haben gesehen, daß zwar jeder sprachlich korrekt gebildete Name einen Sinn hat, nicht jedoch notwendigerweise eine Bedeutung. Namen, denen kein Gegenstand entspricht, haben keine Bedeutung – beispielsweise *Odysseus, Schneewittchen* oder *der gegenwärtige Kaiser von China*. Stellen wir die analoge Frage bezüglich der Prädikate. Gibt es Prädikate, die zwar einen Sinn haben, nicht aber eine Bedeutung? Die Antwort sollte sein: Ja, und zwar solche Prädikate, die keinen Begriff bezeichnen. Was für welche sind das? Es sind nicht diejenigen Prädikate, die einen leeren Begriff bezeichnen, also etwa das Prädikat *ist ein rundes Viereck*! Denn ein Begriff, unter den kein Gegenstand fällt, dessen Extension 0 ist, ist zwar leer, aber dennoch ein Begriff. Es muß ein Begriff sein, um leer sein zu können! Ein Prädikat, das keinen Begriff bezeichnet, sollte nach allem, was bisher gesagt wurde, ein Prädikat sein, dessen Sättigung durch einen Namen keinen wahrheitswertdefiniten Satz ergibt. Denn Begriffe bilden Gegenstände in Wahrheitswerte ab. So wie es Namen gibt, die "nur so tun", als bezeichneten sie Gegenstände, so gibt es Prädikate, die "nur so tun", als bezeichneten sie Begriffe, in Wahrheit aber Scheinbegriffe bezeichen. Ein echter Begriff muß für jeden beliebigen Gegenstand einen der beiden Wahrheitswerte "wahr" oder "falsch" ergeben; ist dies nicht der Fall, so handelt es sich nicht um einen Begriff. Leere Begriffe wie *ist ein rundes Viereck* ergeben für jeden beliebigen Gegenstand einen Wahrheitswert, nämlich den Wahrheitswert "falsch". Sie erfüllen somit diese Forderung.

Frege schreibt in seinen nachgelassenen Schriften, ein Prädikat müsse "die Eigenschaft haben, durch jeden bedeutungsvollen Eigennamen gesättigt, einen eigentlichen Satz zu ergeben; das heißt, den Eigennamen eines Wahrheitswertes zu ergeben. Dies ist die Forderung der scharfen Begrenzung des Begriffs. Jeder Gegenstand muß unter einen gegebenen Begriff fallen oder nicht fallen, *tertium non datur.*"[61] Das heißt, ein Begriff muß so klar sein, daß von jedem beliebigen Gegenstand eindeutig entscheidbar ist, ob er unter diesen Begriff fällt oder nicht. Damit erhebt Frege freilich eine Forderung, die von Begriffen der natürlichen Sprache nur selten erfüllt wird. Betrachten wir das

---

60 Frege 1971: 87 und 108
61 Frege 1971: 90

Prädikat *ist Wasser*. Wenn 'Wasser' ein Begriff im Fregeschen Sinne
sein soll, so sollte eindeutig festgelegt sein, was unter den Begriff fällt
und was nicht. Mit anderen Worten, es müßte eine scharfe Grenze
geben zwischen Wasser und Nicht-Wasser. Nehmen wir an, reines
H_2O sei Wasser, und alles, was nicht reines H_2O ist, sei Nicht-Wasser.
Dieser Festlegung gemäß habe ich noch nie in meinem Leben Wasser
getrunken und bin auch noch nie in Wasser geschwommen. Nehmen
wir an, wir definieren den Begriff 'Wasser' so, daß gewisse Zusätze in
einer gewissen Konzentration erlaubt sind. Welche Zusätze und wieviele davon dürfen es sein? H_2O + 5% Essigsäure ist Essig; H_2O +
0,005% Essigsäure würden wir *Wasser* nennen. Irgendwo dazwischen
liegt die Grenze. "Kannst du die Grenzen angeben?" fragt Wittgenstein, um darauf zu antworten: "Nein. Du kannst welche *ziehen*: denn
es sind noch keine gezogen."[62] Für unsere alltägliche Kommunikation
wäre es sehr lästig und hinderlich, wenn alle Prädikate unserer Umgangssprache Begriffe im Fregeschen Sinne bezeichnen würden.[63] Die
Unschärfe unserer Alltagsbegriffe ist kein Manko natürlicher Sprachen,
sondern, wie wir in Kapitel 8 noch sehen werden, ein Vorteil.

Kommen wir nun zu der Frage, was Frege als Sinn und was als
Bedeutung von Sätzen ansieht. Die Antworten ergeben sich aus dem
bisher Gesagten nahezu von selbst: Werden Prädikate durch Eigen-
namen gesättigt, entstehen Sätze. Daraus folgt: Wird die Bedeutung
eines Prädikats durch die Bedeutung eines Eigennamens gesättigt,
entsteht die Bedeutung des Satzes. Die Bedeutung des Prädikats ist der
Begriff; die Bedeutung des Eigennamens ist der Gegenstand. Der
Begriff ist eine Funktion, die Gegenstände in Wahrheitswerte abbildet.
Wird also der Begriff durch einen Gegenstand gesättigt, entsteht ein
Wahrheitswert. Es ist verblüffend, aber folgerichtig, wenn Frege sagt:
"So werden wir dahin gedrängt, den Wahrheitswert eines Satzes als
seine Bedeutung anzuerkennen."[64] Eine andere Überlegung führt uns
zu demselben Ergebnis: Wenn wir in einem Satz den Eigennamen
durch einen anderen ersetzen, der die gleiche Bedeutung hat, so darf
sich auch die Bedeutung des Satzes nicht ändern. Was aber bleibt
konstant, wenn wir einen Namen durch einen anderen, der auf denselben Gegenstand verweist, ersetzen? Konstant bleibt der Wahrheits-

---

62 Wittgenstein PU §68
63 cf. Pinkal 1985: 55
64 Frege 1892a/1966: 48

wert.[65] Es gibt für Sätze folglich genau zwei mögliche Bedeutungen. "Ich verstehe unter dem Wahrheitswerte eines Satzes den Umstand, daß er wahr oder falsch ist. Weitere Wahrheitswerte gibt es nicht. Ich nenne der Kürze halber den einen das Wahre, den anderen das Falsche."[66]

Erinnern wir uns, ein Name ist ein sprachlicher Ausdruck, der auf einen Gegenstand verweist; und ein "Gegenstand ist alles, was nicht Funktion ist, dessen Ausdruck also keine leere Stelle mit sich führt".[67] Ein Satz ist ein solcher Ausdruck, der keine leere Stelle mit sich führt, denn ein Satz entsteht, wenn ein Prädikat gesättigt wird. Ein Satz ist somit ein Name! Er ist "als Eigenname aufzufassen, und zwar ist seine Bedeutung, falls sie vorhanden ist, entweder das Wahre oder das Falsche".[68] Das Wahre und das Falsche sind somit keine Eigenschaften, sondern Gegenstände, die der Satz bezeichnet. Ein Behauptungssatz ist ein Name des Wahren oder Falschen. (Interessanterweise wird eine solche Auffassung auch durch unseren umgangssprachlichen Sprachgebrauch gestützt: Man sagt *Sie sagt die Wahrheit,* wenn sie etwas Wahres sagt, aber nicht *Sie sagt die Schönheit,* wenn sie etwas Schönes sagt.) Den Sinn eines Satzes, also die Art des Gegebenseins des Wahren oder Falschen, nennt Frege "Gedanke". Ein Satz drückt somit einen Gedanken aus und bezeichnet einen Wahrheitswert. Auch hier gilt: Ein Satz drückt, sofern er den Regeln der Sprache gemäß korrekt gebildet ist, einen Gedanken aus. Aber nicht jeder Satz bezeichnet notwendigerweise einen Wahrheitswert, das heißt, nicht jeder Satz hat eine Bedeutung im Fregeschen Sinne. Das gilt natürlich zunächst für alle nicht-assertiven Sätze, aber auch für einige assertive, nämlich für genau diejenigen Behauptungssätze, deren Prädikat keinen Begriff bezeichnet und/oder deren Prädikat mit einem Namen gesättigt ist, der keinen Gegenstand bezeichnet. Der Behauptungssatz *Schneewittchen wog 73 kg* hat keine Bedeutung, weil der Name *Schneewittchen* keine hat. Der von diesem Satz ausgedrückte Gedanke läßt sich so wenig auf seine Wahrheit hin beurteilen, wie sich Schneewittchen porträtieren läßt. Frege unterscheidet streng zwischen (i) dem Fassen eines Gedankens, (ii) dem Urteilen, d.h. dem Zuschreiben eines

---

65   cf. Frege 1892a/1966: 47
66   Frege 1892a/1966: 48
67   Frege 1891/1966: 30
68   Frege 1892a/1966: 48

Wahrheitwertes, und (iii) dem Behaupten, d.h. der Kundgabe eines Urteils.[69] "Wenn wir einen Gedanken innerlich als wahr annehmen, so urteilen wir; wenn wir solche Anerkennung kundgeben, so behaupten wir."[70] Daraus folgt: Der Satz *Schneewittchen wog 73 kg* läßt sich nicht behaupten. Denn über den Gedanken, den der Satz ausdrückt, läßt sich kein Urteil fällen, da der Name *Schneewittchen* keinen Gegenstand bezeichnet und der Begriff, den das Prädikat *wog 73 kg* ausdrückt, nicht gesättigt ist. Wo ein Urteil nicht möglich ist, kann auch keines kundgegeben werden. Wer auch immer behauptet, daß Schneewittchen 73 kg wog, vollzieht also eine Scheinbehauptung!

Wir haben uns bezüglich der Theorie des Aristoteles gefragt, ob wir annehmen müssen, daß es sich um eine psychologische Bedeutungstheorie handelt. Die Antwort war: Wir wissen es nicht, aber vieles spricht dagegen. Denn seine "Vorstellungen der Seele" sind offenbar nicht als individualpsychologische innere Ereignisse konzipiert. Wenn es sich schon um eine psychologische Bedeutungstheorie handelt, so um eine entindividualisierte. Die analoge Frage können wir bezüglich Freges Theorie stellen. Wenn wir davon ausgehen, daß der Fregesche Sinn dem nahekommt, was man gemeinhin Bedeutung nennt, so können wir fragen: Hat Frege mit seiner Konzeption des Sinns eine psychologische Bedeutungstheorie (*Bedeutung* im nicht-Fregeschen Sinne) vorgelegt? Eine positive Antwort könnte etwa folgendermaßen begründet werden: Den Sinn eines Satzes nennt Frege "Gedanke". Ein Gedanke ist das Produkt des Denkens. Denken ist ein individualpsychologischer Vorgang. Der Sinn eines Satzes ist somit das Produkt eines individualpsychologischen Vorgangs. Also ist die Theorie des Sinns eine psychologische Theorie. Eine solche Argumentation wäre ganz und gar nicht in Freges Sinne. Frege macht uns die Antwort leichter als Aristoteles, denn er äußert sich, vor allem in seinem Aufsatz "Der Gedanke. Eine Logische Untersuchung", explizit dazu.

Der Gedanke ist für Frege eine Kategorie der Logik, nicht der Psychologie. Der Sinn des Satzes, also der durch ihn ausgedrückte Gedanke, ist auch, wie wir später sehen werden, keine Kategorie der Semantik einer Sprache. Er ist nicht gleichzusetzen mit dem, was man gemeinhin Satzbedeutung oder Satzinhalt nennt. Schauen wir uns Freges Erläuterungen genauer an. "Der Logik kommt es zu, die Geset-

---

69   s. Frege 1918/1966: 35
70   Frege 1971: 54

ze des Wahrseins zu erkennen."[71] Die Psychologie hingegen befasse sich mit psychologischen Gesetzen, etwa denen des Fürwahrhaltens. Man könne "zu der Meinung kommen", schreibt Frege, "es handle sich in der Logik um den seelischen Vorgang des Denkens, und um die psychologischen Gesetze, nach denen es geschieht. Aber damit wäre die Aufgabe der Logik verkannt; denn hierbei erhält die Wahrheit nicht die gebührende Stellung."[72] Wir sehen also, daß Frege das Wort *Gedanke* auf eine sehr spezielle Weise verwendet. Der Fregesche "Gedanke" soll gerade nicht das Produkt des Denkens sein. Der Gedanke ist das, was wahr oder falsch sein kann, unabhängig davon, ob er je gedacht oder gar behauptet wurde. Denn "zum Wahrsein eines Gedankens gehört nicht, daß er gedacht werde".[73] Wie entstehen Gedanken, wenn nicht durch den Vorgang des Denkens, und wo befinden sie sich? Sie entstehen nicht, sondern sie sind da, von Ewigkeit zu Ewigkeit. Sie sind zeitlos. Ihr Aufenthaltort ist weder der Kopf noch die Welt. "Die Gedanken sind weder Dinge der Außenwelt noch Vorstellungen. Ein drittes Reich muß anerkannt werden."[74] Was der Gedanke ist, charakterisiert Frege im wesentlichen negativ. Die einzig positive Charakterisierung, die man geben kann, ist die bereits gegebene: Der Gedanke ist das, was man als wahr oder falsch beurteilt, wenn man ein Urteil fällt. "Eine Tatsache ist ein Gedanke, der wahr ist."[75] Tatsachen kann man weder hören noch sehen! "Daß die Sonne aufgegangen ist, ist kein Gegenstand, der Strahlen aussendet, die in mein Auge gelangen, ist kein sichtbares Ding, wie die Sonne selbst. Daß die Sonne aufgegangen ist, wird auf Grund von Sinneseindrücken als wahr erkannt."[76] Zum Wahren und somit zu den Tatsachen gelangt man, indem man über Gedanken Urteile fällt. Worin besteht das Denken eines Gedankens, wenn unter "denken" nicht der Akt der geistigen Hervorbringung verstanden werden soll? Darauf kann Frege eine nur metaphorische Antwort geben: "Wir sind nicht Träger der Gedanken, wie wir Träger unserer Vorstellungen sind. Wir haben einen Gedanken, nicht, wie wir etwa einen Sinneseindruck haben; wir sehen aber auch einen Gedanken, nicht, wie wir etwa einen Stern sehen. Darum

---

71 Frege 1918/1966: 30
72 Frege 1918/1966: 30
73 Frege 1918/1966: 50
74 Frege 1918/1966: 43
75 Frege 1918/1966: 50
76 Frege 1918/1966: 33

ist es anzuraten, hier einen besonderen Ausdruck zu wählen, und als solcher bietet sich uns das Wort 'fassen' dar. [...] Beim Denken erzeugen wir nicht die Gedanken, sondern wir fassen sie."[77] Gedanken sind also weder in der Welt noch in unseren Köpfen. Sie bilden eine Welt für sich, und wenn wir denken, so fassen wir sie. Wir erzeugen sie nicht mit den Sätzen unsrer Sprache, sondern die Sätze drücken sie aus. Ein gefaßter Gedanke muß weder ausgedrückt noch muß er Gegenstand des Urteilens sein. In dem Behauptungssatz *Wenn ich Hunger habe, esse ich Leberwurst* ist weder dem Vordersatz noch dem Nachsatz ein Wahrheitswert zugeordnet. Wer diesen Satz mit behauptender Kraft äußert, behauptet weder, daß er Hunger hat, noch daß er Leberwurst ißt! Beide Gedanken werden ausgedrückt ohne "Anerkennung" eines Wahrheitwertes. Behauptet wird nur ihre Wenndann-Beziehung.

Was spricht nun dagegen, den Sinn eines Behauptungssatzes als seinen Inhalt zu betrachten? Dagegen spricht die enge Verbindung, die Frege zwischen dem Gedanken und den Wahrheitswerten schafft: Alles, was den Wahrheitswert nicht betrifft, ist nicht Teil des Gedankens. "Wörter wie 'leider' oder 'gottlob' gehören hierher."[78] Nur der wahrheitsfunktional relevante Teil des Satzinhalts ist der Gedanke. So drückt etwa der Satz *Alfred ist noch nicht gekommen* den gleichen Gedanken aus wie der Satz *Alfred ist nicht gekommen*. Mit dem *noch* "deutet [man lediglich] an, daß man sein Kommen erwartet".[79] Zum Wahrheitswert der Aussage trägt die angedeutete Erwartung des Sprechers hingegen nichts bei. Das Analoge gilt beispielsweise für das Wort *aber*. Es "unterscheidet sich von 'und' dadurch, daß man mit ihm andeutet, das Folgende stehe zu dem, was nach dem Vorhergehenden zu erwarten war, in einem Gegensatze. Solche Winke in der Rede machen keinen Unterschied im Gedanken."[80] Solche Winke sind jedoch durchaus Teil dessen, was man in nicht-Fregescher Terminologie die Satzbedeutung nennt. Wenn Frege sagt: "Ob ich das Wort 'Pferd' oder 'Roß' oder 'Gaul' oder 'Mähre' gebrauche, macht keinen Unterschied im Gedanken",[81] so macht dies unmittelbar deutlich, daß

77 Frege 1918/1966: 49f.
78 Frege 1918/1966: 36
79 Frege 1918/1966: 37
80 Frege 1918/1966: 37
81 Frege 1918/1966: 37

Frege mit seiner Kategorie des Sinns nur den extensionalen Aspekt der Wortbedeutung und somit der Satzbedeutung im Auge hat.

Der Semantik einer natürlichen Sprache, dem, was Frege den Inhalt nennt, gerecht zu werden, war nicht Teil der Bestrebungen Freges. Über den Inhalt sagt er nicht viel mehr, als daß er nicht mit dem Sinn identisch ist. "So überragt der Inhalt eines Satzes nicht selten den in ihm ausgedrückten Gedanken."[82] Was Frege *Inhalt* nennt, ist nicht Gegenstand seiner Untersuchungen. Aber aus seinen Ausführungen ergibt sich folgendes Bild: Wir fassen einen Gedanken mittels eines Satzes, der diesen Gedanken ausdrückt, und bezeichnen damit, wenn der Satz mit behauptender Kraft geäußert wird, das Wahre oder das Falsche. Dank welcher Eigenschaft ist der Satz in der Lage, den gefaßten Gedanken auszudrücken? Oder anders gefragt: Welches ist das Kriterium des Sprechers für die Wahl eines Elements genau derjenigen Klasse von Sätzen, die den von ihm gefaßten Gedanken ausdrücken? Frege stellt und beantwortet diese Frage nicht, aber es kommt nur eine Antwort in Frage: Das Kriterium der Wahl ist der Inhalt des Satzes. Er muß dergestalt sein, daß er den Gedanken auszudrücken im Stande ist. Der Inhalt "ist der Gedanke oder enthält wenigstens den Gedanken".[83] Der Sprecher muß die Wahl seines Satzes so treffen, daß der Inhalt des Satzes "wenigstens" den Gedanken enthält. Der Gedanke ist außerindividuell und zeitlos, der Inhalt ist einzelsprachlich und somit zeitgebunden.

Ich will damit die Darstellung der Fregeschen Theorie über Sinn und Bedeutung abbrechen. Die Darstellung ist nicht vollständig; insbesondere fehlt der Teil, in dem sich Frege mit verschiedenen Typen von Nebensätzen befaßt. Aber sie sollte ausreichen, um das Kategoriensystem Freges verständlich zu machen. Der Deutlichkeit halber will ich versuchen, einen schematischen Überblick zu geben, und zwar einmal aus der Perspektive der sprachlichen Zeichen und zum zweiten aus des Sprechers.

---

82 Frege 1918/1966: 37
83 Frege 1918/1966: 35

Linguistische Ebene	Epistemische Ebene	Ontologische Ebene
Zeichen	Sinn	Bedeutung
(1) Prädikat	Art des Gegebenseins	Begriff
(2) Eigenname	Art des Gegebenseins	Gegenstand
(3) Satz	Gedanke	Wahrheitswert

Ein Zeichen drückt seinen Sinn aus und bezeichnet seine Bedeutung.
Wird ein Element der Reihe (1) durch ein Element der Reihe (2) der
gleichen Spalte gesättigt, ergibt sich das Element der Reihe (3) der
entsptrechenden Spalte. Das heißt:

– Die Sättigung eines Prädikats durch einen Eigennamen ergibt einen
  Satz.
– Die Sättigung des Sinns eines Prädikats durch den Sinn eines Ei-
  gennamens ergibt einen Gedanken.
– Die Sättigung eines Begriffs durch einen Gegenstand ergibt einen
  Wahrheitswert.

Aus der Perspektive des Sprechers, der etwas behauptet, ergibt sich
folgendes Bild:
– Der Sprecher faßt einen Gedanken.
– Er erkennt (möglicherweise) die Wahrheit des Gedankens an, d.h.
  er urteilt.
– Er gibt (möglicherweise) das Urteil kund, d.h. er vollzieht eine
  Behauptung, indem er mit Wahrheitsanspruch einen Satz äußert,
  dessen Inhalt den Gedanken ausdrückt, d.h. diesen wenigstens
  enthält.

Frege hat damit ein konsistentes begriffliches Instrumentarium geschaffen, dessen zentrale Idee die der Repräsentation ist. Sprachliche
Zeichen sind Mittel zur Repräsentation von Begriffen und Gegenständen, wobei man, wenn man Freges Theorie aus linguistischer Sicht
adaptieren, ablehnen oder auch nur beurteilen will, sich stets vor
Augen halten muß: Sie ist nicht geschaffen zum Zwecke der Beschreibung natürlicher Sprachen und schon gar nicht dazu, dem Vorgang
des Kommunizierens gerecht zu werden. Sie beschränkt sich auf die
wahrheitsfunktional relevanten Aspekte der Sprache. "Dem auf das

Schöne in der Sprache gerichteten Sinne kann gerade das wichtig erscheinen, was dem Logiker gleichgültig ist."[84] Ich will die Beschränkung auf die repräsentationistische Sicht nicht kritisieren, sondern vielmehr ergänzen. Denn, um es noch einmal zu betonen, die Sprache dient uns zum Zwecke der Kategorisierung, der Repräsentation und der Kommunikation. Alle drei Aspekte gilt es im Auge zu behalten.

"Der Sinn eines Eigennamens wird von jedem erfaßt, der die Sprache [...] hinreichend kennt, der er angehört",[85] schreibt Frege. Wir dürfen wohl annehmen, daß es in Freges Sinne ist, wenn wir diese Aussage verallgemeinern auf den Sinn sprachlicher Zeichen überhaupt, also auch auf den Sinn von Prädikaten und Sätzen. Um den Sinn eines Zeichens erfassen zu können, ist es notwendig, seinen Inhalt zu kennen und zu wissen, welcher Anteil daran wahrheitsfunktional relevant ist. Was kennt man, wenn man seine Sprache hinreichend kennt? Worin besteht das sprachliche Wissen, über das man verfügt, wenn man den Inhalt eines Zeichens kennt? Frege gibt darauf keine Antwort. Vom Inhalt interessiert ihn nur der Teil, der den Sinn ausmacht. Es gelingt ihm nicht einmal zu explizieren, was es heißt, einen Gedanken zu *fassen*. "Vielleicht", so gesteht er, "ist dieser Vorgang der Geheimnisvollste von allen."[86] Frege gibt nicht vor, beschreiben zu wollen, wie wir Sätze verstehen.[87] Rein repräsentationistische Theorien sollten dies auch nicht vorgeben. Denn um dies leisten zu können, müßten sie immer noch erläutern, wie die Repräsentation zustande kommt! Sie müßten Platons Rätsel lösen, das er sich im *Kratylos* vorgenommen hatte. Eine Lösung dieses Rätsels scheint mir Wittgensteins heuristische Maxime zu ermöglichen: "'Die Bedeutung eines Wortes ist das, was die Erklärung der Bedeutung erklärt.' D.h.: willst du den Gebrauch des Worts 'Bedeutung' verstehen, so sieh nach, was man 'Erklärung der Bedeutung' nennt."[88] Wittgenstein hat die Lösung des Rätsels in die Maxime bereits eingeschmuggelt: Die Bedeutung ist der Gebrauch. Dieser These will ich mich im nächsten Kapitel zuwenden.

---

84 Frege 1918/1966: 37
85 Frege 1892a/1966: 42
86 Frege 1971: 64
87 Siehe dazu auch Tugendhat 1976: 156. Wenn Tugendhat allerdings sagt, Frege habe "für das, was wir verstehen, wenn wir einen sprachlichen Ausdruck verstehen [...] überhaupt keinen umfassenden Terminus", so ist dies inkorrekt. Dafür verwendet er, zugegebenermaßen selten, den Terminus "Inhalt".
88 Wittgenstein PU §560; s. auch BB: 15.

6 Wittgensteins instrumentalistische Zeichenauffassung

Von einem sprachlichen Zeichen zu sagen, es habe Bedeutung, heißt
zu sagen, es sei mit einer Vorstellung verbunden. Die Vorstellung des
Sprechers wird mit einem sprachlichen Zeichen gleichsam versand-
fertig verpackt (enkodiert), und vom Hörer nach dessen Empfang
wieder ausgepackt (dekodiert). Der Hörer gelangt somit in den Besitz
der mit dem empfangenen Zeichen verbundenen Vorstellung. Die
Bedeutung eines Zeichens ist also die mit ihm verbundene Vorstellung. So oder so ähnlich lautet die common-sense Theorie der Bedeutung. "Die charakteristische traditionelle Zeichentheorie war eine
Stellvertretertheorie: das Zeichen vertritt etwas, was auch ohne die
Verwendung dieses oder eines anderen Zeichens gegeben sein könnte
– eben in der Vorstellung."[89] Eine solche Auffassung kann man ge-
neralisierend "Vorstellungstheorie" nennen. Mit Hilfe einiger suggesti-
ver Fragen und Bemerkungen möchte ich auf die Probleme aufmerksam machen, die mit einer solchen Theorie verbunden sind. Eine
ausführliche Darstellung und Kritik der verschiedenen Varianten der
Vorstellungstheorie gibt Tugendhat.[90]

1. Auch wenn wir unterstellen, daß es plausibel ist, anzunehmen, daß
wir mit den Wörtern *Kuh, Haus, trinken* etc. Vorstellungen verbinden,
so wäre immer noch zu zeigen, welche Vorstellung wir mit Ausdrük-
ken wie *nichts, ob, Dienstag, gut, Vetter, ähnlich* oder *unvorstellbar*
verbinden.

2. Unterstellen wir, daß die These "die Bedeutung eines Ausdrucks ist
die mit ihm verbundene Vorstellung" korrekt ist, welche Bedeutung
hätte dieser Theorie gemäß der Ausdruck *Vorstellung*? Und welche
Bedeutung hätte der Ausdruck *die mit dem Ausdruck 'Vorstellung'
verbundene Vorstellung*? Die Antwort lautet: "Die Vorstellung der mit
dem Ausdruck *Vorstellung* verbundenen Vorstellung." Was bedeutet
der Theorie gemäß diese Antwort?

3. Wie lehrt man andere (z.B. Kinder), bestimmte Vorstellungen zu
haben, und wie kontrolliert man, ob es die richtigen sind? Wie vergleiche ich meine Vorstellung mit der eines anderen?

---

89 Tugendhat 1976: 477
90 Tugendhat 1976

4. Nehmen wir an, es behaupte jemand, die Wörter *fast* und *beinahe* hätten die gleiche Bedeutung. Wie überprüft man, ob dies stimmt? Der Vorstellungstheorie gemäß sollte folgende Methode erfolgversprechend sein: Man schließe die Augen, vergegenwärtige sich zunächst die zu *fast* gehörige Vorstellung und dann die zu *beinahe*. Sodann vergleiche man die beiden Vorstellungen und überprüfe, ob es sich zweimal um die gleiche Vorstellung handelte.

5. Unterstellen wir, mein Gesprächspartner stelle sich, wenn ich zu ihm sage "Ich habe mir eine Kuh gekauft", eine Kuh vor. Die korrekte Vorstellung zu haben, setzt doch offenbar voraus, daß er (unter anderem) den Ausdruck *Kuh* richtig verstanden hat. Folglich kann das Verständnis des Wortes *Kuh* nicht im Haben der entsprechenden Vorstellung liegen. Wenn eine Vorstellung ins Spiel kommt, kann sie nur eine Folge des Verstanden-habens sein.

6. Unterstellen wir, mein Gesprächspartner stelle sich, nachdem ich ihm sagte "Ich fahre morgen in Urlaub", Sonne, Strand und Meer vor. Ich aber erhole mich drei Wochen in Ludwigshafen. Würden wir unter diesen Bedingungen sagen, er habe mich mißverstanden? Wohl kaum; er hatte nur eine falsche Hypothese über das Reiseziel.

7. Der Begriff der Vorstellung bedürfte, um theoriefähig zu werden, einer analytischen Klärung und Explikation. Eine solche ist mir nicht bekannt; aber unterstellen wir, Vorstellungen seien so etwas wie geistige Bilder. (Wenn ich mir Hawaii vorstelle, erzeuge ich in mir eine Art geistigen Bildes.) Wenn so etwas mit dem Begriff der Vorstellung gemeint ist, wer hilft mir dann, meine geistigen Bilder zu verstehen? Und wer garantiert, daß ich sie richtig interpretiere?

Was diese sieben Suggestivfragen bzw. Bemerkungen andeuten sollen, ist folgendes:

ad 1: Die Vorstellungstheorie wird vollständig unplausibel, wenn sie auf Konjunktionen wie *ob*, relationale Ausdrücke wie *Vetter*, rein evaluative Ausdrücke wie *gut* oder nur strukturell definierbare Ausdrücke wie *Dienstag* angewendet wird.

ad 2: Die Anwendung der Vorstellungstheorie führt bei dem Versuch, sie auf den Ausdruck *Vorstellung* selbst anzuwenden, zu einem iterativen Regreß.

ad 3: Wenn der kommunikative Gebrauch der Sprache im Austausch von Vorstellungen bestünde, müßten Vorstellungen nichtsprachlich kommunizierbar sein, um eine Sprache lehren zu können.

ad 4: Jeder, der mit einer Synonymiefrage konfrontiert wird, macht intuitiv Austauschtests, und keiner käme je auf die vorstellungstheoretische Idee, introspekive Vorstellungsvergleiche anstellen zu wollen.

ad 5: Vorstellungen sind allenfalls sekundäre Begleiterscheinungen des Kommunizierens, nicht aber substantieller Teil des Kommunizierens.

ad 6: Eine Äußerung richtig verstanden zu haben und die der Äußerungsintention des Sprechers adäquate Vorstellung zu haben, ist unabhängig voneinander. Die Aussage "Ich habe dich vollständig verstanden, kann mir aber nicht vorstellen, was du gesagt hast" ist nicht selbstwidersprüchlich.

ad 7: Wenn Vorstellungen in irgendeiner Weise Bildcharakter haben, müssen sie selbst Gegenstand interpretativer Bemühungen sein, um verstanden zu werden. Diese Annahme führt ebenfalls in einen iterativen Regreß.

Das Fazit ist: Selbst wenn wir zugestehen, daß wir beim Kommunizieren (bisweilen, stets oder bei einigen Sätzen oder Wörtern) Vorstellungen haben, so spielen sie für die Kommunikation nicht die Rolle, die ihnen die Vorstellungstheorie beimißt. Ob wir welche haben oder nicht, ist irrelevant für die Frage, was der Sprecher meint mit dem, was er sagt, und was der Hörer versteht. Selbst wenn es systematische Vorstellungen gibt, die unser Kommunizieren begleiten, haben sie für das Spiel des Kommunizierens nicht mehr Bedeutung als etwa die systematisch auftretende Freude oder Verärgerung, die einen Stich im Skatspiel begleiten mag. Sie sind nicht Bestandteil des Spiels.

Jede Theorie, die behauptet, daß Zeichen für etwas stehen, seien es Vorstellungen, Dinge oder sonst etwas, muß auf die Frage eine Antwort geben, wie dieses Repräsentationsverhältnis hergestellt und aufrechterhalten wird. Wie bringt man ein Zeichen dazu, für etwas zu stehen oder etwas zu symbolisieren oder eine Vorstellung zu repräsentieren? Soll das, wofür das Zeichen steht, Bedeutung genannt werden? Genau diese Position will ich nicht vertreten. Nicht, was kommuniziert ist, soll Bedeutung genannt werden, sondern was Kommunizieren ermöglicht. Erinnern wir uns: Wer über Zeichen, deren Beziehung zur kognitiven Welt und zur Welt der Dinge reden will, der muß, wie dies spätestens seit Aristoteles üblich ist, drei Betrachtungsebenen vorsehen und unterscheiden: die linguistische Ebene der Zeichen, die epistemologische Ebene der Konzepte und die ontologische Ebene der Dinge und Sachverhalte. Man kann sich dann fragen, auf welcher Ebene man das ansiedeln möchte, was *Bedeutung* heißen soll. Teilweise ist das eine terminologische Entscheidung. Frege siedelte, was er *Bedeutung* nannte, wie wir gesehen haben, auf der ontologischen Ebene an. Vorstellungstheoretiker siedeln sie offenbar auf der epistemischen Ebene an. Ich werde dafür plädieren, Bedeutung, dem späteren Wittgenstein folgend, auf der linguistischen Ebene anzusiedeln. Wenn man diese Entscheidung nicht als rein terminologische Frage abtun will, muß man sich zunächst über eine andere Frage Klarheit verschaffen: Was soll der Bedeutungsbegriff leisten? Was soll mit ihm erklärt werden? Ohne eine solche Präzisierung läßt sich die Frage "Worin besteht die Bedeutung eines Zeichens?" nicht sinnvoll beantworten. Meine Entscheidung ist die: Der Begriff der Bedeutung soll den Aspekt der Interpretierbarkeit des Zeichens erklären. Auch wenn man zugesteht, daß Zeichen für etwas stehen, etwas repräsentieren, etwas bezeichnen und dergleichen, sei es einen Gegenstand, eine Vorstellung, ein Konzept, einen Wahrheitswert oder was auch immer, kommt man nicht umhin, sich die Frage zu stellen, welche Eigenschaft des Zeichens es ist, dank derer der Adressat herausfindet, wofür das Zeichen steht. Wenn wir mit Hilfe einer Sprache kommunizieren, vollziehen wir Äußerungen in der Absicht, den Adressaten zu einer bestimmten Interpretation zu bewegen. Eine Äußerung in einer solchen Absicht zu vollziehen heißt, mit dieser Äußerung etwas meinen. Wir können also auch sagen, der Bedeutungsbegriff soll der Erklärung dessen dienen, wie es dem Sprecher möglich ist, dem Adressaten erkennen zu geben, was er meint. Er soll dazu beitragen, Platons Rätsel zu lösen: Wie gelingt es, "daß [...], wenn ich dieses Wort ausspreche [und] jenes denke, [...] du erkennst, daß ich jenes denke"?[91] Um erläutern zu können, wie dies möglich ist, ist erheblicher begrifflicher Aufwand nötig. Ludwig Wittgenstein hat entscheidende Anstöße zur Lösung dieses Rätsels geliefert. Diese will ich nun in ihren Grundzügen erläuternd darstellen.

---

91 Platon 434 e

Wittgensteins Auffassung zur Bedeutung sprachlicher Zeichen wird gemeinhin "die Gebrauchstheorie der Bedeutung" genannt. Eine solche Redeweise suggeriert dem mit Wittgensteins Schriften wenig vertrauten Leser, es gäbe eine theoretische Abhandlung, in der er eine Theorie der Bedeutung vorgelegt hat. Eine solche gibt es nicht. Wittgenstein hat vielmehr in einer Reihe verstreuter Bemerkungen, vor allem in dem Hauptwerk seiner späteren Philosophie, das den Titel "Philosophische Untersuchungen" trägt, den Begriff der Bedeutung thematisiert, berührt oder auch bisweilen nur gestreift. So ist es nicht verwunderlich, daß unterschiedliche Interpretationen vorliegen. "Die philosophischen Bemerkungen dieses Buches", schreibt er im Vorwort zu den "Philosophischen Untersuchungen", "sind gleichsam eine Menge von Landschaftsskizzen, die auf diesen langen und verwickelten Fahrten entstanden sind."[92] Eine Gebrauchtstheorie kann nur das Ergebnis interpretativer und ergänzender Bemühungen sein. Solchen Bemühungen wollen wir uns nun unterziehen.

Als einschlägig wird im allgemeinen der Paragraph 43 der "Philosophischen Untersuchungen" angesehen, der in voller Länge wie folgt lautet:

> Man kann für eine *große* Klasse von Fällen der Benützung des Wortes 'Bedeutung' – wenn auch nicht für *alle* Fälle seiner Benützung – dieses Wort so erklären: Die Bedeutung eines Wortes ist sein Gebrauch in der Sprache.
> Und die *Bedeutung* eines Namens erklärt man manchmal dadurch, daß man auf seinen *Träger* zeigt. (PU § 43)

Dieser Paragraph enthält zwei Fallen und einen Hinweis. Beginnen wir mit dem Hinweis. Die Bedeutung eines Namens könne man manchmal hinweisend durch Zeigen erklären, sagt Wittgenstein. Da das Problem der hinweisenden Erklärung für unsere Zwecke nur von marginalem Interesse ist, soll eine knappe Erläuterung genügen. Man könnte annehmen, und Frege, dessen Schriften der frühe Wittgenstein bewundert hatte, tut dies ja auch, daß die Bedeutung eines Namens sein Träger sei. Wittgenstein distanziert sich in den "Philosophischen Untersuchungen" von dieser Annahme. Allerdings, so konzediert er, lasse sich die Bedeutung eines Namens, oder allgemeiner eines Wortes, bisweilen erklären durch hinweisende Definition. Warum nur

---

92 PU Vorwort

bisweilen? Die Antwort ist einleuchtend: Man stelle sich vor, ich wolle einem erklären, was das Wort *zwei* bedeutet, indem ich auf zwei Nüsse zeige und sage "Das heißt 'zwei'" (PU §28). Woher soll der Lernende wissen, worauf ich gedeutet habe? Er könnte annehmen, ich wolle ihm die Bedeutung von *Nüsse* beibringen. Nehmen wir an, ich deutete auf einen roten Pullover und sage "Das heißt *rot*". Wie soll der Adressat entscheiden können, ob ich nicht die Bedeutung von *Pullover* oder *flauschig* oder *Wolle* erklären wollte? Mit anderen Worten, um eine hinweisende Erklärung verstehen zu können, muß bereits vieles bekannt sein.

> Man könnte also sagen: Die hinweisende Definition erklärt den Gebrauch – die Bedeutung – des Wortes, wenn es schon klar ist, welche Rolle das **Wort** in der Sprache überhaupt spielen soll. Wenn ich also weiß, daß Einer mir ein Farbwort erklären will, so wird mir die hinweisende Erklärung "Das heißt 'Sepia'" zum Verständnis des Wortes helfen. (PU §30)

Die hinweisende Definition kann nicht am Anfang stehen, und sie ist nicht immer erfolgreich. Denn "die hinweisende Definition kann in *jedem* Fall so oder anders gedeutet werden". (PU §28)

Widmen wir uns nun den beiden Fallen. Mißverständlich ist erstens die einschränkende Vorbemerkung im ersten Satz des Paragraphen 43 und zweitens das Schlüsselwort *Gebrauch* selbst. Beginnen wir mit der Einschränkung: Wittgensteins Explikation der Bedeutung von *Bedeutung* soll "für eine *große* Klasse von Fällen der Benützung des Wortes 'Bedeutung' – wenn auch nicht für *alle* Fälle seiner Benützung" gelten. Das naheliegende Mißverständnis formuliert George Pitcher in schöner Klarheit: "Genau das würde man von Wittgenstein erwarten: wie es viele verschiedene Sorten von Spielen gibt, gibt es auch viele verschiedene Arten von Bedeutung, und nicht alle sind identisch mit dem Gebrauch des bedeutungstragenden Wortes. Es ist charakteristisch für Wittgenstein, daß er uns nicht sagt, was für Fälle er nicht unter seine allgemeine Maxime rechnen würde."[93] Das Mißverständnis besagt, Wittgenstein wolle mit seiner Einschränkung zum Ausdruck bringen, daß es eine *kleine Klasse* von Wörtern gebe, deren Bedeutung *nicht* ihr Gebrauch in der Sprache sei. Wäre es dies gewesen, was er hätte sagen wollen, so hätten seine sprachlichen Fähigkeiten durchaus ausgereicht, es klar zu sagen. "Man kann für eine große Klasse von Wortbedeutun-

---

93   Pitcher 1964/1967: 290

gen – wenn auch nicht für alle Fälle der Bedeutungen der Wörter –
das Wort *Bedeutung* so erklären ..." Dies hat Wittgenstein nicht gesagt. Er redet nicht von einer großen Klasse von Wortbedeutungen
oder einer großen Klasse von Wörtern, sondern von einer großen
Klasse von Benützungen des Wortes *Bedeutung*! Mit anderen Worten,
er redet über die Bedeutungsvielfalt des Wortes *Bedeutung*. Er sagt
uns, was das Wort *Bedeutung* bedeutet. Wir benutzen das Wort *Bedeutung* auf vielfältige Weise: 'die Bedeutung Konrad Adenauers für
Deutschland', 'die Bedeutung des Wortes *rein* für Goethes Alters-
werk', 'die Bedeutung des Wortes *polliastre* im Deutschen' usw. In
solchen und ähnlichen Verwendungen des Wortes *Bedeutung* läßt es
sich nicht mit "Gebrauch in der Sprache" gleichsetzen. Die Gleichsetzung gilt nur in den bedeutungstheoretisch relevanten Fällen der
Benutzung des Wortes *Bedeutung*: die Bedeutung des Wortes auf der
Ebene der Langue. Hier gilt uneingeschränkt: Die Bedeutung eines
Wortes ist sein Gebrauch in der Sprache.

   Damit haben wir eine Überleitung zu der zweiten Falle erreicht.
Wo steht, daß sich Wittgenstein auf die Langue-Bedeutung bezieht?
Will er nicht gerade den Bedeutungsbegriff flexibler machen und sagen
"Je nachdem wie das Wort gebraucht wird, je nach Kontext, Situation
oder Umständen kann ein Wort verschiedene Bedeutungen haben"?
Gisela Harras propagiert diese These: "Dies heißt, [es] gibt [...] nicht
die Bedeutung eines Wortes, sondern je nach Situation und Zwecken
von Sprechern jeweils verschiedene Bedeutungen. Dahinter steht
zugleich die Auffassung, daß der Gebrauch von sprachlichen Ausdrücken – und damit ihre Bedeutungen – abhängig ist von den Intentionen, die Sprecher jeweils haben."[94] Befürworter wie Gegner der
Wittgensteinschen Auffassung bedienen sich dieses Mißverständnisses.
So warnt Derek Bickerton: "But we must be careful here, or we shall
fall into the trap of Wittgenstein's [...] theory of 'meaning as use'. This
approach holds that things mean what we choose them to mean – and
it is a useful gambit against naive realists who believe that language
merely labels what is already there."[95] Vielfach wird diese "Bedeutungstheorie" nachgerade als die große Errungenschaft der pragma-
tisch orientierten Linguistik gefeiert oder von ihren Gegnern als Argu-

---

94   Harras 1983: 97
95   Bickerton 1990: 48

ment ihrer Unangemessenheit benutzt.[96] Was spricht gegen die Interpretation, daß es nicht *die* Bedeutung gebe, sondern daß ein Wort je nach Kontext und Sprecherintention verschiedene Bedeutungen habe? Im Paragraphen 43 der "Philosophischen Untersuchungen" spricht nichts gegen diese Interpretation, außer daß sie das "principle of charity" verletzt, das Prinzip der wohlwollenden Interpretation, welches besagt: "Unterstelle deinem Gesprächspartner nicht, Unsinn sagen zu wollen." Wenn der Begriff der Bedeutung dazu dienen soll zu erklären, wie es dem Sprecher möglich ist, in und mit einer Sprache etwas zu meinen, so kann die Bedeutung nicht gleichgestzt werden mit dem, was der Sprecher von Fall zu Fall meint. Wenn die Bedeutung dazu dienen soll zu verstehen, was einer in einer gegebenen Situation mit seiner Äußerung intendiert, so kann sie nicht situations- und intentionsabhängig konzeptualisiert werden. Wenn ich den Sprecher verstanden haben muß, um die Bedeutung seiner Wörter zu kennen, so kann die Bedeutung nichts sein, was mir beim Verstehen hilft. Was Wittgenstein unter *Bedeutung* versteht, soll die Basis des Verstehens sein und nicht dessen Ergebnis. Daraus folgt, daß mit dem Ausdruck *Gebrauch* nicht einzelne Gebrauchsinstanzen gemeint sein können, sondern nur die Gebrauchsweise in der Sprache, die Regel des Gebrauchs. Aber in der Tat hat Wittgenstein, wenn ich recht sehe, versäumt, eine terminologische Unterscheidung einzuführen, um das, was ein Wort bedeutet, klar von dem differenzieren zu können, was ein Sprecher mit einer speziellen Äußerung dieses Wortes meint. Ich werde in Kapitel 10 auf diese Unterscheidung zurückkommen und eine Terminologie vorschlagen.

Was Wittgenstein mit dem zitierten Paragraphen sagen will, ist dies: Die Bedeutung eines Wortes einer Sprache L besteht in seiner Gebrauchsweise innerhalb von L. Dies gilt für alle Wörter einer Sprache. Wenn du weißt, wie ein Wort verwendet wird, wenn du die Regel seines Gebrauchs in der Sprache L kennst, weißt du alles, was es zu wissen gibt. Wenn du jemandem die Bedeutung eines Wortes beibringen willst, so bringe ihm bei, wie dieses Wort in der Sprache verwendet wird. (Du brauchst ihm dabei nichts über deine Vorstellungen oder sonst etwas über dein Innenleben zu sagen!) Manchmal, wenn schon

---

96 cf. Bierwisch 1979: 120; hier wird diese Interpretation als Gegenargument benutzt.

viele Vorklärungen getroffen sind, kann auch eine hinweisende Definition die Erklärung des Gebrauchs ersetzen.

Es ist nicht nur das Prinzip der wohlwollenden Interpretation, das
zu dieser Interpretation Anlaß gibt. Sie ergibt sich erstens aus dem
Zusammenhang mit den übrigen Schlüsselbegriffen seiner späteren
Philosophie – wie dem des Sprachspiels, der Lebensform, der Regel
und der Privatsprache. Auf diese Zusammenhänge will ich hier nicht
näher eingehen. Zweitens ergibt sie sich aus der Reihe zusätzlicher
verstreuter Erläuterungen, Bilder und synonymer Ausdrücke:

> Sagen wir: die Bedeutung eines Steines (einer Figur) ist ihre Rolle im
> Spiel. (PU § 563)
> Denk an die Werkzeuge in einem Werkzeugkasten: es ist da ein Hammer,
> eine Zange, eine Säge, ein Schraubenzieher, ein Maßstab, ein Leimtopf,
> Leim, Nägel und Schrauben. – So verschieden die Funktionen dieser
> Gegenstände, so verschieden sind die Funktionen der Wörter. (Und es
> gibt Ähnlichkeiten hier und dort.) (PU § 11)
> Es kann nicht ein einziges Mal nur ein Mensch einer Regel gefolgt sein.
> Es kann nicht ein einziges Mal nur eine Mitteilung gemacht, ein Befehl
> gegeben, oder verstanden worden sein, etc. – Einer Regel folgen, eine
> Mitteilung machen, einen Befehl geben, eine Schachpartie spielen sind
> *Gepflogenheiten* (Gebräuche, Institutionen).
> Einen Satz verstehen, heißt, eine Sprache verstehen. Eine Sprache ver-
> stehen, heißt, eine Technik beherrschen. (PU § 199)

Die Ausdrücke *Rolle*, *Funktion*, *Gepflogenheit* und *Technik* machen
hinreichend deutlich, daß Wittgenstein unter Bedeutung nicht das
verstanden wissen will, was man bisweilen "Kontextbedeutung"
nennt. Im § 559 sagt er das explizit:

> Man möchte etwa von der Funktion des Wortes in *diesem* Satz reden. Als
> sei der Satz ein Mechanismus, in welchem das Wort eine bestimmte
> Funktion habe. Aber worin besteht diese Funktion? Wie tritt sie zu Tage?
> Denn es ist ja nichts verborgen, wir sehen ja den ganzen Satz! Die Funk-
> tion muß sich im Laufe des Kalküls zeigen. (PU § 559)

Wenn Wittgenstein von Funktion, Rolle oder Gebrauch redet, so
meint er dies bezogen auf den gesamten Kalkül, auf die gesamte Sprache. Die Bedeutung des Turms im Schachspiel zu kennen, heißt, zu
wissen, wie man mit ihm ziehen darf und wie nicht. Mehr gibt es
bezüglich des Turms (oder einer beliebigen anderen Figur) nicht zu
wissen. Die Bedeutung des Turms zu kennen, ist etwas anderes, als
den Sinn eines bestimmten Zuges zu verstehen. Letzteres setzt ersteres

voraus. Die Bedeutung ist nichts Geheimnisvolles, nichts Seelisches oder sonst etwas Inneres. Die Bedeutung ist eine Technik, und genau deshalb können wir sie lehren und lernen und modifizieren. Die Theorie besagt nicht: Man muß die Bedeutung eines Wortes kennen, um es richtig gebrauchen zu können. (Man muß die Bedeutung des Turms kennen, um mit ihm richtig ziehen zu können.) Ein Wort richtig gebrauchen können, heißt, die Bedeutung kennen. Es gibt nichts "hinter" der Gebrauchsregel, das gleichsam die Korrektheit des Gebrauchs garantiert. Der Gebrauch "fließt" nicht aus der Bedeutung, ist nicht eine Folge der Bedeutung, sondern er *ist* die Bedeutung.

Man muß aufpassen, daß man mit der Kategorie des Gebrauchs beziehungsweise der Regel des Gebrauchs nicht unter der Hand ein neues Repräsentationsverhältnis einführt: Das Wort repräsentiert nicht die Regel seines Gebrauchs; es "bedeutet" nicht die Regel des Gebrauchs, sondern regelhafter Gebrauch macht es bedeutungsvoll.[97] Das Wort verhält sich zu seiner Bedeutung nicht wie das Geld zur Kuh, die man dafür kaufen kann, sondern wie das Geld zu seinem Nutzen.[98] Die Bedeutung des Wortes *nein* kennen, heißt zu wissen, was man mit ihm im Deutschen tun kann: etwa beipflichten auf negativ gestellte Fagen wie *Gibt es in Andorra keine Universität? – Nein.* Die Kenntnis der Gebrauchsregel schließt natürlich die Kenntnis der Wahrheitsbedingungen mit ein, aber sie schließt nicht-wahrheitswertrelevante Gebrauchsbedingungen nicht aus. Wahrheitsbedingungen sind Spezialfälle von Gebrauchsregeln. *Pferd* und *Mähre* mögen, um auf Freges im vorigen Kapitel zitiertes Beispiel zurückzukommen, die gleichen Wahrheitsbedingungen haben: Beide Ausdrücke können (beispielsweise) verwendet werden, um auf Huftiere einer bestimmten Gattung zu verweisen. Aber ihre sonstigen Gebrauchsbedingungen sind verschieden: *Mähre* wird (beispielsweise) verwendet, um eine gewisse Geringschätzung zum Ausdruck zu bringen, für *Pferd* gilt das nicht. Die Bedeutung eines Wortes kennen, heißt (gegebenenfalls) nicht nur wissen, welche Bedingungen ein Gegenstand erfüllen muß, damit das Wort geeignet ist, wahrheitsgemäß auf ihn applizierbar zu sein, es heißt auch zu wissen, welcher Art "Winke", wie Frege so schön sagte, man mit einem Wort geben kann. Wenn Frege schreibt: "Das Wort 'aber' unterscheidet sich von 'und' dadurch, daß man mit ihm andeu-

---

97 cf. Kutschera 1975: 234
98 cf. PG §77, PU §120

tet, das Folgende stehe zu dem, was nach dem Vorhergehenden zu
erwarten war, in einem Gegensatze",[99] so formulierte er (teilweise) die
Bedeutung von *aber*. Denn er sagt damit: Das Wort *aber* wird im
Deutschen dazu verwendet, das-und-das anzudeuten. Dies zu wissen
heißt, die Bedeutung zu kennen.

Eine solche Bedeutungskonzeption hat allen anderen gegenüber
entscheidende Vorteile:

1. Die Bedeutung ist nichts Geheimnisvolles. So wie ich den Gebrauch eines Rasierapparats oder des Turms im Schachspiel lernen
   kann, und zwar ganz oder teilweise, so kann ich den Gebrauch
   eines Wortes lernen.

2. So wie man überprüfen kann, ob einer den Gebrauch des Turms
   beherrscht, kann man überprüfen, ob er die Bedeutung eines Wortes beherrscht, ohne ihm in den Kopf oder in die Seele schauen zu
   müssen.

3. Die Bedeutung ist kein "Teil" des Wortes; so wenig die Gebrauchsweise ein "Teil" meines Rasierapparats ist. Sie ist ein Aspekt des Wortes, oder allgemeiner des Zeichens.

4. Bedeutungen lassen sich formulieren, ohne seltsame Entitäten
   erfinden zu müssen, wie etwa semantische Merkmale, Seme und
   dergleichen.

5. Bedeutungen lassen sich vergleichen, untersuchen, überprüfen
   ohne Blick in den Kopf oder die Seele. Es genügt der Blick auf den
   Sprachgebrauch mit rein linguistischen Methoden: Frequenzunter-
   suchungen, Kommutationsproben, Implikations- und Präsupposi-
   tionstests und dergleichen.

Das Fazit ist: Bedeutungen sind nach diesem Konzept etwas sehr
Handliches. Sie sind weder im Kopf noch in der Seele, und das erleich-
tert ihre Untersuchung enorm! "Cut the pie any way you like, 'meanings' just ain't in the head!"[100]

Dennoch fällt es manchem schwer, zu akzeptieren, daß die Bedeutungshaftigkeit eines sprachlichen Zeichens in nichts anderem als dem
regelhaften Gebrauch bestehen soll. Der Grund scheint mir der zu
sein: Repräsentationistische Theorien leben stets in der tröstlichen
Fiktion, einen Garanten außerhalb der Sprache selbst zu haben, der für

---

99   Frege 1918/1966: 37
100 Putnam 1978: 65

die Richtigkeit der Verwendung eines Zeichens bürgt; sei es ein inneres Ereignis oder ein Ding der äußeren Wirklichkeit: "Wir verwenden das Wort *Frustration* gleich, weil wir alle die gleiche Vorstellung damit verbinden", würde ein hartgesottener Vorstellungstheoretiker einwenden, ohne zu merken, daß sein *einziges* Kriterium für seine Hypothese der Gleichheit der Vorstellungen die Gleichartigkeit der Verwendungsweise ist. Wir können uns das Entstehen von Bedeutungshaftigkeit durch Entstehung von Regelhaftigkeit des Gebrauchs leicht klarmachen am Beispiel der Farbsymbolik. Betrachten wir als Beispiel zunächst schwarze Krawatten. Sie zu tragen, ist Zeichen der Trauer. Wenn wir ein Kind fragen: "Warum ist Schwarz die Farbe der Trauer?" so bekommen wir zur Antwort "Weil Schwarz eine traurige Farbe ist." Solange wir uns nicht klarmachen, daß anderswo Weiß die Farbe der Trauer ist und in der katholischen Kirche vor Ostern Violett die Farbe der Passion und Rot die Farbe der Märtyrer usw., hat diese Antwort etwas spontan Einleuchtendes. Aber sie ist von der gleichen Logik wie die These, die Schweine hießen *Schweine,* weil sie schmutzig seien. (Anttila hat die Tatsache, daß wir dazu neigen, hinter den Symbolen Motiviertheit zu suchen, treffend den Woodoo-Effekt der Sprache genannt.) Was Schwarz zum Symbol der Trauer macht, ist ausschließlich die Tatsache, daß das Tragen dieser Farbe hierzulande geregelt ist und darüber kollektives Wissen besteht.

Betrachten wir zur Verdeutlichung ein fiktives Beispiel der Genese der Bedeutungshaftigkeit einer Farbe in vier Phasen und nehmen wir an:

1. Ich habe eine Marotte. Immer wenn ich erkältet bin, trage ich eine gelbe Krawatte. (Dies ist noch kein Beispiel für eine Regel, sondern eines für eine Regularität. Denn zum Begriff der Regel gehört es, Fehler machen zu können. Wenn ich einmal keine gelbe Krawatte trüge trotz Erkältung, könnte mir niemand den Vorwurf fehlerhaften Verhaltens machen, sondern höchstens den der Inkonsequenz. Regelhaftes Verhalten ist immer eine Sache von vielen, einer Population.)

2. Die Menschen meiner Umgebung durchschauen diese Marotte. (Damit ist meine gelbe Krawatte in gewisser Weise *für die anderen* ein Zeichen dafür geworden, daß ich erkältet bin. Aber es ist kein Zeichen, wie ein sprachliches Zeichen ein Zeichen ist. Auf den Unterschied werde ich in Kapitel 13 zu sprechen kommen. Die Basis der Zeichenhaftigkeit ist in diesem Falle die Kenntnis einer Regelmäßgkeit; so wie mein voller Briefkasten für mich ein Zeichen dafür sein kann,

daß es bereits zehn Uhr ist, nämlich dann, wenn ich weiß, daß der Postbote immer gegen zehn Uhr kommt.)

3. Die andern finden Gefallen an meiner Marotte und übernehmen sie. (Dies ist immer noch nicht der Zustand, in dem eine Regel des Gebrauchs der gelben Krawatte gilt. Es handelt sich lediglich um eine Vielzahl von Verhaltensregularitäten.)

4. Durch Beobachtungen, Gespräche, Sanktionsverhalten ("Was, du trägst, obwohl du stark erkältet bist, eine grüne Krawatte?") und dergleichen entsteht in dieser Population kollektives Wissen bezüglich dieser Verhaltensregularität: Jeder weiß von jedem, daß er bei Erkältung eine gelbe Krawatte trägt; und jeder weiß von jedem, daß er das von ihm selbst weiß. Damit ersteht auch eine gewisse Verhaltenserwartung auf den anderen bezogen und, resultierend daraus, eine gewisse Verhaltensverpflichtung auf sich selbst bezogen. *Man* trägt bei Erkältung eine gelbe Krawatte. (Damit ist aus einer individuellen Marotte eine Regel entstanden. Die gelbe Krawatte ist zum Zeichen für Erkältung geworden. Nun kann nicht nur der andere erkennen, daß ich erkältet bin, sondern die Krawatte wird von nun an dazu verwendet, dem andern erkennen zu geben, daß der Krawattenträger erkältet ist. Von nun an läßt sich mit ihr auch lügen.)

Was zeigt uns dieses Beispiel? Es gehört nicht viel dazu, damit etwas bedeutungsvoll wird. Auf diese oder ähnliche Weise ist wohl die lila Latzhose zum Zeichen der Emanzipation und das lila Tuch zum Zeichen der Osterpassion geworden. Wenn ein solcher Prozeß dann abgeschlossen ist und die Regelbefolgung Bestandteil der alltäglichen Lebensform geworden ist, dann geben die Kinder auf die Frage "Warum trägt man bei Erkältung eine gelbe Krawatte?" die Antwort: "Weil Gelb so eine kranke Farbe ist." Und die Vorstellungstheoretiker können dann sagen: "Weil die Menschen mit Gelb die Vorstellung von Schnupfen und Erkältung verbinden, deshalb wird die gelbe Krawatte getragen, um dem andern mitzuteilen, daß man erkältet ist. Der Krawattenträger enkodiert seine Vorstellung von Erkältung in die gelbe Krawatte, und der Beobachter dekodiert sie und gelangt auf diese Weise in den Besitz der Kenntnis der Vorstellung des Krawattenträgers." Für Merkmalssemantiker hat *Gelb* von nun an die semantischen Merkmale [+ MENSCHLICH, + MÄNNLICH, + ERWACHSEN, + ERKÄLTET].

Semantik und Kognition

7 Begriffsrealismus versus Begriffsrelativismus

Es ist nun an der Zeit, ein Zwischenresümee zu ziehen. Zwei grundlegende Zeichenauffassungen wurden einander gegenübergestellt: die repräsentationistische und die instrumentalistische. Als Vertreter einer repräsentationistischen Zeichenauffassung wurden Aristoteles und Frege vorgestellt, als Vertreter einer instrumentalistischen Auffassung Platon und Wittgenstein.

Die zentralen Fragen, die repräsentationistische Zeichenauffassungen zu beantworten versuchen, sind: Wofür steht ein Zeichen? Welches sind die außersprachlichen Entsprechungen der Zeichen? Dahinter steht natürlich eine ganz bestimmte Auffassung darüber, was Kommunizieren ist. Kommunizieren heißt dieser Konzeption gemäß, dem anderen Ideen, Begriffe, Konzepte u.ä. zu übermitteln, indem man ihm Stellvertreter dieser Ideen, Begriffe und/oder Konzepte anbietet: Zu meinen Ideen hast du keinen unmittelbaren Zugang, so verschaffe ich dir Zugang mittels Zeichen, die für meine Ideen stehen. In einem solchen Szenario können die an der Kommunikation beteiligten Menschen getrost aus der Betrachtung herausgehalten werden. Sie spielen für die Konzeption des Zeichenbegriffs keine wesentliche Rolle. Mit einem großen Geheimnis müssen repräsentationistische Theorien jedoch leben: Vermöge welcher Eigenschaften schaffen es die Zeichen, für die Ideen zu stehen? Die Antwort "dadurch, daß die Zeichen die Ideen symbolisieren" ist eine Scheinantwort, denn sie läßt die analoge Frage ein zweites Mal zu.

Die Frage, die eine repräsentationistische Zeichenauffassung offenläßt, ist genau die Frage, die instrumentalistische Zeichentheorien zu beantworten bestrebt sind: Die Wörter müssen dir auf irgendeine Weise zeigen, was ich denke. Ich *sage* dir, was ich denke, indem ich

Mittel verwende, die dir dies *zeigen*. Dies scheint Platons Grundidee gewesen zu sein. Die einzige Art und Weise jedoch, wie er sich vorstellen konnte, daß Wörter zeigen können, woran der Sprecher denkt, war die des Abbildens. Die Wörter, die ich verwende, sind Bilder der Dinge, an die ich denke. Auch damit ist offenbar eine ganz bestimmte Vorstellung verbunden, was es heißt, zu kommunizieren. Während das Grundproblem einer repräsentationistisch begründeten Kommunikationsauffassung ein Transportproblem ist – wie schaffen die Zeichen es, Ideen von *A* nach *B* zu transportieren? –, stellt sich für eine instrumentalistisch begründete Kommunikationstheorie das Grundproblem des Kommunizierens als Beeinflussungsproblem: Wie kriege ich dich dazu, zu erkennen, was ich denke, was ich von dir möchte, was du tun oder glauben sollst? Die Zeichen werden als Mittel der Beeinflussung konzipiert. Mittel der Beeinflussung sind Spezialfälle von Werkzeugen. Allerdings darf die Analogie mit den Werkzeugen, wie wir gesehen haben, nicht zu weit getrieben werden, sonst verliert die Arbitraritätsthese auf einmal ihren Sinn. Repräsentationistische Zeichenauffassungen sehen gemeinhin die Bedeutung eines Zeichens in dem, wofür das Zeichen steht. Instrumentalistische Zeichentheorien sehen die Bedeutung des Zeichen in dem, was es zu Zeichen macht. Die beiden Fragen, wofür ein Zeichen steht und was ein Zeichen zu einem Zeichen macht, sind nicht äquivalent. Was ein sprachliches Zeichen zeichenhaft macht, ist die Tatsache, daß ein geregelter Gebrauch ihm kommunikative Funktion verleiht. Es spielt eine Rolle im Spiel des Kommunizierens. Dies ist, auf einen kurzen Nenner gebracht, die Zeichenauffassung Wittgensteins. "Wenn wir [...] irgendetwas, das das Leben eines Zeichens ausmacht, benennen sollten, so würden wir sagen müssen, daß es sein Gebrauch ist."[1] Stellen wir uns vor, wir wollten ein Brettspiel erfinden, das mit verschiedenfarbigen Knöpfen gespielt wird. Wenn wir versäumen, den roten Knöpfen Spielregeln zuzuweisen, bleiben sie Knöpfe. Erst und ausschließlich die Spielregeln machen sie zu Figuren mit Funktion im Spiel. Zeichen sind Figuren im Spiel der Kommunikation.

Erinnern wir uns an das zum Ende des Kapitels 5 Gesagte: Um den Fregeschen Sinn zu kennen, muß man das kennen, was Frege "Inhalt" nennt, und wissen, was daran wahrheitswertfunktional relevant ist. Was es heißt, den Inhalt eines sprachlichen Ausdrucks zu kennen,

---

1   Wittgenstein BB: 20

darüber hat sich Frege nicht ausgelassen. Vermutlich hätte er auf die Frage, was es heißt, den Inhalt eines sprachlichen Ausdrucks zu kennen, nicht geantwortet: Das heißt zu wissen, wie er in der Sprache gebraucht wird. Aber unabhängig davon, ob Frege diese Antwort gegeben hätte oder nicht, ist dies die angemessene Antwort, und sie steht, wenn ich recht sehe, zu nichts, was Frege gesagt hat, im Widerspruch. Den Fregeschen Sinn eines Ausdrucks kennen, heißt, die Regel des Gebrauchs des Ausdrucks kennen und wissen, welche Gebrauchsbedingungen davon die wahrheitsfunktional relevanten Gebrauchsbedingungen sind. Wenn wir Abhandlungen lesen, die einen Überblick über verschiedene Bedeutungstheorien[2] geben, so müssen wir stets den Eindruck gewinnen, daß eine repräsentationistische Theorie und die Gebrauchstheorie alternative Theorien seien, die sich gegenseitig ausschlössen. Das ist jedoch nicht der Fall! Es handelt sich um unterschiedliche Antworten auf unterschiedliche Fragen, die unabhängig voneinander angemessen oder unangemessen sein können. Beide Fragestellungen haben ihre Berechtigung und sind miteinander kompatibel. Die Frage des Bezugs zur Welt, sei es zur Welt der Dinge oder zur Welt der kognitiven Einheiten, ist ebenso berechtigt wie die Frage, auf welche Weise eine solcher Bezug, wenn er denn vorhanden ist, zustande kommt.

Platon ließ seinen Sokrates sagen, die Sprache diene zum Belehren, zum Sondern und Benennen. Mit etwas gutem Willen läßt sich dies "übersetzen" in *Kommunikation, Klassifikation* und *Repräsentation.* Den kommunikativen Aspekt der Sprache und den repräsentativen haben wir nun erörtert. Worin besteht der klassifikatorische? Man kann – grob gesprochen – zwei Thesen unterscheiden, die beide Kinder mit Bädern ausschütten. Die naiv realistische These besagt: Die Dinge sind so, wie sie sind, "bei allen Menschen dieselben", wie Aristoteles sagte, und die Sprache dient lediglich der Abbildung. Dieser Theorie gemäß kommt der Sprache eigentlich keine klassifikatorische Funktion zu. Die Welt trägt ihre Klassifikation bereits in sich. Platon scheint eine "Zwischenlösung" zu präferieren: Die Dinge sind so, wie sie sind, aber wenn der kluge Wortbildner die Wörter nicht mit natürlicher Richtigkeit ausgestatten hätte, so daß sie die natürlichen Kategorien auch korrekt wiedergeben, bekämen wir wohl einen falschen Eindruck von der Beschaffenheit der Dinge dieser Welt.

---

2 s. z.B. Alston 1964

Die komplementäre Auffassung ist ebenso naiv. Man könnte sie den naiven Relativismus nennen. Sie läßt sich in etwa wie folgt formulieren: Wir sehen die Welt ausschließlich durch die Brille unserer Sprache. Die Realität ist "immer schon" eine sprachlich vermittelte. Die Frage, ob es die Kategorien, die wir durch unsere Sprache wahrnehmen, wirklich gibt, ist unangemessen. Denn jede Antwort, die wir geben können, können wir nur wieder in einer Sprache geben, in der Kategorien vorgegeben sind.

Wer hat recht? Vertreter der zweiten Klasse von Theorien würden natürlich auch diese Frage als naiv ablehnen: Da unsere Welt "immer schon" eine sprachlich vermittelte ist, trifft dies auch auf die Kategorien zu, mit denen wir diese Frage diskutieren. Wenn also der naive Relativismus wahr ist, ist er unbestreitbar. Das allerdings macht diese Theorie nicht stärker. Beide Ansichten sind, wenn sie fundamentalistisch vorgetragen werden, unangemessen, aber beide haben auch einen wahren Kern. Diesen herauszufinden ist eine empirische Aufgabe, der man sich durch Sprachvergleich, durch wahrnehmungspsychologische Tests sowie durch sprachhistorische Überlegungen nähern kann.

Das wurde in den letzten Jahren verstärkt getan.[3] Am bekanntesten sind vielleicht die Untersuchungen von Berlin und Kay[4] sowie Kay und McDaniel[5] zu den Farbkategorien geworden. Diese Untersuchungen haben gezeigt, daß die Farbkategorien, die durch die Grundfarbwörter einer Sprache vorgegeben sind, in Art und Anzahl erheblich variieren können, daß es aber dennoch Gemeinsamkeiten gibt. Sprecher unterschiedlicher Muttersprachen geben ungeachtet der Farbkategorisierungen, die in ihrer Sprache vorgegeben sind, erstaunlich übereinstimmende Urteile darüber ab, was jeweils ein typischer Vertreter einer bestimmten Farbkategorie ist. Die Übereinstimmungen sind offenbar durch die Physiologie menschlicher Farbwahrnehmung bestimmt. Es gibt Farben, die "in die Augen springen".

Auch die Untersuchungen zu den sogenannten basic-level categories[6] – auf deutsch könnte man sie Grundkategorien nennen – machen deutlich, daß es bei allen sprachspezifischen Unterschieden der Kate-

---

3   s. die umfassende Darstellung in Lakoff 1987: Kap. 2.
4   Berlin/Kay 1969
5   Kay/McDaniel 1978
6   s. Brown 1958 sowie die Darstellung in Lakoff 1987.

gorienbildung universale Tendenzen gibt. Wenn wir uns Kategorien-
hierarchien ansehen, wie z.B. 'Rauhaardackel', 'Dackel', 'Hund', 'Haus-
tier', 'Säugetier', 'Lebewesen' oder 'Ulme', 'Baum', 'Laubbaum', 'Pflanze', 'Lebewesen' oder 'Zimmermannshammer', 'Hammer', 'Werkzeug',
so zeigen sprach- und kulturvergleichende Untersuchungen, daß
jeweils eine Kategorie der mittleren Ebene als die zentrale angesehen
wird: in unserem Falle 'Hund', 'Baum' und 'Hammer'. Kinder lernen
diese Wörter früher als die anderen, und wenn eine Sprache nicht über
sprachliche Zeichen für alle die Kategorienstufen verfügt, so doch
immer am ehesten für die Grundkategorie.

Beide Beispiele, das der Farbkategorien wie das der basic-level
Kategorien, machen deutlich, daß die Kategorisierungen einerseits von
Sprache zu Sprache in Art und Anzahl zwar erheblich variieren können, aber andererseits nicht ganz beliebig zu sein scheinen. Das kann
verschiedene Gründe haben. Zum einen können Aspekte der Biologie
des Menschen unmittelbar eine Rolle spielen, wie beispielsweise die
Neurophysiologie der menschlichen Farbwahrnehmung, zum andern
können Gemeinsamkeiten menschlichen Umgangs mit der Welt dafür
verantwortlich sein. Menschen haben bei allen kulturellen Verschiedenheiten gemeinsame Wünsche, gemeinsame Bedürfnisse und gemeinsame Probleme zu lösen. Dies schlägt sich in der Sprache und
ihren Kategorisierungen ebenso nieder wie ihre kulturspezifischen
Besonderheiten. Die Kategorien 'Baum', 'Hund' und 'Hammer' betreffen unser Leben unmittelbarer als etwa 'Pflanze', 'Säugetier' und
'Werkzeug'. Wenn wir in einem Spiel vor die Aufgabe gestellt würden,
Kategorien pantomimisch darzustellen, fiele uns die Darstellung von
'Hammer', 'Hund' und 'Baum' erheblich leichter als die Darstellung
von 'Zimmermannshammer', 'Dackel' und 'Eiche' oder von 'Werkzeug', 'Tier' und 'Pflanze'. Es ist gleichsam die mittlere Ebene der
Relevanz zwischen begrifflicher Mikroskopie und Makroskopie. Unsere Kategorien sind interaktiver Natur. Sie sind Ergebnisse soziokultureller Evolution. Die Entwicklung der Sprache ist ein Teil und ein
Spezialfall derselben. "The categories into which we divide nature are
not in nature, they emerge solely through the interaction between
nature and ourselves", schreibt Derek Bickerton.[7] Es ist ein konstitutives Merkmal (wenn auch kein notwendiges) evolutionärer Prozesse,
adaptiv zu sein. Dies gilt auch für Prozesse sprachlicher Evolution.

---

7   Bickerton 1990: 53

Sprachliche Ausdrücke – und mit ihnen die durch sie erzeugten begrifflichen Kategorien –, die sich im Zuge unserer praktischen, geistigen und kommunikativen Auseinandersetzung mit der Realität als im
weitesten Sinne geeigneter erweisen als potentielle Alternativen, werden mit höherer Wahrscheinlichkeit beibehalten, d.h. weiterverwendet
und somit gelehrt und gelernt, als die weniger tauglichen. Informationen über die Realität werden so von Generationen von Sprachbenutzern gleichsam in die Sprache eingebaut.

Da in der Sprache kulturelles Wissen über die Realität gespeichert
ist, steht sie zu "ihrer" Realität trivialerweise in einem gewissen Ab-
bildungsverhältnis. Dies läßt sich an den folgenden Beispielen nicht-
sprachlicher adaptiver Evolutionsprozesse verdeutlichen. Die Form des
Fisches ist das genetisch gespeicherte Ergebnis der Erfahrungen von
Millionen seiner Vorfahren mit der Hydrodynamik des Wassers. In
diesem Sinne ist die Form eines Fisches eine Abbildung der Struktur
des Wassers. Die Form der Kelle eines Maurers ist das kulturell gespeichert Ergebnis von Erfahrungen, die Tausende von Generationen von
Maurern im Zuge der Ausübung ihres Handwerks gemacht haben.
"And, once a more efficient tool is available, it will be used without
our knowing why it is better, or even what the alternatives are."[8] In
diesem Sinne ist die heutige Form der Maurerkelle eine Abbildung der
Tätigkeit des Mauerns. In genau diesem Sinne sind auch die durch die
Gebrauchsregeln unserer Sprache geschaffenen Kategorien unseres
Denkens Abbildungen der Realität. Adaptivität ist Speicherung erfolg-
reichen Erfahrungswissens über die Realität. "Cultural evolution can
be regarded as a process of 'collective learning' in the sense that it
consists in the transmission and accumulation, from generation to
generation, of knowledge and experience."[9]

Der Gedanke der Adaptivität setzt voraus, daß wir eine Wirklichkeit akzeptieren, die unabhängig von Sprache und Wahrnehmung ist.
Wenn unsere Form der Wahrnehmung Ergebnis evolutionärer Anpassung ist, muß es etwas geben, an das sich unsere Wahrnehmung
angepaßt hat. Wenn unserer Sprache mit ihren Klassifikationen Ergebnis evolutionärer Anpassung ist, muß es etwas geben, an das sich die
Sprache angepaßt hat. Konrad Lorenz hat diese erkenntnistheoretische

---

8   Hayek 1960: 27
9   Vanberg 1993: 6

Position hypothetischen Realismus genannt.[10] Die Sprache jedoch paßt sich nicht nur, wie der Pferdehuf an die Steppe, an die Welt der Dinge an, sondern auch an soziale Realitäten, in denen Bewertungen eine große Rolle spielen. Daß sich das mittelalterliche Anredesystem *ir – du,* das der Markierung sozialer Hierarchie diente (hoch – tief), zu dem System *Sie – du* gewandelt hat, das – grob gesagt – der Markierung von Distanz und Vertrautheit dient (nah – fern), ist ein Prozeß der Adaption, aber nicht an die Welt der Dinge, sondern an die Welt der Werte. Daß wir 'rot' und 'grün' unterscheiden, scheint eine Anpassung an unseren Wahrnehmungsapparat zu sein, daß wir 'Mord' und 'Totschlag' unterscheiden, ist eine Anpassung an unsere rechtlichen Bewertungen, daß wir 'Stuhl' und 'Hocker' unterscheiden, ist eine Anpassung an unsere Alltagslebensform.

"Begriffe sind sprachliche Werkzeuge des Denkens."[11] Sie sind die geistigen Korrelate unserer Gebrauchsregeln und werden im allgemeinen von diesen erzeugt. Ich will versuchen, den Zusammenhang von Typen von Gebrauchsregeln und Typen von Kategorien darzulegen.

Die Gebrauchsregeln unserer Sprachen und die Kategorien, die durch sie hervorgebracht werden, sind die derzeitigen Ergebnisse eines potentiell unendlichen kulturellen Lernprozesses. Das Kategoriensystem, das wir durch den Gebrauch unserer Sprache erwerben, bringt uns in den Besitz von Lösungsstrategien von Problemen, mit denen der einzelne selbst nie in Berührung gekommen zu sein braucht. Indem wir unserer Sprache erwerben, "we learn to classify things in a certain manner without acquiring the actual experiences which have led successive generations to evolve this system of classification".[12] "Learning without insight",[13] nennt Viktor Vanberg treffend diese Form des Wissenszuwachses. Gesellschaften sind nicht nur arbeitsteilig, sie sind sozusagen auch wissensteilig und erfahrungsteilig. Mit meiner Sprache erwerbe ich Erfahrungswissen, das Generationen vor mir gemacht haben. In seinem Aufsatz "Über den 'Sinn' sozialer Institutionen"[14] äußert sich von Hayek ausführlich über das implizite Erfahrungswissen, das in jenen "ohne Absicht entstandenen Bildungen

---

10 Lorenz 1973: 15ff. Lorenz bezieht sich auf Campbell, ohne jedoch einen Textbeleg zu geben.
11 Feilke 1994b: 1
12 Hayek 1952: 150
13 Vanberg 1993: 23
14 Hayek 1956

wie Moral, Sitte, Sprache und [...] Markt"[15] enthalten ist und tradiert
wird:

> Das Wichtige ist hier, daß wir uns nicht nur der Sprache bedienen lernen,
> ohne wirklich zu *wissen*, was für komplizierte Regeln wir ständig anwen-
> den [...], sondern daß wir mit der Sprache sehr viel Wissen über die Welt
> erwerben, Wissen, das gewissermaßen in der Sprache enthalten ist und
> uns, ohne daß wir es formulieren könnten, ständig leitet, wenn wir in der
> Sprache denken oder sprechen. Daß uns die Sprache oft irreführt, ist
> natürlich oft betont worden. Aber viel öfter hilft uns der erlernte Ge-
> brauch der Sprache, uns in der Welt, in der wir leben, zu orientieren, hilft
> uns, gewissermaßen automatisch viele Probleme zu lösen, ohne daß wir
> wirklich erklären könnten, wie wir zu dieser Lösung kommen. [...] Es ist
> keineswegs selbstverständlich, daß sich die Dinge und Ereignisse gerade
> so gruppieren, wie wir sie mit gleichen oder verschiedenen Namen bele-
> gen; in der Zusammenfassung an sich verschiedener Dinge unter demsel-
> ben Namen oder einer verschiedenen Benennung liegt schon viel Erfah-
> rung verborgen.[16]

Die Kategorien, die sich durch unsere kommunikative Praxis bilden,
überdauern nach Maßgabe ihrer funktionalen Tauglichkeit innerhalb
der betreffenden Kultur. Logisch spricht nichts dagegen, eine Kategorie zu bilden, die all die Lebewesen umfaßt, die eßbare Eier legen:
Hühner und einige andere Vögel, Seeigel, Ameisen, Störe und einige
ander Fische. Wir könnten die Kategorie all der Dinge bilden, die man
mit dem Fahrrad transportieren kann. In unserer Sprache gibt es keine
Wörter, die diese Klassifikationen erzeugen. Daß es sie nicht gibt, liegt
nicht an der "Unsinnigkeit" solcher Kategorien, sondern allein daran,
daß in unserer Lebensform offenbar dafür kein rekurrenter Bedarf
besteht. Wörter und Begriffe sind (im wohlverstandenen Sinne) Werkzeuge unseres Kommunizierens und Denkens. Werkzeuge sind Mittel,
die Standardlösungen für rekurrent auftretende Probleme bereitstellen.
Logisch und technisch spricht auch nichts dagegen, daß es ein Werkzeug gibt, um in Milchflaschen gefallene Tischtennisbälle wieder
herauszuholen. Daß es ein solches Werkzeug nicht gibt, liegt ausschließlich daran, daß dieses Problem in zu geringer Frequenz zur
Lösung ansteht. Hätten wir eine Religion, die eierlegende Tiere ver-
ehrt, oder ein Transportsystem, in dem das Fahrrad eine besondere

---

15 Hayek 1956: 512
16 Hayek 1956: 517

Rolle spielt, so hätte sich auch der dazu geeignete Wortschatz mit den entsprechenden Kategorien gebildet. Die Kategorien, die durch eine natürliche Sprache hervorgebracht werden, sind aus logischer Sicht bisweilen äußerst verwirrend und wild. Was in evolutionären Prozessen zählt, ist nicht Logik, sondern Nützlichkeit. Sprachliche Evolution ist *ad hoc* und hemmungslos utilitaristisch. (Darunter scheinen besonders Sprachkritiker zu leiden.)

Betrachten wir beispielsweise die Kategorie 'Vieh'. Noch im Mittelalter bestand der Unterschied zwischen 'Tier' und 'Vieh' darin, daß wildlebende Tiere *Tier* (vgl. engl. *deer*) genannt wurden und die Nutztiere des Bauernhofs *Vieh*. Diese Unterscheidung ist offenbar mit der Verwissenschaftlichung einerseits und der Entbäuerlichung der Gesellschaft andererseits obsolet geworden. 'Tier' ist zu einer biologischen Kategorie geworden; die Semantik des Wortes *Tier* enthält keine Gebrauchsbedingungen mehr, die den menschlichen Umgang oder den Nutzen für den Menschen betreffen (im Gegensatz etwa zu dem Wort *Wild*, das von der Wachtel bis zum Elefanten auf alles anwendbar ist, das von Jägern als jagbar angesehen wird).[17] Die Kategorie 'Vieh' ist für den heutigen Sprecher einigermaßen unklar geworden: Darunter fallen immer noch bäuerliche Nutztiere, aber offenbar nicht mehr alle. Bei Wilhelm Busch ist zwar noch von Witwe Boltes "Federvieh" die Rede, aber ich würde heute von einem Gänsezüchter nicht mehr sagen, daß er Viehhaltung betreibe; und bei den "neuartigen" Nutztieren wie Damwild oder Straußenvögeln wäre ich unsicher. Selbst von Pferden weiß ich nicht, ob ich sie zur Kategorie 'Vieh' rechnen sollte. Möglicherweise ist 'Vieh' auf bäuerliche Nutztiere, die primär der Ernährung dienen, beschränkt. Diese Unsicherheit der Zuordnung ist eine Unsicherheit in bezug auf den Gebrauch des Wortes *Vieh*. Mangelnde kommunikative Kontakte zu Sprechern mit mehr Sicherheit und mangelnde Frequenz der aktiven wie passiven Verwendung des Wortes *Vieh* haben den Effekt, daß ich mich bei meiner aktiven Verwendung auf die Fälle beschränke, wo ich glaube, Gewißheit zu haben, und das sind die Rinder. So führt Unsicherheit zu Selbstbeschränkung im Gebrauch, und die Selbstbeschränkung vieler führt auf dem Wege der Kumulation mittelfristig zu Gebrauchsbeschränkung und somit zu Begriffsverengung.

---

17 In einzelnen Komposita schimmert die alte Bedeutung noch durch: Im Zoo gibt es (auch für Rinder) Tierställe, auf dem Bauernhof Viehställe.

Betrachten wir ein Beispiel für eine ziemlich "wilde" Kategorie, die Kategorie 'Salat'. Die Gebrauchsregeln des Wortes *Salat* sind dergestalt, daß es weder scharfe Grenzen dafür gibt, was unter die Kategorie fällt und was nicht, noch einheitliche Kriterien. Dennoch, das sei vorausgeschickt, macht uns der Gebrauch des Wortes *Salat* keinerlei Schwierigkeiten. Wir merken normalerweise gar nicht, wie verworren und aus logischer Sicht *ad hoc* wir dieses Wort verwenden. Salat wächst im Garten. Salat ist auch das, was bei Tisch in der Salatschüssel ist. Der Zusammenhang zwischen den Pflanzen, die man *Salat* nennt, und den zubereiteten Speisen, die man *Salat* nennt, ist alles andere als klar. Salatherzen kann man dünsten, dann entsteht Gemüse. Gemüse – wie Blumenkohl oder Paprika – kann man mit einer Vinaigrette anmachen, dann entsteht Salat. Der Salat in der Salatschüssel muß nicht aus Salat hergestellt sein, und aus Salat aus dem Garten kann man auch andere Speisen zubereiten als Salat. Bestimmte Gurken werden nahezu ausschließlich zur Herstellung von Salat verwendet,[18] aber indem ich Gurken pflanze, pflanze ich nicht Salat. Man könnte annehmen, das Wort *Salat* sei zweideutig, so wie etwa *Schloß*. Gegen diese Annahme spricht das Sprachgefühl, und nicht nur dieses. Es gibt auch einen recht zuverläßigen Test: Bei ambigen Wörtern besteht *Disambiguierungsverpflichtung.* Pinkal nennt dies "Präzisierungsgebot".[19] Bei Wörtern mit uneinheitlicher oder unklarer Extension besteht keine solche Verpflichtung. Wer sagt, *Ich habe mir ein kleines Schloß gekauft,* der kann nicht offenlassen, ob es sich um ein Vorhängeschloß oder ein feudales Gebäude handelt. Wer aber beispielsweise sagt, *Ich habe mir eine Waffe gekauft,* der kann durchaus offen lassen, ob es sich um einen Kampfpanzer oder ein Jagdmesser handelt. Im ersten Fall haben wir die Äußerung nicht verstanden, wenn uns die Disambiguierung nicht gelingt. Im zweiten Fall haben wir die Äußerung auch dann verstanden, wenn wir nicht wissen, um welche Art von Waffe es sich handelt.

Zurück zum Salat. Wenn meine Frau sagt, *Wir müssen noch Salat kaufen,* so muß ich nicht in der Lage sein zu präzisieren, ob sie die Pflanze meint, die *Salat* genannt wird, oder Pflanzen, die sich zum Herstellen von Salat eignen. Ich würde nicht protestieren, wenn sie

---

18 Auf türkisch heißt *Gurke salatalık*; das "eigentliche" Wort für Gurke, *hıyar,* wird offenbar vermieden, weil es als Schimpfwort verwendet wird.

19 Pinkal 1985: 52f.

Tomaten und Gurken kaufte. Allerdings würde ich es für befremdlich halten, wenn sie Rindfleisch und Käse meinte, um einen Straßburger Fleischsalat zuzubereiten. Tomatensalat ist Salat, obwohl Tomaten nicht zu den Pflanzen gehören, die unter die Kategorie 'Salat' fallen. Fleischsalat hingegen ist nicht Salat, so wenig wie Kartoffelsalat, Nudelsalat oder Obstsalat.[20] Man kann nicht sagen, *Ich habe heute viel Salat gegessen*, und damit Fleischsalat meinen. Aber *Fleischsalat* ist auch keine metaphorische Übertragung wie beispielsweise *Bandsalat* (im Tonbandgerät). Betrachten wir zum Vergleich das spanische Wort *ensalada*. Im Garten wächst keine *ensalada*, sondern (beispielsweise*)* *lechuga*. Wenn die gewaschene und zerteilte *lechuga* auf dem Teller mit Essig und Öl übergossen und gesalzen ist, dann ist sie *en-salada*, was in etymologisierender Übersetzung 'ein-gesalzen' heißt. Obstsalat wird nicht 'eingesalzen'; vielleicht ist es deshalb ungewöhnlich (wenn auch nicht völlig ausgeschlossen), Obstsalat *ensalada de frutas* zu nennen; er heißt *macedonia de frutas*. In Spanien wird Salat eher angerichtet (mit Essig und Öl übergossen) als mit Soße vermischt. Vielleicht ist dies der Grund, weshalb sich das Wort *ensalada* nicht als Metapher zur Bezeichnung von Unordnung und Durcheinander verwenden läßt: *Was hast du für einen Salat auf deinem Schreibtisch!* Das Analoge gilt beispielsweise für die katalanische Kategorie '*amenida*'. Der angemachte Salat auf dem Teller ist eine *amenida*; der Salat, der im Garten wächst, heißt *enciam*. *Amenida* ist ein Partizip von *amenir*, 'würzen'. Das heutige Substantiv *amenida* 'Salat' ist eine Reduktionsform aus *enciam amenida* 'gewürzter Salat'. Während Obstsalat im Spanischen statt *macedonia de frutas* unter Umständen auch *ensalada de frutas* genannt werden kann, ist es im Katalanischen völlig unmöglich, *amenida de fruites* statt *macedonia de fruites* zu sagen. Das heißt, die spanische Kategorie 'ensalada' ist ähnlich der katalanischen Kategorie 'amenida', aber nicht mit ihr identisch. Beide Kategorien sind jedoch sehr verschieden von der deutschen Kategorie 'Salat'.

Die Regel des Gebrauchs des Wortes *Salat* scheint aus einer Disjunktion von Gebrauchsbedingungen zu bestehen. *Salat* kann dazu verwendet werden, Pflanzen einer bestimmten Art zu bezeichnen oder/und ein mit einer Marinade angemachtes, durch Mischen zu-

---

20 Das Argument "Fleischsalat muß Salat sein, sonst würde er nicht *Fleischsalat* genannt werden" ist so schlagend wie das Argument "Ein Fahrstuhl muß ein Stuhl sein, sonst würde er nicht *Fahrstuhl* genannt werden".

bereitetes Gericht, wobei die Basiszutaten nicht in die Gebrauchsbedingungen mit eingehen; alles was gemischt und angemacht ist, fällt
unter die Kategorie 'Salat'. Das heißt, die Kategorie 'Salat' ist zugleich
eine Kategorie, die Pflanzen nach einem bestimmten Gebrauchswert
klassifiziert, und eine, die eine bestimmte Zubereitungsart klassifiziert.
Sie ist eine Kategorie, die in der alltäglichen Lebenspraxis und Kom-
munikationspraxis entstanden ist und ohne Rücksicht auf Klarheit und
Logik tradiert wird. Sie ist wirr, hat unscharfe Ränder, Familienähnlichkeitsstruktur sowie Prototypenstruktur, und dennoch macht uns
der Gebrauch des Wortes *Salat* im Alltag keinerlei Schwierigkeiten.

Die beiden Beispiele *Vieh* und *Salat* sollten deutlich machen, daß
unsere Kategorien, mit denen wir täglich kognitiv und kommunikativ
hantieren, weit davon entfernt sein können, der Fregeschen "Forderung der scharfen Begrenzung des Begriffs"[21] zu genügen, ohne daß
uns dies auch nur die geringsten kognitiven oder kommunikativen
Probleme bereitete.

Kategorien bzw. Begriffe sind Einheiten unseres Denkens. Sie
werden erzeugt durch die Gebrauchsregeln der Wörter, mit denen wir
sie bezeichnen. Wir erlernen nicht erst den Begriff 'Salat' und dann
gleichsam in einem zweiten Schritt, diesen Begriff mit dem Wort *Salat*
zu bezeichnen, sondern wir lernen in unserem kommunikativen Alltag
die Regel des Gebrauchs des Wortes *Salat*. Indem wir dies lernen,
lernen wir, mit einer gewissen Unschärfetoleranz, Salat von Nicht-Salat
zu unterscheiden. Im wissenschaftlichen Diskurs gibt es auch den
umgekehrten Fall: Man gerät im Zuge der Forschung zur Notwendigkeit, eine neue Kategorie einzuführen, für die es noch keine einfache
Bezeichnung gibt, und sucht dann nach einem geeigneten Wort, das
die Kategorie griffig benennt. Dieser Fall stellt eher die Ausnahme
dar.[22]

Der Zusammenhang von Begriff und Gebrauchsregel ist bislang
meines Wissens weitgehend unerforscht. Die Klärung dieses Zusam-
menhangs bedeutet nichts weniger als die Klärung des Zusammen-

---

21 Frege 1971: 50; cf. Kap.5
22 Ein solcher Fall liegt vor in Kap. 9, Anm. 77. Gegenwärtig ist eine neue Kategorie
    der Wahrnehmung und des Denkens für ein Phänomen im Entstehen, das es schon
    immer gegeben hat: das Mobbing, Schikane und Psychoterror am Arbeitsplatz
    durch Arbeitskolleginnen und Arbeitskollegen. Durch die Entlehnung des "griffi-
    gen" Wortes *Mobbing* wird ein diffuses Phänomen zum kognitiv und kommunika-
    tiv handlichen Begriff.

hangs von Semantik und Kognition. Die "kognitive Linguistik" ist eine Forschungsdisziplin, die Korrelationen zwischen kognitiven Einheiten, Strukturen und Prozessen und der Sprache erforscht. Auf dem Gebiet der sogenannten "kognitiven Semantik" gibt es gegenwärtig zwei Hauptströmungen – eine, die die semantische Struktur mit der kognitiven Struktur identifiziert, und eine, die statt dessen ein Zweistufenmodell vertritt. Beide Modelle halte ich für unangemessen und will die Gründe dafür kurz nennen. Das Zweistufenmodell nimmt eine sprachgebunden gedachte semantische Form und eine sprachunabhängig gedachte konzeptuelle Struktur an. Was mich mit diesem Modell verbindet, ist die Überzeugung, daß eine Theorie der Konzepte und Begriffe nicht identisch sein kann mit einer Theorie der sprachlichen Semantik. Was an diesem Modell unangemessen ist, ist die Sprachunabhängigkeitsannahme der Konzepte sowie seine repräsentationistische Semantikkonzeption: Zeichen repräsentieren dieser Theorie gemäß semantische Formen. Die Gründe der Ablehnung brauche ich nicht zu wiederholen. Für das Identifikationsmodell sind mir keine begründenden Argumentationsversuche bekannt. Es handelt sich dabei um eine *façon de parler*, die im günstigsten Fall auf eine Verdoppelung der Teminologie hinausläuft. Kognitive Kategorien, wie "concepts", werden ohne weitere Rechtfertigung mit sprachlichen Kategorien, wie "meaning", gleichgesetzt.[23] Ein prototypischer Vertreter dieser Richtung ist Ronald Langacker. In seinem bekannten Aufsatz über Subjektivierung schreibt er:

> Inspired by formal logic based on truth conditions, semantic theory in the twentieth century has for the most part presupposed an *objectivist* view of meaning. Indeed, semantic textbooks often devote considerable space to explaining why the student is wrong, if not hopelessly naive, in supposing that a meaning could be anything so mysterious as a thought or concept (for example Kempson 1977: 15–20; Palmer 1981: 24–28). Recent years have nevertheless witnessed the emergence and continued elaboration of a reasonably explicit, empirically grounded *subjectivist* or *conceptualist* theory of meaning – in short, a true *cognitive semantics*.[24]

Langackers Zitat enthält zwei irrige Suggestionen: Erstens versucht er den Eindruck zu erwecken, als bestünde der einzige Weg, eine objekti-

---

23 "Jede Bedeutung ist damit ein Konzept, aber nicht jedes Konzept ist auch eine Bedeutung." Schwarz/Chur 1993: 26
24 Langacker 1990: 5

vistische, wahrheitswertfunktionale Semantikkonzeption zu vermeiden, darin, Bedeutungen in den Kopf des Sprechers zu verlegen; und zweitens suggeriert er, daß die Autoren, die die Annahme, daß Bedeutungen mit Gedanken oder Begriffen gleichzusetzen seien, für naiv halten, "Objektivisten" seien. Beides trifft nicht zu, zumindest nicht für die beiden von ihm genannten Autoren. Die nicht-objektivistischen Aspekte der Bedeutung wie Subjektivität, Perspektivität oder Evaluativität sind nichts anderes als Gebrauchsregeln, bei denen Sprechereinstellungen, Sprecherperspektiven und Sprecherbewertungen Bedingungen für den regelkonformen Gebrauch der betreffenden Wörter darstellen. Der Unterschied zwischen den Bedeutungen der Wörter *geizig* und *sparsam* besteht beispielsweise darin, daß der Sprecher das Wort *geizig* wählen sollte, wenn er die damit charakterisierte Disposition oder Verhaltensweise mißbilligt, und er mit der Wahl des Wortes *sparsam* zeigt, daß er sie billigt.

Um den Schwächen des Objektivismus zu entgehen, bedarf es nicht der "Flucht in den Kopf", wie Feilke[25] die kongnitivistischen Bemühungen so treffend charakterisierte. Kognitivistisch konzipierte Semantiktheorien haben zwei prinzipielle und fundamentale Fehler: Sie sind zum einen repräsentationistisch mit all den daraus folgenden Problemen, und zum zweiten sind sie argumentativ zirkulär. Aus Beobachtungen sprachlicher Sachverhalte wird geschlossen auf das Vorhandensein korrespondierender kognitiver Strukturen, mit denen dann die beobachteten sprachlichen Sachverhalte "erklärt" werden. Mark Johnson exemplifiziert diese Zirkularität in seinem programmatischen Aufsatz, der den Titel "Philosophical Implications of Cognitive Semantics"[26] trägt, in großer Klarheit. Ich will versuchen, die Grundauffassung dessen, was er "cognitive semantics" nennt, in vier Thesen zusammenzufassen.

Die erste These möchte ich die These der "Metaphorizität der Erkenntnis" nennen. Sie lautet: Unser Wissen, unser Denken, unser Verstehen und unsere Erfahrung sind im wesentlichen bildlicher, d.h. metaphorischer und metonymischer Natur. "Human beings are fundamentally *imaginative* creatures."[27] Metaphorizität ist das Wesen

---

25 Feilke 1994a: 19
26 Johnson 1992
27 Johnson 1992: 350

unserer kognitiven Aneignung der Welt. "Meaning, metaphysics, and morality are all irreducibly metaphoric."[28]

Die zweite zentrale These ist die der "Systematizität der Bildlichkeit": Die Metaphern, mit denen wir die Welt *begreifen* und *erfassen* (um gleich ein Beispiel dafür zu geben), die *metaphors we live by*,[29] sind nicht privater und idiosynkratischer Natur. Es gibt metaphorische Muster, die weitgehend zeit- und kulturabhängig zu sein scheinen. "Our actual experience is largely structured by systems of metaphors."[30] Solche Muster nennen Lakoff und Johnson "image schemas". "Image schemas are structures of imagination."[31] Sie strukturieren unsere Erfahrungen und unsere Erkenntnis.

Die dritte These sei "These der Priorität der körperlichen Erfahrung" genannt. "Cognitive semantics gives a central place to the role of our bodily experience in the structure of our conceptual systems."[32] Grundlegende körperliche Erfahrungen werden metaphorisch als Bildspender genutzt, um die Welt zu *erfassen* und zu *begreifen*.

Die vierte und letzte These ist die Widerspiegelungsthese. Sie besagt, daß unsere Sprache die Art und Weise, wie wir Kategorien bilden, widerspiegele; oder wie Dirk Geeraerts in seinem *editorial statement* der ersten Nummer der Zeitschrift *Cognitive Linguistics* schreibt: "The formal structures of language are reflections of general conceptual organization, categorization principles, processing mechanisms, and experimental environmental influences."[33] Mark Johnson schreibt: "We try to understand language, and meaning in general, as grounded in the nature of our bodily experience and activity."[34] Die vierte These besagt also ganz einfach, daß sich das, was die ersten drei Thesen besagen, in der Sprache irgendwie zeigt.

Wenn wir uns die vier Thesen dieser sogenannten kognitiven Semantik im Zusammenhang anschauen, so können wir feststellen, daß es sich zunächst in erster Linie um eine Theorie der kognitiven Struktur, eine Theorie der begrifflichen Aneignung handelt. Von

---

28 Johnson 1992: 362
29 so der Titel des bekannten und faszinierenden Werks von Lakoff und Johnson 1980
30 Johnson 1992: 350
31 Johnson 1992: 349
32 Johnson 1992: 347
33 Geeraerts 1990: 1
34 Johnson 1992: 348

Sprache ist nur am Rande die Rede. Die vierte These, die die Sprache ins Spiel bringt, ist von erstaunlicher Trivialität. Sie hat offenbar überhaupt nur die Funktion, eine Antwort auf die Frage zu ermöglichen: "Woher weißt du das, was du in den ersten drei Thesen behauptest?" Die Antwort auf die Frage: "Woher weißt du, daß wir 'imaginative creatures' sind, daß die Muster unserer Metaphorik 'structures of imagination' sind, daß unsere Erkenntnis im wesentlichen metaphorisch ist, daß Körpermetaphern eine prädominante Rolle spielen, usw.?" kann nur lauten: "Ich weiß das, weil ich herausgefunden habe, daß unsere Sprache systematisch metaphorisch ist und Körpermetaphern eine wichtige Rolle bei der Benennung von inneren und abstrakten Ereignissen spielen." (Auf die Frage der Systematizität und der Körperbezogenheit der Metaphorik werde ich in Kapitel 17 zurückkommen; hier geht es mir lediglich um die Argumentationsstruktur.) Wenn die Quelle der Kenntnisse über die Struktur der Kognition ausschließlich die semantische Struktur der Sprache ist, dann ist es nicht zulässig, sie zur Begründung oder Erklärung der semantischen Struktur der Sprache zurückzubiegen. Kognitive Semantik "erklärt" Bekanntes mit Unbekanntem. Das heißt aber mit anderen Worten: Unter der Bezeichnung *cognitive semantics* wird diachrone und synchrone Semantik betrieben, und die Erkenntnisse über die semantische Struktur der Sprache (die hier nicht geschmälert werden sollen) werden als Erkenntnisse über die kognitive Struktur ihrer Sprecher ausgegeben. Kognitive Semantik erweist sich somit als eine *façon de parler*, als eine Art und Weise, in kognitivistischen Metaphern über Gebrauchsregeln zu reden. Die Argumentationsstruktur ist in ihren zentralen Punkten die der *petitio principii*.

8   Begriffstypen versus Regeltypen

Ich will nun versuchen, den Unterschied und Zusammenhang von Begriffstypen und Regeltypen an vier einschlägigen Beispielen zu verdeutlichen. Dazu ist es zunächst notwendig, ein wenig Arbeitsterminologie zu vereinbaren.[35]

---

35 Die hier vorgeschlagene Terminologie lehnt sich an die von C. I. Lewis 1944/1952 an.

Die klassische Vorstellung von einem Begriff ist die des klar umgrenzten, wohldefinierten Begriffs. Eine korrekte Definition eines Begriffs nennt man seine **Intension**; die Menge der *existierenden* Gegenstände, die unter den Begriff fallen, ist seine **Extension**; die Menge aller *möglichen* (der vergangenen, gegenwärtigen und zukünftigen) Gegenstände, die unter den Begriff fallen, wird gemeinhin seine **Komprehension** genannt. Die Intension des Begriffs **klassifiziert** somit seine Komprehension. Zur Extension des Begriffs 'Auto' gehören alle gegenwärtig existierenden Autos; zu seiner Komprehension gehören alle vergangenen, gegenwärtigen und zukünftigen Autos, einschließlich aller möglichen Autos. Wird der Intension eines Begriffs ein Merkmal hinzugefügt, so nimmt die Komprehension (nicht jedoch notwendigerweise die Extension!) ab, und umgekehrt. Betrachten wir ein Beispiel: Der Begriff 'gelbes Auto' klassifiziert seine Komprehension, d.h. die Menge der möglichen gelben Autos; der Begriff 'gelbes Auto mit Radio' klassifiziert die Menge der möglichen gelben Autos mit Radio. Da es gelbe Autos ohne Radio geben kann, ist die Komprehension des Begriffs 'gelbes Auto' größer als die des Begriffs 'gelbes Auto mit Radio'. Da nicht ausgeschlossen ist, daß alle gegenwärtig existierenden gelben Autos über ein Radio verfügen oder daß es gegenwärtig kein einziges gelbes Auto gibt, läßt sich über die Relation der beiden Extensionen nur aussagen, daß die Extension des Begriffs 'gelbes Auto mit Radio' nicht größer sein kann als die des Begriffs 'gelbes Auto'; die beiden Extensionen könnten auch identisch sein. Die Aussage "Je größer die Intension, desto kleiner die Extension, und umgekehrt" ist also falsch. Die Aussage "Je größer die Intension, desto kleiner die Komprehension, und umgekehrt" ist korrekt. Die Merkmale, die allen möglichen Gegenständen, die unter den Begriff fallen (d.h. allen Elementen seiner Komprehension), gemeinsam sind, sind das **Wesen** oder auch die **Wesensmerkmale** des Begriffs.

Die erste Klasse von Begriffen, die wir betrachten wollen, sind die, die Frege im Auge hatte. Freges Begriffsdefinition (siehe Kapitel 5) repräsentiert die klassische Ansicht: Ein Begriff ist dergestalt, daß von jedem beliebigen Gegenstand eindeutig entscheidbar ist, ob er unter den Begriff fällt oder nicht, d.h. der Begriff ordnet jedem beliebigen Gegenstand einen Wahrheitswert zu. Er ist definiert durch die Wesensmerkmale des Begriffs, d.h. durch die gemeinsamen Eigenschaften der Elemente seiner Komprehension. Der Begriff 'Primzahl' ist von dieser Art oder der Begriff 'Bundesverfassungsrichter'. Ich will solche

Begriffe *Fregesche Begriffe* nennen. Die meisten Begriffe, die Ausdrük-
ken der natürlichen Sprache entsprechen, sind nicht von dieser Art.
Logiker sahen in der Vagheit bisweilen ein Defizit der natürlichen
Sprachen. In Wahrheit ist eine gewisse Vagheit notwendig für den
alltäglichen Gebrauch.[36] Wenn der Begriff 'Kreis' festgelegt wäre auf
genau diejenigen Figuren, für die gilt, daß jeder Punkt der Figur gleich-
weit vom Mittelpunkt entfernt ist, hätte noch nie jemand einen Kreis
gezeichnet und die meisten vermutlich noch nie einen gesehen. Wenn
die Grenze zwischen 'rot' und 'rosa' auf eine exakte Wellenlänge
festgelegt wäre, könnten die beiden Wörter *rot* und *rosa* nicht mehr
ohne weiteres in einem Wollgeschäft verwendet werden. Wenn Wasser definiert wäre als 'H_2O + maximal 2 % Verunreinigung', könnte es
sein, daß der Rhein am einen Tag Wasser führte und am andern nicht;
oder am Oberlauf Wasser führte und am Unterlauf nicht. Natürlich
sind Präzisierungen für bestimmte Bereiche notwendig und sinnvoll;
im Alltag wären sie jedoch hinderlich. Pinkal spricht in diesem Zusammenhang vom "Präzisierungsverbot".[37]

Diese Begriffe wollen wir als nächstes betrachten. Es sind die Begriffe mit *unscharfen Rändern*. Das soll heißen: Es ist den Sprechern einer
Sprache prinzipiell nicht möglich, eine scharfe Grenze anzugeben, die
trennt, was noch unter den Begriff fällt und was nicht mehr. Die Sprecher haben einen Entscheidungsspielraum, das heißt, solche Begriffe
haben eine Unschärfetoleranz. Die Begriffe 'Wasser', 'krank', 'Haus',
'Motor' sind Beispiele dafür. Wo ist die Grenze zwischen einem Haus
und einer Baracke? Einem Haus und einem Schuppen? Ist der Kölner
Dom ein Haus? Ist das gedrillte Ringgummi eines Spielzeugflugzeugs,
der sogenannte Gummimotor, der den Propeller in Rotation versetzt,
ein Motor? Es sind keine kontingenten Defizite unseres Wissens, die
uns die Antworten unmöglich machen, sondern die Logik solcher
Begriffe. Wer seinen Gärtner beauftragt, die Büsche abzuschneiden
und die Bäume stehen zu lassen, muß gegebenenfalls ad-hoc-Grenzen
ziehen.[38] ("Du kannst welche *ziehen*: denn es sind noch keine gezogen."[39])

---

36 zu den verschiedenen Typen von Vagheit und Unbestimmtheit siehe Pinkal 1985
37 Pinkal 1985: 55
38 cf. Hare 1963/1973: 43
39 Wittgenstein PU §68

Die dritte Klasse von Begriffen, die wir betrachten wollen, sind solche mit *Familienähnlichkeitsstruktur*. Die Metapher der Familienähnlichkeit wurde von Wittgenstein geprägt,[40] um die Logik von Begriffen zu verdeutlichen, deren Komprehension nicht durch ein gemeinsames Wesensmerkmal bestimmt ist, sondern durch eine Reihe überlappender Merkmale. Die Metapher läßt sich am besten metaphorisch erläutern: Wenn wir sagen, daß sich die fünf Töchter der Familie Schmitt alle ähnlich sehen, so muß das nicht heißen, daß es ein äußeres Merkmal gibt, das ihnen allen zukommt, etwa die gleiche Mundpartie. Es kann heißen, daß die erste die gleichen Augen hat wie die zweite und die vierte; die zweite der dritten in der Form der Nase ähnelt; die fünfte die gleiche Mundpartie hat wie die erste und Haare wie die dritte und vierte. Bei einer solchen Konstellation hätten wir in der Tat den Eindruck, daß sie sich alle ähnlich sehen. "Ich kann diese Ähnlichkeiten nicht besser charakterisieren als durch das Wort 'Familienähnlichkeiten'; denn so übergreifen und kreuzen sich die verschiedenen Ähnlichkeiten, die zwischen den Gliedern einer Familie bestehen."[41] Familienähnlichkeit ist offenbar eine Relation der Ähnlichkeit, die nicht transitiv ist. Für "normale" Ähnlichkeit gilt: Wenn A B ähnlich ist, und B C ähnlich ist, dann ist A auch C ähnlich. Für unsere fünf Töchter gilt dies nicht: Die erste ist der zweiten ähnlich dank ihrer Augen; die zweite ähnelt der dritten aufgrund ihrer Nase; aber die erste hat mit der dritten (und die zweite mit der fünften) keine Ähnlichkeit.

Die fünf Töcher der Familie Schmitt:

1   2   3   4   5

Wittgensteins sprachliches Beispiel ist das Wort *Spiel*. "Betrachte z.B. einmal die Vorgänge, die wir 'Spiele' nennen. Ich meine Brettspiele, Kartenspiele, Ballspiele, Kampfspiele usw. Was ist allen diesen gemein-

---

40 Wittgenstein PU §66 ff.
41 Wittgenstein PU §67

sam? – Sag nicht: "Es *muß* ihnen etwas gemeinsam sein, sonst hießen sie nicht 'Spiele'" – sondern *schau*, ob ihnen allen etwas gemeinsam ist".[42] Es scheint in der Tat so zu sein: Wenn wir uns Schach, Profifußball, Computerspiele, russisches Roulette, Mikado, Ringelreihen und das Spiel eines Babys anschauen, finden wir kein durchgehendes Wesensmerkmal. Daraus folgt, daß wir die Komprehension des Begriffs 'Spiel' nicht "vorab" zu klassifizieren imstande sind, denn die Klassifikation ist zum Teil *ad hoc.* Zur Menge der Spiele gehört, was die Sprachgemeinschaft *Spiel* nennt. Nichts spräche dagegen, Jagd oder Wettangeln zu den Spielen zu zählen, aber wir tun es nun mal nicht. Anna Wierzbicka denkt, "the time has come to re-examine his doctrine of 'familiy-resemblences', which has acquired the status of unchallengeable dogma in much of the current literature on meaning".[43] Sie findet tatsächlich sieben Merkmale, die allen Tätigkeiten gemeinsam sind, die auf englisch *game* genannt werden. Das freilich widerlegt Wittgensteins Aussagen über das deutsche Wort *Spiel* nicht. "Wie gesagt: denk nicht, sondern schau!"[44]

Als vierte Klasse will ich diejenigen Begriffe betrachten, denen *Prototypenstruktur* zugesprochen wird. Eleonor Rosch[45] hat in einer Reihe von Aufsätzen und empirischen Studien gezeigt, daß Versuchspersonen die Elemente einer Kategorie als unterschiedlich gute Beispiele für diese Kategorie beurteilen. Das Paradebeispiel dieser Theorie ist die Kategorie 'Vogel'. Es leuchtet spontan ein: Rotkehlchen und Spatzen sind beispielsweise für mitteleuropäische Versuchspersonen "bessere" Vertreter für die Kategorie 'Vogel' als Hühner und Gänse, und diese wiederum sind "besser" als Strauße und Pinguine. Versuchspersonen benötigen beispielsweise eine geringere Reaktionszeit, um die Wahrheit der Aussage "Eine Amsel ist ein Vogel" zu beurteilen, als die der Aussage "Ein Pinguin ist ein Vogel".[46] Menschen beurteilen also bestimmte Elemente der Extension einiger Begriffe als prototypischer als andere. Dies, nicht mehr und nicht weniger, ist zunächst einmal der empirische Befund der Untersuchungen. Darüber, wie

---

42 Wittgenstein PU §66
43 Wierzbicka 1990. 356
44 Wittgenstein PU §66
45 Rosch 1973, 1976, 1979
46 Eine Aufstellung der unterschiedlichen Tests, die durchgeführt wurden, um Prototypikalität zu eruieren und zu belegen, gibt Lakoff 1987: 41f.

dieses Ergebnis zu interpretieren ist, herrscht Unklarheit.[47] Läßt es Rückschlüsse zu auf die Art der Bedeutung, auf die semantische Struktur der betreffenden Ausdrücke, mit denen die Kategorien bezeichnet werden? Läßt es Rückschlüsse zu auf die Art unserer kognitiven Speicherung semantischer Strukturen? Läßt es Rückschlüsse zu auf die Art, wie wir Begriffe lernen? All dies wurde in Erwägung gezogen, und Rosch selbst hat ihre Interpretationen mehrfach modifiziert. Die Meinungen reichen von der Ansicht, "that psychological categories have internal structure",[48] bis zu der These, "that [...] words have different prototypical structures, i.e., that they have different conceptual centres".[49] Das heißt, Prototypentheoretiker sind sich nicht einmal einig darüber, wovon sie überhaupt Prototypikalität auszusagen bereit sind: Sollte Prototypikalität von Einheiten der ontologischen Ebene, der epistemologischen Ebene oder der linguistischen Ebene ausgesagt werden? Wenn man sagt, Rotkehlchen seien prototypischere Vögel als Kolibris, so bewegt man sich auf der ontologischen Ebene; wer Wörtern Prototypenstruktur zuschreibt, bewegt sich auf der linguistischen Ebene, und wer die Ansicht vertritt, daß unsere Konzepte Prototypenstruktur hätten, redet offenbar über die epistemische Ebene. Eine behutsamere Interpretation der Prototypikalitätsurteile der Versuchspersonen gibt George Lakoff. Seine These ist: "Our basic claim will be that prototype effects result from the nature of cognitive models, which can be viewed as 'theories' of some subject matter."[50] Wenn ich dies recht verstehe, heißt das in etwa: Die Leute haben eine bestimmte "Vogel-Theorie", d.h. ein bestimmtes kognitives Modell des Begriffs 'Vogel', und daraus resultieren die unterschiedlichen Bewertungen dessen, was ein "guter" und was ein "weniger guter" Vogel ist. Einer solchen Interpretation gemäß ist somit Prototypikalität keine Eigenschaft von Begriffen, von Wörtern, von Bedeutungen, sondern ein Effekt bestimmter common-sense-Ansichten über Vögel. Es ist ein Effekt stereotyper Ansichten. Den Zusammenhang von Prototypen und Stereotypen deutet Anna Wierzbicka implizit an, indem sie schreibt: "Properties such as flying, feathers, and so on are presented as essential parts of the stereotype, not as necessary features of every

---

47 s. Lakoff 1987: 44f.
48 Rosch 1973: 140
49 Geeraerts 1988: 214
50 Lakoff 1987: 45

bird."[51] Einen Gegenstand, der unser Stereotyp erfüllt, beurteilen wir
als prototypisch. Eine solche Redeweise scheint mir vernünftig und
hinreichend klar zu sein; darüber hinaus verträgt sie sich mit der zitierten Ansicht von Lakoff: Wir haben eine "Vogel-Theorie", ein Stereotyp von 'Vogel'; daraus folgt, daß wir das Rotkehlchen als prototypischer beurteilen als den Pinguin. Als Prototyp des Vogels beurteilen
wir den, der unserem Stereotyp am ehesten entspricht. Dies hat, wie
Wierzbicka zurecht feststellt, nichts zu tun mit der Frage, welches die
notwendigen und hinreichenden Bedingungen dafür sind, einen Gegenstand als Vogel zu klassifizieren; und es läßt nicht den Schluß zu,
daß Pinguine, wie die Redeweise vom "weniger guten" Vogel nahelegt, die Intension des Begriffs 'Vogel' weniger gut erfüllen als prototypischere Exemplare. Dieser Redeweise gemäß ist ein Stereotyp eine
Einheit der epistemischen Ebene, ein Prototyp ist eine Einheit der
ontologischen Ebene. Aus der Existenz von Stereotypen und Prototypen folgt das, was Lakoff "Prototypeneffekt" nennt: Abstufungen der
Prototypikalitätsurteile der Versuchspersonen.

Die Ergebnisse der Prototypenforschung werden häufig über-
schätzt.[52] Daran ist zum einen die kognitivistische Überinterpretation
der Ergebnisse schuld, zum zweiten die Tendenz der kognitivistischen
Semantik, kognitive Kategorien mit Semantik gleichzusetzen, und zum
dritten eine Tendenz zur Übergeneralisierung des Anwendungsbe-
reichs der Theorie.[53] Wierzbicka hat mit guten Argumenten gezeigt,
warum es unangemessen ist, beispielsweise Kollektivbegriffen wie
'Spielzeug', 'Möbel' oder 'Geschenkartikel' Prototypenstruktur zuzuschreiben.[54] Es sind bestimmte Eigenschaften des Gegenstands, die
einen Vogel zum Vogel machen, aber es sind keine Eigenschaften des
Gegenstands, die einen Ball zum Spielzeug oder zum Geschenkartikel
machen. Nicht jeder Ball ist ein Spielzeug; manche Bälle sind Sportartikel. Ob ein Ball Spielzeug oder Sportartikel ist, sieht man ihm nicht
an. 'Vogel' ist ein taxonomischer Begriff, 'Spielzeug' hingegen ein
Kollektivbegriff.[55] Die Intension von 'Spielzeug' klassifiziert Dinge
nicht nach ihren Merkmalen, sondern nach ihrem Nutzen. Die Welt

---

51 Wierzbicka 1990: 362
52 s. dazu die Kritik von Posner 1986: 58 sowie Wierzbicka 1990
53 s. dazu auch Bickerton 1990: 34f.
54 Wierzbicka 1990
55 cf. Wierzbicka 1990: 355

läßt sich klassifizieren in Vögel und Nicht-Vögel, nicht aber in Spielzeug und Nicht-Spielzeug. Alles, womit Menschen spielen können, kann gegebenenfalls Spielzeug sein. Es macht keinen Sinn, entscheiden zu wollen, ob eine Luftpumpe zur Kategorie der Spielzeuge gehört oder eher zu der der Geschenkartikel.

Ich habe bislang den Ausdruck *Versuchspersonen* gewählt, um den Ausdruck *Sprecher* zu vermeiden. Denn wenn ich gesagt hätte, daß es Sprecher sind, die Prototypikalitätsurteile fällen, so hätte dies implizit den Ausgang der Diskussion vorweggenommen, ob die Prototypikalitätsurteile abhängig von der Sprache sind, die die Versuchspersonen sprechen, bzw. von der Sprache, in der die Versuche durchgeführt werden. Die Frage beispielsweise, ob Kopfsalat prototypischerer Salat ist als Wurstsalat und Obstsalat, ließe sich, wie wir gesehen haben, auf katalanisch nicht stellen. Die Frage, ob eine Wassermelone eine typischere Melone ist als eine Honigmelone, ließe sich beispielsweise weder auf katalanisch noch auf spanisch noch auf türkisch stellen.[56] Die Frage, ob Staudensellerie typischerer Sellerie ist als Liebstöckel (Maggikraut), ist, auf deutsch gestellt, unsinnig, auf französisch sinnvoll.[57] Das zeigt, daß Prototypikalitätstests nicht sprachunabhängig sind. Es muß in der Sprache eine spezifische Begriffshierarchie vorgesehen sein, um die Testfragen formulieren zu können. Sprachen klassifizieren sprachspezifisch. Fenchel, Dill und Anis gehören zur gleichen Pflanzenfamilie, aber im Deutschen gibt es keinen Oberbegriff. In einer Sprache, in der es den Oberbegriff X gibt, ließe sich testen, welche der drei Pflanzen das typischere X ist.

Obwohl Begriffe nicht sprachunabhängig sind, ist es unangemessen, sie einfach mit Bedeutungen gleichzusetzen. Bedeutungen sind Gebrauchsregeln. Gebrauchsregeln erzeugen die Kategorien, nach denen wir unsere Welt klassifizieren, aber sie sind nicht mit ihnen identisch. Im Zuge des Spracherwerbs werden wir auf eine Sprache und die damit verwobene Lebensform "abgerichtet",[58] wie Wittgenstein sich auszudrücken pflegt. Indem wir den korrekten Gebrauch der Wörter erwerben, erwerben wir eine bestimmte Klassifikation der

---

56 'Wassermelone': span. *sandía*, kat. *síndria*, türk. *karpuz*; 'Honigmelone': span. *melón*, kat. *meló*, türk. *kavun*.

57 'Staudensellerie': frz. *céleri branche*; 'Knollensellerie': frz. *céleri rave*; 'Liebstöckl': frz. *céleri vivace*.

58 Um eine Abrichtung handelt es sich insofern, als der Primärspracherwerb auf weite Strecken ohne erklärende Unterweisung auskommen muß; s. PU §5f.

Welt. Insofern sich die biologische Ausstattung der Menschen und die Lebensformen gleichen, ist zu erwarten, daß sich auch die Klassifikationen über Kultur- und Sprachgrenzen hinaus gleichen.

Betrachten wir als Beispiel das Wort *Kopf* und den Begriff 'Kopf'. Wenn der Begriff 'Kopf' mit dem Gebrauch des Wortes *Kopf* koextensiv wäre, sollte gelten: Ein Kopf ist alles und nur das, was *Kopf* genannt wird. Daß Gebrauch und Begriff unterschiedlicher Betrachtung bedürfen, will ich im folgenden zeigen. Wir verfügen über einen relativ klaren Begriff 'Kopf'. Abgesehen von der vernachlässigbaren Unklarheit, wo der Kopf aufhört und der Hals anfängt (beispielsweise beim Wellensittich), handelt es sich zumindest in bezug auf Wirbeltiere um einen Fregeschen Begriff: Es ist eindeutig, was unter den Begriff fällt und was nicht. Es ist der Körperteil, an dem sich Augen, Nase, Mund (Maul, Schnabel) und Ohren befinden. In bezug auf Schnecken, Würmer, Tintenfische, Langusten etc. wird die Entscheidung deutlich schwieriger. Der prototypische Kopf ist der menschliche. Der Gebrauch des Wortes *Kopf* hingegen ist differenzierter als der Begriff 'Kopf'. Denn der Gebrauch des Wortes *Kopf* interagiert, bezogen auf Menschen, mit dem Gebrauch der Wörter *Gesicht, Mund* und *Nase.* So ist beispielweise der Mund zweifellos ein Teil des Kopfes. Aber ich kann, wenn ich ein Bonbon im Mund habe, dies nicht mit dem Satz beschreiben *Ich habe ein Bonbon im Kopf.* Mit dem Ausdruck *im Kopf* beziehen wir uns offenbar nur auf einen Teil dessen, was wir *Kopf* nennen, nämlich den Schädel. So kann man sagen, man habe Ohren am Kopf, nicht aber, man habe eine Nase am Kopf. Die Nase ist im Gesicht. Man kann sagen, man habe ein Gehirn oder Stroh im Kopf, nicht aber eine Zunge oder Backenzähne. Ein Schlag ins Gesicht ist kein Schlag auf den Kopf, und eine Gesichtsverletzung ist keine Kopfverletzung, obgleich das Gesicht unstrittig die Vorderseite des Kopfes darstellt. Das Wort *Kopf* wird offenbar einerseits dazu verwendet, den Körperteil oberhalb des Halses zu bezeichen und zu klassifizieren, andererseits, wenn man sich auf Teile des Kopfes bezieht, den Schädelteil des Kopfes zu bezeichen. In dem Satz *Er schlug ihm auf den Kopf* bezeichnet *Kopf* offenbar einen Teil des Kopfes; Kopf und Gesicht zusammen ergeben den Kopf. Das klingt nach logischem Widerspruch. Eine Strategie, ihn zu umgehen, könnte darin bestehen zu sagen, *Kopf* sei zweideutig. Dagegen spricht dreierlei: Erstens die Abwesenheit der Disambiguierungsverpflichtung (siehe Kapitel 7), zweitens die mangelnde Wohlgeformtheit von Sätzen wie *Der hintere Teil meines Kopfes*

ist der Kopf oder *Ich habe einen Kopf am Kopf.* Bei echten zweideuti-
gen Wörtern sind Sätze dieser Art nicht bizarr, wie die folgenden drei
Beispiele zeigen: *In der Bank steht eine Bank. Auf dem Paß liegt ein Paß.
Im Schloß liegt ein Schloß.* Drittens ist "mangelnde Logik" in der Spra-
che weder selten noch störend, wie leicht gezeigt werden kann: Die
Länge des Armes bemißt sich von der Schulter bis zur Spitze des
Mittelfingers. Ist die Hand somit ein Teil des Arms? Oder enden die
Arme an den Handgelenken? Enden die Beine an den Fußknöcheln?
Wie dem auch sei, wenn *Kopf* zweideutig ist, sollten *Arm* und *Bein*
ebenfalls als zweideutig gelten, und das Reich ambiger Ausdrücke
würde bald übervölkert sein. Ich vermute, daß es angemessener ist,
sich damit abzufinden, daß die Bedeutungen von Ausdrücken der
natürlichen Sprache in einigen Aspekten *ad-hoc*-Charakter haben. Das
Beispiel zeigt: Wir haben einen relativ klaren Begriff 'Kopf', der bezogen auf den Bereich von Weichtieren und Schalentieren (und möglicherweise anderen) unscharfe Ränder bekommt. Aber da, wo der
Begriff 'Kopf' am klarsten ist, nämlich bezogen auf Menschen, ist der
Gebrauch am verworrensten.

Diese Art der Verwirrung scheint typisch zu sein für sogenannte
Meronomien.[59] Man kann in der lexikalischen Struktur einer Sprache zwei Typen verzweigender hierarchischer Strukturen unterscheiden:

Taxonomien und Meronomien.

Eine Taxonomie strukturiert Klassen in Teilklassen. Ein Meronomie
strukturiert Gegenstände in Teile. Ein typisches Beispiel (eines Ausschnitts) einer Taxonomie ist:

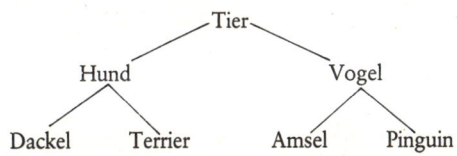

---

59 Zur Theorie der Meronomie s. Cruse 1986, Kap. 8. Der Ausdruck *Meronomie* ist
    abgeleitet von gr. *meros,* 'der Teil'. Den Hinweis auf den Begriff der Meronomie
    verdanke ich Petra Radtke.

Ein typisches Beispiel (eines Ausschnitts) einer Meronomie ist:

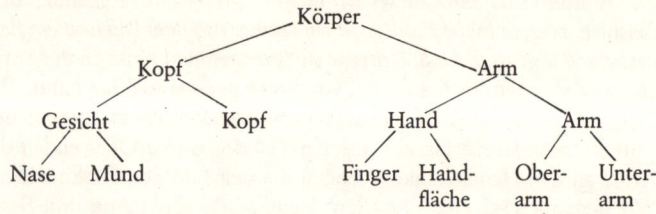

Meronomien unterscheiden sich in mehrfacher Hinsicht signifikant von Taxonomien.[60] Ich will hier nur auf zwei Unterschiede eingehen, die für die oben genannte Verwirrung verantwortlich sind. Die Frage, ob ein Pinguin eine Art Vogel oder ein Hund eine Art Tier ist, läßt sich durch biologische Untersuchungen und die Anwendung der Klassifikationskriterien entscheiden, wohingegen die Frage, ob man sagen kann, die Hand sei ein Teil des Armes, nicht durch die Untersuchung von Händen und Armen geklärt werden kann. Das ist eine rein sprachliche Frage. Da eine Meronomie keine Hierarchie von Klassen ist, gibt es keine Teilungskriterien in dem Sinne, in dem es Klassifikationskriterien gibt. Zumindest für die Meronomie der Körperteile scheint es typisch zu sein, daß ein und derselbe Ausdruck sowohl zur Bezeichnung eines Ganzen sowie eines seiner Teile verwendet wird, d.h., daß in dem Baumdiagramm ein und derselbe Ausdruck an beiden Knoten einer Kante stehen kann. Wenn wir uns der Terminologie von Cruse bedienen, können wir beispielsweise von dem Wort *Kopf* sagen, es werde sowohl als Holonym (als Bezeichnung des Ganzen) als auch als Meronym (als Bezeichnung eines Teils seines Holonyms) verwendet. Bei Taxonomien ist der Sprecher relativ frei in der Wahl der Ebene.[61] Er hat in einem gewissen Rahmen die Freiheit, das Hyperonym (den Ausdruck, der die übergeordnete Klasse bezeichnet) oder das Hyponym (den Ausdruck, der eine Teilklasse des Hyperonyms bezeichnet) zu wählen. Ich kann sagen, *Ich habe mir ein Tier gekauft*, wenn ich mir einen Goldhamster angeschafft habe. (Wenngleich es befremdlich wäre zu sagen, *Ich habe mir Lebenwesen gekauft*, wenn ich für den Garten Salatpflanzen gekauft habe.) Bei Meronomien scheint es hingegen so zu

---

60   s. dazu Cruse 1986: 177ff.
61   Die Beobachtung der unterschiedlichen Restriktionen bezüglich der Wahl der Ebenen verdanke ich Petra Radtke.

sein, daß der Sprecher nicht den Ausdruck, der ein Ganzes bezeichnet, das Holonym, wählen darf, wenn er einen Teil meint: Mein Körper reicht vom Scheitel bis zu Fußsohle; aber ich trage keine Mütze auf dem Körper. Mein Kopf reicht vom Scheitel bis zum Kinn; aber ich habe keine Zähne im Kopf. Mein Arm reicht von der Schulter bis zu den Fingerspitzen; aber ich habe keine Fingernägel am Arm. Daraus folgt, daß ein Ausdruck, der sowohl als Holonym als auch als Meronym verwendet wird, immer im Sinne des Meronyms interpretiert wird, wenn diese Interpretation möglich ist. Das heißt, ein Ausdruck einer Meronomie wird tendenziell immer in der spezifischeren Lesart interpretiert: *Er hat eine Wunde am Arm* heißt, daß er sie nicht an der Hand hat. *Er bekam einen Kuß auf den Kopf* impliziert, daß er ihn nicht ins Gesicht bekam. *Er trägt eine Tätowierung am Körper* impliziert, daß er sie nicht am Arm trägt. Ich will diese sehr vorläufigen Überlegungen hier abbrechen. Detailliertere Untersuchungen zum Gebrauch von Wörtern meronomischer Hierarchien stehen meines Wissens noch aus. Kehren wir zurück zur Hauptlinie unserer Argumentation.

Die Beispiele, die ich angeführt habe, sollten deutlich machen, daß Begriffe einerseits nicht sprachunabhängig sind, andererseits nicht einfach mit Bedeutungen gleichgesetzt werden dürfen. Begriffe bilden sich aus Bedeutungen. Sie sind Einheiten unseres Denkens, die geformt werden durch Gebrauchsregeln unserer Sprache. "Einer der häufigsten philosophischen Fehler [...] besteht in der Annahme, daß alle bedeutungsbestimmenden Regeln von der gleichen Art sein müssen, d.h. daß alle Ausdrücke ihre Bedeutung auf die gleiche Weise erhalten",[62] stellt Hare fest. Ich will nun zeigen, daß die vier genannten Typen von Begriffen (Fregesche Begriffe, Begriffe mit unscharfen Rändern, Begriffe mit Familienähnlichkeitsstruktur und Begriffe mit Prototypenstruktur) von sprachlichen Zeichen erzeugt werden, deren bedeutungsbestimmende Regeln von unterschiedlicher Art sind. Den vier Typen von Begriffen entsprechen vier Typen von Gebrauchsregeln.

Es gibt Wörter, deren Gebrauch wir über explizite Definitionen erlernen und speichern. Eine Primzahl ist eine ganze Zahl, die nur durch die Zahl eins und durch sich selbst teilbar ist. Dies habe ich in der Schule gelernt, und dies ist mein Kriterium der Entscheidung, ob eine Zahl eine Primzahl ist oder nicht. Das Wort *Primzahl* versuche ich ausschließlich zu verwenden, um auf Zahlen zu referieren oder Zahlen

---

62 Hare 1963/1973: 22

zu charakterisieren, die der Definition entsprechen. Der Begriff 'Primzahl' entspricht einer Gebrauchsregel, bei der ausschließlich solche
Merkmale, die Wahrheitsbedingungen darstellen, Gebrauchskriterien
sind. Solche Gebrauchsregeln erzeugen Fregesche Begriffe.

Den Gebrauch des Wortes *Wasser* oder *Haus* habe ich nicht über
eine explizite Definition gelernt. *Wasser* verwenden wir, um all das zu
bezeichnen, was aus der Leitung kommt, was wir trinken, womit wir
uns waschen, was in Flüssen, Seen und Meeren fließt oder steht, was
vom Himmel regnet etc. Wasser eignet sich zum Baden, Trinken,
Waschen, Gießen etc. Das heißt, Kriterium des Gebrauchs des Wortes
Wasser sind nicht nur Eigenschaften der so bezeichneten Flüssigkeit,
sondern auch deren Nutzung und Erscheinungsweise. Gebrauchsregeln, die die Nutzung des Referenzobjekts als Kriterium des Gebrauchs des betreffenden Wortes beinhalten, erzeugen typischerweise
Begriffe mit unscharfen Rändern, da die Geeignetheit eines Gegenstands gemeinhin Toleranzen zuläßt. Viele Gebrauchsregeln enthalten
sowohl Objektmerkmale als auch Objektnutzungen als Gebrauchskriterien. Die Bedeutung des Wortes *Haus* ist beispielsweise von dieser
Art. Ob ein Wolkenkratzer, eine Moschee oder eine Kirche Häuser
sind, ist (meines Erachtens) unklar. Daß ein Iglu und eine Jurte keine
Häuser sind, ist hingegen klar. Häuser sind, wie Iglus und Jurten, zum
Wohnen bestimmt, aber Häuser sind, im Gegensatz zu Iglus und
Jurten, standortgebunden und für einen größeren Zeitraum erstellt.

Die Bedeutung eines Wortes wie *Vogel* erlernen wir weder über
eine Definition noch bezeichnen wir damit Tiere, die auf bestimmte
Weise genutzt werden (im Gegensatz etwa zu *Federvieh*, *Geflügel* oder
Wild, deren Gebrauchsregeln Begriffe mit unscharfen Rändern erzeugen). Den Gebrauch des Wortes *Vogel* haben wir über typische Beispiele gelernt: *Vogel* nennt man Tiere wie die, die draußen im Garten
hüpfen und fliegen, und alle, die diesen in relevanter Weise ähnlich
sind.[63] Eine Gebrauchsregel dieser Art erzeugt Begriffe mit Prototypenstruktur. Welches die relevanten Ähnlichkeiten sind, lernen Kinder
im Laufe der Zeit hinzu, und einige besonders seltsame Exemplare,
wie Pinguine, Kolibris und Emus, lernt man gemeinhin explizit *ad hoc*
zu subsumieren. Das heißt, die Gebrauchsregel von *Primzahl* ist der
von *Vogel* darin ähnlich, daß in beiden Fällen Objektmerkmale Kriterien des Gebrauchs der Wörter sind. Nur: Über die Gebrauchskriterien

---

63 cf. Bickerton 1990: 34

des Wortes *Primzahl* verfügen wir explizit, die von *Vogel* müssen wir
uns induktiv erarbeiten, mit all den damit verbundenen Unsicherheiten
der Über- und Untergeneralisierung. Als Bedeutung des Wortes *Primzahl* lernen wir nicht: 7 ist eine Primzahl, und ebenso alles, was der 7
in relevanter Weise ähnlich ist. Die 7 mag die Primzahl sein, die auf
Nachfrage am häufigsten genannt wird, aber sie ist nicht eine protopypische Primzahl in der Weise, wie ein Spatz ein prototypischer Vogel
oder ein Fisch der Größe und Form eines Herings ein prototypischer
Fisch ist. Wenn die Idee der Prototypikalität auf Begriffe angewendet
wird, die ihre Komprehension nach Maßgabe von Nutzungseigenschaften klassifizieren (wenn also z.B. ein Hammer ein prototypicheres Werkzeug ist als ein Bleistift), so sollte man sich mindestens darüber im klaren sein, daß man dann zwei verschiedene Typen von
Prototypikalität unterscheiden muß.

Stellen wir uns vor, wir beobachteten bei einem kleinen Volk in
der Südsee, wie Männer bungeespringen. Wie könnten wir entscheiden, ob es sich dabei um ein Spiel handelt? Welche Informationen
benötigten wir? Wenn sie es aus lauter Freude am freien Fall tun,
könnten wir es Spiel nennen; aber es könnte auch ein Sport sein. Und
wenn sie von den Zuschauern Geld dafür bekommen? Wenn sie es
tun müssen, um heiraten zu können? Wenn jeder das tut, wenn er 40
Jahre alt geworden ist? Wenn es Berufsbungeespringer sind? Wir
hätten, so glaube ich, keine Möglichkeit zu entscheiden, ob es sich um
ein Spiel handelt oder nicht. Wir könnten uns fragen, ob wir, wenn es
dasselbe bei uns gäbe, das *Spiel* nennen würden. Auch das können wir
nicht entscheiden. Wettangeln bezeichnet man meines Wissens nicht
als Spiel; Stierkämpfe könnte man meines Erachtens als Spiele bezeichnen. Russisches Roulette ist ein Spiel; ein Duell mit Pistolen ist kein
Spiel. Fallschirmspringen ist ein Sport, aber kein Spiel. An der Börse
spekulieren aus Freude am Risiko kann man unter Umständen als Spiel
betrachten; mit einem festen Ausgangskapital um die Wette spekulieren ist ein Spiel.

Die Gebrauchsregeln des Wortes *Spiel* sind geleitet von einer Reihe
von Prototypen, die wir *ad hoc* als Spiele zu bezeichnen lernen. Wir
lernen als Kinder, daß Mensch-ärgere-dich-nicht ein Spiel ist, daß
Fußball ein Spiel ist und daß mit Sand eine Burg bauen ein Spiel ist.
Wir können dies lernen, ohne gemeinsame Merkmale überhaupt
unterstellen zu müssen. Hinzu kommt, daß wir jedwede Tätigkeit
eines Kleinkindes, die nicht der unmittelbaren Lebenserhaltung dient,

spielen nennen. Wenn wir mehrere Prototypen *ad hoc Spiel* nennen, so gelangen wir zu einer Adjunktion von Merkmalen, die leicht rekombinierbar sind, etwa der Art: Eine Tätigkeit nennt man *Spiel*, wenn sie nur um ihrer selbst willen ausgeübt wird und wenn sie Spaß macht, oder wenn sie zu mehreren nach Regeln ausgeführt wird und einen Sieger hervorbringt, oder wenn eine Risikosituation zu meistern ist, oder wenn sie der Einübung einer Tätigkeit dient usw., sowie alle Tätigkeiten, die diesen in relevanter Weise ähnlich sind. In einer solchen Gebrauchsregel sind *und* und *oder* frei variierbar. Eine solche Regel kann auch leicht durch positive wie negative *ad-hoc*-Regeln ergänzt werden, wie etwa: Tätigkeiten, die religiösen Zwecken dienen, nennt man nicht *Spiel*. Gebrauchsregeln dieser Art erzeugen Begriffe mit Familienähnlichkeitsstruktur. Es ist zu vermuten, daß es in einer Sprache nicht sehr viele Wörter geben kann, die solch unordentlichen Gebrauchsregeln folgen. Sie setzen, wie alles Unordentliche in einer Sprache, eine relativ hohe Frequenz voraus, eine starke interpretationsfördernde kontextuelle Einbindung sowie ein hohes Maß an Akzeptanz und Toleranz seitens der Sprecher. Wenn ich in einer Speisenkarte lese: *Salat von warmer Kaninchenleber* so würde ich, auch wenn ich dieses Gericht im häuslichen Alltag nicht *Salat* nennen würde, eine solche Benennung aufgrund der Familienähnlichkeitsstruktur (und der Speisenkartenautoren gegenüber erforderlichen Benevolenz) widerstandslos akzeptieren.

Zusammenfassend können wir feststellen: Es gibt Gebrauchsregeln, die klar erkennbare Objektmerkmale als Gebrauchskriterium nutzen; diese erzeugen Fregesche Begriffe. Gebrauchsregeln, die Nutzungsmerkmale der Referenzobjekte als Gebrauchskriterien nutzen, erzeugen Begriffe mit unscharfen Rändern. Gebrauchsregeln, die prototypische Exemplare von Referenzobjekten und Ähnlichkeitsrelationen als Gebrauchskriterien nutzen, erzeugen Begriffe mit Prototypenstruktur. Gebrauchsregeln, die eine Disjunktion von prototypischen Exemplaren von Referenzobjekten samt Ähnlichkeitsrelationen als Gebrauchskriterien nutzen, erzeugen Begriffe mit Familienähnlichkeitsstruktur.

Begriffe sind Funktionen, die Gegenstände in Wahrheitswerte abbilden. Das haben wir von Frege gelernt.[64] Gilt diese Definition allgemein oder nur für die Begriffe, die Frege im Auge hatte, nämlich

---

64 s. Kap. 5

diejenigen, die "die Eigenschaft haben, durch jeden bedeutungsvollen Eigennamen gesättigt, einen eigentlichen Satz zu ergeben; das heißt, den Eigennamen eines Wahrheitswertes zu ergeben"?[65] Wir haben gesehen, daß den meisten Begriffen des Alltags die Eigenschaft der "scharfen Begrenzung"[66] fehlt. Dennoch, so meine ich, läßt sich Freges Definition verallgemeinern, wenn wir sie nur von der Forderung der scharfen Begrenzung befreien. Was heißt es, zu sagen, ein Begriff bilde Gegenstände (im allgemeinsten Sinne) in Wahrheitswerte ab? Es heißt, daß derjenige, der beispielsweise den Begriff 'Haus' kennt, für jedes x sagen kann, ob x *ist ein Haus* wahr oder falsch ist. Umgangssprachlich würde man das so ausdrücken: Wer den Begriff 'Haus' kennt, der weiß, was ein Haus ist und was nicht. Genau dies ist der Fall, ungeachtet der Tatsache, daß es "Gegenstände" gibt, bei denen ich im Zweifel bin, ob ich sie Haus *nennen* sollte oder nicht. Die Regel des Gebrauchs des Wortes *Haus* räumt dem Sprecher eine gewisse Entscheidungstoleranz ein, etwa einen bewohnbaren Schuppen *Haus* zu nennen oder nicht. *Entscheidungsfreiheit* heißt nicht *Unentscheidbarkeit*. Ich weiß, was Wasser ist, was ein Haus ist, ob ich krank bin usw. Das heißt, ich bin in der Lage, den Funktionen x *ist Wasser*, x *ist ein Haus* oder x *ist krank* für jede Sättigung einen Wahrheitswert zuzuorden. Was 'Haus' von 'Primzahl' unterscheidet, ist die Tatsache, daß ich in einigen Fällen selbst entscheiden darf, ob ein Gebäude zu den Häusern zu zählen ist, aber nicht entscheiden darf, ob etwa die Zahl *0* zu den Primzahlen gehören soll.

Auch Begriffe mit Familienähnlichkeitsstruktur bilden Gegenstände in Wahrheitswerte ab. Jeder, der den Begriff 'Spiel' kennt, weiß, was ein Spiel ist und was nicht. In einigen Fällen haben die Sprecher Entscheidungsfreiheit und in einigen Fällen gibt es *ad-hoc*-Regelungen. Daß es kein *einheitliches* Entscheidungskriterium gibt, heißt nicht, daß unentscheidbar ist, ob etwas ein Spiel ist oder nicht.

Bei Begriffen mit Prototypenstruktur kommt ein neuer Aspekt hinzu. Der Begriff 'Vogel' bildet zweifellos Gegenstände in Wahrheitswerte ab; aber die Entscheidung ist gleichsam gewichtet. Die Gewichtung betrifft nicht die Entscheidung selbst, sondern das Maß der Konformität mit den Standarderwartungen, dem Stereotyp. Da die Frage der Prototypikalität die Gewichtung betrifft und nicht die Ent-

---

65 Frege 1971: 90
66 Frege 1971: 90

scheidung, schließt sich Prototypikalität mit keinem der genannten Begriffstypen aus. Ein Begriff, der Prototypenstruktur hat, kann ein Fregescher Begriff sein wie der Begriff 'Vogel' (es gibt, bezogen auf den gegenwärtigen Stand der Evolution, keine Tiere, deren Zugehörigkeit zu der Klasse der Vögel der Entscheidung des Sprechers obliegt) oder unscharfe Ränder haben wie die Begriffe 'Salat' oder 'Haus'. Ein Begriff mit Familienähnlichkeitsstruktur hat notwendigerweise auch Prototypenstruktur. Wenn Familienähnlichkeit definiert ist durch die Abwesenheit eines durchgängigen Kriteriums und das Vorhandensein überlappender Kriterien, so sollte nicht ausgeschlossen sein, daß es Begriffe gibt, die Familienähnlichkeitsstruktur aufweisen und dennoch scharfe Ränder haben. Allerdings ist mir ein solcher Begriff nicht bekannt. Man könnte jedoch einen definieren.

9 Ausdruck und Bedeutung

Wir haben nun verschiedene prototypische Zeichenauffassungen kennengelernt. Die Quintessenz der bisherigen Ausführungen war:

1. Sprachliche Zeichen dienen uns zu Kommunikation, Klassifikation und Repräsentation.
2. Eine Theorie der Repräsentationsleistung sprachlicher Zeichen gibt keine Antwort auf die Frage, vermöge welcher Eigenschaften ein Zeichen in der Lage ist, etwas (was auch immer es sei) zu repräsentieren, oder allgemeiner gesagt, vermöge welcher Eigenschaften es zum Kommunizieren geeignet ist.
3. Gebrauchstheorien und repräsentationistische Theorien schließen sich demnach nicht aus. Kognitivistische Theorien sind im allgemeinen als repräsentationistische konzipiert.
4. Die Frage, vermöge welcher Eigenschaften das Zeichen zum Kommunizieren geeignet ist, kann ausschließlich eine Gebrauchstheorie beantworten.

Bislang war immer nur von etablierten Zeichen einer Sprache die Rede. Wie aber entstehen Zeichen? Wie entstehen aus alten Zeichen neue Zeichen? Wie und warum verändern sich Zeichen? Wir wollen uns nun den Fragen der Genese und des Wandels sprachlicher Zeichen zuwenden.

Sprachliche Zeichen können durch willentliche Schöpfungsakte entstehen. In wissenschaftlichen Diskursen ist es gang und gäbe, Zeichen zu schaffen und willentlich zu verändern. Jede nichtredundante Definition ist ein solcher Schöpfungs- oder Veränderungsakt. Von diesen Formen des Wandels und der Genese soll hier nicht die Rede sein, denn sie sind sprach- und zeichentheoretisch relativ uninteressant. Interessanter sind die alltäglichen Formen der Genese und des Wandels von Zeichen. Für sie ist kennzeichnend, daß sprachliche Zeichen zwar von den Sprechern einer Sprache hervorgebracht werden, dies aber weder willentlich noch wissentlich geschieht. Die Etablierung sprachlicher Zeichen ist in den allermeisten Fällen ein Nebenprodukt kommunikativer Bemühungen. Sprachliche Zeichen sind Folgen kommunikativer Bemühungen, nicht deren Voraussetzung! Wäre das Verfügen über eine voll etablierte Sprache notwendig, um kommunizieren zu können, so wäre weder erklärbar, wie eine solche Sprache je entstehen konnte, noch wäre erklärbar, wie Kinder die Sprache ihrer Umgebung erlernen können. Primärspracherwerb setzt offenbar (unter anderem) voraus, daß Kinder kommunikative Bemühungen in einer Sprache, die sie noch nicht beherrschen, zumindest teilweise adäquat interpretieren können. Die Annahme, daß ein Kind die Äußerungen seiner Mutter erst dann verstehen kann, wenn es deren Sprache erlernt hat, würde das Rätsel des Spracherwerbs vollends unlösbar erscheinen lassen.

Etablierte sprachliche Zeichen sind in dem von mir in einer früheren Arbeit[67] erläuterten Sinne Phänomene der dritten Art: Sie sind weder Naturphänomene, wie die Tanzfiguren der sogenannten Bienensprache, noch Artefakte, wie das Morsealphabet oder die Piktogramme der olympischen Diziplinen, sondern sie sind nicht-intendierte Ergebnisse einer Vielzahl intentionaler kommunikativer Akte. Eine adäquate Sprachtheorie muß nicht nur das Funktionieren einer Sprache erklären und beschreiben können, sondern sie muß auch der Tatsache gerecht werden, daß jede sogenannte natürliche Sprache permanentem Wandel unterliegt. Sie muß den Wandel als Phänomen ansehen, das dem Gebrauch der Sprache immanent ist. "Our synchronic description should [...] ideally be such that language change

---

67 Keller 1994: Kap.4

would not require any extra linguistic explanation", fordert Erica García.[68] Daraus folgt, daß eine adäquate Zeichentheorie auch den Zeichenwandel als etwas betrachten sollte, das dem Gebrauch der Zeichen immanent ist. Sprachliche Zeichen sind keine stabilen Einheiten, die unter unter besonderen widrigen Umständen Veränderungen "erleiden", sondern sie sind ihrem Wesen nach dynamisch und können unter besonderen Umständen auch einmal über einen längeren Zeitraum hinweg unverändert bleiben. Mit anderen Worten: Der unmarkierte Fall ist ihr Wandel, oder wie Anttila und Embleton schreiben: "Change is the essence of meaning."[69] Die theoretische Basis einer dynamischen Zeichentheorie ist zum einen eine evolutionäre Sprachkonzeption[70] und zum anderen die Auffassung, daß die Bedeutung eines etablierten sprachlichen Zeichens die Regel seines Gebrauchs in der Sprache ist. Die *Gebrauchstheorie* genannte Auffassung wurde im sechsten Kapitel dargelegt. Betrachten wir nun Zeichen etwas detaillierter, und zwar vornehmlich unter dem Aspekt, daß sie Kommunikationsmittel sind. Denn der relevante Ort des Geschehens von Zeichengenese und -wandel ist nicht das Innere des Kopfes, sondern die Gebrauchssituation. Zeichen entstehen und verändern sich im Zuge ihres kommunikativen Einsatzes.

Das Wort *Kommunikation* wird in sehr vielfältiger Weise verwendet. Wenn man will, kann man jedwede Form der Beeinflussung eines Systems durch ein anderes *Kommunikation* nennen; dann kommunizieren Röhren, Tiere, Gehirnzellen und dergleichen. Man kann jedwedes Ereignis, das interpretativ nutzbar ist, Kommunikation nennen; dann ist ein Kinnhaken ebenso kommunikativ wie das Tragen keiner Krawatte oder wie Grashalme, die sich im Wind bewegen. Ich will das Wort *Kommunikation,* wie es in der Linguistik und Sprachphilosophie weitgehend üblich ist, in einer sehr eingeschränkten Bedeutung verwenden: *Kommunikation* soll jedes intentionale Verhalten genannt werden, das in der Absicht vollzogen wird, dem andern auf offene Weise etwas erkennen zu geben. Eine präzise Definition von *Kommunikation* ist sehr komplex. Roland Posner[71] hat eine solche auf der

---

68 García 1985: 276
69 Anttila und Embleton 1989: 157. Dies ist auch das Leitmotiv der zeichentheoretischen Schriften von Michael Shapiro. (cf. Shapiro 1991)
70 s. Keller 1994: Kap.6
71 Posner 1992: Kap 3.3

Basis der Griceschen Definition[72] dessen, was es heißt, etwas zu meinen, vorgelegt und gezeigt, wie Kommunikationshandlungen aus weniger komplexen Handlungen theoretisch konstruiert werden können. An dieser Stelle soll folgende informelle Charakterisierung genügen: Kommunizieren in dem hier relevanten Sinne heißt Mitmenschen beeinflussen, und zwar dadurch, daß man dem andern mittels Zeichen (im weitesten Sinne) zu erkennen gibt, wozu man ihn bringen möchte, in der Hoffnung, daß diese Erkenntnis für den andern ein Grund sein möge, sich in der gewünschten Weise beeinflussen zu lassen.[73] Wichtig daran ist für unseren Zusammenhang vor allem, daß Kommunizieren erstens eine Form der Beeinflussung ist, und zweitens, daß die Beeinflussung nur dann einen Fall von Kommunikation darstellt, wenn sie auf dem Wege einer Erkenntnis hervorgebracht wird. Die Aufforderung *Gehen Sie bitte die Treppe hinunter* unterscheidet sich unter bestimmten Bedingungen in dem beabsichtigten Beeinflussungsziel nicht wesentlich von einem Tritt. Beide Formen der Beeinflussung können beim Adressaten dieselbe Wirkung hervorrufen, nämlich das Hinuntergehen der Treppe. Aber nur die Aufforderung ist ein Fall von Kommunikation in dem hier intendierten Sinne. Denn nur für sie – und nicht für den Tritt – gilt, daß die angestrebte Beeinflussung dadurch zustande kommen soll, daß der Adressat erkennt, wozu man ihn bringen möchte, *und* daß gerade diese Erkenntnis der Grund dafür ist, sich in der gewünschten Weise beeinflussen zu lassen. Für die Beeinflussung per Fußtritt mag die Bedingung vor dem *und* ebenfalls zutreffen, die Bedingung nach dem *und* trifft auf keinen Fall zu. "Der Zweck unseres Sprechens ist stets der, den Willen oder die Erkenntnis einer Person so zu beeinflussen, wie es dem Sprechenden als wertvoll erscheint", schrieb Philipp Wegener im Jahre 1885.[74] Kommunikation ist Beeinflussung unter Respektierung der Entscheidungsfreiheit des anderen.

Kommunizieren heißt somit, den anderen etwas wahrnehmen lassen, woraus er zusammen mit seinem übrigen Wissen, seinem Situations- und seinem Weltwissen, erkennen kann, wozu man ihn bringen möchte. Das Ziel der Beeinflussung muß selbstverständlich

---

72 s. Grice 1957/1979, 1968/1979, 1969/1979
73 Dies ist eine der möglichen Reformulierungen des sogenannten Griceschen Grundmodells.
74 Wegener 1885: 67

nichts Dramatisches sein. Auch wenn ich zu jemandem *guten Tag* sage, möchte ich ihn in dem hier intendierten Sinne beeinflussen: Ich möchte ihn beispielsweise dazu bringen, zu erkennen, daß ich ihn gesehen oder erkannt habe; da nicht grüßen unter bestimmten Bedingungen einen Affront darstellt, ist das mindeste, wozu ich jemanden mit meinem Gruß bringen möchte, zu erkennen, daß mit unserer Beziehung noch alles "beim alten" ist.

Die Mittel, die man einsetzt, um zu versuchen, dem andern erkennen zu geben, wozu man ihn bringen möchte, nennt man gemeinhin **Zeichen**. Zeichen sind also Hinweise, die der Sprecher dem Adressaten "an die Hand" gibt, um ihn dazu zu bringen und in die Lage zu versetzen, zu **erschließen**, in welcher Weise der Sprecher den Adressaten zu beeinflussen beabsichtigt. Zeichen sind, ich habe es bereits angedeutet, keine Behälter[75] zum Zwecke des Ideentransports von einem Kopf in einen anderen. Zeichen sind Hinweise mehr oder weniger deutlicher Natur, die den anderen zu Schlüssen einladen und ihm Schlüsse ermöglichen sollen. "Thoughts do not travel."[76] Den Prozeß des Schließens nennt man **Interpretieren**; das Ziel dieses Prozesses heißt **Verstehen**.

Kommunizieren ist also eine Handlung, die darin besteht, dem anderen Hinweise zu geben, um bei ihm einen Prozeß in Gang zu setzen (den des Interpretierens), der zum Ziel hat, das gewünschte Beeinflussungziel herauszufinden, das heißt, die Handlung zu verstehen.

Bereits an dieser Stelle wird es notwendig, zwei Betrachtungsperspektiven zu unterscheiden: die des Sprechers und die des Interpreten.[77] Das bisher Gesagte ist aus der Sprecherperspektive gesehen, und es gilt, wie gesagt, nur für intentionales Kommunizieren. Aus der

---

75 Zu der verhängnisvollen Konzeptualisierung des Kommunizierens als Transport-unternehmung s. Michael Reddy (1979). Zur Kritik an der Ansicht, daß Kommunizieren etwas mit ein- und auspacken von "Inhalten" zu tun tun habe, s. auch Sperber und Wilson 1986a: Kap. 1.

76 Sperber und Wilson 1986a: 1

77 Eigentlich wäre es angemessener, statt *Sprecher Kommunikant* (oder ähnliches) zu sagen; denn ein kommunikativer Akt muß nicht verbal sein, und er muß nicht sprachlich sein: Man kann beispielsweise mit den Händen fuchteln, um den anderen auf eine Gefahr aufmerksam machen zu wollen. Auch ein solcher Fuchtler wird im folgenden der Einfachheit halber "Sprecher" genannt. (Dies ist ein Beispiel für einen Begriff, für den kein geeigner etablierter Ausdruck zur Verfügung steht. (Vgl. Kap. 7, Anm. 22))

Perspektive des Interpreten stellt sich die Frage der Zeichenhaftigkeit ein wenig anders dar. Denn nicht alles, was interpretierbar ist und was tatsächlich interpretiert wird, muß kommuniziert worden sein. Dies gilt in zweifacher Weise. Erstens lassen sich Ereignisse interpretieren, die vollständig frei sind von dem Verdacht kommunikativer Zweckhaftigkeit: Fingerabdrücke, Gewitterwolken, Masernflecken und dergleichen. Zweitens hat jeder kommunikative Akt nicht-kommunizierte Begleiterscheinungen, die vom Interpreten durchaus zum Gegenstand interpretativer Bemühungen gemacht werden können: Stimmlage, Handschrift, Lautstärke, Dialektakzent und dergleichen. Das heißt, es gibt eine Asymmetrie zwischen Kommunizieren und Interpretieren. Der Interpret ist bei seinen Interpretationsbemühungen durch die Intentionen des Sprechers nach oben hin nicht eingeschränkt.[78] Er kann darüber hinausgehen; jede sprachkritische Interpretation beispielsweise macht von dieser Möglichkeit systematischen Gebrauch. Der Part des Interpreten beim Spiel des Kommunizierens besteht lediglich darin, versuchen zu erkennen (d.h. zu interpretieren), was der Sprecher ihm erkennen zu geben beabsichtigt. Was er darüber hinaus interpretiert, geschieht gleichsam auf eigene Rechnung. Dem Sprecher kann nicht vorgeworfen werden, dies auch gemeint zu haben. Der Sprecher hingegen kann nur davon ausgehen, daß der Interpret das erkennt, was aus den Zeichen billigerweise erschließbar ist. Dem Interpreten kann nicht vorgeworfen werden, darüber hinausgehende Interpretationsmöglichkeiten nicht genutzt zu haben. Ich kann nicht zu jemandem unter Berufung auf meinen Dialektakzent, mit dem ich zu sprechen pflege, sagen: "Aber ich habe Dir doch gesagt, daß ich Pfälzer bin!" Aber ich kann meinen Akzent nutzen, um dem anderen eben dies verstehen zu geben, gleichsam auf eigenes Risiko. Für die Genese von Zeichen ist die Asymmetrie von Kommunikation und Interpretation von großer Bedeutung. Der Mensch **benutzt** nicht nur Zeichen zum Zwecke der Beeinflussung, er **nutzt** auch Dinge, Ereignisse und dergleichen **als** Zeichen. Er nutzt wahrnehmbare Dinge in der Welt, um daraus Schlüsse auf nicht unmittelbar Wahrnehmbares zu ziehen und um andere dazu zu bringen, ebensolche Schlüsse zu ziehen. Dinge können zu Zeichen werden durch exploitative Nutzung. Das allgemeinste Prinzip jeglicher Zeichenverwendung ist: Unmittelbar Wahrnehmbares wird genutzt, um auf nicht unmittelbar Wahrnehm-

---

78 cf. Keller 1994: 133f.

bares zu schließen (aus der Interpretenperspektive gesehen) bzw. um zum Schließen auf nicht unmittelbar Wahrnehmbares einzuladen (aus der Sprecherperspektive gesehen).

Ein jedes Zeichen hat zwei Seiten, den Ausdruck und die Bedeutung. Sie finden zueinander im Akt der Semiose. Eine solche Redeweise, sie geht auf de Saussure zurück,[79] ist irreführend, und zwar aus zwei Gründen. Zum einen lädt die Rede von der Semiose zu der unangemessenen Ansicht ein, das, was sich semiotisch verbindet, müsse vor der Verbindung unabhängig voneinander existiert haben.[80] Zwar leugnen die Theoretiker der semiotischen Verbindung üblicherweise die gleichsam vorsemiotische Existenz der Semiosepartner, sie versäumen aber zu erläutern, weshalb sie die logische Inkonsistenz, die darin besteht, von der Verbindung zweier Einheiten zu reden, die unverbunden nicht existieren, nicht als störend empfinden. Zum zweiten lädt die Redeweise von den beiden Seiten – auch wenn man dazu sagt, daß sie so untrennbar seien wie die beiden Seiten eines Blattes Papier[81] – zu einer Verdinglichung der Bedeutung ein. Dies kann man den Theoretikern eines dualistischen Zeichenbegriffs allerdings nicht zum Vorwurf machen. Sie hatten ja tatsächlich einen verdinglichten Bedeutungsbegriff. Das *signifiant* – ein *image accoustique* – wird mit dem *signifié* – einem *concept* – durch ein Band – ein *liège* – zusammengehalten, schreibt de Saussure.[82] Eine schwarze Krawatte ist beispielsweise hierzulande ein Zeichen; sie zu tragen, gilt (u.a.) als Zeichen dafür, daß sich derjenige, der sie trägt, im Zustand der Trauer befindet. Ich hielte es für irreführend, würde man sagen, die Krawatte habe zwei Seiten, die durch einen Akt der Semiose miteinander verschmolzen wurden und durch ein Band zusammengehalten werden. Natürlich läßt sich auch eine solche Redeweise durch geeignete Interpretation der Metaphorik retten. Aber einfacher ist es, sie zu vermeiden. Ich werde anstatt von Seiten von den beiden Aspekten des Zeichens reden.

Ein jedes Zeichen hat zwei Aspekte: den Aspekt der Wahrnehmbarkeit und den Aspekt der Interpretierbarkeit. Zeichenverwendungen sind also sinnlich wahrnehmbare Dinge, Sachverhalte, Handlungen

---

79 de Saussure 1916/1967: 78
80 s. dazu die Saussure-Kritik in Hjelmslev 1943/1974: 53f.
81 de Saussure 1916/1967: 134
82 de Saussure 1916/1967: 79

oder Ereignisse, die für interpretierbar gehalten werden. Interpretierbar zu sein, muß nicht notwendigerweise die primäre Funktion dessen sein, was als Zeichen betrachtet wird. Aber es muß eine seiner Funktionen bzw. seiner Gebrauchsmöglichkeiten sein. Ein Auto hat beispielsweise die primäre Funktion, ein Transportmittel zu sein; darüber hinaus kann es als Zeichen dienen, etwa als Zeichen einer bestimmten Gruppenzugehörigkeit des Besitzers.

Bisweilen ist nicht klar bzw. strittig, ob etwas ein Zeichen ist oder nicht. Diese Unklarheit kann zwei Gründe haben: Sie kann die Interpretierbarkeit oder die Wahrnehmbarkeit betreffen. Man denke etwa an Zeichen von Göttern oder den Lauf der Gestirne. Hier ist im allgemeinen die Frage der Interpretierbarkeit strittig. Diejenigen aber, die sie für Zeichen halten, nehmen an, daß sie interpretierbar sind oder gar, was die stärkere Annahme ist, daß sie dazu da sind, interpretiert zu werden. Verblüffenderweise kommt es auch vor, daß die Frage der Wahrnehmbarkeit strittig ist. Man denke etwa an die Aura, an Stimmen der Toten, Erdstrahlen, verborgene Wasseradern oder göttliche Botschaften. Auch hier gilt: Wer so etwas für Zeichen hält, verpflichtet sich damit, es auch für wahrnehmbar zu halten.

Wenn einer dieser beiden Aspekte fehlt, so liegt nicht etwa ein Zeichen vor, dem ein Aspekt fehlt, sondern gar kein Zeichen. (Das ist der Sinn der These, die beiden "Seiten" eines Zeichens seien "untrennbar".) Etwas, dem der Aspekt der Wahrnehmbarkeit fehlt, ist trivialerweise kein Zeichen. Denn von etwas nicht Wahrnehmbarem stellt sich die Frage "seiner" Interpretierbarkeit nicht. Entsprechend ist etwas, das zwar wahrnehmbar, aber nicht interpretierbar ist, ebenfalls kein Zeichen.

Ich will nun folgende terminologische Regelung treffen: **Die Eigenschaft, vermöge derer ein Zeichen wahrnehmbar ist, soll "Ausdruck des Zeichens" heißen; die Eigenschaft, vermöge derer das Zeichen interpretierbar ist, sei "Bedeutung des Zeichens" genannt.**

Diese Sprachregelung hat zwei wesentliche Konsequenzen:

(i) Ausdruck und Bedeutung sind definiert als Aspekte des Zeichens. Somit kommt alles, was nicht Aspekt des Zeichens selbst ist, als Kandidat für die Bedeutung des Zeichens nicht in Betracht. Damit ist die Kategorie der Bedeutung weder auf der ontologischen Ebene angesiedelt, wie bei Frege oder naiv-realistischen common-sense-Theorien, noch auf der epistemologischen Ebene, wie bei de Saussure oder kognitivistischen Theorien, sondern da, wo sie hingehört: auf der linguistischen Ebene.

(ii) Ein Ausdruck ist, unserer Sprachregelung gemäß, immer der Ausdruck eines Zeichens, und die Bedeutung ist immer die Bedeutung eines Zeichens. "Ein Ausdruck ist nur Ausdruck kraft dessen, daß er Ausdruck für einen Inhalt ist, und ein Inhalt ist nur Inhalt kraft dessen, daß er Inhalt für einen Ausdruck ist", schrieb Louis Hjelmslev[83] und nannte diese Beziehung wechselseitiger Abhängigkeit die Relation der Solidarität.[84]

Der zweite Punkt ist erläuterungsbedürftig. Die These lautet: Es kann keine Bedeutung ohne Ausdruck geben, und es kann keinen Ausdruck ohne Bedeutung geben. Betrachten wir zunächst den ersten Teil der These. Interpretierbarkeit setzt trivialerweise die Wahrnehmbarkeit des zu Interpretierenden voraus. Für die Behauptung, es gebe doch eine Bedeutung, für die es keinen Ausdruck gibt, läßt sich per definitionem kein Beispiel vorführen.

Der erste Teil der These ist somit eine Binsenwahrheit; problematischer ist der zweite Teil: Was kann es denn schaden, eine beliebige Buchstabenfolge, sagen wir *nobenisch*, als einen Ausdruck anzusehen, der keine Bedeutung hat? Die Antwort lautet: Wenn man *Ausdruck* nicht als Ausdruck einer Bedeutung definiert, so hat man gar kein Kriterium der Identität. Man denke sich folgendes Spiel: Ich vollziehe eine gestische Bewegung, und du mußt sie nachmachen. Wenn du einen Fehler machst, bekommst du eine Strafe. (Spiele dieses Typus gibt es als Kinderspiele und, meines Wissens, in Studentenverbindungen als Trinkspiele, die mit "Neuen" gespielt werden.) Was ist der Witz eines solchen Spiels? Der Witz ist, daß der Spielpartner keine Chance hat zu gewinnen, da er nie weiß, was zu der Bewegung dazugehört und was nicht: Ich hebe mein Glas. Gehört die Tatsache, daß ich dabei den kleinen Finger abspreize dazu oder nicht? Ist die Tatsache, daß ich den linken Ellenbogen auf den Tisch stütze, Teil der Bewegung, die es nachzumachen gilt? Der Spieler hat kein Kriterium, dies zu entscheiden. Das Analoge gilt für den "bedeutungslosen Ausdruck" *nobenisch*: Wenn *nobenisch* ein Ausdruck ohne Bedeutung ist,

---

83 Hjelmslev 1943/1974: 53
84 Hjelmslev 1943/1974: § 13; vgl. auch Posner 1991: Kap. 4.1

ist dann Nobenisch oder "nobenisch" der gleiche Ausdruck? Oder handelt es sich um verschiedene Ausdrücke? Handelt es sich um homographe oder homophone Ausdrücke? Es gibt kein Kriterium, dies zu entscheiden. Denn Gleiches ist stets nur gleich unter einem bestimmten Aspekt. Der Aspekt, unter dem verschiedene Repräsentationen eines Zeichens gleich sind, ist die Bedeutung. Ausdruck und Bedeutung "brauchen" sich somit gegenseitig zu ihrer Existenz. Der Ausdruck braucht die Bedeutung als Identitätskriterium, und die Bedeutung braucht den Ausdruck zur Materialisation. Für den wirklich innovativen Ausdruck, den erstmals verwendeten, kann dies freilich nicht gelten: Ich mache auf dem Bahnhof eine Geste, um dich vor einem sich seitlich nähernden Taschendieb zu warnen: eine flinke Augenbewegung und einen gleichzeitigen Griff zu Tasche. Die Geste folgt keiner konventionellen Regel. Es ist nicht festgelegt, welches ihre konstitutiven Bestandteile sind, was als Wiederholung der Geste gelten würde. Die Ausgefallenheit[85] und der Situationsbezug müssen das Interpretationsbegehren deutlich machen, müssen ihre Identität und Identifizierbarkeit herstellen.

Die Definition von Ausdruck und Bedeutung besagt: Der Ausdruck ist das, was das Zeichen **wahrnehmbar** macht, und die Bedeutung ist das, was das Zeichen **interpretierbar** macht. Es ist sehr wichtig, sich vor Augen zu führen, daß in dieser Definition von Potentialitäten die Rede ist. Der Ausdruck ist nicht das, was man wahrnimmt, sondern das, was das Zeichen wahrnehmbar macht. Die Bedeutung ist nicht das, was man interpretiert, sondern das, was das Zeichen interpretierbar macht. Wenn ich Nein sehe, nehme ich etwas anderes wahr, als wenn ich *Nein* oder **Nein** sehe. Aber ich nehme dreimal dasselbe Zeichen wahr, und zwar in drei verschiedenen Realisationen. Was das Zeichen wahrnehmbar macht, ist die Tatsache, daß es Regeln seiner Realisation gibt – Regeln phonologischer, phonetischer und gegebenenfalls orthographischer und graphematischer Natur. Den Ausdruck eines Zeichen kennen heißt, die Regeln seiner Realisation kennen.

Das Analoge gilt für die Bedeutung. Was das Zeichen verstehbar macht, ist nicht zu verwechseln mit "dem Bedeuteten", d.h. dem Bezeichneten oder dem vom Sprecher Gemeinten. Das Bezeichnete und das vom Sprecher Gemeinte sind nicht Teil des Zeichens. Ideen, Gedanken und Intentionen sind keine Aspekte des Zeichens. Mittels

---

85   Zum Begriff der Ausgefallenheit s. Lewis 1969/1975: 39, 161

Zeichen lassen sich Intentionen realisieren, so wie man mit Geld Wünsche realisieren kann. Aber der Wunsch ist so wenig ein Aspekt der Münze wie die Intention ein Aspekt des Zeichens. Ideen, Gedanken und Vorstellungen lassen sich mit Hilfe von Zeichen mitteilen **dank** der Zeichenbedeutung. Wenn ich dir einen Gedanken mitteilen möchte, so wähle ich Zeichen, die zur Mitteilung dieses Gedankens geeignet sind. Und wenn du schließlich verstanden hast, welchen Gedanken ich dir mitteilen wollte, so ist dies der Tatsache zu verdanken, daß du die Bedeutung der von mir gewählten Mittels kanntest und auf der Basis der Kenntnis dieser Bedeutung (und einiger sonstiger Annahmen) Schlüsse in meinem Sinne gezogen hast.

Man kann es so sagen: Wer die Bedeutung meiner Wörter samt ihrer syntaktischen Verknüpfung kennt, der hat gute Chancen zu verstehen, was ich mitteilen möchte, d.h. zu verstehen, was ich meine, d.h. meine Gedanken, Ideen und Vorstellungen herauszubekommen. Aber das, was den Adressaten in die Lage versetzt, meine Gedanken herauszubekommen, nämlich die Bedeutung der Zeichen, ist nicht identisch mit den Gedanken, sondern Mittel und Möglichkeit ihrer Mitteilung. Wenn die Bedeutung etwas Gedankliches, etwas Kognitives, etwas Psychisches wäre, so könnte sie kein Aspekt des Zeichens sein. Denn die Sprache und somit auch das Zeichen haben keinen Geist, keine Psyche und keine Intentionen; sowenig wie der Stock Schmerzen hat. Wie gesagt, "cut the pie any way you like, 'meanings' just ain't in the head!"[86]

---

86 Putnam 1978: 65

TEIL III

Zeichenbildung

10 Grundverfahren der Interpretation

Zeichen sind, wie wir gesehen haben, unter ihrem kommunikativen Aspekt betrachtet, Hilfsmittel, um von unmittelbar Wahrnehmbarem auf nicht unmittelbar Wahrnehmbares zu schließen. Dies ist aus der Perspektive des Interpreten gesehen. Aus der Perspektive des Sprechers (im wohlverstandenen Sinne) gesehen sind Zeichen Muster zur Hervorbringung wahrnehmbarer Dinge, die er dem Interpreten an die Hand gibt, um diesen dazu zu bringen zu erschließen, in welcher Weise er ihn zu beeinflussen beabsichtigt. Die Fähigkeit zu interpretieren ist primär. Die Fähigkeit zu kommunizieren macht von dieser Fähigkeit systematischen Gebrauch. Der Kommunizierende nutzt die Interpretationsfähigkeit des Adressaten zu seinen Gunsten aus.[1] Interpretieren heißt (u.a.), auf der Basis von systematischen oder als systematisch unterstellten Zusammenhängen Schlüsse ziehen. Wenn wir uns also dazu entschieden haben, *Bedeutung* dasjenige zu nennen, was es ermöglicht, Zeichen zu interpretieren, so heißt dies nichts anderes, als daß wir genau das *Bedeutung* nennen, was dem Interpretierenden als Basis seiner Schlüsse dient. Wir werden somit diejenigen systematischen Zusammenhänge, vermöge derer Zeichen interpretierbar sind, als Bedeutung ansehen.

Welches sind die systematischen Zusammenhänge, die dafür in Frage kommen? Es gibt deren genau drei: Die Zusammenhänge, die wir zum Interpretieren nutzen, können kausale Zusammenhänge,

---

1 "Each Sign must have its peculiar Interpretability before it gets any Interpreter." Peirce PW 111. Cf. auch Sperber und Wilson 1986a: 176: "Human external languages are of adaptive value only for a species already deeply involved in inferential communication."

Ähnlichkeiten oder regelbasierte Zusammenhänge sein. Mit anderen Worten, wir sind in der Lage, kausale, assoziative und/oder regelbasierte Schlüsse zu ziehen. *Quartum non datur*. Ich will diese drei Verfahren die **Grundverfahren der Interpretation** nennen. Sie spielen im "Leben der Zeichen", wie wir sehen werden, eine entscheidende Rolle. Wer bestimmte Flecken auf der Haut als Masern oder sich bewegende Grashalme als Zeichen von Wind interpretiert, vollzieht einen kausalen Schluß; wer ein Schildchen auf dem Eßteller, auf dem ein durchgestrichenes Schweinchen abgebildet ist (wie sie die Lufthansa auf Flügen in Länder mit muslimischer Bevölkerung benutzt), als Zeichen für muslimgerechte Speisen interpretiert, vollzieht einen assoziativen Schluß; und wer "tschüß" als Abschiedsgruß interpretiert, kennt offenbar eine Gebrauchsregel und nutzt sie, um eben diesen Schluß daraus zu ziehen.

Ich will die drei Grundverfahren der Interpretation in Anlehnung an einen üblichen Sprachgebrauch das **symptomische**, das **ikonische** und das **symbolische Verfahren** nennen. Entsprechend seien Zeichen, die mittels kausaler Schlüsse interpretiert werden, **Symptome**, Zeichen, die mittels assoziativer Schlüsse interpretiert werden, **Ikone** und Zeichen, die mittels regelbasierter Schlüsse interpretiert werden, **Symbole** genannt. Ich übernehme damit Ausdrücke, die auch von anderen, vornehmlich von Peirce und seinen Nachfolgern, verwendet werden. Peirce benutzt die Termini *Index, Ikon* und *Symbol*.[2] Diese partielle Übernahme der Peirceschen Terminologie ermutigt zu dem Verdacht, ich beabsichtige, hiermit Peirce zu interpretieren, und konsequenterweise zu dem Vorwurf, ich interpretiere ihn inkorrekt.[3] Es ist nicht meine Absicht, Peirce zu interpretieren oder zu reformulieren. Seine Zeichentheorie stellt die wohl elaborierteste Form einer repräsentationistischen Auffassung dar: "Ein Zeichen, oder Repräsentamen, ist etwas, das für jemanden in einer gewissen Hinsicht oder Fähigkeit für etwas steht."[4] Ich werde jeweils seine Definitionen von *Index, Ikon* und *Symbol* meinen Definitionen von *Symptom, Ikon* und *Symbol* gegenüberstellen.

---

2   Eine gute und angenehm lesbare Darstellung der Peirceschen Zeichentheorie bietet Nagel 1992. S. auch Lyons 1977/1980: Kap. 4.2
3   Jiránek 1992: 373f.
4   Peirce CP 2.228

Gemeinhin werden diese drei Zeichentypen im Rahmen einer repräsentationistisch konzipierten Zeichentheorie unterschieden und definiert. Definitionsbasis ist dabei die Art der Relation, die zwischen dem Zeichen und dem Bezeichneten besteht.

"Aliquid stat pro aliquo", so lautet die scholastische Zeichendefinition: Etwas steht für etwas. Zeichentheoretiker beschäftigen sich seither mit dieser Relation des Stehens-für und suchen nach adäquaten Kandidaten für die Argumente dieser Relation: Was steht wofür? Als Antworten wurden gegeben: Das Zeichen steht für einen Gegenstand; das Zeichen steht für einen Begriff; der Ausdruck steht für die Bedeutung; der Ausdruck steht für einen Begriff; der Ausdruck steht für eine Idee, eine Vorstellung, ein Noem; der Ausdruck steht für einen Gegenstand vermittels eines Begriffs; und vieles andere mehr.[5] Die Vielfalt der Angebote hat vor allem zwei Ursachen:

1. Das Zeichen wird nicht immer systematisch unterschieden von der Zeichenverwendung. Oder anders gesagt: Dem Zeichen werden Eigenschaften zugeschrieben, die allenfalls dem Zeichen in einer bestimmten Verwendungsweise zukommen.

2. "Stehen-für" ist eine unaufgelöste Metapher; sie müßte erst eine klare Interpretation erfahren, bevor man sich auf die Suche nach geeigneten Kandidaten für die Argumente dieser Relation machen kann.

Der Metapher des Stehens-für liegt vermutlich folgende Überlegung zugrunde: Zeichen werden verwendet, um von etwas Wahrnehmbarem auf etwas nicht unmittelbar Wahrnehmbares oder Nicht-Offensichtliches zu schließen. Darin besteht sozusagen der Witz des Zeichengebrauchs. Repräsentationistische Zeichenauffassungen verdinglichen nun diese beiden Aspekte des Zeichengebrauchs und fassen das Wahrnehmbare als Stellvertreter oder Repräsentanten des nicht unmittelbar Wahrnehmbaren auf: Der Ausdruck steht für das Bedeutete. Gemäß der von mir propagierten Theorie ist es überhaupt nicht sinnvoll, von Zeichen zu sagen, sie stünden für etwas; auch nicht mit Wohlwollen und im metaphorischen Sinne. Zeichen ermöglichen Schlüsse. Es wäre so, als würde man sagen, eine Prämisse stehe für die Konklusion. Die Metapher des Stehens-für kann, wohlwollend interpretiert, allenfalls dazu verwendet werden, die Relation zu bezeichnen,

---

5 s. Lyons 1977/1980: 110ff.

in der eine bestimmte Zeichenverwendung zu dem Gemeinten bzw.
dem Bezeichneten steht. Einige sprachliche Zeichen können dazu
verwendet werden, um "für etwas zu stehen". In der am 26.7.1993
vollzogenen Äußerung "Scharping teilte mit, er wolle das Thema mit
dem Bundeskanzler erörtern", steht, so kann man metaphorisch und
verdinglichend sagen, *Bundeskanzler* für Helmut Kohl. Gemeint ist
damit, das Zeichen *Bundeskanzler* wird in dieser Äußerung dazu
verwendet, um auf Helmut Kohl zu verweisen. Wenn, wie in diesem
Fall, ein Zeichen "für etwas steht", so ist dies seiner Bedeutung zu
verdanken. Also nicht: Das, wofür das Zeichen steht, ist seine Bedeutung. Sondern: Das, was seine Verwendung zu diesem Zwecke ermöglicht, ist seine Bedeutung. Das Zeichen selbst, außerhalb seiner
Verwendung, steht für gar nichts. So wenig wie ein Prügel, der nicht
verwendet wird, schmerzt.

Bisweilen wird gesagt, ein Zeichen habe nur in seiner Verwendung
Bedeutung. (Daraus folgt nebenbei bemerkt, daß es Zeichen ohne
Bedeutung gibt: nämlich jedes Zeichen, das gerade nicht verwendet
wird.) Diese These ist eine Folgerung aus der These, Zeichen stünden
für etwas. Denn wenn sie schon für etwas stehen, dann nur in einer
Verwendung. Nach der von mir vertretenen Theorie haben sprachliche
Zeichen (und andere Symbole) selbstverständlich auch dann Bedeutung, wenn sie gerade nicht verwendet werden. Denn es ist ja die
Bedeutung, was ein Zeichen verwendbar macht! Die Schachfiguren
haben auch eine Bedeutung, d.h. eine Funktion im Spiel (nicht in der
Partie!), wenn sie im Holzkästchen liegen. Zeichen haben Bedeutung
in der Sprache, nicht im geäußerten Satz.[6] (Für das, was ein Sprecher
mit der Verwendung seiner Zeichen in einem Satz meint, werde ich
gegen Ende dieses Kapitels den Teminus *Sinn* einführen.)

Kehren wir nun zurück zu den drei Zeichentypen, die ich mittels
der drei Interpretationsverfahren definiert habe. Der Anlaß des Exkurses über die Relation des Stehens-für war die Tatsache, daß Symptome, Ikone und Symbole gemeinhin mittels der Art der Relation
definiert werden, in der das Zeichen zu dem Bezeichneten steht. Man
nimmt an, daß Symptome, Ikone und Symbole auf je verschiedene Art
und Weise für etwas stehen, und versucht, diese Art und Weise definitorisch nutzbar zu machen:

---

6   cf. Wittgenstein PU §559

- Die Relation eines Symptoms zu dem von ihm Bezeichneten ist die der Natürlichkeit.
- Die Relation eines Ikons zu dem von ihm Bezeichneten ist die der Ähnlichkeit.
- Die Relation eines Symbols zu dem von ihm Bezeichneten ist die der Arbitrarität.

Dies ist eine recht grobe Charakterisierung des Versuchs, die drei Zeichentypen über die Repräsentationsrelation zu definieren. Es wird beispielsweise von der Relation der Arbitrarität auch angenommen, daß sie sozusagen symbolintern besteht, also zwischen der Ausdrucks-"Seite" des Symbols und dessen Inhalts-"Seite". Oder es wird angenommen, sie sei eine Beziehung zwischen dem "Zeichen und seiner Bezeichnung".[7] Da ich den Begriff der Arbitrarität noch eingehenderer Betrachtung unterziehen werde, will ich es zunächst dabei belassen, darauf hingewiesen zu haben.

Der oben wiedergegebene Versuch, drei Zeichentypen zu definieren, ist aus zwei Gründen inadäquat: Erstens ist die Repräsentationsrelation, wie bereits mehrfach betont, unangemessen; besonders gilt dies, wie ich gleich zeigen werde, für die Symptome. Zweitens sind die zugrundegelegten Relationen inhomogen; Natürlichkeit, Ähnlichkeit und Arbitrarität liegen nicht auf derselben Ebene.

Meinem Definitionsvorschlag gemäß ist die Unterscheidung dreier Zeichentypen ausschließlich durch die **Methode ihrer Interpretation** definiert. Daraus folgt: Was für den einen Adressaten ein Ikon ist, kann für einen anderen ein Symbol sein. Der Sprecher kann ein Zeichen verwenden, das für ihn bereits Symbol ist, vom Hörer jedoch noch als Ikon interpretiert wird. Entscheidend ist das gewählte Verfahren des interpretierenden Schließens. Der Wandel eines Zeichens von einem Typ zum andern, beispielsweise vom Ikon zum Symbol, ist ein Wandel im gewählten Schlußverfahren. Das heißt, um zu erklären, wie aus einem Symptom oder einem Ikon mit der Zeit ein Symbol wird, muß man zeigen, wie ein kausaler Schluß mit der Zeit durch einen assoziativen Schluß bzw. einen regelbasierten Schluß abgelöst wird. Bevor ich dies tue, will ich zunächst die drei Zeichentypen der Reihe nach betrachten. Die Rede von drei Zeichentypen ist ein wenig verdinglichend, aber praktisch. Die Verdinglichung scheint mir ungefähr-

---

7 Lyons 1977/1980: 113

lich zu sein, wenn man sich stets klarmacht, daß es sich im Grunde genommen um drei Interpretationsverfahren von Zeichenausdrücken handelt.

Das **Symptom** ist in gewisser Weise das einfachste und archaischste Zeichen. Auch andere Tiere als die Menschen sind in der Lage, kausale Schlüsse zu ziehen. Paviane, die, wie einige Raubkatzen, in der Steppe wohnen, sind beispielweise in der Lage, eine bestimmte Bewegung von Grashalmen als Zeichen von Gefahr, nämlich als Symptom einer sich anschleichenden Raubkatze, zu interpretieren.[8] Das in linguistischer Literatur wohl meisterwähnte Beispiel eines Symptoms sind die berühmten Flecken, die Masern "bedeuten".[9] Symptome spielen auch in unserer Kommunikation eine Rolle: Erröten ist Symptom meiner Schamhaftigkeit, Zittern das meiner Angst, erhöhte Lautstärke das meiner Wut, Tränen das meiner Trauer, Grinsen das meiner Schadenfreude, und mein Dialektakzent ist Symptom meiner Herkunft.

Symptome sind nur in bestimmtem Sinne Zeichen, denn sie werden nicht intentional verwendet. Sie sind einfach "da", und wenn sie intentional verwendet werden, verändern sie ihren Charakter. Dann hören sie auf, wie wir in Kapitel 13 sehen werden, Symptome zu sein. Symptome sind nicht speziell dazu da, interpretiert zu werden. Es ist vielmehr erst ihre interpretative Nutzung, die sie zu Zeichen macht. Interpretieren ist eine einfachere Fähigkeit als die Fähigkeit, jemanden dazu zu bringen, eine bestimmte Interpretation zu leisten. Denn letztere impliziert erstere. Symptome sind somit einfachere Zeichen als Ikone und Symbole.

Wenn die Metapher des Stehens-für irgendwo völlig fehl am Platze ist, dann in bezug auf Symptome.[10] Denn – um bei dem Masernbeispiel zu bleiben – die Flecken "stehen" ja nicht "für" Masern, sondern sind Teil dieser Krankheit. Sich bewegende Grashalme "stehen" nicht "für" sich anschleichende Löwinnen, sondern die Bewegungen werden von diesen verursacht. Zittern ist Teil meines Angstverhaltens, Erröten ist Teil meines Schamverhaltens. (Hier kann uns ein archaisches dualistisches Weltbild in die Irre führen, demgemäß Angst und Scham "eigentlich" psychische Erscheinungen sind und keine körperlichen.

---

8   Sommer 1989: 150f.
9   Grice 1957/1979
10 Trabant 1984: 967 hält sie in bezug auf Symptome für besonders geeignet.

Der Körper spiegelt diesem Weltbild gemäß lediglich die Erscheinungen der Seele.)

Die Annahme, daß ein Teil stets Zeichen des Ganzen ist, würde zu einer wahren Zeicheninflation führen. Das macht deutlich, daß etwas nicht per se Symptom ist, sondern erst durch seine interpretative Nutzung dazu wird. Mein linker Fuß ist Teil meiner selbst. Es wäre unangemessen anzunehmen, ich stände auf Symptomen. Wenn jedoch nach einem Lawinenunglück eben dieser Fuß aus dem Schnee ragt, bin dankbar, wenn ihn jemand als Symptom meiner selbst interpretiert. Jaroslav Jiránek wendet dagegen ein, das betreffe "doch jede Art von Zeichen, nicht nur die 'Symptome'".[11] Jedes Zeichen werde "nur in dem Falle" zu einem solchen, in dem es als solches interpretiert werde. Wenn man diese These wörtlich nimmt, so folgt daraus, daß ein Zeichen aufhört, ein solches zu sein, wenn es nicht als solches interpretiert wird. Sind nachts um drei die Verkehrszeichen einer menschenleeren Straße keine Zeichen mehr, so lange bis wieder jemand vorbeikommt und zufällig daraufschaut? Das wäre eine ungewöhnliche Theorie. Genau das aber trifft für Symptome zu! Nach der glücklichen Rettung aus dem Schnee hört mein linker Fuß auf, Symptom meiner selbst zu sein, so lange, bis ihn wieder jemand als solchen interpretiert.

Die These, Zeichen seien nur dann Zeichen, wenn sie als solche interpretiert werden, könnte man wohlwollend interpretiert wie folgt verstehen: Zeichen sind nur dann Zeichen, wenn sie in einer Gruppe als Zeichen in Gebrauch sind. Dies trifft in der Tat auf Symbole zu, aber gerade nicht auf Symptome! Symptome sind in dem Sinne, in dem Symole und einige Ikone "in Gebrauch" sind, gerade nicht in Gebrauch. Man kann es drehen und wenden wie man will; es gibt eine wesentliche Asymmetrie zwischen Symptomen und anderen Zeichen. Der Witz aller Zeichen besteht darin, verwendet zu werden, um vom Wahrnehmbaren aufs Nicht-Offensichtliche zu schließen. Ikone und Symbole werden zu diesem Zweck hervorgebracht, Symptome nicht. Symptome haben keinen "Sender" und somit keinen Adressaten. Der Arzt nutzt die wahrnehmbaren Flecken, um von ihnen auf den nicht-offensichtlichen Rest und damit das Ganze, die Krankheit, zu schließen. Er schließt vom Teil aufs Ganze. Durch diese Nutzung werden Flecken zu Symptomen.

---

11 Jiránek 1992: 374

Wir können vorläufig festhalten: Ein Teil ist ein Symptom für das Ganze in einer Situation, in der der Teil dazu genutzt wird, aufs Ganze zu schließen.

Erinnern wir uns unseres Untersuchungsziels: Worin besteht die Bedeutung der Zeichen? Wir wollten diejenigen systematischen Zusammenhänge *Bedeutung* nennen, vermöge derer ein Zeichen interpretierbar ist. Was erlaubt dem Arzt, von den Flecken auf die Masernkrankheit zu schließen? Es ist sein Wissen um die Tatsache, daß die Flecken Teil des Masernbildes sind. Die Bedeutung der Flecken besteht in der Tatsache, Teil der Masernkrankheit zu sein. Oder allgemeiner: Die Bedeutung von Symptomen besteht darin, daß sie Teil eines Ganzen sind. Der systematische Zusammenhang, nach dem wir suchen, der uns erlaubt, solche Erscheinungen wie Flecken, Zittern oder Erröten als Zeichen zu nutzen und als Symptome zu "verstehen", ist die Teil-Ganzes-Relation.

Es gibt jedoch noch einen Typus von Symptomen, deren Bedeutung nicht die Teil-Ganzes-Relation ist: Fingerabdrücke, Fußspuren, Dialektakzente und vieles andere mehr. Mein Akzent kann als Symptom meiner regionalen Herkunft interpretiert werden; Fingerabdrücke und Fußspuren können Symptome dafür sein, daß derjenige, der sie hinterließ, "da" war. Auch hier gilt: Mein Schreibtisch ist nicht voller Symptome, nur weil er voller Fingerabdrücke ist; aber diese können zu Symptomen werden, wenn sie Gegenstand interpretativer Bemühungen sind. In solchen Fällen ist es nicht die Teil-Ganzes-Beziehung, die die Interpretierbarkeit begründet, sondern die Beziehung der (kausalen)[12] Verursachung. Die Bedeutung eines Fingerabdrucks als Symptom besteht darin, Wirkung der Ursache eines Verursachers zu sein. Der Zeicheninterpret nutzt die Kausalkette "Verursacher-Ursache-Wirkung" zur Interpretation solcher Zeichen. Die Methode der Interpretation ist die des kausalen Schließens.

Ein Spezialfall der Ursache-Wirkung-Relation ist die Mittel-Zweck-Relation. Auch sie kann zur Interpretation genutzt werden. Wenn ich jemanden mit einer Angel am Ufer stehen sehe, so werde ich dies alles als Symptom dafür ansehen, daß er Fische fangen möchte. Ich schließe vom eingesetzten Mittel (der Angel) auf den mit dem Mittel verfolgten Zweck (Fische fangen). Auch der Einsatz sprachlicher Mittel ist Sym-

---

12 Der Zusatz *kausal* dient der Verdeutlichung; er ist redundant.

ptom des damit verfolgten Zwecks. Damit werden wir uns eingehend in Kapitel 15 befassen.

Man kann also nach der Art ihrer Bedeutung drei Unterarten von Symptomen unterscheiden: solche, deren Bedeutung die Teil-Ganzes-Beziehung ist, solche, deren Bedeutung die Ursache-Wirkungs-Beziehung ist, und solche, deren Bedeutung die Mittel-Zweck-Beziehung ist. Wenn wir die drei Typen von Schlüssen kausal zu nennen bereit sind, so können wir abschließend definieren:

Symptome sind Zeichen, deren Interpretationsmethode die des kausalen Schließens ist.

Charles S. Peirce definiert einen Index – das entspricht dem, was ich Symptom nenne – wie folgt: "An *index* is a sign which would, at once, lose the character which makes it a sign if its object were removed, but would not lose that character if there were no interpretant."[13] Um dies verstehen zu können, ist zunächst eine terminologische Anmerkung nötig. Ein Zeichen erzeuge, so sagt Peirce, im Geist des Adressaten einen Interpretanten.[14] Der Interpretant eines Zeichens ist im Peirceschen Modell ein geistiges Korrelat des Zeichens, das selbst zeichenhaft ist. Der Interpretant ist die mental repräsentierte Entsprechung des Zeichens, die dem Zeichenbenutzer ermöglicht, das Zeichen auf das Objekt, für das es steht, zu beziehen. Kommen wir nun zurück zu Peirces Definition. Sie besagt, in leicht vereinfachter Reformulierung: Ein Index wäre kein Index, wenn es das, wofür er steht, nicht gäbe. Aber er wäre auch dann ein Index, wenn es niemanden gäbe, der ihn als Zeichen benutzt. Der erste Teil der Definition ist trivial, den zweiten halte ich für unangemessen. Die Trivialität läßt sich auf der Folie meiner Symptomdefinition leicht zeigen. Da beim Index der "character which makes it a sign" die Teil-Ganzes-Beziehung, die Ursache-Wirkung-Beziehung oder die Mittel-Zweck-Beziehung ist, bedeutet der erste Teil von Peirces Definition in ausbuchstabierter Version: Ein Teil wäre kein Teil, wenn es das Ganze nicht gäbe; eine Ursache wäre keine, wenn es die Wirkung nicht gäbe; und ein Mittel wäre keines, wenn es den Zweck nicht gäbe. Die Unangemessenheit des zweiten Teils der Definition besteht meines Erachtens darin, daß Peirce allem, was die erste Bedingung erfüllt, den Status des Index auch dann zuschreibt, wenn dies nicht von einem Zeichenbenutzer als

---

13 Peirce 1955: 104
14 Peirce CP 2.228

Index verwendet wird. Daraus folgt, daß alles, was existiert und was
der Fall ist, Index all dessen ist, was dazu in einer der drei oben genannten Beziehungen steht. Ich nehme an, daß Peirce aus Gründen der
Symmetrie, d.h. der Ästhetik seines Systems, auch potentielle Indexe
als Indexe betrachtet. Um die Übervölkerung der Welt mit Symptomen zu vermeiden, habe ich dafür plädiert, daß ein Gegenstand (im
weitesten Sinne) erst durch seine interpretative Nutzung zum Symptom wird; daß es, mit anderen Worten, Symptome nur als Symptom-
okkurrenzen gibt.[15]

Kehren wir zurück zu meinem Definitionsvorschlag. Dazu sind
zwei zusätzliche kommentierende Bemerkungen angebracht:

1. Wenn man, wie es üblich ist, sagt, Symptome seien natürliche
Zeichen, so darf das offensichtlich nicht so verstanden werden, als
seien Symptome selbst notwendigerweise dem Bereich der Naturphänomene zugehörig. Fingerabdrücke, Fußspuren und auch mein
Akzent sind Ergebnisse menschlicher Handlungen. Wer sie natürliche
Zeichen nennt, will offenbar betonen, daß zu ihrer Interpretation nur
die Relation der Kausalität notwendig ist.

2. Man kann den Begriff des Symptoms beliebig aufweichen, indem
man die Interpretation über nicht-kausale Kontingenzen ebenfalls als
Kriterium zuläßt: Daß Peters Fahrrad nicht vor seiner Haustür steht,
ist Symptom dafür, daß er nicht zu Hause ist. Ich habe mich dazu
entschieden, Zeichen, die ausgesprochenen *ad-hoc*-Charakter haben
und Gegenstand pragmatischer Schlüsse sind, nicht zu den Symptomen zu zählen. Es handelt sich bei diesen Zeichen um Indizien ohne
Symptomqualität, die Verdachtsmomente begründen mögen. Für die
Dynamik der Zeichen spielen sie keine Rolle. Ich will aber gerne zu-
geben, daß es zwischen Symptomen und Indizien ein Kontinuum
geben kann.

Fassen wir die Erläuterungen zum Begriff des Symptoms zusammen.
Alles, was der Fall ist, kann zum Symptom dessen werden, was kausal
daraus geschlossen werden kann, d.h. wenn es von einem Interpreten
zur Prämisse eines Schlusses gemacht wird. Von anderen Zeichen, den
Ikonen und Symbolen, unterscheiden sich Symptome in folgenden fünf
Punkten:

---

15 Zum Peirceschen Begriff des Index siehe Goudge 1965

1. Symptome haben keine "Sender"; es gibt somit auch niemanden, der mit einem Symptom etwas meint.[16]
2. Symptom zu sein, ist keine Eigenschaft eines Dings. Dinge werden vielmehr durch ihre interpretative Nutzung erst in den Status von Symptomen erhoben.
3. Ein Symptom existiert somit nur als Symptomokkurrenz. Es könnte kein Lexikon der Symtome geben, so wie es eines der Symbole geben kann.[17]
4. Es ist prinzipiell offen, wofür ein Symptom Symptom ist. Denn ein Symptom kann als Symptom all dessen interpretiert werden, was aus ihm kausal erschließbar ist.
5. 'Symptom' ist, im Gegensatz zu 'Symbol', ein relationaler Begriff (wie 'Freundin', 'Indiz' oder 'Bruder'). D.h. es macht keinen Sinn, etwas ein Symptom zu nennen, ohne dazu zu sagen, wofür es Symptom ist. (Dies ist eine Folge aus 2. bis 4.)

Ikone sind echte Zeichen. Sie sind, im Gegensatz zu Symptomen, Kommunikationsmittel. Kommunikationsmittel sind Mittel, die von einem Zeichenbenutzer dazu verwendet werden, um einen Adressaten nach dem Griceschen Mechanismus zu beeinflussen; d.h. dadurch zu beeinflussen, daß man dem Adressaten mittels Zeichen (im weitesten Sinne) zu erkennen gibt, wozu man ihn bringen möchte, in der Hoffnung, daß diese Erkenntnis für den anderen ein Grund sein möge, sich in der gewünschten Weise beeinflussen zu lassen. (cf. Kapitel 9) Wäh-

---

16 Eine vermeintliche Ausnahme stellt der Windsack dar, der absichtsvoll an der Autobahnbrücke aufgehängt wird, um dem Autofahrer zu ermöglichen, Richtung und Stärke des Windes einzuschätzen. Könnte man nicht sagen, daß der Autofahrer Adressat des Sacks ist, den er als Symptom für die herrschenden Windverhältnisse nutzt? Nein, denn nicht der Sack ist Symptom, sondern sein Verhalten im Wind. Und dies hat weder einen Sender noch einen Adressaten. Ähnlich verhält es sich im folgenden Fall: Ein Mann kommt von der Arbeit nach Hause und ruft vom Flur aus: "Wo bist du?" Seine Frau antwortet vom Wohnzimmer aus: "Hier!" Der Mann weiß nun, wo sich seine Frau befindet, weil er in der Lage ist, von der Richtung, aus der die Antwort kam, kausal zu schließen, wo seine Frau sich aufhält. Die Bedeutung des Wortes *hier* erlaubt keine Interpretation über den Aufenthaltsort, da *Ich bin hier* ein analytisch wahrer Satz ist. Nur die Richtung, aus der die Antwort kam, ist interpretierbar, und zwar mit Hilfe des symptomischen Verfahrens.
17 Medizinische Symptomlexika sind im Grunde genommen Lexika der Krankheiten. Das Kriterium der Auswahl und der Beschränkung ist die Existenz "nosologischer Entitäten", d.h. geschlossener, gut charakterisierbarer Krankheitsbilder, die mit Bezug auf ein ordnendes Prinzip einer "bestimmten Krankheitsgruppe" subsumiert werden. Hadorn und Zöllner 1986: X

rend beliebige Dinge und Erscheinungen in der Welt dadurch zu Symptomen werden können, daß sie von Interpreten zum Zwecke des deutenden Schließens verwendet werden, ohne daß ein Zeichenbenutzer als "Sender" im Spiel ist, werden natürliche Dinge oder Artefakte dadurch zu Ikonen, daß sie zum Zwecke des Kommunizierens verwendet werden. Etwas salopp könnte man sagen: Es ist vor allem die Leistung des "Senders", durch die etwas zum ikonischen Zeichen wird; ein Symptom entsteht allein durch die Leistung eines Interpreten.

Typische ikonische Zeichen sind: die stilisierten Männlein und Weiblein auf Toilettentüren, die Piktogramme für die olympischen Disziplinen, das O in dem Wort *O-Beine*, das bereits erwähnte durchgestrichene Schwein zur Kennzeichnung muslimgerechter Speisen. Das deutsche Wort *Kuckuck* ist kein Ikon mehr, sondern ein Symbol, dem man seine ikonische Vergangenheit noch ansieht. Doch zu diesen Übergängen komme ich später.

Repräsentationistische Zeichentheorien definieren Ikone gemeinhin mit Hilfe der Relation der Ähnlichkeit oder Homomorphie, die zwischen dem Zeichen und dem Bedeuteten bestehen soll.[18] Aber zwischen dem stilisierten Männlein auf der Toilettentür und einer Herrentoilette besteht keinerlei Ähnlichkeit, sowenig wie zwischen dem Laut [kukuk] und dem Vogel, den wir *Kuckuck* nennen. Die Ähnlichkeit zwischen dem Buchstaben O und der Form der Beine eines O-Beinigen, oder die zwischen der Graphik eines durchgestrichenen Schweines und der Tatsache, daß die angebotene Mahlzeit den Speisegeboten des Koran entspricht, ist auch nicht überwältigend. Mit anderen Worten, es stimmt einfach nicht, daß Ähnlichkeit zwischen dem Zeichen und dem Bedeuteten eine notwendige Bedingung für Ikone ist (was sie sein sollte, wenn sie Definitionskriterium ist). Daß Ähnlichkeit nicht hinreichend ist, hat Nelson Goodman bereits deutlich gemacht: Ein Gemälde, das Goethe darstellt, ist beispielsweise einem Gemälde, das Schiller darstellt, sehr viel ähnlicher als der Person Goethe. Dennoch stellt es Goethe dar und nicht das Bild von Schiller.[19] Der Begriff der Ähnlichkeit scheint aber nicht ganz fehl am Platz zu sein. Man darf ihn nur nicht allzu wörtlich nehmen. Denn es ist nicht festgelegt, wie stark oder wie direkt die Ähnlichkeit sein muß. Es kommt nicht auf die

---

18   s. Jiránek 1992: 374
19   cf. Goodman 1968/1973: 16

Ähnlichkeit an, sondern darauf, daß das Zeichen seinen Zweck zu erfüllen im Stande ist: Es muß beim Adressaten die vom "Sprecher" beabsichtigte *Assoziation* erzeugen können. Was ein Ikon zu einem Ikon macht, ist nicht die Ähnlichkeit, sondern die Methode der Interpretation, der assoziative Schluß. Dazu genügt unter Umständen eine Ähnlichkeit, die "sehr weit hergeholt" ist. Die Ähnlichkeit kann (i) lautlich, graphisch, gestisch, (ii) direkt oder indirekt und (iii) stärker oder schwächer sein.

Bei *O-Beine* ist die Ähnlichkeit graphisch, direkt, aber schwach. Direkt ist sie, weil sich die Form des *O* unmittelbar auf die Form der Beine bezieht; schwach ist sie, weil die Beine eines O-beinigen Menschen weit davon entfernt sind, tatsächlich die Form eines *O* zu haben. Bei *Kuckuck* ist die Ähnlichkeit lautlich, indirekt, aber relativ stark; sie ist indirekt, weil sie nicht zwischen dem Laut und dem bezeichneten Tier besteht, sondern zwischen dem Laut und dem Ruf des bezeichneten Tiers. Bei den Toilettenikonen ist die Ähnlichkeit graphisch, indirekt und eher schwach. Sie ist indirekt und schwach, weil sie nicht zwischen der Graphik und ihrem Denotat, der Herren- bzw. Damentoilette, besteht, sondern (beispielsweise) zwischen der Graphik und der prototypischen Bekleidungsweise der Benutzerinnen und Benutzer.

Das Ikon wirkt als Assoziationsimpuls. Der Zeichenproduzent mutet dem Adressaten mit der Verwendung eines Ikons zu, vom graphischen, lautlichen oder gestischen Ausdruck eines Zeichens auf dem Wege der Assoziation[20] eine sinnvolle Interpretation dieses Zeichenvorkommens zu erschließen; d.h. zu versuchen, assoziativ herauszubekommen, was plausiblerweise gemeint sein könnte. Da der Interpret dazu keine besonderen Kenntnisse oder Regeln benötigt, sondern nur seine natürliche allgemeinmenschliche Assoziationsgabe, sind Ikone mehr oder weniger sprach- und kulturunabhängig verwendbar und verstehbar. Die geläufigste Form ikonischer Kommunikation ist das Reden "mit Händen und Füßen" in einem fremden

---

20 Es gibt einen technischen Gebrauch des Wortes *Assoziation*, der hier nicht intendiert ist; etwa in dem Ausdruck *ein assoziiertes Mitglied einer Kommission*. Assoziation in diesem technischen Sinne liegt gerade nicht bei Ikonen, sondern bei Symptomen und Symbolen vor: Einer Ursache ist ihre Wirkung assoziiert, und einem Symbol eine Gebrauchsregel assoziiert. Ich verwende Assoziation hier ausschließlich in seiner psychologischen Bedeutung, im Sinne eines freien Einfalls. (Den Hinweis auf die Ambiguität des Ausdrucks *Assoziation* verdanke ich Sheila Embleton und Raimo Anttila.)

Land. Kulturabhängigkeit kann dadurch ins Spiel kommen, daß der ikonische Ausdruck selbst erst richtig interpretiert sein muß, bevor er Ausgangspunkt weiterer interpretativer Bemühungen sein kann. Um von einer auf eine Tür gemalten stilisierten Figur eines Menschen, der einen Rock trägt, assoziativ darauf schließen zu können, daß diese Tür zu einer Damentoilette führt, bedarf es beispielsweise des Wissens, daß Männer in der betreffenden Kultur keine Röcke tragen.

Wir wollen uns auch hier an unsere Leitfrage erinnern: Worin besteht die Bedeutung eines Ikons? Sie besteht in genau dem systematischen Zusammenhang, der die Interpretation ermöglicht. Die Bedeutung ist die wie auch immer geartete Ähnlichkeit, die die Assoziation oder Assoziationskette zu dem Gemeinten hervorruft. Wohlgemerkt, die These lautet nicht: Es besteht Ähnlichkeit zwischen dem Ikon und seiner Bedeutung. Die These lautet: Die Ähnlichkeit ist die Bedeutung des Ikons! Denn sie ist es, die das Ikon interpretierbar macht.

Ein Lexikon der Symptome kann es, wie wir gesehen haben, nicht geben. Da alles als Symptom dessen fungieren kann, was daraus kausal erschließbar ist, und da Symptome keine intentionale Verwendung zulassen, ohne ihren Charakter zu verändern, kann es kein festgelegtes Symptomrepertoire geben, das zur Verwendung vorgesehen ist und gleichsam bereitsteht. Kann es ein Lexikon der Ikone geben? Schon eher. Es gibt offenbar Repertoires ikonischer Zeichen, die in Verwendung sind, aber solche gebrauchsfertigen Repertoire-Ikone sind sehr instabile Kandidaten. Sie sind, wenn eine gewisse Gebrauchsfrequenz hinzukommt, wie wir noch sehen werden, nachgerade dazu verdammt, zu Symbolen zu werden. Zur Gewohnheit gewordene Assoziation hört auf, Assoziation zu sein.

Ikone können prinzipiell *ad hoc* geschaffen werden. Wenn beispielsweise ein Kollege seine Brille in meinem Zimmer hat liegenlassen und ich ihn von meinem Fenster aus unten auf der Straße ins Auto steigen sehe, so kann ich gestikulierend auf meine Brille deuten, um ihm zu verstehen zu geben, daß er seine Brille bei mir vergessen hat. Die Botschaft 'Sie haben Ihre Brille bei mir liegenlassen' wird ikonisch durch den Hinweis auf meine Brille übermittelt. Dieses Beispiel kann plausibel machen, was ich bereits ausgeführt habe: Das Zeichen "enthält" nicht die Botschaft, es transportiert nichts. Das Zeigen auf meine Brille ist ein Mittel, dem anderen etwas zu erkennen zu geben. Es ist ein Interpretationsschlüssel in Form eines Assoziationsimpulses, den ich dem Adressaten zur Verfügung stelle in der Hoffnung, daß er mit Hilfe dieses Schlüssels und seiner Kenntnis der Situation meine Intention entschlüsseln kann. Mit dem Schlüssel appelliere ich an seine Assoziationsgabe. Platons Vorstellung, daß die Bildhaftigkeit des Ausdrucks es ermöglicht, daß der Adressat erkennt, was der Sprecher denkt, seine These, daß "in der Ähnlichkeit die Darstellung liege",[21] wäre korrekt, wenn die Mittel unserer Kommunikation samt und sonders Ikone wären. Das Brillenbeispiel macht auch deutlich, daß die möglichen Interpretationen eines ikonischen Ausdrucks prinzipiell offen sind. Mit der gleichen Geste könnte ich unter anderen situativen Bedingungen mitteilen wollen: 'Vergiß nicht, meine Lesebrille beim Optiker abzuholen', und vieles andere mehr. Die Interpretation eines Ikons ist in hohem Maße kontextabhängig.

Ich will auch hier zum Zwecke der kontrastierenden Erläuterung eine der Peirceschen Definitionen des Ikons vorstellen. "An *icon* is a sign which would possess the character which renders it significant, even though its object had no existence."[22] Der Peircesche Index, so haben wir gelernt, verliert seine Indexikalität, wenn es das Bezugsobjekt nicht gibt. Denn (beispielsweise) ein Teil hört (trivialerweise) auf, ein Teil zu sein, wenn es das Ganze nicht mehr gibt. Ein Ikon behält seine Eigenschaften, die es zum Zeichen machen, auch dann, wenn es kein Bezugsobjekt gibt. Ich will versuchen, diesen Gedanken an einem Beispiel zu erläutern. Stellen Sie sich vor, Sie zeichnen das Haus Ihrer Eltern auf ein Blatt Papier. Was Sie damit hergestellt haben, ist ein Ikon des Elternhauses im Peirceschen Sinne. Die Zeichnung ist Ikon dank ihrer Ähnlichkeiten mit dem Elternhaus. Die gleiche Zeichnung könnte ebensogut ein freier Entwurf eines nicht-existierenden Hauses sein. Ob das Haus "abgezeichnet" oder frei entworfen wurde, die Zeichnung hat die Eigenschaften, die sie eben hat. Im einen Fall ist sie jedoch Zeichen, im anderen nicht. Sie verliert nicht ihre Eigenschaften, wenn sie ihre Zeichenhaftigkeit verliert. Soweit ist der Gedanke korrekt. Aber an anderer Stelle scheint sich Peirce in einen unmittelbaren Widerspruch zu manövrieren, wo er sagt: "It is true that unless there really is such an Object, the Icon does not act as a sign."[23] Daraus folgt, daß es Ikone gibt, die keine Zeichen sind; und

---

21 Platon 435 b; vgl. Kap. 3.
22 Peirce 1955: 104
23 Peirce CP 2.247

dies widerspricht der Definition des Ikons *als* Zeichen: "An Icon is a sign ..."[24]

Ich will zu meinem Begriff von Ikon zurückkehren und zusammenfassen: Ein Ding (eine Geste, eine Figur, ein Laut etc.) wird zum Ikon, wenn es dazu verwendet wird, bei einem Adressaten auf dem Wege der Assoziation eine bestimmte Erkenntnis hervorzurufen. In bescheidenem Umfang gibt es Ikonrepertoires, deren Mitglieder jedoch sehr gefährdet sind. Alles, was Assoziationen auszulösen imstande ist, kann unter geeigneten Umständen als ikonisches Zeichen verwendet werden.

Kommen wir nun zum dritten Typus von Zeichen, den Symbolen. **Symbole** sind Zeichen, die dadurch definiert sind, so die Lehre der repräsentationistischen Semantik, daß sie zu dem, was sie bedeuten, in der Relation der Arbitrarität, d.h. der relativen Beliebigkeit stehen. Wir haben uns dazu entschlossen, das *Bedeutung* zu nennen, was dem Interpreten die Interpretation ermöglicht. Bei den Symptomen war es die Kausalbeziehung und bei Ikonen die Ähnlichkeitsbeziehung (im weitesten Sinne). Worin besteht nun die Bedeutung der Symbole? In ihrer Arbitrarität? Das kann nicht sein. Denn aus Beliebigkeit lassen sich keine Schlüsse ziehen. *Beliebigkeit* sagt ja gerade, daß kein Schluß erlaubt ist. Symbole sind zwar in der Tat in einem noch näher zu erläuternden Sinne beliebig, aber diese Eigenschaft ist von einem Adressaten nicht interpretativ nutzbar. Dies zeigt, daß der Begriff der Arbitrarität nicht auf der gleichen Ebene steht wie der der Natürlichkeit oder der Ähnlichkeit.

Was das Symbol interpretierbar macht, ist die Regel seines Gebrauchs in der Sprache (cf. Kapitel 6). Wir wollen auch hier zum Vergleich eine Peircesche Definition betrachten: "A *symbol* is a sign which would lose the character which renders it a sign if there were no interpretant."[25] Diese Charakterisierung des Symbols wäre mit der von mir vertretenen Auffassung vollständig kompatibel, wenn man bereit wäre, die Regel des Gebrauchs des Zeichens als Interpretanten anzusehen. Auf den ersten Blick könnte man den Eindruck gewinnen, als wäre das folgende Zitat in diesem Sinne interpretierbar: "A Symbol is a Representamen whose Representative character consists precisely in

---

24 Peirce CP 2.247
25 Peirce 1955: 104

its being a rule that will determine its Interpretant."[26] Erinnern wir uns: Der Interpretant ist die mental repräsentierte Entsprechung des Zeichens, die es erlaubt, das Zeichen zu interpretieren. "Significance is interpretability", sagt Thomas Short im Zuge einer Darstellung der Peirceschen Semiotik.[27] Aber den Interpretanten als Gebrauchsregel des Zeichens anzusehen, wäre nicht in Peirces Sinne, wie an anderen Stellen deutlich wird: "A *Symbol* is a sign which refers to the Object that it denotes by virtue of a law, usually an association of general ideas, which operates to cause the Symbol to be interpreted as referring to that Object."[28] Der Peircesche Representant *ist* nicht die Regel, sondern er ist eine mentale Entsprechung des Zeichens, die durch eine Regel mit dem Zeichen verknüpft ist. Peirce hält die repräsentationistische Zeichenkonzeption konsequent durch, ohne jedoch in eine "Etikettentheorie" zu verfallen. Denn das mentale Korrelat des Zeichens, der Interpretant, ist nicht als präsemiotisch existent konzipiert. Ein volles Verständnis der Peirceschen Zeichenauffassung setzt das Verständnis seines gesamten Theoriegebäudes voraus. Ich will es deshalb dabei belassen, auf die Peircesche Symboldefinition hingewiesen zu haben, und zu meinen eigenen Vorschlägen zurückkehren.

Zu wissen, was ein Symbol bedeutet, heißt wissen, zur Realisierung welcher Intentionen es unter welchen Bedingungen verwendbar ist. Wenn jemand zu mir sagt "Du, komm mal her", so kann ich interpretieren, wozu er mich zu veranlassen beabsichtigt, weil ich weiß, wozu man mit der Äußerung dieses Satzes jemanden üblicherweise veranlassen möchte. Die Bedeutung ist nicht 'daß ich mal herkommen soll' oder ähnliches. 'Daß ich mal herkommen soll' ist (möglicherweise) meine Interpretation, zu der ich dank der Bedeutung gelange. Die Bedeutung ist das, was mir erlaubt zu "erraten", was der andere von mir möchte, nicht das, was er von mir möchte. Was einer von mir möchte, ist keine Aspekt der deutschen Sprache und kann somit nicht zur Bedeutung ihrer Zeichen gehören. Die Regel der Verwendung, das wechselseitige Wissen, unter welchen Bedingungen und zu welchem Zweck das Symbol verwendbar ist, ist es, was den Interpreten in die Lage versetzt, vom Wahrnehmbaren auf das Nicht-Offensichtliche zu schließen. Das Nicht-Offensichtliche ist die Intention des Sprechers.

---

26 Peirce 1955: 112
27 Short 1988: 82
28 Peirce 1955: 102

Das Ziel des Interpreten ist es, die Intention des Sprechers herauszufinden; das Mittel ist der Schluß auf der Basis der Kenntnis der Gebrauchsregeln der verwendeten Zeichen. Was der Adressat versteht,
ist, wenn alles gut gegangen ist, genau das, was der Sprecher meint.
Was der Sprecher meint, nenne ich den **Sinn** der Äußerung. Ich will
somit das, was der Interpret kennt, wenn er sein Interpretationsziel
erreicht hat, den Sinn der Äußerung nennen. Mittels der Bedeutung
der Zeichen versucht der Interpret, den Sinn ihrer Verwendung zu
entschlüsseln. Gegenstand der Interpretation ist der geäußerte Satz
mit seiner Bedeutung; Ziel der Interpretation ist der Sinn. Der Sinn
einer Symbolokkurrenz ist die Kommunikationsintention, die der
Sprecher mit der Verwendung des Symbols verfolgt. Der Sinn meiner
Verwendung von *ich*, wenn ich "ich" sage, bin nicht ich! Der Sinn
meiner Verwendung von *ich* besteht vielmehr in der Absicht, mit
dieser Äußerung auf mich zu verweisen. Der Sinn ist der Zweck des
Einsatzes sprachlicher Mittel; der Sinn ist nicht der Gegenstand, "für"
den das Zeichen "steht". Allerdings gehört zum Erkennen einer Intention auch das Erkennen des Objekts der Intention, d.h. die Referenzfixierung.

Eine Symbolverwendung zu interpretieren, heißt somit **nicht**, zu
versuchen, die Bedeutung des Symbols herauszufinden; es heißt vielmehr, den Sinn dieser Symbolokkurrenz auf der Basis der Kenntnis der
Bedeutung herauszufinden. Wenn ich die Bedeutung nicht kenne, d.h.
wenn ich nicht weiß, zu welchem Zweck ein Symbol normalerweise
regelkonform verwendet wird, werde ich auch nicht herausfinden
können, wozu du es gerade verwendest.

Das Schachspiel eignet sich – wie in vielen Fällen,[29] so auch hier –
zur erläuternden Analogie: Wenn einer sagt: "Aha, der will mit seinem
Läufer meinen Turm angreifen", dann gibt er zu verstehen, daß er den
Sinn des Zuges verstanden zu haben glaubt. Dazu muß er die "Bedeu-
tung" des Läufers kennen, d.h. er muß wissen, wie man mit dem
Läufer ziehen darf und wie nicht. Wer die Gebrauchsregel des Läufers
nicht kennt, wird keine Chance haben, den Sinn eines Zuges mit dem
Läufer zu verstehen. Der Sinn eines Zuges ist, wie der Sinn einer
Äußerung, der mit ihm verfolgte Zweck.

Die Interpretation von Ikonen ist in hohem Maße abhängig von
der Kenntnis der Situation bzw. vom Kontext. Das Deuten auf meine

---

29   s. Wunderli 1981

Brille läßt zahllose mögliche Interpretationen zu. Eine Photographie eines auf seine Brille deutenden Mannes ist ohne Kenntnis der spezifischen Umstände nicht sinnvoll ikonisch interpretierbar. Die Anzahl der möglichen Interpretationen der Äußerung "Sie haben Ihre Brille bei mir liegenlassen" ist deutlich geringer. Gewiß, es könnte eine Klobrille gemeint sein, und auf wen mit "Sie" und "Ihre" referiert werden soll, ist ebenfalls nicht durch die Wortbedeutung festgelegt. Darüber hinaus könnte die Äußerung ironisch, metaphorisch oder in sonst einem nicht-wörtlichen Sinn gemeint sein. Aber im Vergleich zur ikonischen Kommunikation ist bei symbolischer Kommunikation der Raum der möglichen Interpretationen sehr eng.

Bedeutungen sind Interpretationsschlüssel. Der Adressat der Äußerung "Sie haben Ihre Brille bei mir liegenlassen" weiß, wenn er hinreichend Deutsch kann, daß das Wort *Brille* verwendet wird, um auf ein bestimmtes Sehgerät oder den Sitz eines WC zu verweisen, daß *Ihre* verwendet werden kann, um einen Bezug der Brille zum Adressaten deutlich zu machen, usw. Diese Interpretationshinweise erreichen den Adressaten in einer bestimmten Situation. Sie ergänzen und aktualisieren zugleich sein Situationswissen auf spezifische Weise und erlauben ihm so, dieses Wissen um den Aspekt dessen, was der Sprecher ihn wissen lassen möchte, zu erweitern. D.h., die Interpretationshinweise erlauben ihm, die Äußerung des Sprechers zu interpretieren.

Verbreiteter ist die umgekehrte Sichtweise: Der Hörer ergänzt das sprachliche Wissen, das ihm die Semantik des geäußerten Satzes liefert, um das relevante Situationswissen. Auf diese Weise determiniert der Kontext bzw. die Situation die Menge der möglichen Interpretationen auf die gemeinte. Dieses Szenario stellt aber den Interpretationsprozeß auf den Kopf. Der Adressat müßte, um aus seinem Situations- und Weltwissen den relevanten Teil herausfiltern zu können, bereits über eine angemessene Interpretation der Äußerung verfügen. Dann aber könnte er sich die Mühe der Ergänzung sparen. Der Hörer versucht vielmehr, die an ihn gerichtete Äußerung in sein Situationswissen, das Teil seines Weltwissens ist, einzubauen. Und wenn sie nicht paßt, dann wird sie eben passend gemacht! Dann wird sie so lange zurechtinterpretiert, bis sie paßt. Mein Situationswissen trage ich stets mit mir. Jede Information, die neu auf mich zukommt, muß ich integrieren, und zwar möglichst ohne Brüche; so auch die an mich gerichteten Äußerungen. Die Kunst des Interpretierens besteht darin, einerseits im System des mitgebrachten Wissens den *slot* zu

finden, in den die neu hinzukommende Information paßt, und andererseits die neu hinzukommende Äußerung so "zurechtzuinterpretie-
ren", daß sie tatsächlich in den *slot* paßt.[30] Das Interpretieren eines
geäußerten Satzes gleicht der Wahrheitsfindung in einem Indizien-
prozeß. Bedeutungen sind Indizien, die der Sprecher dem Adressaten
zur Verfügung stellt, damit dieser auf der Basis der Kenntnis der
Gebrauchsregeln und seines Situations- bzw. Kontextwissens den Sinn
der Äußerung erraten möge. 'Bedeutung' und 'Sinn' sind vollständig
verschiedene Kategorien. Der Sinn einer Äußerung ist ihr Zweck; die
Bedeutung eines Wortes ist seine Gebrauchsregel. Zu wissen, wie man
mit einem Hammer umgeht, hieße, seine Bedeutung kennen. Zu
verstehen, wozu einer mit dem Hammer ein Loch in den Putz klopft,
hieße, den Sinn dieses Einsatzes des Hammers, den Sinn dieser Handlung kennen.

11 Schlußprozesse

Kommunizieren ist ein riskantes Geschäft. Wie kann ich sichergehen,
daß du meine Sätze so interpretieren wirst, wie ich sie meine? Wie
kann ich sichergehen, daß ich deine Äußerungen in deinem Sinne
verstanden habe? Eine Antwort könnte sein: Es ist wie beim Schachspiel. "To have a meaning is to have a place in a language game."[31] Es
gibt Schachregeln. Ich kenne sie und du kennst sie. Ich interpretiere
deine Züge und du interpretierst meine auf der Basis unserer Kenntnis
der Schachregeln. So aber ist es beim Spiel des Kommunizierens nicht.
In diesem Falle versagt die Schachanalogie.

Was ist an der Schachanalogie inadäquat? Die Antwort lautet: Die
Regeln des Schach gelten strikt, sie gelten gleichsam zeitlos, und sie
sind kodifiziert. Sie liegen in Form von Regelformulierungen vor, und
in diesem Sinne kann man sagen, daß es die Schachregeln unabhängig
davon gibt, ob du oder ich oder sonstwer sie kennt. Mit den Regeln

---

30 Zur Rolle des Kontextes beim Interpretieren s. Sperber/Wilson 1986a: 137ff.
31 Rorty 1989: 18

einer Sprache verhält es sich etwas anders. Sie gelten nicht strikt, sie sind nicht kodifiziert, sie gelten nicht bei allen "Mitspielern" auf gleiche Weise, und viele davon sind permanentem historischem Wandel unterworfen. Das heißt, in gewissem Sinne ist es irreführend zu sagen, daß es beispielsweise eine Regel des Gebrauchs des Wortes *Salat* oder *aber* gibt, die wir beide kennen. Die Regel gibt es nicht außerhalb derer und unabhängig von denen, die sie befolgen. Denn diejenigen, die sie befolgen, sind zugleich diejenigen, die sie hervorbrigen, perpetuieren und gegebenenfalls verändern, indem sie sie befolgen oder partiell übertreten. (Damit Regeln sich verändern, müssen sie übrigens nicht notwendigerweise übertreten werden. Es genügt, wenn periphere Anwendungsfälle mit der Zeit zu zentralen werden.) Ich kann nicht deshalb Deutsch, weil ich die Regeln des Deutschen beherrsche, sondern Deutsch können, heißt die Regeln beherrschen. Die Rede von den Regeln des Gebrauchs unserer Zeichen ist eine etwas verdinglichende Abkürzung zur Beschreibung der Tatsache, daß es bezüglich des Gebrauchs unserer Zeichen eine mehr oder weniger gemeinsame Praxis gibt, auf die wir uns, bis zur Evidenz des Gegenteils, verlassen. Die Antwort auf die eingangs gestellten Fragen lautet somit: Ich kann weder sicher sein, von dir richtig interpretiert zu werden, noch kann ich sicher sein, dich richtig zu verstehen! Solange in der Praxis alles gut geht, nehmen wir an, uns richtig verstanden zu haben. Ein anderes Kriterium gibt es nicht. Vergewissernde Rückfragen können das Risiko mildern, aber ausschalten können auch sie es nicht. Denn auch eine bestätigende Antwort ist interpretationsbedürftig.

Wenn aber eine Gebrauchsregel in nichts anderem besteht als in gemeinsamer Praxis und der wechselseitig aufeinander bezogenen Erwartung und dem Vertrauen auf die Gemeinsamkeit der Praxis, ist es dann nicht schlichtweg falsch zu behaupten, Bedeutungen seien nicht "im Kopf"? Diese Frage stellte James Hurford: "Sind diese Regeln in irgendeinem Sinne Realitäten außerhalb der individuellen Spachbenutzer?"[32] Er vertritt die These, daß Regeln auf individual-psychologische Begriffe reduzierbar sein müssen: "'Eine Regel kennen' bzw. 'eine Regel wissen' heißt einfach, in einem bestimmten mentalen Zustand sein."[33] Dabei bezieht er sich affirmativ auf Chomskys Erwi-

---

32 Hurford 1992: 368
33 Hurford 1992: 369

derung auf Kripkes Analyse des Wittgensteinschen Arguments gegen die Möglichkeit einer Privatsprache.[34]

Um die Pointe vorwegzunehmen: 1. Ich bin mit Hurford der Meinung, daß der Begriff der Regel nach den Prinzipien des methodologischen Individualismus rekonstruiert werden muß.[35] 2. Ich bin nicht der Meinung, daß 'eine Regel kennen' einfach heißt, in einem bestimmten mentalen Zustand zu sein. Betrachten wir diese beiden Thesen der Reihe nach.

Die Prinzipien des methodologischen Individualismus besagen, daß Aussagen über Kollektivphänomene nur dann zulässig bzw. von erklärender Kraft sind, wenn sie auf Aussagen über Individuen rückführbar sind. 'Die Sehnsucht des Volkes nach Frieden' ist beispielsweise ein solcher Kollektivbegriff; er ist unbrauchbar (bzw. gefährlich), solange nicht gesagt wird, welches der Zusammenhang der Sehnsucht des Volkes mit den Sehnsüchten der einzelnen Mitglieder des Volkes ist. Ideologen oder auch Ahnungslose pflegen die Leere solcher Begriffe zum Zwecke von Scheinargumentationen zu nutzen, wenn sie etwa mit "den Interessen der Arbeiterschaft" oder ähnlicher Kollektive argumentieren. Aber auch in der Linguistik werden solche Begriffe benutzt, vielfach aus der Position der Ahnungslosigkeit. 'Die deutsche Sprache' ist ein Kollektivbegriff, für den ebenfalls gilt, daß er solange unbrauchbar ist, solange nicht gesagt wird, welches der Zusammenhang der deutschen Sprache mit meiner und deiner Sprache ist. Wenn man annehmen würde, daß die deutsche Sprache der Durchschnitt der Kompetenzen aller Deutschsprechenden wäre, so würde derjenige mit der schwächsten Kompetenz gleichsam die Grenzen diktieren. Das wäre unangemessen. Wenn wir annehmen würden, es wäre die Vereinigungsmenge, so kämen massenhaft Idiosynkrasien hinzu, die wir eigentlich nicht als Teil der deutschen Sprache betrachten wollen. Was also ist die deutsche Sprache? Was für den Begriff 'die deutsche Sprache' gilt, gilt ebenso für den Begriff 'die Regeln der deutschen Sprache'. Noam Chomsky hat (unter anderem) aus diesem Problem die Konsequenz gezogen, eine Linguistik zu konzipieren, in der der Begriff der Sprache im hypostasierenden Sinne nicht mehr vor-

---

34 Chomsky 1986: 224ff., Kripke 1982/1987. Mein Kommentar zu dieser Kontroverse s. Keller 1992: 387. Da Chomskys Einlassungen nicht wirklich Wittgensteins Privatsprachenargument betreffen, will ich darauf verzichten, diese und meinen Kommentar hier zu wiederholen.

35 Zum methodologischen Individualismus s. Hayek 1976: 9ff.

kommt.[36] Real existent, so seine Doktrin, ist nur die Kompetenz der Individuen. Damit werden aber eine Reihe reizvoller und auch wesentlicher Fragen aus der Linguistik ausgeschlossen: beispielsweise alle historischen Fragen. Ich glaube, daß es sich hierbei um die Strategie handelt, das Kind mit dem Bade auszuschütten.

Bis hierher bin ich mit James Hurford einig. Auch er möchte "nicht so weit wie Chomsky [gehen]"[37] und den Begriff der Sprache im Sinne von 'community language' und 'community norms' völlig aufgeben. Aus der vernünftigen Doktrin des methodologischen Individualismus folgt jedoch nicht, daß auf jegliches kollektive Konzept verzichtet werden *muß*. Es besteht nur die Pflicht, es individualistisch "anzubinden". Gegen den Individualismus wurden Argumente vorgebracht wie dieses: Die individualistische Forderung sei abzulehnen, weil es irreduzible kollektivistische Begriffe gebe: Die Feststellung etwa, daß die Deutschen 2,3 Kinder haben, trifft auf kein Individuum zu. Außerdem sei diese Doktrin abzulehnen, weil es das Phänomen der Übersummativität gebe. Dieses Argument ist jedoch schwächer als die Summe seiner Teile. Statistische Aussagen sind genau deshalb zulässig, weil der Weg von den Individualaussagen zu der statischen Aussage bekannt und offen ist. Die Erklärung des Phänomens der Übersummativität setzt geradezu voraus, daß von Individualaussagen ausgegangen wird und die synergetische Anreicherung aus dem Zusammenwirken der Einzelelemente abgeleitet wird.

Hurford ist der Meinung, mit dem Begriff der Regel verhalte es "sich so wie mit einer ansteckenden Krankheit. AIDS befällt individuelle Personen durch ihr Blut; eine Gemeinschaft hat als solche kein Blut, außer in einem abgeleiteten Sinne, und daher bekommen auch Gemeinschaften kein AIDS, sondern nur ihre Mitglieder."[38] Die Analogie ist nicht triftig. In der Tat kann eine Population keine Krankheit bekommen, aber beispielsweise einen bestimmten Durchseuchungsgrad aufweisen. Der Begriff des Durchseuchungsgrades ist wiederum ein zulässiger, weil Epidemiologen den Durchseuchungsgrad einer Population aus der Infiziertheit bzw. der Nichtinfiziertheit ihrer Mitglieder errechnen können. Die Frage, die sich bezüglich des Regelbegriffs stellt, ist keine binäre! Sie lautet nicht: Ist eine Regel identisch mit den

---

36 cf. Chomsky 1986, 1992; zur Diskussion s. Keller 1994: Kap. 5.4
37 Hurford 1992: 371
38 Hurford 1992: 369

Wissenszuständen von Individuen oder ist der Begriff 'Regel' ein kollektivistischer, so daß Regeln "außerhalb" von Individuen existieren? Dies ist die von Hurford aufgebaute Dichotomie. Die Entscheidung, die wir zu fällen haben, ist vielmehr eine ternäre:

1. Ist eine Regel identisch mit bestimmten Wissenszuständen von Individuen?
2. Ist der Begriff der Regel ein holistisch-kollektivistischer, demgemäß Regeln "außerhalb" von Individuen "existieren"?
3. Ist der Begriff der Regel ein Kollektivbegriff, der sich nach den Prinzipien des methodologischen Individualismus ableiten läßt, dergestalt daß Kollektivwissen mit individuellen Wissenszuständen verknüpft wird?

Ich bin der Meinung, daß die Antwort auf die ersten beiden Fragen *nein* lautet, und die Frage 3 mit *ja* zu beantworten ist. Eine Regel ist eine Konvention im Sinne von David Lewis[39], wobei 'gemeinsames Wissen' einerseits strikt individualistisch und andererseits sehr weich definiert sein muß.[40] Eine sprachliche Regel ist, wenn man es genau nimmt, nie Gegenstand gemeinsamen Wissens im strengen Sinne. Die Sprachbenutzer gehen stillschweigend von der Hypothese aus, daß die Gebrauchsweisen der verwendeten Ausdrücke in relevanter Weise und hinreichendem Maß übereinstimmen. Eine Lewissche Konvention ist, sehr vereinfacht gesagt, eine Verhaltensregularität in einer Gruppe, der jedes Mitglied folgt, jeder von jedem erwartet, daß er ihr folgt, und der Grund jedes einzelnen, warum er genau dieser Verhaltensregularität folgt, der ist, daß er annimmt, daß die andern es ebenfalls tun. (Andernfalls wäre ihm ein andere Verhaltensregularität genauso lieb.) Bezüglich dieser Erwartung muß kollektives Wissen bestehen, d.h. jeder muß dies wissen und wissen, daß dies jeder weiß.[41] Sperber und Wilson schlagen vor, um der Härte des Begriffs des Wissens zu entgehen, statt 'mutual knowledge' den Begriff 'mutual manifestness' zu wählen. Statt z.B. *Peter knows that the phone is ringing* sollte diesem Vorschlag gemäß *It is manifest to Peter that the phone is ringing* ge-

---

39 Lewis 1969/1975: 79. Eine explizitere Darstellung findet sich in Kap. 12.
40 Zu einer individualistischen Definition von 'kollektives Wissen' Keller 1974: 103f. Zur Frage der nötigen Weichheit der Definition s. Sperber/Wilson 1986a: 38ff.
41 Daß Regeln "exist as objects of common knowledge", hat vor allem Esa Itkonen hervorgehoben. S. Itkonen 1977: 248ff.

wählt werden. "The notion of a mutually manifest assumption is clearly weaker than that of a mutual assumption (and a fortiory than that of mutual knowledge)."[42] Daß der Begriff des Manifest-Seins weicher ist als der des Wissens, kann man nur glauben. Damit sind aber die mit dem Begriff des Wissens verbundenen Probleme nicht gelöst, sondern nur verschoben auf das Kunstwort *manifest*, bei dem als zusätzliches Problem noch hinzukommt, daß dem Leser alles andere als manifest ist, was es bedeutet. Wenn wir der Tatsache eingedenk bleiben, daß all unser Wissen und somit auch unsere Individualkompetenz hypothetischer Natur ist, können wir in bezug auf unser sprachliches Wissen getrost bei dem Konzept des kollektiven Wissens bleiben.[43] Wenn dies stikt individualistisch formuliert ist, sollten darüber hinaus auch alle berechtigten Einwände gegen den holistischen Kollektivismus ausgeräumt sein.

Betrachten wir noch einmal Hurfords Behauptung: "'Eine Regel kennen' bzw. 'eine Regel wissen' heißt einfach, in einem bestimmten mentalen Zustand sein."[44] Wenn wir dies mit der Lewisschen Konvention vergleichen, so stellt sich die Frage: Ist denn bezüglich einer Konvention etwas anderes im Spiel als mentale Zustände von Individuen? Wenn dies nicht der Fall ist, hat dann Hurford nicht doch recht? Ja und nein. Doch wenn eine solche Antwort korrekt ist, ist dies stets Symptom für eine verborgene Mehrdeutigkeit. Kommen wir zurück zu Hurfords Beispiel einer Krankheit und betrachten wir die folgende Ableitung:

1. AIDS zu haben heißt, sich in einem bestimmten Blutzustand zu befinden.[45]
2. AIDS ist eine Seuche.

---

3. Diese Seuche zu haben heißt, sich in einem bestimmten Blutzustand zu befinden.

Folgt 3 aus 1 und 2? Satz 3 ist zweideutig und folgt aus den Prämissen nur in *einer* Lesart. Von der Seuche AIDS zu sagen, man habe sie,

---

42 Sperber/Wilson 1986a: 42
43 Zu dem von Sperber und Wilson 1986a: 42 angesprochenen Problem, daß Wissen Wahrheit impliziere ("nothing can be known and false" S. 40), s. Keller 1975.
44 Hurford 1992: 387
45 Es kommt mir nicht auf den Wahrheitswert der Aussagen an, sondern nur auf die Frage der Gültigkeit der Ableitung.

heißt zu sagen, man befinde sich in einem bestimmten Blutzustand. Das ist korrekt. Von jemandem zu sagen, er habe eine Seuche, heißt jedoch nicht einfach zu sagen, er befände sich in einem bestimmten Blutzustand. Ein einzelner kann AIDS bekommen, aber einer allein kann keine Seuche bekommen. Der Begriff der Seuche impliziert bestimmte Infektionswege und eine bestimmte Verbreitung. Mit anderen Worten, eine Blutuntersuchung eines einzelnen gibt keinen Aufschluß darüber, ob es sich bei seiner Krankheit um eine Seuche handelt. Eine mentale Untersuchung eines einzelnen gibt keinen Aufschluß darüber, ob es sich bei seinem mentalen Zustand um die Kenntnis einer *Regel* handelt. Einer allein kann eine Krankheit haben, die zu einer Seuche werden kann; aber was er dann hat, ist keine Seuche.

Daraus folgt: "Von einer Regel R zu sagen, man kenne sie, heißt zu sagen, man sei in dem mentalen Zustand Z." In dieser Lesart ist Hurfords These korrekt. "Im mentalen Zustand Z zu sein, heißt eine Regel kennen." In dieser Lesart ist Hurfords These falsch. Hurfords These ist wahr unter der Annahme, daß bereits präsupponiert ist, daß der Gegenstand des Wissens eine Regel ist.

Ist der Begriff der Seuche ein holistisch-kollektivistischer Begriff, demgemäß Seuchen gleichsam "außerhalb" der erkrankten Individuen "existieren"? Nein; aber von jemandem zu sagen, er haben eine Seuche, ist eine Aussage, die über das Individuum hinausreicht. Sie sagt etwas über die Erkrankung des Individuums und gleichzeitig etwas über die Art der Verbreitung und die Frequenz in der Population. Deshalb ist der Begriff der Seuche nicht ausschließlich individualphysiologisch explizierbar. Dasselbe gilt *mutatis mutandis* für den Begriff der Regel. Wäre die Kontrollinstanz für die Korrektheit des Gebrauchs eines Wortes allein die Erinnerung des Individuums, so würde Wittgensteins Privatsprachenargument greifen: Wenn eine Regel Anwendungsbedingungen hätte, die per definitionem nur ich "wissen" könnte, so ließe sich gar nicht sinnvoll von Wissen reden; denn es gäbe prinzipiell keine Möglichkeit, Wissen von Irrtum zu unterscheiden. Somit ließe sich auch Regelbefolgung von Regelverstoß nicht unterscheiden, da es keinerlei Kontrollinstanz gäbe. Mit anderen Worten, es gibt kein inneres Ereignis, das alleine geeignet wäre, den korrekten Gebrauch eines Ausdrucks zu garantieren. Hurford behauptet explizit "die Privatheit der Regeln";[46] wenn er damit das meint, was Wittgen-

---

46 Hurford 1992: 371

stein meint – und auf ihn bezieht er sich –, so behauptet er damit eine selbstwidersprüchliche These.

Was das Kommunizieren so riskant macht, sind zum einen die Regeln selbst – die Tatsache, daß sie sich beim Kommunizieren herausbilden, stabilisieren und verändern. Zum andern liegt es an den Schlußprozeduren, die Sprecher wie Adressaten auf je verschiedene Weise vollziehen müssen. Die Bedeutungen der Zeichen unserer Sprache bilden keinen Algorithmus, der den Sinn einer Äußerung determiniert. Sie deuten ihn allenfalls an, legen ihn nahe; der Rest ist Raten. "Wieviel Raten darf vorkommen?" fragt Hurford[47] kritisch. Die Antwort lautet: Die Spanne zwischen Lotterie und Gewißheit wird voll ausgeschöpft. Ich will nun zeigen, wie diese Ratekomponente ins Spiel kommt, und warum sie notwendigerweise im Spiel ist.

Jeder kommunikative Akt ist verbunden mit einer Reihe von Schlußprozeduren, und jede Schlußprozedur enthält in irgendeiner Form drei Elemente (oder auch Mengen von Elementen): eine Prämisse (eine Prämissenmenge), eine Regel (eine Regelmenge) und ein Ergebnis. Wenn uns zwei beliebige der drei Elemente gegeben sind, können wir das dritte Element erschließen. *Interpretieren* kann man nachgerade auffassen als das Erschließen des fehlenden Dritten aus zwei beliebig gegebenen Elementen. Allerdings sind die Schlüsse im allgemeinen äußerst hypothetischer Natur. Die Schwäche der Schlüsse hat sowohl kontingente praktische Gründe (mangelndes Faktenwissen) als auch logische Gründe. Schauen wir uns die drei möglichen Schlußweisen genauer an.

Ich will die drei Elemente "Prämisse", "Regel" und "Ergebnis" nennen und sie der Einfachheit halber durch Ziffern ersetzen:[48]

Prämisse	Regel	Ergebnis
1	2	3

Die drei möglichen Schlußweisen, sie werden gemeinhin *Deduktion*, *Induktion* und *Abduktion* genannt, sind:

$$1 \,\&\, 2 \;\rightarrow\; 3 \quad \text{(Deduktion)}$$
$$1 \,\&\, 3 \;\rightarrow\; 2 \quad \text{(Induktion)}$$
$$3 \,\&\, 2 \;\rightarrow\; 1 \quad \text{(Abduktion)}$$

---

47 Hurford 1992: 368
48 cf. Andersen 1993, Anttila 1972/1989, Eco 1984/1985: 67f.

Betrachten wir drei simple Beispiele solcher Schußverfahren:

Deduktion:
1: Sokrates ist ein Mensch.
<u>2: Alle Menschen sind sterblich.</u>
3: Sokrates ist sterblich.

Induktion:
1: Sokrates ist ein Mensch.
<u>3: Sokrates ist sterblich.</u>
2: Alle Menschen sind sterblich.

Abduktion:
3: Sokrates ist sterblich.
<u>2: Alle Menschen sind sterblich.</u>
1: Sokrates ist ein Mensch.

Nun sind, wie wir wissen, nur deduktive Schlüsse im strengen Sinne gültig. Induktive und abduktive Schlüsse sind nicht zwingend, und somit logisch gesehen ungültig. Unsere Beispiele machen sinnfällig, wie abenteuerlich induktive und abduktive "Schlüsse" sein können. Sie sind aber unsere üblichen und, wenn wir nichts Besseres haben, durchaus rationalen Formen der Hypothesenbildung, die auch im Rahmen unserer Kommunikation eine Rolle spielen: Der induktive Schluß führt von Einzelbeobachtungen zu Regelhypothesen. Es ist die Methode, wie wir Regeln erwerben. Sie führt leicht zu Über- oder Untergeneralisierungen, wie wir vom Spracherwerb der Kinder wissen. Der abduktive Schluß ist ein diagnostischer Schluß: "Er hat *tschüß* gesagt. *Tschüß* gilt als Abschiedsgruß. Dann wird er mir wohl zu verstehen geben wollen, daß er nun gehen möchte." Der deduktive Schluß ist im Prinzip ein gültiger, vorausgesetzt, daß die Schlußregeln von strenger Gültigkeit sind. Im praktischen Leben ist dies normalerweise nicht der Fall. Wir arbeiten mit sogenannten praktischen Syllogismen[49] der Art:

1: Ich will x erreichen.
<u>2: Ich gehe davon aus, daß (normalerweise) y-Tun zu x führt.</u>
3: So tue ich y.

Schauen wir uns nun eine ganz normale Kommunikationssituation in vereinfachter Form an, und zwar sowohl aus der Perspektive des Sprechers (S) als auch aus der Perspektive des Hörers (H):

---

49 Zum praktischen Syllogismus s. von Wright 1963/1977 sowie 1972/1977

| Sprecher S: | 1: | Ich will H wissen lassen, daß *x*. |
| | 2: | Ich gehe davon aus, daß hierzulande *A*-Äußern dazu dient, unter den gegebenen Umständen einem H *x* verstehen zu geben, und daß H das weiß (und weiß, daß ich das weiß). |

| | 3: | So äußere ich *A*. |

| Hörer H: | 3: | S hat *A* geäußert. |
| | 2: | Ich gehe davon aus, daß hierzulande *A*-Äußern dazu dient, unter gegebenen Umständen einem H *x* verstehen zu geben, und daß S das weiß (und weiß, daß ich das weiß). |

| | (1) | So will er mich wissen lassen, daß *x*. |

Dies macht folgendes deutlich: Der Sprecher vollzieht einen deduktiven Schluß nach dem praktischen Syllogismus; der Hörer muß einen abduktiven Schluß vollziehen. Beide Schlüsse sind selbst unter den hier unterstellten idyllischen Bedingungen, daß beide von der gleichen Regel ausgehen und die Umstände gleich einschätzen, höchst unzuverlässig. Im wirklichen Leben sind die Bedingungen oft nicht so ideal, wie in diesem Szenario unterstellt ist. Damit wird das "Ratespiel" noch riskanter. Denn oft müssen wir ja aus den Äußerungen des Gesprächspartners die Gebrauchsregeln erst induktiv ableiten, um sie sozusagen im gleichen Atemzug abduktiv nutzen zu können. Das heißt, daß wir abduktiv gewonnene und induktiv gewonnene Hypothesen oft gegeneinander abgleichen, um zu plausiblen Interpretationen zu gelangen.

Unser Szenario enthält noch eine weitere Verkürzung, die wir unbedingt revidieren müssen: Die kommunikativen Möglichkeiten, die uns unsere Individualkompetenzen zur Verwirklichung eines gegebenen Kommunikationsziels zur Verfügung stellen, sind nicht so arm, wie hier zunächst der Einfachheit halber angenommen wurde. Um jemandem *x* verstehen zu geben, haben wir in den allermeisten Fällen mehr als eine Möglichkeit zur Verfügung. Es gibt nur wenige rituelle oder existentielle Situationen, wo es genau eine mögliche Zeichenwahl gibt: Wenn Sie im Zuge der Heiratszeremonie gefragt werden, ob Sie *XY* zum Mann bzw. zur Frau nehmen wollen, sollten Sie mit *ja* antworten; nicht mit *selbstverständlich* oder *okay*. Wenn Sie in Gefahr sind zu ertrinken, sollten Sie *Hilfe* rufen, nicht etwa *Unterstützung* oder *Beistand*. In den meisten Situationen stehen uns allerdings mehrere

Alternativen zur Verfügung, nicht nur lexikalische, sondern auch phrasale, syntaktische oder auch phonetische. Wir können *China* [ki:na] aussprechen oder [çi:na]. Ich kann unter anderem wählen zwischen *Er arbeitet, trotzdem er krank ist* und *Er arbeitet, obgleich er krank ist*. Für einen Brief an einen mir nicht persönlich bekannten Stadtverordneten kann ich beispielsweise die Grußformel *Mit freundlichen Grüßen* oder *Mit verbindlichen Empfehlungen* wählen. Die wirkliche Anzahl der Möglichkeiten ist vielfach überwältigend. Betrachten wir ein Beispiel, auf das wir später noch einmal zurückkommen werden, etwas genauer: Wenn ich meinen Gesprächspartner wissen lassen möchte, daß der See zugefroren ist, daß es Frost gegeben hat und daß zwischen beiden Ereignissen ein Kausalverhältnis besteht, habe ich die Wahl zwischen (mindestens) folgenden Sätzen:

(1) *Der See ist zugefroren, weil es Frost gegeben hat.*
(2) *Der See ist zugefroren, da es Frost gegeben hat.*
(3) *Aufgrund des Frostes ist der See zugefroren.*
(4) *Der Grund, weshalb der See zugefroren ist, ist, daß es Frost gegeben hat.*
(5) *Der See ist wegen des Frostes zugefroren.*
(6) *Der See ist dank des Frostes zugefroren.*
(7) *Der See ist zugefroren, denn es hat Frost gegeben.*
(8) *Der See ist zugefroren, weil es hat Frost gegeben.*
(9) *Es hat Frost gegeben, denn der See ist zugefroren.*
(10) *Es hat Frost gegeben, weil der See ist zugefroren.*
(11) *Es hat Frost gegeben, der See ist nämlich zugefroren.*
(12) *Es hat Frost gegeben; der See ist zugefroren.*
(13) *Der See ist zugefroren; es hat Frost gegeben.*

Ich will die Aufzählung hier abbrechen. Mit den kolloquial üblichen Varianten (8) und (10) werden wir uns noch ausgiebig beschäftigen. Ein vorläufiger Blick auf diese Sätze macht deutlich, daß sie unterschiedliche Bedeutungsnuancen und Stilqualitäten haben. Die Sätze (1) bis (6) dienen dazu, faktische Begründungen[50] zu geben, die Sätze (7) bis (11) geben epistemische Begründungen, und die Sätze (12) und (13) vermitteln den Begründungszusammenhang, der nicht explizit mit Hilfe einer Konjunktion ausgedrückt ist, über Implikaturen.[51]

Der Sprecher hat also im allgemeinen in seinem praktischen Syllogismus als zweite Prämisse nicht, wie oben angenommen, genau eine

---

50 Zu faktischen und epistemischen Begründungen s. Kap. 19.
51 Zur Theorie der Implikaturen s. Kap. 16 sowie Grice 1975/1979

Möglichkeit, seine kommunikativen Intentionen zu verwirklichen, sondern er befindet sich in einer Entscheidungssituation: Er hat die Wahl zwischen mehreren Alternativen, die alle in gewisser Weise zur Erreichung seiner Ziele dienen; die jedoch je nach Rahmenbedingungen in unterschiedlichem Maße geeignet sind. Die Variante (1) beispielsweise ist die unmarkierte und somit vielleicht zu wenig markant; (3) hat den Vorteil der Kürze, klingt aber ein wenig bürokratisch; (4) ist zwar sehr explizit, jedoch stilistisch unbeholfen; (5) mag zu kolloquial sein usw. Der Sprecher muß somit seine Handlungsmöglichkeiten im Hinblick auf seine Handlungsziele und seine Einschätzung der Umstände bewerten. Das Kriterium der Bewertung kann nur sein: Welche Handlungsalternative bietet angesichts der gegebenen Rahmenbedingungen die größten Aussichten, die kommunikativen Ziele zu verwirklichen? Menschen sind in der Lage, Handlungsalternativen zu ordnen nach Maßgabe des subjektiv zu erwartenden Nettonutzens, d.h. des subjektiv zu erwartenden Nutzens abzüglich der Kosten.[52] Die Fähigkeit, unter den sich bietenden Alternativen diejenige Wahl zu treffen, die den höchsten subjektiven Nettonutzen verspricht, nennt man Rationalität bezüglich des Handelns.[53] Der praktische Syllogismus muß also um die Prinzipien der rationalen Wahl erweitert werden, so daß sich etwa folgendes Schlußmuster ergibt:[54]

Sprecher S: (1) Ich will gegenüber H die Intentionen $i_1 - i_n$ realisieren.[55]

(2.1) Ich gehe davon aus, daß hierzulande die Äußerungstypen $A_1 - A_m$ dazu dienen, die Intentionen $i_1 - i_n$ zu realisieren.

(2.2) Nach meiner Einschätzung der gegebenen Äußerungssituation und des H ist unter den sich mir bietenden Alternativen A_3 am besten geeignet, die Intentionen $i_1 - i_n$ zu realisieren.

(3) So äußere ich A_3.

---

52 Nutzen und Kosten können selbst rein symbolischer Natur sein. "Das Gesicht verlieren" ist beispielsweise ein gewichtiger Kostenfaktor. S. dazu Nozick 1993: 26ff.

53 Zur Rationalität bezüglich des Glaubens s. Nozick 1993: Kap.III. Zur Rolle der Rationalität beim Kommunizieren s. Itkonen 1983.

54 Die Prinzipien der sog. Rational Choice Theorie in Verbindung mit praktischen Schlüssen (einschließlich weiterführender Literatur) sind kurz und klar dargestellt in Meggle 1977: 415–428.

55 Wir verfolgen normalerweise mit einer Äußerung mehrere Ziele gleichzeitig. Zur Sprache als mixed-motive game s. Keller 1994: 124; cf. auch Gellner 1988/1993: 50

Die Annahme, daß Sprecher unter den ihnen zur Verfügung stehenden Alternativen eine rationale Wahl treffen, d.h. versuchen, den Erfolg ihrer kommunikativen Bemühungen zu optimieren, ist für eine Theorie des Sprachwandels sowie für die Erklärbarkeit des Sprachwandels sehr wichtig. Dies habe ich an anderer Stelle[56] eingehend dargestellt. Sie hat aber noch eine andere entscheidende Konsequenz. Sie setzt voraus, daß wir unsere Sprache als ihre eigene Metasprache verwenden können. Der Grund dafür ist folgender:

Rationalität setzt die Fähigkeit zu sprachlicher Repräsentation voraus. Diesen Gedanken hat David Gauthier in seinem Aufsatz "Morality, Rational Choice, and Semantic Representation" ausgeführt: "What distinguishes human beings from other animals, and provides the basis for rationality, is the capacity for semantic representation. You can, as your dog on the whole cannot, represent a state of affairs to yourself, and consider in particular whether or not it is the case, and whether or not you would want it to be the case. You can represent to yourself the contents of your beliefs, and your desires."[57] Wenn ich beschließe, für das Abendessen einkaufen zu gehen, habe ich verschiedene Optionen und verschiedene Kriterien: Geschmack, Gesundheit, Zubereitungsaufwand, Beschaffungsaufwand etc. Ich werde im allgemeinen die Kriterien in eine Prominenzhierarchie und die Optionen gemäß den Kriterien in eine Präferenzhierarchie bringen. Dazu muß ich in der Lage sein, mir die Kriterien und die möglichen Optionen reflektiv vor Augen zu führen. "We order our desires, in relation to decision and action, so that we may choose to maximize our expectation of desire-fulfillment. And in doing so, we show ourselves to be rational agents."[58] Unsere Optionen müssen uns sprachlich verfügbar sein, um uns reflektiv verfügbar zu sein. "And this reflection, arising also out of the capacity for semantic representation, is an essential dimension of practical rationality."[59]

Bevor wir diesen Gedanken auf das Problem der rationalen Wahl sprachlicher Mittel übertragen, will ich einen Gedanken von Derek Bickerton hinzufügen. Unsere Sprache ist, sagt Bickerton, ein "second-

---

56 Keller 1994
57 Gauthier 1988: 173f
58 Gauthier 1988: 174
59 Gauthier 1988: 174

ary representational system".[60] Man kann dies wie folgt erläutern: Damit ein Frosch in der Lage ist, nach einer Fliege zu schnappen, benötigt er ein Repräsentationssystem. Seine Hirnzellen reagieren auf schnelle Bewegungen kleiner runder Objekte, und diese sind unmittelbar gekoppelt mit dem Schnappreflex. "There is nothing more sophisticated than this inside the frog's brain."[61] Zum Vergleich betrachtet Bickerton eine Reaktion eines Menschen: "Suppose that we are alone in a house late at night and hear a sound that we do not immedeatly identify. Unless we are in an abnormally anxious state we will not immedeatly respond to it. Rather will we listen intently, and try to identify the sound if it is repeated. In human terms, this means that we will *try to provide a linguistic description* for the sound. Only when we have done this (called it *a creaking shutter, cat trying to get out, possible burglar*, or whatever) we will take the appropriate action."[62] Das heißt, die Wahl der angemessenen Handlung basiert nicht unmittelbar auf der Sinneswahrnehmung, dem primären Repräsentationssystem, sondern auf der mittels sprachlicher Beschreibung klassifizierten Sinneswahrnehmung, dem sekundären Repräsentationssystem. Auch diese These besagt: Die Fähigkeit zu rationaler Wahl ist gebunden an die Fähigkeit zu Klassifikation und Repräsentation mittels sprachlicher Zeichen. Oder einfacher gesagt: Rationalität setzt (aus praktischen Gründen) Sprache voraus, die sich zur Klassifikation und Repräsentation eignet.

Wenn wir diesen Gedanken auf die rationale Wahl sprachlicher Mittel übertragen, so heißt das: Die rationale Wahl sprachlicher Mittel, d.h. die Fähigkeit, unter den zur Verfügung stehenden sprachlichen Möglichkeiten nach Maßgabe der Umstände das subjektiv erfolgversprechendste Mittel auszuwählen und zu verwenden, setzt die Möglichkeit voraus, die sprachlichen Mittel sprachlich zu repräsentieren. Wie macht man das? Für nächtliche Geräusche haben wir, wie Bickerton sagt, "linguistic descriptions". Welches ist die Entsprechung für die Repräsentation sprachlicher Zeichen? Es ist ihre Erwähnung bzw. Zitation. Ein jedes Zeichen kann dazu benutzt werden, als Zeichen seiner selbst zu dienen. "Eines der charakteristischsten Merkmale natürlicher Sprachen (und dies unterscheidet sie wohl nicht nur von

---

60 Bickerton 1990: 103
61 Bickerton 1990: 28
62 Bickerton 1990: 28 (Hervorhebungen original)

den Signalsystemen, die von anderen Lebewesen gebraucht werden, sondern auch von dem, was normalerweise 'nicht-verbale Kommunikation' bei Menschen genannt wird [...]) ist ihre Fähigkeit, sich auf sich selbst zu beziehen oder sich selbst zu beschreiben. [...] Eine terminologische Unterscheidung, die für diesen Zweck vorgeschlagen wurde und die man jetzt in der Literatur ganz häufig findet, ist diejenige zwischen Gebrauch ('use') und Zitieren ('mention')."[63] In dem Satz *Fritz hat einen Ball* ist *Fritz* gebraucht, in dem Satz *'Fritz' hat fünf Buchstaben* ist *Fritz* zitiert oder erwähnt. Die Tatsache, daß jede natürliche Sprache als ihre eigene Metasprache verwendbar ist, ist somit nicht nur Bedingung der Möglichkeit, in der Sprache über sie zu reden, sondern sie ist zugleich die Bedingung der Möglichkeit desjenigen Wandels, der Folge optimaler Wahlhandlungen ist.

Kehren wir zurück zu den Fragen, mit denen wir dieses Kapitel begonnen haben: Wie kann ich sichergehen, daß du meine Sätze so interpretierst, wie ich sie meine? Wie kann ich sichergehen, daß ich deine Äußerungen in deinem Sinne verstanden habe? Ich habe versucht zu zeigen, daß das Verfahren wechselseitiger Einflußnahme, das wir Kommunikation nennen, von geradezu abenteuerlichen Schlußprozeduren Gebrauch macht, so daß es angemessener wäre, den Tenor der Frage umzudrehen: Was berechtigt mich zu der Hoffnung, daß du mich verstanden haben könntest? Eine korrekte Antwort darauf gibt Edmond Wright: "There is no guarantee other than the 'utterer's' and 'hearer's' common satisfaction over their mutual pragmatic success that they are taking their meanings in the same way."[64]

12   Arbitrarität versus Motiviertheit

"In der Sprache der Menschen [sind] alle Töne willkürlich articuliret."[65] Das wußte bereits Johann Peter Süßmilch im Jahre 1766. Aber Sprachen enthalten gemeinhin auch onomatopoetische, d.h. lautmalende Wörter. Das Wort *Kuckuck* ist ein Beispiel dafür. Man kann

---

63   Lyons 1977/1980: 19
64   Wright 1976: 519; s. auch Sperber und Wilson 1986a: 65
65   Süßmilch 1766: 15

daraus ein Spiel machen: Welches Tier ist es wohl, von dem Koreaner sagen, es mache *gäkol*? Es ist genau das Tier, von dem der Amerikaner sagen, es mache *ribbit*! Wir in Deutschland bilden uns ein, es mache *quak*. Was haben *quak*, *ribbit* und *gäkol* gemeinsam? Es wird für die Nachahmung des Geräuschs gehalten, das ein Frosch macht, wenn er quakt.[66] Die Wörter *Kuckuck* und *quaken* sind Symbole der deutschen Sprache. Symbole, so haben wir in Kapitel 10 festgestellt, sind arbiträr. Arbitrarität wird, wie wir gesehen haben, oft nachgerade zum Definiens der Symbole erhoben. Sind auch onomatopoetische Symbole arbiträr? Um dies entscheiden zu können, müssen wir den Begriff der Arbitrarität genauer unter die Lupe nehmen.

Das Problem der Arbitrarität wurde, wie wir im dritten Kapitel gesehen haben, erstmals von Platon im Kratylos-Dialog diskutiert. Die Frage, um die es ging, war: Gibt es eine natürliche Richtigkeit der Wörter in dem Sinne, daß jedes Ding "seine von Natur ihm zukommende richtige Benennung" habe, oder gibt es nur eine solche Richtigkeit der Wörter, "die sich auf Vertrag und Übereinkunft gründet"?[67] Anders ausgedrückt: Ist das Kriterium der Richtigkeit der Wörter das Wesen der bezeichneten Dinge oder die Konvention? Ein Ding hat, Platons Theorie gemäß, seine ihm von Natur aus zukommende richtige Benennung, wenn die Benennung dem Ding ähnlich ist bzw. das Wesen des Dings abbildet. Wenn wir nun davon ausgehen, daß *Kukkuck* ein Symbol ist und die Ähnlichkeitsbeziehung zwischen dem Wort und dem Ruf des durch das Wort bezeichneten Tiers hinreicht, um diesem Wort natürliche Richtigkeit zu bescheinigen, so folgt daraus, daß die von Platon aufgebaute Dichotomie keine exklusive ist. Ein Zeichen kann durchaus konventionell sein und zugleich die Bedingungen der "natürlichen Richtigkeit" erfüllen. *Kuckuck* ist *nomo* und *physei* zugleich! Jede andere Antwort wäre künstlich: Warum sollte auch eine Ähnlichkeitsbeziehung nicht konventionellerweise gültig sein dürfen?

Wer das bisher Gesagte akzeptiert, wird gezwungen sein, noch einen Schritt weiter zu gehen, obwohl dieser vielleicht nicht mehr so leicht fällt: Konventionelle Zeichen sind, wie noch zu zeigen sein wird,

---

66 Ein Koreaner äußerte mir gegenüber die Überzeugung, daß *gäkol* den Laut des Frosches eindeutig am besten treffe, während ich stets der Meinung war, Frösche machten "wirklich" *quak*.

67 Platon 383b-d

notwendigerweise arbiträr. Konventionelle Zeichen können mit dem Bezeichneten in einer Ähnlichkeitsbeziehung stehen. Das Zeichen *Kuckuck* ist arbiträr und ähnlich. Ähnlichkeit und Arbitrarität schließen sich somit nicht aus: "arbiträr" impliziert nicht "unähnlich".

Diese These ist keineswegs die übliche. Hockett verwendet den Ausdruck *arbiträr* in Kontrast zu *ikonisch*; und *Ikonizität* definiert er mit Ähnlichkeit.[68] Für Hockett schließen sich somit Arbitrarität und Ähnlichkeit aus.[69] Lyons schreibt in einem Abschnitt über Symbole: "Im Gegensatz hierzu [zu Wörtern wie 'Baum', 'tree' und 'arbre'(R.K.)] repräsentieren die Wörter 'Kuckuck' im Deutschen, 'cuckoo' im Englischen und 'coucou' im Französischen in ihrer gesprochenen Form in natürlicher Weise den charakteristischen Schrei der Art der Vögel, die sie bezeichnen. Was man traditionell als Onomatopoesie, wie sie hier gezeigt wird, betrachtet, ist eine universell anerkannte Ausnahme von der Allgemeingültigkeit des Saussureschen Prinzips der Arbitrarität des sprachlichen Zeichens."[70] Lyons wirft diesem Prinzip damit vor, übergeneralisierend zu sein. Was besagt es?

Bevor ich auf diese Frage näher eingehe, ist eine grundsätzliche Bemerkung angebracht. Saussures Schrift *Cours de linguistique générale* ist nicht von Saussure verfaßt. Sie stammt vielmehr aus der Feder von Charles Bally und Albert Sechehaye, die sich auf studentische Mitschriften der gleichnamigen Vorlesung de Saussures stützten, ohne freilich diese Vorlesungen selbst gehört zu haben. Dieses abenteuerliche Verfahren lädt zu Mißinterpretationen und versehentlichen oder willentlichen Verfälschungen geradezu ein. Wenn ich mich dennoch auf dieses Werk beziehe, wohl wissend, daß es nicht in jedem Falle die Gedanken de Saussures wiedergibt, so hat dies folgenden Grund: Es waren nicht de Saussures "authentische" Ansichten, sondern es war genau dieses Werk, das das Denken unserer Zeit über das sprachliche Zeichen nachhaltig geprägt hat. Und diesem Denken gilt meine Kritik. Ich verwende also das Wort *Saussure* nicht als Name einer Person, sondern als Name für den *Cours de linguistique générale*.[71]

---

68 Hockett 1958: 577
69 s. auch das Stichwort *Arbitrarität* in Glück 1993
70 Lyons 1977/1980: 114
71 Um die Rekonstruktion der als "authentische" bezeichneten Gedanken de Saussures hat sich vor allem Ludwig Jäger bemüht. Einen guten Einblick bieten Wunderli 1992 sowie Jäger 1976.

Saussure äußert sich zu seinem, wie es in der deutschen Übersetzung heißt, Grundsatz der Beliebigkeit[72] des Zeichens sehr zurückhaltend:

"Das Band, welches das Bezeichnete mit der Bezeichnung verknüpft, ist beliebig; und da wir unter Zeichen das durch die assoziative Verbindung einer Bezeichnung mit einem Bezeichneten erzeugte Ganze verstehen, so können wir dafür auch einfacher sagen: das sprachliche Zeichen ist beliebig."[73] Dies ist gleichsam der *locus classicus*, in dem de Saussure den Terminus der Arbitrarität bzw. in der deutschen Übersetzung den der Beliebigkeit einführt. Erläutert oder gar definiert ist er damit noch nicht. Erläuternde Bemerkungen finden sich verstreut an mehreren Stellen des Buches; betrachten wir sie in einer Synopse:

"So ist die Vorstellung 'Schwester' durch keinerlei innere Beziehung mit der Lautfolge *Schwester* verbunden." (S.79)
"Der Grundsatz der Beliebigkeit wird von niemand bestritten." (S.79)
"Das Wort 'beliebig' [...] soll besagen, daß es unmotiviert ist, d.h. beliebig im Verhältnis zum Bezeichneten, mit welchem es in Wirklichkeit keinerlei natürliche Zusammengehörigkeit hat." (S. 80)
"Die Wahl, welche irgendeinen Abschnitt der Lautmasse irgendeiner Vorstellung entsprechen läßt, ist völlig beliebig." (S. 134)
"[...] die Verbindung von Vorstellung und Laut [ist] ganz und gar beliebig." (S.135)
"Der Grundsatz der Beliebigkeit des Zeichens gestattet doch, in jeder Sprache das völlig Beliebige, d.h. das Unmotivierte, von dem nur relativ Beliebigen zu unterscheiden. Nur ein Teil der Zeichen ist völlig beliebig. [...] Das Zeichen kann relativ motiviert sein. So ist *elf* unmotiviert, aber *drei-zehn* ist es nicht im selben Grade, weil es an die Glieder denken läßt, aus denen es zusammengesetzt ist." (S.156)

Saussures Charakterisierungen der Arbitrarität sind im wesentlichen negativer Natur: Von einem Zeichen zu sagen, es sei arbiträr, heißt zu sagen, (i) es sei nicht motiviert, (ii) die Wahl des *signifiant* für ein *signifié* sei beliebig, (iii) es bestehe keinerlei innere Beziehung zwischen *signifiant* und *signifié*, (iv) es bestehe keinerlei natürliche Beziehung zwischen *signifiant* und *signifié*, und (v) es gebe eine Art sekundärer Motiviertheit. Schließlich legt de Saussure die Auffassung nahe, die

---

72 Ich ziehe, wo nicht unmittelbar auf die deutsche Übersetzung des "*Cours*" Bezug genommen wird, den Ausdruck *arbiträr* dem Ausdruck *beliebig* vor.
73 de Saussure 1916/1967: 79

Beliebigkeit des Zeichens sei damit begründet, daß "jedes in einer Gesellschaft rezipierte Ausdrucksmittel im Grunde auf einer Kollektiv-gewohnheit, oder, was auf dasselbe hinauskommt, auf der Konvention [beruht]".[74]

Negative Charakterisierungen sind naturgemäß nicht sehr aus-sagekräftig. Es wäre interessanter zu erfahren, worin Arbitrarität besteht, als zu erfahren, worin sie nicht besteht. Aber abgesehen von diesem Defizit ist de Saussures Charakterisierung zusammengenom-men widersprüchlich: Wenn ein arbiträres Zeichen per definitionem ein unmotiviertes Zeichen sein soll, so kann die Wahl eines *signifiant* für ein *signifié* nicht "völlig beliebig" sein. Denn die Wahl eines moti-vierten Ausdrucks soll ja ausgeschlossen sein. Ebenso ist die These, daß ein Zeichen arbiträr ist, insofern es konventionell ist, unverträglich mit der These, daß *arbiträr* 'unmotiviert' heißt. Denn nichts hindert eine Sprachgemeinschaft daran, den Gebrauch eines motivierten Zei-chens zur Konvention zu machen. *Kuckuck* ist motiviert und konven-tionell, also nicht arbiträr nach dem einen Kriterium und arbiträr nach dem anderen. Es ist möglicherweise diese Inkonsistenz, die de Saussu-re dazu bewogen hat, auch den eindeutig motivierten Zeichen auf etwas halbherzige Weise Arbitrarität zuzuschreiben: "Was die eigentli-chen Onomatopoetika betrifft (von der Art wie *glou-glou* 'Gluckgluck, Geräusch beim Einschenken', *Tick-tack*), so sind diese nicht nur gering an Zahl, sondern es ist auch bei ihnen die Prägung schon in einem gewissen Grad beliebig, da sie nur die annähernde und bereits halb konventionelle Nachahmung gewisser Laute sind (vgl. franz. *ouaoua* und deutsch *wau wau*)."[75] Bezeichnenderweise bemüht Saussure hier wieder das für diese Argumentation günstigere Konventionalitäts-kriterium und nicht das Motiviertheitskriterium, denn nur dieses erlaubt es ihm, die Arbitraritätsthese mit der offensichtlichen Moti-viertheit dieser Onomatopoetika einigermaßen in Einklang zu bringen.

Was de Saussure zur relativen Beliebigkeit sagt, entspricht in etwa der Theorie Platons über die "natürliche Richtigkeit" der "abgeleiteten Wörter". Transparente Wortbildungen sind "relativ motiviert", inso-fern ihre Bedeutung kompositionell ist. Das heißt, die Gesamtbedeu-tung kann aus der Bedeutung der einzelnen Komponenten konstruiert

---

74 de Saussure 1916/1967: 80
75 de Saussure 1916/1967: 81

werden.[76] Die Bedeutung der Zeichenverbindung *vierzehn* ergibt sich aus der Verbindung der Zeichen *vier* und *zehn*. Die Bedeutung der Verbindung ist eine Verbindung der Bedeutungen: Hier liegt also ein Homomorphismus vor, den Platon im Gegensatz zu de Saussure bis zur Ebene der Phoneme annimmt. Volker Beeh hat versucht, den Saussureschen Begriff der Arbitrarität im Sinne von Unmotiviertheit mit Hilfe des Begriffs des Homomorphismus und dem der Komplexität der Bedeutungsbeschreibung eines Vokabulars klar und sauber zu rekonstruieren: "A vocabulary V is arbitrary if, and only if, there is no description of V of lower complexity than V itself."[77] In jedem Falle, in dem für einige Ausdrücke eines Vokabulars die Bedeutung dieser Ausdrücke aus den Bedeutungen ihrer Teile hergeleitet werden kann, wird die Beschreibung des gesamten Vokabulars weniger komplex. Denn Kompositionalität ermöglicht Reduktion. Mit anderen Worten: In Beehs Sinne ist ein Vokabular genau dann arbiträr, wenn es keine Bedeutungsbeschreibung der Gesamtheit der Zeichen des Vokabulars gibt, die ökonomischer ist als die Aufzählung. Beehs Rekonstruktion ist eine angemessene Rekonstruktion des Saussureschen Begriffs der Arbitrarität, verstanden im Sinne von Unmotiviertheit; aber auch nur insofern, als die Unmotiviertheit durch Nicht-Kompositionalität der Bedeutung der Zeichen begründet ist. Nicht erfaßt ist mit diesem Ansatz der Begriff der Arbitrarität im Sinne der Freiheit der Wahl des Ausdrucks (und, was im *Cours* verschwiegen wird, der Bedeutung[78]). Diesen Aspekten wollen wir uns nun zuwenden.

Erinnern wir uns an das, was ich im dritten Kapitel den instrumentalistischen Fehlschluß genannt habe. Er lautet kurz gefaßt: Wörter sind Werkzeuge; die spezifische Beschaffenheit eines Werkzeugs wird von dem Zweck diktiert, den es zu erfüllen hat. Folglich kann die Beschaffenheit eines Wortes nicht beliebig sein. Betrachten wir diesen Fehlschluß detaillierter.

Sprachliche Zeichen sind Werkzeuge, die unter bestimmten Umständen zu bestimmten Zwecken geeignet sind. Ihre Bedeutung kennen heißt wissen, zu welchen Zwecken sie unter welchen Umständen geeignet sind. Die Bedeutung des Zeichens *auf Wiedersehen* besteht

---

76   Dies gilt natürlich für jedes Syntagma. Cf. Kapitel 17.

77   Beeh 1980: 9

78   Hier liegt offensichtlich eine simplifizierende Verfälschung der Saussureschen Auffassung durch die Autoren des *Cours* vor; s. Jäger 1976: 236f.

beispielsweise (zum Teil) darin, dazu geeignet zu sein, sich zu ver-
abschieden. Ein Mittel kann zu einem bestimmten Zweck mehr oder
weniger gut geeignet sein. Zu wissen, daß ein sprachliches Zeichen
Bedeutung hat, heißt zu wissen, daß sein Gebrauch im Hinblick auf
Verwendungszweck und Verwendungssituation geregelt ist.

Nun könnte man denken: Ein Ausdruck *A* ist zur Realisierung
einer Intention *I* genau dann geeignet, wenn *A* bestimmte Eigenschaften hat, die ihn geeignet machen. Der Ausdruck *auf Wiedersehen*
beispielsweise ist genau dann geeignet, als Abschiedsgruß verwendet
zu werden, wenn er die entsprechende Bedeutung hat. Dies zu denken, wäre ein großer Irrtum. Es gibt keine Eigenschaften, die das
Zeichen (im hier relevanten Sinne) geeignet machen. Geeignet zu sein,
ist bereits die entscheidende Eigenschaft. "Dahinter" gibt es nichts!
Die hier vertretene Theorie besagt nicht: Aus der Bedeutung eines
sprachlichen Zeichens folgt sein Gebrauch. Sie besagt vielmehr: Die
Bedeutung eines sprachlichen Zeichens *ist* sein Gebrauch. Die Antwort auf die Frage "Warum wird ein Ausdruck so gebraucht, wie er
gebraucht wird?" lautet: Es ist halt so. Was den Ausdruck *A* heute für
mich geeignet macht, ist die Tatsache, daß er sich bisher als geeignet
erwies; daß er sich bisher für mich – und für andere, soweit mir bekannt ist – bewährt hat. Meine Individualkompetenz besteht aus
Hypothesen über die Geeignetheit von Mitteln; Hypothesen, die ich
ständig teste, modifiziere und auf den neusten Stand bringe.[79] Da die
Bedeutung eines sprachlichen Zeichens in nichts anderem besteht als
darin, zur Realisierung bestimmter Intentionen in bestimmten Situationen geeignet zu sein, lassen sich Bedeutungen nur dadurch angeben,
daß gesagt wird, wozu Ausdrücke in welchen Situationen geeignet
sind. Das aber heißt die Regel des Gebrauchs formulieren.

Sprachliche Zeichen sind in vielerlei Hinsicht mit Werkzeugen
vergleichbar, aber nicht in jeder Hinsicht. Wählen wir als Beispiel einen
Stock: Stöcke eignen sich zum Prügeln. Prügeln ist etwas Intentionales. Stöcke selbst sind nicht intentional. Bis hierher ist der Vergleich
mit sprachlichen Zeichen in Ordnung. Nun aber wird es problema-
tisch: Ein Stock eignet sich zum Prügeln, weil er aus Holz ist, eine
bestimmte Größe und Stärke hat, eine bestimmte Elastizität usw. Es
ist ihre Beschaffenheit, die Werkzeuge zu ihrem Zweck geeignet
macht. Die Beschaffenheit macht das Werkzeug dazu geeignet, be-

---

79 cf. Keller 1994: Kap. 6.1

stimmte Intentionen zu realisieren. Ein sprachliches Symbol hingegen eignet sich zur Realisierung einer bestimmten Intention ausschließlich deshalb, weil es üblich ist, es zur Realisierung dieser Intention zu verwenden. Von einem sprachlichen Zeichen zu sagen, es sei arbiträr, heißt zu sagen, daß seine Eignung nicht in seiner Beschaffenheit begründet ist.

Diese Charakterisierung folgt dem Saussureschen Vorbild insofern, als auch sie nichts als negativ ist. Worin ist denn die Geeignetheit positiv begründet? Die Antwort lautet: in ihrer Konventionalität. Konventionalität und Arbitrarität sind nicht dasselbe. Aber es besteht ein inhärenter Zusammenhang insofern, als Konventionalität Arbitrarität impliziert. Eine Verhaltensweise würden wir nicht konventionell nennen, wenn sie nicht arbiträr wäre. Das hat David Lewis gezeigt. Bevor ich Lewis' Theorie der Konvention kurz darstelle, will ich diesen Zusammenhang an einem Beispiel plausibel machen: Stellen wir uns vor, in einem afrikanischen Dorf gibt es zwei Brunnen, von denen die Bewohner Wasser holen können. Die Leute holen ihr Wasser jedoch stets nur von einem der beiden Brunnen. Ein Beobachter könnte die Hypothese aufstellen, daß diese Verhaltensweise konventionell begründet ist. Wenn sich jedoch herausstellen würde, daß der eine Brunnen schlechteres Wasser führt als der andere oder daß er beschwerlicher zu erreichen ist, würde ein kluger Beobachter die Konventionalitätshypothese wieder verwerfen. Denn es bedarf keiner Konvention, von zwei Möglichkeiten die bessere zu wählen. Wären jedoch beide Brunnen im Prinzip in gleicher Weise geeignet, böte sich die Konventionalitätshypothese geradezu an. Denn dann würde von dem genutzten Brunnen genau das gelten, was wir von sprachlichen Zeichen gesagt haben: Seine Eignung ist nicht durch seine Beschaffenheit begründet.

Was ist nun eine Konvention? Ich will versuchen, David Lewis' Antwort zusammenzufassen. Konventionen sind, ganz allgemein gesagt, Lösungen von Koordinationsproblemen.[80] Ein typisches und sehr einfaches Koordinationsproblem ist beispielsweise, sich mit jemandem treffen zu wollen. Damit sich zwei Menschen treffen, müssen sie zur gleichen Zeit an etwa dem gleichen Ort sein. Haben sie sich getroffen, so ist ein koordinatives Gleichgewicht[81] hergestellt. Eine Konvention ist eine Strategie, koordinative Gleichgewichte herzustel-

---

80 Lewis 1969/1975: Kap.1
81 Zur Definition von *koordinatives Gleichgewicht* s. Lewis 1969/1975: 14

len. Sich explizit zu verabreden, ist eine andere Strategie. (Vielleicht ist es der Tatsache, daß beide Strategien unter Umständen zum selben Ergebnis führen können, zu verdanken, daß Konventionen im Volksmund oft "stillschweigende Verabredungen" genannt werden.) Wie können sich zwei Menschen treffen, ohne sich zu verabreden? Es gibt, bei Abwesenheit etablierter Konventionen, zwei Möglichkeiten: entweder durch Zufall oder durch den Versuch zu antizipieren, wo der jeweils andere wohl hingehen wird. Nehmen wir an, ein Mann und eine Frau sehen sich an einem Dienstag Nachmittag gegen vier Uhr in einem Café. Später bedauert der Mann, daß er es versäumt hat, mit der Frau Kontakt aufzunehmen, und beschließt zu versuchen, sie wiederzusehen. Was kann er tun? Er könnte nach New York fliegen, denn dort gibt es viele Menschen, und vielleicht ist sie dabei. Sie auf diese Weise wiederzutreffen, ist logisch nicht ausgeschlossen, aber äußerst unwahrscheinlich. Die Wahl dieser Handlungsweise wäre nicht rational. Da er nichts über die Frau weiß als die Tatsache, daß sie sich zu jener Zeit in jenem Café aufhielt, gibt es keine rationalere Strategie, als zu gleichen Zeit wieder in dieses Café zu gehen. Wenn wir annehmen, das oben erwähnte Bedauern sei beiderseitig gewesen, so stehen die Chancen nicht schlecht, daß die beiden sich am nächsten Tag gegen vier Uhr in jenem Café wiedersehen werden. Die Strategie eines jeden einzelnen ist: Ich gehe an den Ort, von dem ich erwarte, daß du ihn aufsuchst. Jeder einzelne richtet seine Handlung nach seiner Erwartung der Handlungswahl des anderen. Dies ist die einzige Möglichkeit, das koordinative Gleichgewicht mit höherer Wahrscheinlichkeit als dem Zufall zu erreichen. Kommunizieren ist ebenfalls ein Koordinationsproblem, und die Verständigung ist das angestrebte koordinative Gleichgewicht. Die analoge Strategie, ein kommunikatives Koordinationsproblem zu lösen, ist die: Ich wähle dir gegenüber die sprachlichen Mittel, von denen ich erwarte, daß du sie wählen würdest, wenn du an meiner Statt wärst. An anderer Stelle habe ich diese Strategie die "Humboldt-Maxime" genannt.[82] Auf diese Weise kann "ein System übereinstimmender gegenseitiger Erwartungen"[83] entstehen. Eine bestimmte Handlungsweise ist geeignet, das gewünschte koordinative Gleichgewicht herzustellen, wenn es ein solches System von wechselseitig aufeinander bezogenen Erwartungen gibt.

---

82 Keller 1994: 136
83 Lewis 1969/1975: 24

Nach dieser etwas langen Vorrede ist der Weg geebnet, die Lewis-sche Definition von *Konvention* vorzustellen:

> Eine Verhaltensregularität R von Mitgliedern einer Gruppe G, die an einer wiederholt auftretenden Situation S beteiligt sind, ist genau dann eine *Konvention*, wenn es wahr ist und wenn es in G zum gemeinsamen Wissen gehört, daß bei jedem Auftreten von S unter Mitgliedern von G
> (1) jeder R folgt;
> (2) jeder von jedem erwartet, daß er R folgt;
> (3) jeder hinsichtlich aller möglichen Handlungskombinationen annähernd dieselben Präferenzen hat;
> (4) jeder es vorzieht, daß jeder Beteiligte R folgt, sofern auch die übrigen R folgen;
> (5) jeder es vorziehen würde, daß jeder Beteiligte R' folgt, sofern auch die übrigen R' folgten,
> wobei R' eine andere mögliche Verhaltensregularität der Mitglieder von G in S ist, derart, daß die Beteiligten in keinem einzigen Fall von S unter Mitgliedern von G zugleich R' und R folgen könnten.[84]

Vereinfacht und umgangssprachlich reformuliert heißt das: Gleichartige Verhaltensweisen von Mitgliedern einer Gruppe nennt man "konventionell", wenn für jeden einzelnen der einzige Grund, ebendiese Verhaltensweise zu wählen, der ist, daß er denkt, daß die andern das gleiche tun. Mein Grund, rechts zu fahren, ist ausschließlich meine Erwartung, daß die andern ebenfalls rechts fahren. Würde ich erwarten, daß die andern links fahren, so würde ich links fahren.

Die Bedingung (5) in Lewis' Definition stellt die Arbitraritätsbedingung dar: Es muß eine andere gleichgute Möglichkeit geben, das gewünschte Ziel zu erreichen. Gäbe es aus logischen oder faktischen Gründen genau eine Handlungsmöglichkeit, so würde man das Handeln nicht "Konvention" nennen. Daß die meisten Menschen zum Werfen die rechte Hand benutzen, ist genau deshalb nicht konventionell, weil sie es mit der linken nicht genausogut könnten. "Das ist der Grund, weshalb es redundant ist, von einer willkürlichen Konvention zu sprechen. Jede Konvention ist willkürlich, weil es eine alternative Regularität gibt, die an ihrer Stelle unsere Konvention hätte sein können."[85] Einen ähnlichen Gedanken äußerte bereits vor 200 Jahren

---

84 Lewis 1969/1975: 77; dies ist eine der vorläufigen Definitionen, die sich jedoch von der endgültigen Definition (S. 79f.) nicht wesentlich unterscheidet. Die vorläufige Definition habe ich ihrer größeren Übersichtlichkeit wegen gewählt.

85 Lewis 1969/1975: 71

Johann Christoph Adelung. Er stellte fest, daß "in einer Sprache nichts
vorhanden ist, wovon nicht auch das Gegentheil Statt finden könnte".[86]

Wir sehen also, die Bedeutung sprachlicher Zeichen ist, wenn die
Zeichen konventionell sind, notwendigerweise arbiträr. Da aber nicht
nur die Bedeutung eines Symbols eine konventionelle Regel ist, sondern auch der Ausdruck, kann man sagen, daß das gesamte Symbol
arbiträr ist. Der Satz "Ein konventionelles Zeichen ist arbiträr" ist
analytisch wahr. Die Arbitrarität des Symbols ist nur ein Spezialfall der
Arbitrarität alles Konventionellen. Nun sind aber nicht alle Symbole im
Lewisschen Sinne des Wortes konventioneller Natur. Einige sind *ad
hoc*-Schöpfungen, durch Definition mit Gebrauchsregeln versehen.
Sind auch sie arbiträr? Auch für definitorisch Geregeltes gilt: Gäbe es
nur eine logisch oder faktisch mögliche Regelungsweise, so bedürfte
es keiner. Wir können also nochmals verallgemeinern und sagen:
Symbole sind arbiträr, insofern ihr Ausdruck und ihr Gebrauch regel-
geleitet ist. Die Arbitrarität des Konventionellen ist ein Spezialfall der
Konventionalität des Regelgeleiteten.

Als bisheriges Fazit können wir festhalten: Alle Symbole sind
arbiträr, insofern sie konventioneller Natur sind, und einige davon sind
motiviert. Die Frage der Konventionalität eines Zeichens ist unabhängig von der Frage seiner Motiviertheit oder Unmotiviertheit. Konventionen sind arbiträr in dem Sinne, daß die logische Möglichkeit einer
gleichguten alternativen Regelungsweise notwendigerweise gegeben
sein muß. Wenn wir, wie es üblich ist, Unmotiviertheit ebenfalls
"Arbitrarität" nennen, begehen wir eine Äquivokation. Wir werden
deshalb von nun an die Wörter *arbiträr* und *unmotiviert* säuberlich
auseinanderhalten, was uns die Möglichkeit gibt, von motivierten
arbiträren Zeichen (*Kuckuck*) und unmotivierten arbiträren Zeichen
(*Gauch*)[87] zu reden.

Wie kann es zu einer solchen Verbreitung einer Äquivokation
kommen? Es gibt einen gewissen diachronen Zusammenhang zwischen Konventionalität und Unmotiviertheit auf der einen Seite und
zwischen Motiviertheit (oder semantischer Transparenz) und Nicht-
Konventionalität auf der anderen Seite. Wenn eine ausschließlich

---

86 Adelung 1782/1971: I,113
87 *Gauch* ist die ältere Bezeichnung für den Kuckuck. Auch *Gauch* war ursprünglich
    motiviert. S. Kap. 13

synchrone Perspektive eingenommen wird, bleibt dieser Zusammenhang allerdings verborgen. Er besteht aus zwei Teilaspekten:

1. Kommunikationsversuche mit nicht-konventionalisierten Mitteln können nur gelingen, wenn der intendierte Sinn in irgendeiner Weise aus dem wahrnehmbaren Aspekt der Kommunikationshandlung erschlossen werden kann. Das heißt, das eingesetzte Mittel sollte semantisch transparent sein. Die prominenteste Form semantischer Transparenz ist die primäre oder sekundäre Motiviertheit.

2. Der Prozeß der Konventionalisierung eines zum Zwecke der Kommunikation eingesetzten Mittels ist nahezu immer begleitet von einem Prozeß der Demotivierung.

Der erste Aspekt wurde im wesentlichen von Edmond Wright thematisiert: "One question de Saussure does not seem to have asked himself is how a sign *not* already dependent on an existing language could come to be made. If signs can only be made within languages, one wonders how our ancestors ever began."[88] Was de Saussure über Zeichen, Werte und Arbitrarität sagt, sagt er über Zeichen einer etablierten Sprache. Wenn wir die Perspektive der Genese miteinbeziehen wollen, so gilt, "we cannot [...] take *la langue* for granted".[89] Wir müssen uns vielmehr die Frage stellen, "how comes it about that a neutral sensory element (seen, heard, felt, or other – for other beings most probably have other sensory modes) is endowed with meaning by an agent? – or, better, how does he come to mean it? [...] How does he become a meaner with a sign he makes himself?"[90]

Zwei Bedingungen müssen erfüllt sein:

"First, there must be *an intentional context*: the agent must be desirious of something. He must also desire to influence another agent [...] in order to further that desire."[91] [Zweitens:] "Our speaker is to use a neutral sensory element; he has 'to utter' it. It may be a sign he makes with his body; it may be a manipulation of objects around him [...]. The originality of the meaner is to select a neutral sensory element [...] that will indicate what is to be done. And it is precisely at this stage that its neutrality disappears. The 'utterer's' meaning must, through some kind of

---

88 Wright 1976: 512
89 Wright 1976: 514
90 Wright 1976: 514
91 Wright 1976: 514

association which the 'hearer' can recognize, be indicated in that very
sensory element. [...] If de Saussure were right, and transparency were
not logically necessary to the transmission of meaning, our presumed
first user of a new sign could never use it to communicate at all! His
selection cannot be arbitrary in that sense. If there were no transparency
whatsoever in the newly made sign, the communication could not take
place. It would be non-sense."[92]

Edmond Wright macht deutlich, daß Kommunikationsversuche mit
nicht bzw. noch nicht konventionalisierten Mitteln nur nach dem
ikonischen Verfahren durchgeführt werden können, wenn sie Aussicht
auf Erfolg anstreben. Das ikonische Verfahren bedingt den Einsatz
semantisch transparenter Mittel. Ikone sind notwendigerweise motiviert. Betrachten wir nun den zweiten Aspekt.

Ikone werden unter bestimmten Bedingungen zu Symbolen. Den
Prozeß einer solchen Zeichenmetamorphose werde ich im nächsten
Kapitel eingehend darstellen. An dieser Stelle sei er lediglich angedeutet: Der Wandel vom Ikon zum Symbol besteht darin, daß der assoziative Schluß durch einen regelbasierten Schluß abgelöst wird. Im Zuge
dieses Prozesses verliert der Aspekt der Transparenz des (ehemaligen)
Ikons, der als Assoziationsimpuls diente, an Relevanz. Wenn die ikonisch dargestellten Zahlen *I*, *II* und *III* von routinierten Schreibern
immer wieder geschrieben werden, so entstehen nahezu mit Sicherheit
die gebundenen Formen, wie sie heute in der arabischen Schrift geschrieben werden: ١, ٢, ٣. Der geübte Schreiber wird, um diese Ziffern deuten zu können, sich nicht mehr des ikonischen Verfahrens der
Assoziation von der Anzahl der senkrechten Striche auf die gemeinte
Zahl bedienen müssen. Er weiß per Regel, daß mit dem Zeichen ٢ die
Zahl Zwei gemeint ist. Da es auf die Ikonizität nicht mehr ankam,
behinderte es auch nicht das Verständnis, wenn die lateinisch schrei-
benden Europäer die arabischen Ziffern für zwei und drei, damit sie
leichter von links nach rechts geschrieben werden konnten, um 90°
nach links kippten. So wurden aus den motivierten Ikonen *II* und *III*
die konventionellen demotivierten Symbole 2 und 3.

Aus der Tatsache, daß Ikone notwendigerweise motiviert sein
müssen, folgt nicht, daß Symbole notwendigerweise unmotiviert sein
müssen. Zu dieser Folgerung fühlt sich der gedrängt, der Ikonizität
definitorisch mit Motiviertheit gleichsetzt. Demotivierung ist eine

---

92 Wright 1976: 515

natürliche Begleiterscheinung des Prozesses der Konventionalisierung. Aber sie ist weder notwendig, noch muß sie zu einem gegebenen Sprachzustand abgeschlossen sein. Deshalb wird in jeder natürlichen Sprache zu jeder Zeit damit zu rechnen sein, daß motivierte arbiträre Zeichen Teil des Wortschatzes sind, wenn auch "nur gering an Zahl".[93]

---

93   de Saussure 1916/1967: 81

TEIL IV

Zeichenmetamorphosen

13 Ikonifizierung und Symbolifizierung

Neue sprachliche Zeichen benötigen irgendeine Art von Transparenz, um überhaupt interpretierbar zu sein. Am Anfang war das Wort; aber es kann nicht unmotiviert gewesen sein. Es gibt mehrere Möglichkeiten, transparent zu kommunizieren. In diesem Kapitel will ich zeigen, wie Symbole entstehen können. Meine Strategie wird sein, bei den Symptomen zu beginnen und schrittweise zu zeigen, wie Übergänge von Symptomen zu Ikonen und von Ikonen zu Symbolen zustande kommen können.

Ikonifizierung von Symptomen

Symptome stellen die primitivste Form der Zeichen dar. Symptome werden nicht *be*nutzt, sie werden lediglich *ge*nutzt. Erst ihre aktuelle Nutzung[1] macht sie zu Symptomen. Blutwerte, sich bewegende Grashalme oder Gähnen sind Beispiele für mögliche Symptome. Blutwerte kann ein Arzt als Symptom einer Krankheit (oder auch von Gesundheit) interpretieren, sich bewegende Grashalme können als Symptom von Wind interpretiert werden, und Gähnen als Symptom von Müdigkeit. Die Fähigkeit, Dinge und Ereignisse als Symptome zu nutzen, ist nicht auf Menschen beschränkt. In Spanien kann man meiner Erfahrung nach kläffende Hunde dadurch vertreiben, daß man sich bückt und so zur Erde greift, als wolle man einen Stein aufheben. Spanische Hunde interpretieren diese Bewegung offenbar als den Beginn des Steinewerfens und fliehen. Eine solche interpretatorische Fähigkeit spielt auch in der Evolution der Tierkommunikation eine bedeutende Rolle, wie Robert Brandon und Norbert Hornstein[2] berichten. Zeichen

---

1 cf. Kap. 10
2 Brandon und Hornstein 1986

der Tierkommunikation entstehen vielfach durch sogenannte Rituali-
sierungen. Der Prozeß der Ritualisierung beginnt damit, daß "one
organism interprets the action, or some part thereof, of another as a
sign of that action. [...] Typically, the relevant part of the behavioral
sequence will be an *initial* part and inference will be a prediction of the
subsequent behavior."[3] So nutzen Vögel, die in Schwärmen fliegen,
das typische Verhalten unmittelbar vor dem Abflug vielfach als Startzeichen. Auch im menschlichen nonverbalen Verhalten spielen Rituali-
sierungen eine Rolle: Das angedeutete "Ausholen" mit der Hand zu
einem Schlag wird genutzt als Drohgebärde. Der Interpret schließt
vom Teil aufs Ganze. Dieses Verfahren hatten wir das symptomische
Verfahren genannt. Allerdings ist diese Drohgebärde ebenso wie die
oben genannte Methode des Hunde-Verscheuchens kein reines
symptomisches Verfahren mehr. Denn Symptome werden, wie gesagt,
nicht benutzt; sie sind einfach "da" und werden interpretiert. Die
Geste des Steine-Aufhebens und die des Ausholens zu einem Schlag
hingegen werden willentlich eingesetzt in der Absicht, eine bestimmte
Interpretation zu stimulieren. Gegenstand der Interpretation ist nicht
wirklich der Beginn der Handlung des Steine-Aufhebens oder der des
Zuschlagens, sondern die Simulation des Beginns der Handlung des
Steine-Aufhebens bzw. der des Zuschlagens. Für das erste Stadium der
Ritualisierung gilt die Feststellung von Brandon und Hornstein: "At
this stage, the change from behavior to sign takes place purely on the
receptor side."[4] Lassen wir die spanischen Hunde beiseite; für sie spielt
der Unterschied zwischen echtem und simuliertem Steine-Aufheben
keine Rolle. Würden sie die Simulation durchschauen, so würden sie
sich, wie ich sie kenne, mit Sicherheit nicht wunschgemäß verhalten.
Anders ist es im Rahmen menschlicher Kommunikation. Die Drohgebärde des "beginnenden Zuschlagens" wird auch dann als Drohgebärde interpretiert, wenn sie als Simulation des beginnenden Zuschlagens erkannt wird. Dieser Unterschied ist bedeutend.

Was wir hier vor uns haben, ist der erste Schritt von der Fähigkeit
zu interpretieren hin zur Fähigkeit, Interpretation stimulierend zu
erzeugen. Menschen werden durch ihr Wissen um die Fähigkeit ihrer
Artgenossen, Symptome zu interpretieren, gleichsam dazu verleitet,
Symptome willentlich zu imitieren, und zwar mit der Absicht, daß die

---

3   Brandon und Hornstein 1986: 172
4   Brandon und Hornstein 1986: 172

Imitation vom Adressaten als Imitation erkannt und mittels des symptomischen Verfahrens interpretiert wird. Die Interpretationsfähigkeit wird ausgebeutet zum Zwecke der Kommunikation.

Betrachten wir ein alltägliches Beispiel: Wenn ich meiner Begleiterin während eines Vortrags lautlos zu verstehen geben möchte, daß ich ihn todlangweilig finde, so kann ich dies tun, indem ich ihr zugewandt etwas übertrieben Gähnen simuliere. Eine leichte Verfremdung ist dabei notwendig, damit sichergestellt ist, daß mein Gähnen nicht als echtes Gähnen interpretiert wird. Simuliertes Gähnen sollte das hinreichende Maß an Ausgefallenheit[5] haben, das den Adressaten dazu bewegt, dies als Kommunikationsversuch zu werten und eine geeignete Interpretation zu suchen. Die Simulation des Gähnens muß somit zwei Bedingungen erfüllen:

(i) Sie muß als Simulation des *Gähnens* erkennbar sein.
(ii) Sie muß als *Simulation* des Gähnens erkennbar sein.[6]

Durch die Simulation wird das Symptom zum Ikon. Es wird ikonifiziert, und zwar aus folgenden Gründen: Echtes Gähnen kann Symptom von Sauerstoffmangel sein. Simuliertes Gähnen kann unter keinen Umständen Symptom von Sauerstoffmangel sein. Nur echte Symptome sind Symptome. Imitierte Symptome sind Symptomen ähnlich und sind somit Ikone von Symptomen. Der Adressat ikonifizierter Symptome muß zwei hintereinandergeschaltete Interpretationsverfahren bemühen. Er interpretiert das Gähnen wegen der Ähnlichkeit mit echtem Gähnen sowie der Verfremdung als ein Ikon des Gähnens, und dieses wiederum interpretiert er auf der Basis seiner Kenntnis des Kausalzusammenhangs von Langeweile, Müdigkeit und Gähnen als ein Ikon des Symptoms für Langeweile.

Auch hier sind die Parallelen zu Prozessen der Evolution von Zeichen der Tierkommunikation unübersehbar. So ist beispielsweise das Verhalten, das Tauben als "Startzeichen" dient, "exaggerated beyond what is phylogenetically necessary for flight and beyond what, presumably, was once the preflight pattern".[7] Es ist typisch für die zweite

---

5   Zur Funktion von Ausgefallenheit beim Prozeß der Entstehung von Konventionen s. Lewis 1969/1975: 36, 39
6   Dieser "Trick" spielte auch in der Geschichte des Affenmenschen Karlheinz eine wichtige Rolle. S. Keller 1994: 49.
7   Brandon und Hornstein 1986: 173

Stufe des Prozesses der Ritualisierung, "that certain features of behavior which function as the (perceptionally iconic) sign are exaggerated, stylized, and articulated. [...] The function of such exaggeration is to make it less likely that the sign will be missed or misunderstood."[8] Übertreibung sorgt für das Maß an Ausgefallenheit, das notwendig ist, damit der Adressat das Zeichen als Ikon und damit als Kommunikationsversuch wahrnimmt und nicht einfach als Symptom. Das ikonifizierte Symptom muß also zwei Aspekte haben, einen, der es als intentional hervorgebrachtes Zeichen erkennbar macht (das leistet die Ausgefallenheit), und einen, der erkennbar macht, was der Zeichenbenutzer mit dem Zeichen mitzuteilen wünscht (das leistet der symptomische Anteil).[9] Der "Symptomsimulant" muß dem Adressaten klarmachen, *daß* er kommunizieren möchte und *was* er kommunizieren möchte.

Die Technik, Symptome ikonisch darzustellen, ist eine alte und verbreitete Kulturtechnik, derer sich bereits die Bilderschriften bedienten. Es ist leicht, sich ein ikonisches Schriftzeichen für, sagen wir, *Amphore* auszudenken. Man malt eine stilisierte Amphore. Wie aber könnte ein Schriftzeichen für *Bier* aussehen? Bier kann man nicht malen; was man aber malen kann, ist beispielsweise ein Gefäß, in dem Bier typischerweise hergestellt oder aufbewahrt wird: eine Amphore. Den Sumerern diente die graphische Darstellung einer bestimmten Amphore als Schriftzeichen für Bier,[10] und die Darstellung gebogener Schilfhalme diente den Ägyptern als Schriftzeichen für Wind.[11] Der Leser solcher Schriftzeichen muß ebenfalls zwei Interpretationsschritte gehen. Er muß die graphische Darstellung als Ikon der Amphore bzw. der Schilfhalme interpretieren und dann die Amphore bzw. die gebogenen Schilfhalme als Symptom für Bier bzw. Wind. Die verwendeten Schlüsse sind zum ersten der assoziative Schluß von der graphischen Darstellung auf das dargestellte Objekt und zum zweiten der kausale Schluß vom Teil aufs Ganze (vom Gefäß auf den Inhalt) bzw. von der Wirkung (der Biegung der Halme) auf die Ursache (den Wind). Vielfach wird eine ikonisch-symptomische Deutung auf einer zweiten Stufe nochmals ikonisch oder symptomisch interpretiert, etwa wenn das Schriftzeichen für *Bier* als

---

8 Brandon und Hornstein 1986: 173

9 Diese beiden Bedingungen entsprechen den Bedingungen, die Sperber und Wilson (1986a: 54, 153, 163) für sog. ostensive Stimuli nennen.

10 s. GEO Nr. 2, 1993: 144

11 Die Beispiele verdanke ich einer Vorlesung von Raimo Anttila.

Zeichen für 'Trunkenheit' oder das Zeichen für *Wind* als Zeichen für 'Vergänglichkeit' verwendet wird. Wir werden sehen, daß die Prozesse auf der zweiten Interpretationsstufe dem Prozeß der Metonymisierung (im Falle von 'Trunkenheit') bzw. dem der Metaphorisierung (im Falle von 'Vergänglichkeit') sehr ähnlich sind.[12]

Typischerweise ist exklamativen Ausdrücken, Ausdrücken des Schmerzes, der Erleichterung, der Abscheu usw., ihre Vergangenheit als ikonifizierte Symptome noch anzusehen. Wörter wie *au, pfui, ach* sind Beispiele dafür. *Au* ist entstanden aus dem simulierten Ausdruck des Schmerzempfindens; *pfui* ahmt das Geräusch des angewiderten Ausspeiens nach, und *ach* das des erleichterten oder auch schwermütig stöhnenden Ausatmens. Betrachten wir eine fiktive, aber realistische Situation der Ikonifizierung eines Symptoms des Schmerzes: Im Zuge einer spielerischen Rauferei mit meinen Kindern kann ich eine Schmerzäußerung simulieren, etwa in der Absicht, sie dazu zu bringen, mich loszulassen. Dazu ist es wiederum notwendig, das Symptom des Schmerzes so zu simulieren, daß die Simulation durchschaut wird. Würde meine Äußerung irrtümlich für ein echtes Schmerzsymptom gehalten werden, wäre sie nicht im intendierten Sinne verstanden. Zum korrekten Verständnis ist es notwendig, daß der kommunikative Impetus erkannt wird – das leistet das Erkennen der Simulation – und daß erkannt wird, was mitgeteilt werden soll – das leistet die Interpretation als Symptom.

Unter besonderen Bedingungen kann die Ikonifizierung eines Symptoms nachgerade als Zeichen der Abwesenheit des Symptomauslösers interpretiert werden. Das folgende Szenario ist ein Beispiel dafür, daß die Ikonifizierung eines Symptoms selbst wieder als Symptom interpretiert werden kann. Das Beispiel ist banal, die notwendige Analyse jedoch erstaunlich komplex: Ein Freund macht sich über meine neue Krawatte lustig; ich antworte mit einem müden *ha-ha-ha*. In einem Satz formuliert würde die Reaktion etwa lauten "Das find' ich aber gar nicht lustig". Wie kann ich erwarten, daß mein *ha-ha-ha* in dem gewünschten Sinne interpretiert wird? Ein Räsonnement dieser Interpretation in "Zeitlupe" könnte wie folgt aussehen:

"Du machst *ha-ha-ha*. Dies ist dem Geräusch des Lachens ähnlich. Also simulierst du Lachen. Lachen ist aber eine Spontanreaktion, und zwar Symptom von Heiterkeit. Das Ausbleiben dieser Spontanreaktion ist Symptom für Nicht-Heiterkeit. Simuliertes Lachen ist keine Spon-

---

12 cf. Anttila 1972/1989: § 7.8

tanreaktion. Das Simulieren selbst ist somit Symptom für Nicht-Heiterkeit. Aus der Tatsache, daß du intendierst, daß ich erkenne, daß dein Lachen simuliertes Lachen ist, schließe ich, daß du intendierst, mir erkennen zu geben, daß du dich im Zustand der Nicht-Heiterkeit befindest. Da dein *ha-ha-ha* eine Reaktion auf meine Bemerkung über deine Krawatte ist, willst du mir offenbar zu verstehen geben, daß meine Bemerkung bei dir keine Heiterkeit auslöst."

Ich gebe zu, das ist viel analytischer Aufwand für ein *ha-ha-ha*. Aber Ironieeffekte zu explizieren, ist meist recht aufwendig.[13] Es ist jedoch erhellend, sich vor Augen zu halten, daß bereits sechsjährige Kinder in der Lage sind, *ha-ha-ha* in diesem Sinne zu verwenden und zu interpretieren, d.h. Schlußprozeduren dieser Komplexität durchzuführen. Die Fähigkeit, Symptome zu interpretieren, zu simulieren und damit zu ikonifizieren, gehört zu den grundlegenden Techniken unseres kommunikativen Verhaltens.

Lautmalende sprachliche Zeichen sind immer dann ehemalige ikonifizierte Symptome, wenn sie nicht dazu dienen, den Laut zu bezeichnen, sondern den Produzenten des Lautes. Das Wort *kikeriki* unterscheidet sich von dem Wort *Kuckuck* unter anderem dadurch, daß *kikeriki* nicht dazu dient, das Tier zu bezeichnen, das *kikeriki* macht, *Kuckuck* jedoch eine Bezeichnung des Tieres ist, das *kuckuck* macht. *Kikeriki* bezeichnet den Laut, *Kuckuck* den Produzenten. Der Laut *kuckuck* ist ein Symptom des Produzenten Kuckuck. Das Substantiv *Kuckuck* ist somit zunächst einmal ein ikonifiziertes Symptom des so bezeichneten Tieres; allerdings ein Symptom, das darüber hinaus noch symbolifiziert ist. Der Prozeß der Symbolifizierung von Ikonen wird uns im übernächsten Abschnitt beschäftigen.

Symbolifizierung von Symptomen

Symptome werden, wie wir gesehen haben, gleichsam automatisch zu Ikonen, dadurch daß sie imitiert werden. Manche Symptome lassen sich auch bewußt inszenieren. Diesen Prozeß wollen wir nun betrachten. Beginnen wir mit einem allseits bekannten Phänomen: dem Automobil als Statussymbol.

Ein "Jaguar" (eines bestimmten Typs) kostet zur Zeit etwa 90.000 DM. Der Besitz eines solchen Gegenstandes ist (unter norma-

---

13 cf. Lapp 1992

len Bedingungen) zunächst einmal Symptom eines gewissen Wohl-
stands. Denn der Besitz eines nicht notwendigen Gegenstandes dieses
Wertes (ein Auto für 25.000 DM kann die meisten Funktionen in
ähnlicher Weise erfüllen) ist ein Zeichen dafür, daß das Geld nicht für
lebensnotwendigere Güter benötigt wird. Jeder beliebige andere nicht
lebensnotwendige Gegenstand ähnlichen Wertes, sagen wir der Besitz
von fünfzehn Tonnen Kupfer, könnte in gleicher Weise als Symptom
von Wohlstand interpretiert werden. Zwischen fünfzehn Tonnen
Kupfer und einem "Jaguar" besteht jedoch ein wesentlicher Unterschied: Ein "Jaguar" gilt als Statussymbol, fünfzehn Tonnen Kupfer
nicht. Dies hat seine Wurzeln in der Tatsache, daß der "Jaguar", im
Gegensatz zu Kupfer, oftmals genau zu dem Zwecke gekauft wird,
Wohlstand sichtbar zu machen. Eine solche Handlungsweise, sie
scheint niemandem völlig fremd zu sein, will ich *Inszenierung eines
Symptoms* nennen. Durch Inszenierung kann mit der Zeit bewirkt
werden, daß der Interpretationsprozeß nicht mehr als kausaler Prozeß
über die Kenntnis des Kaufpreises läuft, sondern, gleichsam abgekürzt,
über die Kenntnis einer Regel. Dieser Prozeß der Zeichenmetamorphose läßt sich in drei Interpretationsetappen darstellen:

1. *"Wer x hat, hat auch y."*
Wer einen solchen Schluß vollzieht, interpretiert *x* ganz einfach als
Symptom für *y*: "Wer fünfzehn Tonnen Kupfer hat, der hat zu viel
Geld." Wenn der Interpret dem "Symptombesitzer" Inszenierung
unterstellt, so muß er vernünftigerweise zu folgender Interpretation
gelangen:

2. *"Wer zeigt, daß er x hat, will zu erkennen geben, daß er auch y hat."*
Ein solcher Schluß kann sehr wohl den Charakter einer Unterstellung
haben. Der "Symptombesitzer" hat jedoch keine Chance, einer solchen
unterstellenden Interpretation auszuweichen. Wenn schließlich dieses
Interpretationsmuster in bezug auf ein *x* zum allgemein akzeptierten
Muster wird, so wird es gleichsam von selbst "wahr". Wenn alle
glauben, daß einer, der einen "Jaguar" besitzt und dies zeigt, damit zu
erkennen geben will, daß er vermögend ist, so hat sich der Status
dieses Glaubens geändert: der "Jaguar" dient dann tatsächlich dazu,
Wohlstand erkennen zu geben. Mit anderen Worten, wenn die Interpretation 2 Gegenstand kollektiven Wissens in einer Gruppe wird, so
ergibt sich die Interpretation 3 von selbst:

3. *"x dient in der Gruppe G dazu (x hat die Funktion), erkennen zu geben, daß y."*

Zu sagen, daß *x* in *G* dazu dient, *y* erkennen zu geben, heißt nichts anderes als zu sagen, *x* habe die Bedeutung (ist dazu geeignet), *y* erkennen zu geben. Denn *x* hat von nun an einen geregelten Gebrauch und somit kommunikative Funktion. *x* ist damit zum Symbol geworden.

Wir sehen also, daß die Unterstellung kommunikativer Absichten, die im Einzelfall nicht einmal unbedingt vorhanden zu sein brauchen, zuzüglich der Entstehung kollektiven Wissens ein Symptom zu einem Symbol werden läßt. Wer den Symbolwert kennt, bedarf zur Interpretation keines Symptomwertes mehr: Ein "Jaguar" kann auch von demjenigen als Zeichen für Wohlstand interpretiert werden, der über den Preis nicht informiert ist. Dank dieses Mechanismus hat beispielsweise ein gebrauchter "Jaguar", der 28.000 DM kostet, mehr Imponierkapazität als etwa ein neuer "Mitsubishi" im Wert von 40.000 DM.

Auf gleiche Weise können sprachliche Statussymbole entstehen. Der Gebrauch von Latinismen und Gräcismen ist zunächst einmal Symptom einer gewissen Schulbildung. Sehr schnell können Ausdrücke wie *a priori, in toto* und dergleichen oder auch Fremdwörter generell bildungsbürgerlichen Symbolchakter bekommen.

Wir haben bisher zwei Prozesse von Zeichenwandel kennengelernt, den der Ikonifizierung und den der Symbolifizierung von Symptomen. Beiden ist ein Prinzip gemeinsam: Daß Symptome, um als Symptome gelten zu können, nicht intentional hervorgebracht sein dürfen, diese Tatsache zwingt jede Form der intentionalen Hervorbringung zu einer Reinterpretation. Wenn ein Symptom intentional hervorgebracht wird, so ist dies selbst Symptom dafür, daß es nicht wirklich als Symptom interpretiert werden soll. Es gibt genau zwei Weisen, Symptome intentional hervorzubringen: die Simulation (sie führt zu Ikonifizierung) und die Inszenierung (sie führt zu Symbolifizierung). Eine dritte Möglichkeit gibt es nicht. Die Möglichkeit der Metamorphosen von Symptomen sind mit den beiden genannten Prozessen ausgeschöpft. Wenden wir uns nun den Ikonen zu.

Symbolifizierung von Ikonen

Erinnern wir uns: Das ikonische Verfahren ist der assoziative Schluß auf der Basis einer wie auch immer gearteten Ähnlichkeitsbeziehung. Das symbolische Verfahren ist der regelbasierte Schluß. Der Übergang

vom Ikon zum Symbol, d.h. vom assoziativen Schluß zum regelbasierten Schluß, ist von besonderem sprachtheoretischem Interesse, weil
dieser Prozeß bei dem, was man *Lexikalisierung* nennt, eine entscheidende Rolle spielt. Doch dazu kommen wir später.

Betrachten wir zunächst wieder ein fiktives Beispiel. Bei einem
Spaziergang durch den Wald möchte ich meine Begleiterin auf eine im
Baum sitzende Ringeltaube aufmerksam machen, ohne sie zu ver-
scheuchen (die Taube). Dies könnte ich tun, indem ich in Richtung der
Taube deute und den gurrenden Laut einer Taube imitiere. Aus meiner Geste des Deutens sowie der Ähnlichkeit meines Geräusches mit
dem einer Taube wird meine Begleiterin schließen: Aha, der will mir
vermutlich eine Taube zeigen. Nehmen wir an, meinem Kommunikationsversuch sei Erfolg beschieden und diese Situation wiederholte
sich am nächsten Tag. Meine Begleiterin wird aufgrund des gelunge-
nen Kommunikationsversuchs vom Vortag nun schließen: Aha, der
will mir *mit Sicherheit* wieder eine Taube zeigen. Spätestens beim
fünften Mal werde ich mich nicht einmal mehr darum bemühen müssen, das Gurren mit besonderer Abbildtreue hevorzubringen. Ein
ansatzweises Gurren wird bereits genügen, meiner Begleiterin erkennen zu geben, daß ich sie wieder auf eine Taube aufmerksam machen
möchte. Denn sie wird nun nicht mehr ihre Assoziationsgabe bemühen müssen. Basis ihres Schlusses wird ihr Wissen sein. Fazit: Wem ein
und dasselbe Rätsel mehrmals gestellt wird, der braucht bald nicht
mehr zu raten; er weiß eben die Lösung. Ein rekurrenter assoziativer
Schluß *muß* im Laufe der Zeit zu einem regelbasierten Schluß über-
springen. Rekurrenz macht Ikone moribund. Der Mechanismus dieser
Metamorphose ist folgender:

Assoziieren ist ein kreativer Prozeß ohne Normativität. Man kann
beim Assoziieren keine Fehler machen. "'Freie Assoziation' ist tatsächlich ein 'weißer Schimmel': Assoziationen *sind* ihrem Begriff nach frei
und regellos."[14] Unerwünschte Assoziationen hat der Zeichenbenutzer
zu verantworten, nicht der Adressat. Der Zeichenbenutzer hat ein
intendiertes Ziel, auf das er die Assoziation des Adressaten seiner
ikonischen Bemühungen lenken möchte. Die Verbindung zwischen
ikonischem Zeichen und Assoziationsziel ist nicht Gegenstand gemeinsamen Wissens. Wird jedoch einem Interpreten ein und dieselbe
Assoziationsaufgabe mehrfach *mit Erfolg* gestellt, so hört der Schluß-

---

14 Gellner 1988/1993: 65

prozeß dank der Erinnerung an die Präzedenzen auf, ein assoziativer zu sein. Assoziation bei bekanntem Assoziationsziel nennt man ganz einfach nicht Assoziation. Wenn dazu noch der Zusammenhang von Zeichen und "Assoziationsziel" Gegenstand kollektiven Wissens geworden ist, so ist eine Gebrauchsregel entstanden, und das Ikon ist zu einem Symbol geworden. Das heißt, durch schiere Wiederholung, gemeinsame Erinnerung an Präzedenzen sowie Unterstellung kommunikativer Intentionalität wird ein assoziativer Schluß zu einem regelbasierten Schluß. Selbstverständlich kann und wird das Symbol zunächst weiterhin onomatopoetisch motiviert sein. Denn Ikonizität haben wir durch Assoziativität definiert und nicht durch Motiviertheit. Symbolhaftigkeit und Arbitrarität ist durch Regelhaftigkeit des Gebrauchs definiert und nicht durch Unmotiviertheit. Die Motiviertheit hat von nun an jedoch ihre Funktion verloren, Assoziationsimpuls zu sein. Sie kann weiterhin als ästhetische und mnemotechnische Beigabe fungieren. Da sie aber als Assoziationsauslöser obsolet geworden ist, wird sie sich im Laufe der Zeit verlieren. Denn der Zeichenbenutzer hat keinen Anreiz mehr, auf Abbildtreue besondere Mühe zu verschwenden. So ist aus der Zeichnung eines Männchens das chinesische Schriftzeichen 人 *ren* 'Mensch' geworden, aus der ikonischen Darstellung der Zahl drei III hat sich unsere Ziffer *3* entwickelt, und aus dem Bild eines Stierkopfes ☖ wurde schließlich durch Stilisierung und Drehung um 180° unser Buchstabe *A*. In allen drei Fällen können wir die ehemalige Ikonizität noch nachvollziehen, wenn wir auf sie aufmerksam gemacht werden. Aber sie trägt nichts mehr bei zur Interpretation der Zeichen in ihrer heutigen Gestalt.

Aus der Symbolifizierung von Ikonen entstehen für die Sprachbenutzer zwei Vorteile: 1. Die Abbildtreue verliert an Relevanz; auch schlechte Vogelimitatoren können nun mitreden. 2. Die Situationsgebundenheit des Gebrauchs wird gelockert. Ein Gurren zur falschen Zeit hat kaum Chancen, als Versuch, über Tauben kommunizieren zu wollen, interpretiert zu werden; und auch das abbildgetreuste Männlein wird nicht als Ikon einer Herrentoilette interpretiert werden, wenn es sich nicht auf einer Tür befindet. Ein gewisser Nachteil ist die damit einsetzende Demotivierung. Ein zum sprachlichen Symbol gewordenes Ikon ist den normalen Lautwandelprozessen unterworfen, die in der jeweiligen Sprache statthaben. Auf diese Weise ist wohl aus einem früheren *guk(guk)* das frühneuhochdeutsche *gauch* oder das schwedische *gök* [jök] geworden. Was ist daran von Nachteil? Die Antwort lautet: Mit der Konventionalisierung des Ikons und der damit einhergehenden Demotivierung ist ein Prozeß des "Verblassens" verbunden. *Gauch* diente dazu, den Kuckuck zu bezeichnen. *Kuckuck* als Ikon oder als Symbol, dessen Onomatopoetizität noch lebendig empfunden wird, dient heute dazu, einen Kuckuck zu bezeichnen. Aber *Kuckuck* bezeichnet im Gegensatz zu *Gauch* das Tier dadurch, daß es etwas Charakteristisches von dem Tier *zeigt*. Dieses Benennen und Zeigen zugleich bedeutet gegenüber dem reinen Benennen eine semantische Verdichtung, die sowohl von kommunikationspraktischem Nutzen als auch von ästhetischem Reiz sein kann. Ich werde in Kapitel 17 auf die Vorteile der Verdichtung und die Nachteile des Verblassens zurückkommen.

Der Prozeß der Symbolifizierung eines Ikons braucht bei Sprecher und Hörer nicht gleichzeitig vonstatten zu gehen. Was für den einen Symbol ist, kann für den anderen Ikon sein. Was der eine assoziativ deutet, kann der andere, der mit diesem Zeichen schon häufiger konfrontiert wurde, bereits regelbasiert interpretieren. Die landläufige Auffassung von Ikon und Symbol,[15] der gemäß das Ikon durch die Beziehung der Ähnlichkeit und das Symbol durch die der Arbitrarität definiert ist, macht es schwer, wenn nicht unmöglich, sich vorzustellen, wie ein Übergang von Ikonizität zu Symbolhaftigkeit in einer Sprachgemeinschaft stattfinden kann. Wenn wir Zeichen jedoch als das sehen, was sie tatsächlich sind, nämlich Mittel, dem anderen erkennen zu geben, zu welchen Schlüssen man ihn bewegen möchte, so ergibt sich die Möglichkeit von Übergängen völlig ohne Zwang.

Wir haben am Beispiel des Verhaltens der Flugvorbereitung bei Vögeln gesehen, daß es auch im Bereich der biologischen Evolution von Zeichen der Tierkommunikation Prozesse gibt, die der Ikonifizierung von Symptomen analog sind. Natürliches, funktional notwendiges Flugvorbereitungsverhalten wird in leicht "übertriebener" Ausführung zum ikonischen Startsignal für den Schwarm. Durch die Verfremdung in Form von Übertreibung wird das Symptom ikonifiziert. Gibt es auch im Bereich der biologischen Evolution ein Analogon zur Symbolifizierung von Ikonen? Was Biologen *Transferenz*[16] nennen, könnte man als Analogon zum Prozeß der Symbolifizierung ansehen. Transferenz ist die letzte Stufe der Ritualisierung. Sie besteht darin, daß ein ikonisches Verhalten auf einen anderen Bereich übertragen wird, etwa Fütterungs-

---

15 cf. Kap. 10
16 Brandon und Hornstein 1986: 173

verhalten im Zuge der Brautwerbung als "Zeichen der Zuwendung". Wilson berichtet,[17] daß der Graureiher im Zuge seiner Balzzeremonien Fischfangverhalten produziert. Transferenz erzeugt eine Reduktion der Motiviertheit des zeichenhaften Verhaltens.

Wenn wir uns menschliche Beispiele von Tranferenz ansehen, wird die Nähe zum Prozeß der Symbolifizierung von Ikonen noch deutlicher: Der Krieger gibt seine friedlichen Absichten dadurch kund, daß er die Hände öffnet, um zu zeigen, daß er keine versteckte Waffe trägt, daß er das Visier öffnet oder den Helm abnimmt, um sich zu erkennen zu geben, und daß er niederkniend den Nacken darbietet zum Zeichen seiner Verwundbarkeit und Wehrlosigkeit. Alle drei Elemente der symptomischen bzw. ikonischen Friedlichkeitsbekundung sind in abgeschwächter Form auf unser Begrüßungsverhalten "transferiert": Wir reichen die Hand oder erheben sie zum Gruß, wir lüpfen den Hut und wir machen eine leichte Verbeugung. Mit diesen Symbolen der Höflichkeit verhält es sich wie mit der demotivierten Ziffer 3. Wer von der ehemaligen Ikonizität weiß, der kann sie noch nachempfinden. Aber diese Fähigkeit spielt beim Prozeß der alltäglichen Interpretation dieser Zeichen keine Rolle mehr.

Wir können die drei bislang dargestellten Prozesse der Zeichenmetamorphosen wie folgt rekapitulieren:

1. Es gibt drei grundlegende Verfahren der Interpretation, die kommunikativ genutzt werden.
2. Die Verfahren sind nicht gleichrangig. Symptome können zu Ikonen werden oder zu Symbolen. Ikone können zu Symbolen werden. Symptome verändern ihren Status durch exploitativen Gebrauch, Ikone durch frequenten Gebrauch.
3. Es gibt alle möglichen Übergänge von "unten" nach "oben", aber keine Abstiege. Die Entwicklung ist gerichtet.

Graphisch läßt sich dies in Form eines Grundrisses einer Dreizimmerwohnung darstellen mit Schwingtüren, die sich nur in eine Richtung öffnen lassen:

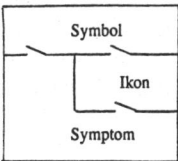

---

17 Wilson 1975: 226

Mir ist nur ein Fall bekannt, wo das Prinzip der Gerichtetheit durchbrochen wird:

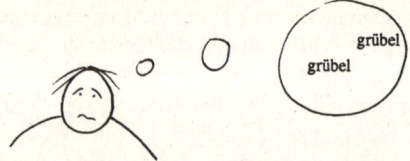

Ich möchte diesen "Trick", er findet wohl vornehmlich in Comics Verwendung, *Scheinonomatopoesie* nennen. Normalerweise entstehen onomatopoetische Zeichen dadurch, daß symptomatische Geräusche sprachlich imitiert und damit zu ikonifizierten Symptomen werden. *ßßßßßßßt* könnte beispielsweise als Ikon des Geräuschs, das beim Zerreißen eines Blatt Papiers entsteht, verwendet werden. Ikonifizierte Symptome können in einem zweiten Schritt, wie wir gesehen haben, zu Symbolen werden. Die Wörter *quaken* und *Kuckuck* sind Beispiele dafür. Die Scheinonomatopoesie vertraut offenbar darauf, daß der Sprecher mit diesen Verfahren so sehr vertraut ist, daß er sie auch "gegen den Strich" anwenden kann. Ein Symbol, das mit Sicherheit frei von Motiviertheit ist, wird so verwendet, als mache angestrengtes Nachdenken ein symptomatisches Geräusch, das mit dem Laut [grybl] ikonisch dargestellt sei. Das Verfahren der Scheinonomatopoesie gaukelt vor, es handle sich bei dem Verb *grübeln* um ein symbolifiziertes Ikon eines Symptoms. Die Tatsache, daß wir dieses Verfahren interpretieren können und auch in gewissem Maße als pfiffig goutieren können, bestätigt, daß die dargestellten Verfahren der Zeichenmetamorphosen zum Grundrepertoire unserer kommunikativen Fähigkeiten gehören.

Kommen wir zurück zu unserem "Dreizimmerwohnungsgrundriß". Weshalb lassen sich die Schwingtüren nur in eine Richtung öffnen? Gibt es wirklich keinen Weg zurück? Betrachten wir die Frage stückweise.

1. Wie macht man aus einem Symbol oder einem Ikon wieder ein Symptom? Die Antwort lautet: Sobald man ein Zeichen willentlich hervorbringt, kann es kein Symptom mehr sein, denn Symptome können nicht zum Zwecke, Symptome zu sein, hervorgebracht werden. Es gibt allerdings Symptome auf einer höheren Ebene. Die ernsthafte Verwendung eines Symbols wie *Nigger*, *Durchrassung* oder *Entjudung*

kann als Symptom rassistischer Gesinnung interpretiert werden. Damit werden aber nicht die genannten sprachlichen Zeichen zu Symptomen, sondern die Tatsache ihrer Verwendung. Oder anders ausgedrückt: Nicht das Symbol wird zum Symptom, sondern die Tatsache seiner Verwendung ist Symptom.

2. Wie macht man aus einem Symbol wieder ein Ikon? Der Prozeß der Entstehung eines Symbols aus einem Ikon geht notwendigerweise einher mit der Entstehung gemeinsamen Wissens bezüglich der Regel des Gebrauchs. Reikonifizierung würde somit Wissensverlust voraussetzen. Damit aus einem Symbol wieder ein Ikon wird, müßte Erinnerung gelöscht werden. Solange ein Symbol aber in Benutzung ist, wird die Kenntnis der Regel des Gebrauchs immer wieder aufgefrischt.[18] Ein Symbol könnte nur wieder zum Ikon werden, wenn es so lange nicht mehr benutzt würde, bis die Regel seines Gebrauchs in Vergessenheit geraten ist. In diesem Falle läge jedoch keine Zeichenmetamorphose in unserem Sinne vor, sondern eher so etwas wie ein Neubeginn. Auf jeden Fall gilt: Es kann keine Art der *Verwendung* geben, aus der resultiert, daß ein Symbol wieder in den Status eines Ikons zurückfällt. Es gibt allerdings Ikone höherer Ebene, Ikone, die aus Symbolen bestehen. Das sind, wie wir gleich sehen werden, die Metaphern. Aber auch hier handelt es sich nicht um einen Gang durch die Schwingtür in die andere Richtung, sondern um einen Prozeß, der außerhalb der "Dreizimmerwohnung" vonstatten geht, sozusagen ein Stockwerk darüber.

Wir können somit festhalten: Auf lange Sicht werden Symptome und Ikone, wenn sie nur hinreichend häufig gebraucht werden, notwendigerweise zu Symbolen. Die Unidirektionalität der Entwicklung ist begründet in der Logik der Zeichen und ihres Gebrauchs.

---

18 Durch Volksetymologien werden sprachliche Symbole remotiviert: *Kon-trahent* (aus *con-trahere*) wird wohl von vielen Sprechern als *Kontra-hent* interpretiert, weil Kontrahenten zueinander "kontra" stehen. Dies ist kein Fall von Reikonisierung, sondern ein Fall von Remotivierung. Reikonisierung läge vor, wenn die Interpretationsmöglichkeit aus der Motiviertheit folgte. Dies ist jedoch nicht der Fall; auch volksetymologisch remotivierte Symbole werden regelbasiert interpretiert. Das Analoge gilt für Remotivierungen im Zuge von Sprachspielen. Zur Unterscheidung von Motiviertheit und Arbitrarität s. Kap. 12. (Ich danke Jules Levin dafür, mich auf diese Fälle aufmerksam gemacht zu haben.)

14 Metaphorisierung, Metonymisierung und Lexikalisierung

Die Fähigkeit zu kommunizieren besteht (unter anderem) darin, des Adressaten Interpretationsfähigkeit für die eigenen Zwecke zu nutzen. Bisher haben wir drei Formen der exploitativen Nutzung der Interpretationsgabe kennengelernt:

1. Ich weiß, du bist fähig, kausale Schlüsse zu ziehen. Ich inszeniere ein Symptom und versuche dich auf diese Weise dazu zu bringen, zu erschließen, wofür das Symptom symptomatisch sein soll.

2. Ich weiß, du bist fähig, assoziative Schlüsse zu ziehen. Ich gebe dir einen wahrnehmbaren Ausdruck (ein Geräusch, eine Geste, ein Bild, usw.) und versuche dich auf diese Weise dazu zu bringen, assoziativ zu erschließen, was ich dir damit zu erkennen geben beabsichtige.

3. Ich weiß, du bist fähig, assoziative und kausale Schlüsse zu ziehen. Ich gebe dir ein Bild eines Symptoms (z.B. eine Simulation) und versuche dich auf diese Weise dazu zu bringen, (i) kausal zu erschließen, wofür das abgebildete Symptom symptomatisch sein soll, und (ii) assoziativ zu erschließen, was ich dir damit zu verstehen geben will.

Wie wir gesehen haben, führt die kommunikative Nutzung dieser Techniken mit der Zeit bei hinreichender Vorkommenshäufigkeit dazu, daß eine vierte Technik zur Anwendung kommt:

4. Ich weiß, du bist fähig, Regeln zu folgen. Ich gebe dir einen wahrnehmbaren Ausdruck, der den Regeln unserer Sprachgemeinschaft gemäß dazu verwendet wird, dem anderen erkennen zu geben, daß *p,* und versuche, dich auf diese Weise dazu zu bringen, zu erkennen, daß ich beabsichtige, dich dazu zu bringen, zu erkennen, daß *p.*

Betrachten wir den folgenden Fall: Max erzählt einen fürchterlichen Kalauer. Fritz antwortet: "Au, das tut weh!" Ich will die Logik der Genese dieser Verwendung von *au* schrittweise "von unten nach oben" rekonstruieren.

Wer einen plötzlichen und unerwarteten körperlichen Schmerz erfährt, reagiert gemeinhin spontan mit einem Aufschrei. Der Aufschrei kann als Symptom für den Schmerz interpretiert werden.

Ein solcher Aufschrei kann simuliert werden, um beispielsweise dem anderen per assoziativem Schluß mitzuteilen "Du tust mir weh". Es handelt sich dann um ein Ikon des Symptoms für einen körperlichen Schmerz.

Hinreichend frequente Simulation führt zur Entstehung einer Gebrauchsregel. *Au* ist ein exklamativer Ausdruck der deutschen Sprache, der dem Sprecher dazu dient, dem Adressaten das plötzliche Auftreten eines körperlichen Schmerzes erkennen zu geben. *Au* ist ein Symbol, dessen Vergangenheit als Ikon und Vorvergangenheit als Symptom noch erkennbar ist.

Nun ist das Hören eines faden Witzes gemeinhin nicht vom Auftreten eines plötzlichen, unerwarteten körperlichen Schmerzes begleitet. Die Äußerung des Ausdrucks *au* bedarf somit, unter der Prämisse, daß der Hörer dem Sprecher Rationalität des Handelns unterstellt,[19] eine andere Interpretation als diejenige, die sich aus der glatten Regelbefolgung ergibt. Der regelbasierte Schluß führt in diesem Kontext zu der Interpretation: "Fritz beabsichtigt, mir erkennen zu geben, daß ich ihm einen plötzlichen unerwarteten körperlichen Schmerz zugefügt habe." Diese Interpretation muß zur Basis eines zweiten Interpretationsschrittes gemacht werden. Ein kausaler Schluß bietet sich nicht an. Was bleibt, ist ein assoziativer Schluß: "Fritz will mich durch den Hinweis auf einen körperlichen Schmerz dazu bringen, assoziativ zu der Erkenntnis zu gelangen, daß ich ihm seelische Schmerzen zugefügt habe." Der Interpret wendet somit das ikonische Verfahren auf das Ergebnis der Interpretation mittels des regelbasierten Verfahrens an. Was dabei entsteht, ist eine Metapher. In unserem Beispiel liegt eine metaphorische Verwendung von *au* vor. Oder expliziter gesagt: Es liegt die metaphorische Verwendung des zum Symbol gewordenen Ikons eines Symptoms von Schmerz vor.

Der Vollständigkeit halber sei hinzugefügt, daß die Interpretation an diesem Punkt noch nicht zu Ende sein kann. Denn schlechte Witze erzeugen nicht wirklich seelische Schmerzen; und seelische Schmerzen kommen nicht plötzlich, unerwartet und punktuell. Wer Liebeskummer hat, sagt nicht "au". Fritzens Äußerung von *au* ist somit unaufrichtig. Aber die Unaufrichtigkeit wird in einem Dialog wie dem oben exemplifizierten nicht verheimlicht. Es handelt sich um eine unaufrichtige Äußerung, der der Adressat bei hinreichender Sensibilität ihre Unaufrichtigkeit anmerken soll. Genau dies ist das Definiens der Ironie. "Die Lüge ist eine Simulation der Aufrichtigkeit; die Ironie ist

---

19 Zur Rationalitätsannahme beim Kommunizieren s. Kasher 1976 und Kap. 16.

eine Simulation der Unaufrichtigkeit", schreibt Edgar Lapp.[20] Die
Ironie ist eine "durchschaubar vorgespielte Lüge".[21] Bei Fritzens Äußerung von *au* handelt es sich somit *um die ironische Verwendung einer
metaphorischen Verwendung des zum Symbol gewordenen Ikons eines
Symptoms für körperlichen Schmerz.*

Lassen wir den Aspekt der Ironie beiseite und kommen zurück zur
Metaphorizität. Das Beispiel sollte zeigen, daß wir in der Lage sind,
unsere Grundverfahren der Zeichenbildung und der Interpretation, in
diesem Falle das ikonische Verfahren, auf der höheren Ebene der
Symbole erneut anzuwenden. Dies soll nun ein wenig systematischer
erläutert werden.

Symbolisierung von Symptomen

Mit Hilfe sprachlicher Symbole läßt sich alles mögliche versprachli-
chen, auch Symptome, Ikone und Symbole selbst. Den Prozeß des In-
Symbole-Fassens will ich *Symbolisierung* nennen. Betrachten wir
zunächst wieder die Symptome. Ein Archäologe, der im Zuge von
Wikingerausgrabungen auf einen Kiel stößt, wird diesen als Symptom
eines verborgenen Schiffes ansehen (und weitergraben). Wenn ein
Schriftsteller schreibt: "Tausend Kiele näherten sich der Küste", so
bezeichnet er Symptome für Schiffe mittels des sprachlichen Symbols
Kiele. Dies will ich *Symbolisierung von Symptomen* nennen. Der Archäologe und der Leser des Textes bedienen sich bei ihrer Interpretation analoger Verfahren: Der Archäologe schließt vom offensichtlichen
Vorhandensein eines Kiels auf das verborgene Vorhandensein eines
Schiffes; der Leser schließt von der Verwendung des Symbols *Kiele* in
diesem Kontext darauf, daß Schiffe gemeint sind. Der Archäologe
schließt vom Kiel auf das Schiff, der Leser von 'Kiel' auf 'Schiff'. Den
Schluß, den der Archäologe auf der Ebene der Dinge vollzieht, vollzieht der Leser auf der Ebene der sprachlichen Symbole oder der
Begriffe. Das Ergebnis der Symbolisierung von Symptomen ist die
Metonymie.[22] Um den archäologischen Fund zu interpretieren, muß
man wissen, daß Kiele Teile von Schiffen sind und den Schluß vom

---

20 Lapp 1992: 146
21 Lapp 1992: 147
22 Für unsere Zwecke erscheint es mir nicht notwendig, die Metonymie systematisch
     von der Synekdoche zu unterscheiden.

Teil aufs Ganze vollziehen. Um den Text unseres Schriftstellers zu interpretieren, muß man zwei Verfahren hintereinander anwenden können: Man muß die Gebrauchsregel des Wortes *Kiel* kennen und aus dieser sowie aus dem sprachlichen Kontext schließen, daß mit der Verwendung des Wortes *Kiele* Kiele gemeint sind. Außerdem muß man, wie der Archäologe, wissen, daß Kiele Teile von Schiffen sind, und daraus schließen, daß mit *Kiele* Schiffe gemeint sind. Da Metonymien symbolisierte Symptome sind, werden sie von Anttila, Nerlich und Clarke und anderen als Metasymptome bezeichnet.[23] Der Archäologe bemüht das symptomische Verfahren;[24] der Autor und sein Leser bemühen das symptomische Verfahren auf der Ebene der Symbole. Dieses gleichsam metasymptomische Verfahren will ich das **metonymische Verfahren** nennen.

Rekapitulierend können wir also festhalten, daß sich Symptome auf dreierlei Weise kommunikativ nutzen lassen: Imitation bzw. Simulation läßt sie zu Ikonen werden, Inszenierung führt auf längere Sicht dazu, daß sie zu Symbolen werden, und Symbolisierung macht sie zu Metonymien. Betrachten wir als nächstes, was entsteht, wenn Ikone symbolisiert werden.

Symbolisierung von Ikonen

Ikone kann man nicht inszenieren. Sie sind, im Gegensatz zu Symptomen, immer schon kommunikativ benutzt. Die Möglichkeit der Simulation stellt sich ebenfalls nicht, da Ikone nicht naturhaft sind. Von den drei eben genannten Möglichkeiten bleibt nur die Symbolisierung. Betrachten wir auch hier zunächst ein einfaches Beispiel. Die Abbildung einer Eiche kann hierzulande als Ikon für Standhaftigkeit und Zuverlässigkeit verwendet werden. Wenn Max über Fritz sagt: "Er ist die Eiche in unserem Verein", so wird das sprachliche Symbol *Eiche* als Metapher für Standhaftigkeit und Zuverlässigkeit zu interpretieren sein.

Wer auf der Werbeanzeige einer Lebensversicherungsgesellschaft das Bild einer Eiche sieht, wird von dem Bild assoziativ auf Zuverlässigkeit schließen. Wer Maxens Äußerung hört, wird von dieser Verwendung des Symbols *Eiche* assoziativ auf Fritzens Zuverlässigkeit

---

23 Anttila 1989: 141, Nerlich und Clarke 1988: 80
24 s. Kap. 10

schließen. Um Maxens Äußerung zu interpretieren, muß man wieder zwei Verfahren hintereinander anwenden können: Man muß die Bedeutung, d.h die Gebrauchsregel, des Wortes *Eiche* kennen und dann assoziieren, welcher Aspekt der Eichenhaftigkeit im Hinblick auf Fritz gemeint sein könnte. Der Betrachter der Abbildung der Eiche bemüht das ikonische Verfahren; der Adressat von Maxens Äußerung bemüht das ikonische Verfahren auf der Ebene der Symbole. "Metaphor is a symbolic statement that represents one thing as an icon [...] of something else."[25] Dieses metaikonische Verfahren will ich das **metaphorische Verfahren** nennen.[26]

Das metaphorische und das metonymische Verfahren können auch kombiniert angewendet werden. Wenn wir etwa einen Menschen *Hohlkopf* nennen, so verwenden wir das Wort *Hohlkopf* offenbar zunächst metaphorisch und diese Metapher wiederum metonymisch. Es handelt sich also um eine **metaphorische Metonymie**. Wenn man eine Gruppe von Kollegen, die sich bemühen, einen Streit innerhalb eines Unternehmens zu schlichten, scherzhaft *die Blauhelme des Unternehmens* nennen würde, so hätte man damit eine **metonymische Metapher** kreiert.

Sprachgeschichtlich spielen solche Prozesse eine eminent wichtige Rolle. Ich will dies an zwei Beispielen deutlich machen, an der Etymologie des Wortes *Coach* und der des Wortes *Glück*. Den Betreuer einer Mannschaft, oder eines einzelnen Sportlers, nennt man heute bisweilen *Coach*. Dieses Wort ist etymologisch verwandt mit dem deutschen Substantiv *Kutsche*.[27] Was hat ein Coach mit einer Kutsche zu tun? In dem ungarischen Dorf Kocs gab es im 15. Jahrhundert offenbar Leute, die besonders gute oder schöne Pferdefuhrwerke herstellen konnten. Die Ungarn nannten sie *kosci szekér* 'Wagen aus Kocs', was mit der Zeit zu *kosci* verkürzt wurde. Die Deutschen und wohl auch die Engländer entlehnten das ungarische Wort und machten *Kutsche* bzw. *coach* daraus. Nun wendeten die Engländer, nicht aber die Deutschen, das metaphorische Verfahren an: *to coach a horse*

---

25 Haley 1988: 21

26 Mit meiner Entscheidung, Metaphern als Metaikone anzusehen, ist keine Einmischung in die Diskussion darüber, was Peirce als Metaikon anzusehen geneigt ist, beabsichtigt. Zur Betrachtung der Metapher im Lichte der Peirceschen Semiotik ("through the Peircean telescope" und "under the Peircean microscope") s. die vorzügliche Studie von Haley 1988.

27 Den Hinweis auf die Etymologie von *Kutsche* verdanke ich Raimo Anttila.

nannten sie die Abrichtung eines Pferdes, so daß es vor einer Kutsche gehen kann. Auf dem Wege metonymischer Übertragung wurde schließlich der Mensch, der diese Tätigkeit ausübte, *coach* genannt. Ein *coach* war also einer, der ein Pferd trainierte, um es kutschengängig zu machen. Von der Bezeichnung eines Pferdetrainers zur Bezeichnung eines Betreuers für Sportler und auch zur Bezeichnung eines Betreuers für Studenten (eines Tutors) ist es nur ein kleiner metaphorischer Schritt. Das englische Wort *coach* wurde schließlich ins Deutsche entlehnt. So in etwa war der etymologische Weg von einem ungarischen Dorfnamen zu einem deutschen Lehnwort, mit dem heutzutage ein Mannschaftsbetreuer bezeichnet wird.[28] Und wenn heute im Deutschen im Bereich der Unternehmensberatung von *Coaching* die Rede ist, so handelt es sich abermals um eine metaphorische Übertragung. Unter *Coaching* versteht man die individuelle problem- und konfliktorientierte Beratung bzw. Betreuung von Führungskräften eines Unternehmens durch einen (meist psychologisch kompetenten) Unternehmensberater.

Unser zweites Beispiel, die Etymologie des Wortes *Glück*, ist nicht weniger abenteuerlich.[29] Das deutsche Wort *Glück* ist etymologisch verwandt mit *Loch*, *Lücke* und *Locke*; außerdem beispielsweise mit englisch *lock* 'schließen', schwedisch *nyckel* 'Schlüssel', lateinisch *luxus* 'üppiges Wachstum' und griechisch *lygos* 'junger Zweig'. Worin besteht der Zusammenhang zwischen all den Begriffen, die diese Wörter bezeichnen? Deutsch *Locke*, lateinisch *luxus* und griechisch *lygos* haben gemeinsam, daß sie etwas bezeichnen, was wächst und sprießt. Wenn man sich daran erinnert, daß Stöckchen dazu verwendet wurden, etwas zu verriegeln, so liegt die Vermutung nahe, daß die Bezeichnung eines Hölzchens, das zum Verriegeln verwendet werden kann, mittels des metonymischen Verfahrens zu einer Bezeichnung des Schließens wurde. Eine solche etymologische Verbindung gibt es in mehreren Sprachen: schwedisch *stång* 'Stange' – *stänga* 'schließen', lateinisch *clavus* 'Nagel' – *claudere* 'schließen'. Zu diesem Stamm, der *lygos* und *luxus* gemeinsam ist, gab es im Althochdeutschen noch das Verb *luhhan* 'schließen'. *Luke* und *Loch* bezeichnen Dinge, die man

---

28 s. *The Barnhart Dictionary of Etymology*, *The Oxford Dictionary of English Etymology* sowie *The Oxford English Dictionary*, Volume III.
29 cf. Sanders 1965: 236–261. Alle nun folgenden Informationen zur Etymologie von *Glück* sind dieser Monographie entnommen.

schließen kann. Im Deutschen haben wir das Wort *Loch*, im Englischen *lock* 'schließen'. Der Zusammenhang von ahd. *luhhan*, engl. *lock* und nhd. *Luke, Loch* scheint ebenfalls ein metonymischer zu sein – der Übergang vom Schließen auf das, was geschlossen wird. Im Althochdeutschen gab es sowohl das Wort *biluhhan* 'abschließen' als auch *antluhhan* 'öffnen'. Der assoziative Schluß vom Schließen im konkreten Sinne auf das abstrakte kognitive Schließen liegt nahe. So war die metaphorische Übertragung vom Prozeß des Abschließens eines physikalischen Raumes auf den Prozeß des Abschließens eines Entscheidungsprozesses bereits in mittelhochdeutscher Zeit vollzogen. Bei Reinbot von Durne (13. Jh.) lesen wir in ein und demselben Werk, Gott habe *alliu dinc beslozzen* als auch *alliu dinc belochen*.[30] Nun sind wir fast schon beim Begriff des Glücks angekommen. Was Gott *belochen* hat, ist das *gelucke*. Die Beschlüsse Gottes sind unser Schicksal. *Gelucke* bezeichnete zunächst sowohl die für uns positive als auch negative Variante des Schicksals und wurde dann, wie das Auftreten des Wortes *ungelücke* nahelegt, für den positiven Verlauf reserviert. Wir haben es also offenbar mit einer ganzen Kette von metonymischen und metaphorischen Prozessen zu tun, die von der Bezeichnung des Hölzchens zur Bezeichnung des Vorgangs des Verschließens führen und von da über die Bezeichnung göttlicher Beschlüsse zur Bezeichnung des positiven Verlaufs des Schicksals. Dies ist also der Zusammenhang von *Loch*, *Glück* und *Locke*.

Symbolisierung von Symbolen

Durch Symbolisierung von Symptomen entstehen Metonymien. Metaphern bilden wir, indem wir Ikone symbolisieren. Was entsteht durch Symbolisierung von Symbolen? Es entstehen Symbole von Symbolen. Aber was ist das? Ich habe es im elften Kapitel bereits angedeutet: Wir sind in der Lage, die Ausdrücke unserer Sprache nicht nur zu verwenden, sondern auch zu zitieren oder, wie man auch sagt, zu erwähnen. Wenn wir über einen Ausdruck reden wollen, müssen wir ihn zitieren: *Und* und *oder* sind Konjunktionen. Die kursiv gedruckten Wörter des vorherigen Satzes sind nicht verwendet, sondern erwähnt bzw. zitiert. Ein Symbol zitieren heißt aber nichts anderes, als das symbolisierte Symbol verwenden. Die Regel der Zitation ist eine Regel des Ge-

---

30 Reinbot von Durne, Vers 3588 und 3872

brauchs symbolisierter Symbole. Unsere Fähigkeit, Symbole symbolisieren zu können, ist von entscheidender Bedeutung in mindestens zweierlei Hinsicht. Sie erlaubt uns erstens, über unsere Sprache reflektieren zu können, und sie ist zweitens Bedingung der Möglichkeit von Sprachwandel einer bestimmten Art. Ein nicht unerheblicher Teil des Sprachwandels kommt dadurch zustande, daß Sprecher aus den ihnen zur Verfügung stehenden Alternativen genau die Wahl treffen, von der sie sich den meisten Erfolg versprechen. Verschiebt sich die Beurteilung der Erfolgsaussichten der Wahl eines sprachlichen Mittels in die gleiche Richtung, entsteht Sprachwandel. Um aber eine Wahl nach Maßgabe der Erfolgserwartungen treffen zu können, müssen die Sprecher in der Lage sein, sich die Optionen zu vergegenwärtigen. Wer entscheiden können will, ob er zum Abschied *tschüß* oder *ciao* verwendet, muß in der Lage sein, sich *tschüß* und *ciao* zum Zwecke der reflektierenden Abwägung "vor Augen führen" zu können. Um reflexiven Zugang zu diesen Symbolen zu haben, muß er über Symbolisierungen der Symbole verfügen. Symbole sind notwendig, um rationale Wahlhandlungen treffen zu können. Das hat Gauthier deutlich gemacht.[31] Metasymbole sind notwendig, um rationale Wahlhandlungen zwischen Symbolen treffen zu können. Dies folgt aus den Überlegungen von Gauthier. Die Fähigkeit zur Symbolisierung von Symbolen ist somit nichts weniger als eine Bedingung der Möglichkeit rationalen Gebrauchs sprachlicher Mittel.

Die Pointe aus diesen Beobachtungen, Überlegungen und Spekulationen ist folgende: Es gibt genau drei Verfahren, die uns zur Verfügung stehen, unsere kommunikativen Bestrebungen zu realisieren. Ich habe sie das symptomische, das ikonische und das symbolische Verfahren genannt. Das symptomische und das ikonische Verfahren kann nach dem Muster der Dreizimmerwohnung, ohne daß planende Absicht dabei im Spiele ist, zum symbolischen Verfahren "umspringen". Dies sind gleichsam die Prozesse der "Urschöpfung" der Symbole. Das symptomische, das ikonische und das symbolische Verfahren kann auf der symbolischen Ebene abermals angewendet werden, um mit Hilfe konventioneller Mittel neuen Sinn zu erzeugen: Metonymien, Metaphern und Zitationen von Symbolen. Wenn wir kommunizieren wollen und uns, etwa in einer Fremdsprache, die geeigneten Symbole fehlen, oder wenn uns – etwa in der Muttersprache – die zur Verfü-

---

31 Gauthier 1988: 173f. Vgl. auch Kap. 11

gung stehenden Symbole nicht geeignet erscheinen, so verfügen wir
über die Kompetenz, Abhilfe zu schaffen. Wir haben eine Art Kreativ-
programm, das uns erlaubt, auf Symptome und/oder Ikone zurück-
zugreifen oder Metasymptome und Metaikone zu bilden. Und genau
das tun wir. Wir reden entweder "mit Händen und Füßen" oder in
Metonymien und Metaphern. Metaphorisch könnte man sagen: Mit
Händen gestikulieren heißt ikonisch reden, und metaphorisch reden
heißt symbolisch gestikulieren. Beides sind Verfahren innovativer
Sinnerzeugung.

Neue sprachliche Zeichen benötigen irgendeine Art von Transparenz, um überhaupt interpretierbar zu sein (cf. Kapitel 12). Symptome und Ikone sind unmittelbar transparent; sie sind durch kausale
bzw. assoziative Zusammenhänge motiviert. Metonymien und Metaphern sind mittelbar oder relativ motiviert. Wer Deutsch kann und
weiß, daß die Helme von UNO-Soldaten blau sind, hat gute Chancen
zu verstehen, was gemeint ist, wenn er zum ersten Mal in geeignetem
Kontext die Metonymie *Blauhelmeinsatz* hört. Wer Deutsch kann und
weiß, daß Eichen stabil, langlebig und von hartem Holz sind, hat
ebenfalls gute Chancen zu verstehen, was gemeint ist, wenn eine
Person eine Eiche genannt wird. Üblicherweise wird unter *relativer
Motiviertheit* in Saussurescher Tradition[32] nur die regelbasierte relative
Motiviertheit verstanden: Wer weiß, daß türkisch *on* 'zehn' bedeutet
und *dört* 'vier' und darüber hinaus die Wortbildungsregeln kennt, der
kann "errechnen", was *ondört* bedeutet. Hierbei handelt es sich um
eine relative Motiviertheit der *Bedeutung*: Die Bedeutung der Verbindung der beiden Elemente ist eine Verbindung der Bedeutung der
beiden Elemente. Die regelbasierte relative Motiviertheit ist auf die
Langue bezogen. Bei der kausalitätsbasierten Motiviertheit der Metonymie und der assoziationsbasierten Motiviertheit der Metapher
handelt es sich zunächst einmal um relative Motiviertheit des *Sinns*
von Zeichenverwendungen. Sie ist auf die Parole bezogen. In anderen
Verwendungszusammenhängen kann mit *Blauhelm* oder *Eiche* durchaus auch ein anderer Sinn intendiert sein und verstanden werden.

Die Kategorien der Metonymie und der Metapher sind hier, analog
zu denen der Symptome und der Ikone, durch die verwendeten
Schlußprozeduren definiert. So wenig ein Ikon durch seine Motiviertheit definiert ist (und das Symbol durch Unmotiviertheit), so wenig ist

---

32 s. Kap. 11

die Metapher durch ihre Bildlichkeit definiert. Das Verb *begreifen* mag in gewisser Weise bildlich sein; dennoch handelt es sich nach dem hier vorgeschlagenen Sprachgebrauch nicht um eine Metapher. Denn um die Äußerung "Er hat das Problem begriffen" zu interpretieren, bedarf es keiner assoziativen Schlüsse, sondern regelbasierter Schlüsse.[33] So wie Ikone und Symptome zu Symbolen werden können, so können auch Metaphern und Metonymien zu Symbolen werden. Die ehemalige Metapher *begreifen* ist heute ein Symbol, dem man seine metaphorische Vergangenheit noch anmerkt. Die Prozesse der Symbolwerdung von Metonymien und Metaphern faßt man gemeinhin zusammen unter der Bezeichnung *Lexikalisierung*. Diesen Prozessen wollen wir uns nun im Detail zuwenden.

Symbolifizierung von Metaphern und Metonymien

Nicht-wörtlicher Sinn wird bei hinreichender Gebrauchsfrequenz zum wörtlichen, wenn regelbasierte Schlüsse mit der Zeit kausale oder assoziative ersetzen. Diesen Prozeß möchte ich *Symbolifizierung* nennen. Ich will, den bisherigen Usus brechend, mit der Betrachtung der Metaphern beginnen. Metaphern sind Metaikone und verhalten sich analog zu Ikonen.[34] Frequente Metaphern symbolifizieren mit Notwendigkeit, und zwar aus folgenden Gründen: Der Interpret einer metaphorischen Äußerung muß, um sie als Metapher zu interpretieren, zwei Schlüsse hintereinander vollziehen, einen regelbasierten und einen assoziativen Schluß. Ein Räsonnement der Interpretation der metaphorischen Äußerung "Fritz ist ein Papagei." lautet etwa wie folgt: "*Papagei* dient dazu, einen Papageien zu bezeichnen bzw. Papageienhaftigkeit zuzuschreiben. Papageien sind Exoten mit farbenfrohem Gefieder. Da Fritz ein Mensch ist, kann das Prädikat *Papagei* nicht dazu verwendet worden sein, ihn unter die Klasse der Papageien zu subsumieren. Also wurde das Prädikat *Papagei* hier wohl verwendet, um auf Fritzens Hang zu farbenfroher Kleidung hinzuweisen." Assoziative Schlüsse müssen bei hinreichender Vorkommensfrequenz auf die bereits dargestellte Weise notwendig zu regelbasierten Schlüs-

---

33   Richards Bemerkung "Thinking is radically metaphoric" (1938: 48) gilt nur dann, wenn zwischen Metaphern und ehemaligen Metaphern *nicht* unterschieden wird. Sie betont die Tatsache, daß Symbole nicht von allem Anfang an unmotiviert gewesen sein können.

34   Zu Konventionalisierung von Metaphern s. vor allem Traugott 1985

sen werden, so daß die beiden hintereinandergeschalteten Schüsse zu einer einzigen Regel verschmolzen werden, wie es etwa im Falle der ehemaligen *Fuchs*-Metapher geschehen ist. So wurde beispielsweise die Äußerung "Fritz ist ein Fuchs" zu Zeiten, als sie noch echt metaphorisch war, etwa auf folgende Weise interpretiert: "*Fuchs* dient dazu, einen Fuchs zu bezeichnen. Der Fuchs gilt in Tierfabeln als besonders schlaues Tier. Also wurde *Fuchs* hier wohl verwendet, um Fritz besondere Schläue zuzuschreiben." Mittlerweile dürften die beiden Schlüsse zu einer einzigen Regel verschmolzen sein: "*Fuchs* dient dazu, Menschen Schläue zuzuschreiben." Dies ist der Prozeß der Symbolifizierung einer Metapher. Ehemals mit pragmatischen Mitteln erzeugter Sinn ist gleichsam verregelt worden, ist zu einer semantischen Bedeutung des Wortes *Fuchs* geworden.

Im vorherigen Kapitel haben wir gesehen, daß es durchaus der Fall sein kann, daß der eine ein bestimmtes Zeichen als Ikon interpretiert, während es von seinem Gesprächspartner als Symbol interpretiert wird. Was der eine assoziativ erschließt, kann der andere, aufgrund größerer Vertrautheit mit diesem Zeichen, regelbasiert erschließen. Das gleiche gilt auf der Ebene der Metapher. Was für den einen (noch) eine Metapher sein mag, kann für den anderen (bereits) lexikalisiert sein. Im Zuge des Spracherwerbs ist dies ein alltäglicher Zustand. Der Lernende muß sich assoziativ behelfen, während der Wissende Regeln anwendet. Als ich bei einem spanischen Autoelektriker zum ersten Mal das Wort *abierta* 'offen' in bezug auf Licht hörte (*Está abierta, la luz?* 'Ist das Licht an?'), verstand ich aufgrund der Assoziationsgabe und nicht, wie der Monteur, dank der Regelkenntnis. Mit anderen Worten, der Lernende versteht eine ihm noch unbekannte Verwendungsweise eines Wortes wie eine Metapher. Dies kann, darauf weist David Rumelhart hin, beim Spracherwerb des Kindes nicht anders sein. "Thus, the child's language-acquisition process should not be construed, as it often seems to be, as a process of first learning literal language and then, after that is thoroughly mastered, moving on into nonliteral laguage. [...] The processes involved in the comprehension of nonliteral speech are part of our language production and comprehension equipment from the very start."[35] Im Zuge des Spracherwerbs finden in der Individualkompetenz eines Individuums Prozesse der Verregelung statt, die denen der Lexikalisierung analog sind. Mit

---

35 Rumelhart 1979: 80f.

dem Prozeß der Verregelung geht ein Prozeß einher, der gemeinhin mit der Metapher des Verblassens umschrieben wird. Auf diesen Aspekt werde ich im nächsten Kapitel eingehen.

Wenn der Prozeß der Symbolifizierung einer ehemaligen Metapher abgeschlossen ist, kann das so entstandene Symbol wiederum aufs Neue zum Gegenstand des metaphorischen Verfahrens gemacht werden. Betrachten wir als Beispiel die folgende Kurzgeschichte: "Ich habe fünf Hühner. Eines davon ist ausgesprochen gerissen. Immer wenn Schlachttag ist, stellt es sich tot. Dieses Huhn ist wirklich ein Fuchs." Ein Huhn einen Fuchs zu nennen ist eine echte Metapher. Denn das Huhn wird hier nicht unter dem Aspekt eines anderen Tieres, des Fuchs-Seins, gesehen, sondern unter dem Aspekt, ein schlauer Mensch zu sein. Das Huhn wird anthropomorphisiert. Das heißt, die Metapher macht Gebrauch von der Regel, daß *Fuchs* dazu verwendet wird, Personen besondere Schläue zuzuschreiben. Aus ehemalig metaphorischem Sinn ist eine neue Bedeutung geworden, mit der sich nun neue Metaphern bilden lassen. Die Möglichkeit der Bildung kreativer Metaphern kann geradezu zum Test der abgeschlossenen Konventionalisierung der ehemaligen Metapher angesehen werden.

Frequente Metasymptome, also Metonymien, symbolifizieren ebenfalls. In viele Sprachen ist die Bezeichnung für 'Sprache' selbst durch Anwendung des metonymischen Verfahrens auf die Bezeichnung des Körperteils, mit dem sie gesprochen wird, entstanden: lat. *lingua* 'Zunge', 'Sprache'; gr. *glossa* 'Zunge', 'Sprache'; türk. *dil* 'Zunge', 'Sprache'. Metonymien lexikalisieren jedoch nicht mit der Unerbittlichkeit, mit der dies bei Metaphern der Fall ist. Die Metonymie *Blauhelme* beispielsweise hat gute Chancen, eine Metonymie zu bleiben, also mittels eines Schlusses vom Teil aufs Ganze interpretiert zu werden, ungeachtet der hohen Frequenz ihres Gebrauchs. Der Grund für diesen Unterschied zwischen Metaphern und Metonymien ist folgender: Assoziative Schlüsse werden automatisch zu regelbasierten Schlüssen, wenn gemeinsames Wissen in bezug auf das Assoziationsziel entstanden ist. Kausale Schlüsse müssen nicht ihr Wesen verändern, wenn sie zum Gegenstand gemeinsamen Wissens geworden sind. Der kausale Schluß ist bereits ein wissensbasierter Schluß. Vom Regelschluß, der ebenfalls wissensbasiert ist, unterscheidet ihn lediglich die Art des Wissens. Der kausale Schluß nutzt das Wissen von natürlichen Tatsachen, der regelbasierte Schluß nutzt das Wissen von institutionellen Tatsachen. Bezüglich der Kausalzusammenhänge, die die Basis des kausalen Schlusses bilden, braucht kein gemeinsames Wissen vorhanden sein, aber es schadet auch nicht. Wenn Metonymien symbolifizieren, so geschieht dies einfach durch Verschmelzung des regelbasierten Schlusses mit dem kausalen Schluß. Das metonymische Interpretationsräsonnement der Äußerung "Die Tafel ist gedeckt" lautet etwa: "Das Wort *Tafel* dient dazu, die Tischplatte zu bezeichnen. Die Tischplatte ist Teil des ganzen Tisches. Folglich wurde *Tafel* hier wohl verwendet, um den ganzen Tisch zu bezeichnen." Eine solche Schlußsequenz kann zu einer Regel verschmelzen: "*Tafel* dient dazu, einen Eßtisch zu bezeichnen."

Als Fazit dieser Untersuchungen können wir folgendes festhalten:

1. Das symptomische und das ikonische Verfahren können auf der Ebene der Symbole erneut angewendet werden. Die Ergebnisse nennt man Metonymien und Metaphern.

2. Frequente Metaphern müssen, frequente Metonymien können zu neuen Symbolen werden. Die Entwicklung ist unidirektional.

Mit anderen Worten: Auf lange Sicht wird alles zu Symbolen. Einen Weg zurück kann es nicht geben. Denn Symbolifizierung geht immer einher mit der Entstehung von gemeinsamem Wissen. Der Weg zurück setzte einen Gebrauch voraus, der gemeinsames Vergessen zur Folge hätte, ein wohl unmögliches Szenario.

15 Wörtlicher und metaphorischer Sinn[36]

"Durch den metaphorischen Gebrauch eines sprachlichen Zeichens ändert sich dessen Bedeutung. Die wörtliche Bedeutung wird zur übertragenen, zur metaphorischen Bedeutung." Dies ist eine ebenso verbreitete wie unangemessene These. Ich werde versuchen zu zeigen, warum sie nicht korrekt sein kann.

Betrachten wir ein Beispiel. Wenn ich den Satz *Das Gesicht seines neuen Autos lächelte ihn vergnügt an* lesen würde, so würde ich (unter

---

36 Frank Liedtke danke ich für die hilfreichen kritischen Bemerkungen zu diesem und dem folgenden Kapitel.

normalen Äußerungsbedingungen) ihn als metaphorische Äußerung interpretieren. Was heißt das, eine Äußerung metaphorisch interpretieren? Wir haben diese Frage im vorigen Kapitel eingehend besprochen. Es heißt, daß man zwei Interpretationsverfahren hintereinander anwenden muß: Man muß die Gebrauchsregeln der verwendeten Wörter samt Syntax kennen und dann auf der Basis der Kenntnis der Bedeutung des Satzes assoziativ schließen, was es heißen könnte, den Aspekt eines vergnügt lächelnden Gesichts auf ein Auto zu beziehen. Um dies tun zu können, müssen aber die Wörter *Gesicht, lächelte* etc. in ihrer normalen Bedeutung genommen werden. Wenn der Interpret unterstellen würde, daß *Gesicht* hier "eigentlich" *Kühlergrill* heißt, so hätte er den Witz der Metapher gerade zunichte gemacht. Denn die Metaphorizität der Äußerung besteht doch gerade in der Einladung, den Wagen unter der Perspektive des vergnügt lächelnden Gesichts zu betrachten. Dazu muß aber unterstellt werden, daß die Wörter *Gesicht, lächelte* etc. ihre normale Bedeutung haben. "Eine wirklich metaphorische Äußerung ist überhaupt nur deshalb metaphorisch, weil die Ausdrücke nicht ihre Bedeutung geändert haben."[37] Das Bewußtsein der Metaphorizität des Sinns der Äußerung setzt das Bewußtsein der Normalität der Bedeutung des Satzes voraus. "Schwindet das Bewußtsein der Nicht-Wörtlichkeit, stirbt auch die Metapher."[38]

Betrachten wir noch ein zweites aus dem wirklichen Leben gegriffenes Beispiel: Vor geraumer Zeit eröffnete ein Moderator des Westdeutschen Rundfunks die Sendung "Das Mittagsmagazin" mit der mittlerweile klassisch gewordenen Begrüßung: "Guten Tag meine Damen und Herren, guten Morgen liebe Studenten." Was er damit auf frotzelnde Weise zum Ausdruck bringen wollte, ist klar: Studenten pflegen, wenn das Mittagsmagazin beginnt, gerade erst aufzustehen. Der Moderator hat den Ausdruck *guten Morgen* metaphorisch verwendet. Der Hörer wird damit eingeladen, assoziativ zu erschließen, was gemeint sein könnte, wenn mittags Studenten gegenüber die Grußformel *guten Morgen* verwendet wird. Wir wollen uns auch hier fragen: Hat *guten Morgen* in diesem Satz eine andere Bedeutung als die normale? Nein, natürlich nicht! Die Wirkung des Witzes erfordert ja geradezu, daß der Hörer den Ausdruck *guten Morgen* in seiner norma-

37 Searle 1979/1982: 108; cf. auch Davidson 1978: 343ff.
38 Keller-Bauer 1984: 65; cf. auch Davidson 1978: 350

len Bedeutung auffaßt; daß er davon ausgeht, *guten Morgen* diene dazu, jemanden vormittags zu grüßen. Dieses Wissen und das Wissen, daß es gerade zwölf Uhr mittags ist, nimmt der Hörer zur Basis seines assoziativen Schlusses. Hätte der Moderator etwa gesagt: "Guten Morgen meine Damen und Herren; Studenten stehen um diese Tageszeit gerade erst auf", so wäre das genau deshalb frei von Witz, weil der Hörer zur angemessenen Interpretation keines assoziativen Schlussen mehr bedurft hätte. Der Witz kommt durch die Kenntnis der konventionellen Bedeutung und die dadurch erzeugte Entdeckung der begrenzten Regelverletzung zustande. Hätte der Satz seine Bedeutung verändert, so bräuchten ihn die Hörer nicht mehr metaphorisch zu interpretieren; sie könnten ihn wörtlich interpretieren.

Das Analoge gilt für Metonymien. Mit *Blauhelmeinsatz* ist nicht gemeint, daß Soldaten blaue Helme einsetzen, sondern daß sich Soldaten mit blauen Helmen, d.h. UNO-Soldaten, im Einsatz befinden. Wenn man behauptet, daß in dieser Metonymie ein Teil bezeichnet wird, um das Ganze zu meinen, so setzt dies voraus, daß *Blauhelm* einen Teil bezeichnet, nämlich den blauen Helm und nicht den Soldaten. Hätte *Blauhelm* die Bedeutung 'UNO-Soldat', so läge keine Metonymie vor, sondern Ambiguität des Wortes *Blauhelm*. Dieser Zustand ist genau dann erreicht, wenn die Metonymie auf die im vorherigen Kapitel dargestellte Weise lexikalisiert ist. (Ob dies bereits der Fall ist, soll hier nicht entschieden werden.) Ein sprachliches Zeichen hat die Bedeutung, die es eben hat. Eine Bedeutung, d.h. eine Gebrauchsregel, ist etwas relativ Stabiles. Häufige Regelverletzungen oder Regelüberdehnungen können langfristig Regelveränderungen zur Folge haben. Aber *ad hoc* kann eine Regel nicht verändert werden; es sei denn durch explizite Vereinbarung: "Ich verwende nun das Wort *Gesicht* so, wie man normalerweise das Wort *Kühlergrill* verwendet: Mein Auto hat ein verbeultes Gesicht." Eine solche bizarre Prodezur wäre jedoch kein Beispiel für metaphorischen Gebrauch, sondern ein Beispiel für die Vereinbarung eines Geheimcodes.

Das Fazit ist: Die Annahme, daß ein sprachliches Zeichen Gegenstand metaphorischer Interpretation ist, setzt voraus, daß dieses sprachliche Zeichen seine gewöhnliche Bedeutung hat. Hätte es bereits die metaphorische Bedeutung, müßte es, wollte man zur gleichen Interpretation gelangen, wörtlich interpretiert werden.

Was heißt, eine sprachliche Äußerung wörtlich meinen bzw. wörtlich interpretieren? Oft wird geredet von der wörtlichen (bzw. nicht-wörtlichen) Bedeutung eines sprachlichen Ausdrucks. Gemäß der hier vorgeschlagenen Redeweise stellt sich die Frage der Wörtlichkeit in bezug auf die Bedeutung eines sprachlichen Ausdrucks nicht. Die Bedeutung eines Symbols ist die Regel seines Gebrauchs, und von einer Regel zu sagen, sie sei wörtlich oder nicht-wörtlich, ist sinnlos. Wörtlich oder nicht-wörtlich kann die vom Sprecher gewünschte bzw. vom Hörer erzielte Interpretation[39] einer bestimmten Äußerung eines sprachlichen Zeichens sein. Diese haben wir den Sinn der Äußerung genannt. Gemäß der hier vorgeschlagenen Begrifflichkeit kann also nur vom Sinn einer Äußerung gesagt werden, er sei wörtlich oder nicht-wörtlich. Bevor ich darlege, worin die Wörtlichkeit des Sinns besteht, will ich die derzeit wohl elaborierteste repräsentationstheoretische Auffassung von Wörtlichkeit referieren. Sie wurde von Manfred Bierwisch in seinem berühmten Aufsatz "Wörtliche Bedeutung – eine pragmatische Gretchenfrage"[40] vorgestellt. Ich werde zunächst versuchen, Bierwischs Theorie kongenial darzustellen, um sie dann in einem zweiten Schritt kritisch mit den von mir vertretenen Ansichten zu vergleichen.[41]

Bierwisch unterscheidet, wie es üblich und sinnvoll ist, das sprachliche Zeichen, zum Beispiel den Satz, von seiner Verwendung. Das sprachliche Zeichen wird *Ausdruck* genannt und mit *A* abgekürzt. Eine Verwendung von *A* wird *Äußerungsexemplar* genannt und mit *t* abgekürzt. Ein jeder Ausdruck *A* hat eine "sprachlich determinierte Bedeutung",[42] die *B(A)* genannt wird. Die Bedeutung eines Ausdrucks wird aufgefaßt als "logische Form von *A*",[43] die durch "eine kombinatorische Struktur aus semantischen Grundelementen spezifiziert werden kann, die die logische Form von *A* repräsentiert".[44] Einem Äußerungsexemplar *t* kommt eine Äußerungsbedeutung *M(t)* zu und ein kommunikativer Sinn *CS(t)*. Bei einer Äußerungsbedeutung *M(t)* kann es sich, je nach Sachlage, um "die wörtliche Bedeutung"[45] *LM(t)* oder "die nichtwörtliche Bedeutung"[46] *NM(t)* handeln.

---

39 Der Ausdruck *Interpretation* ist akt-objekt-ambig. Die Frage der Wörtlichkeit stellt sich lediglich in der Objekt-Lesart.
40 Bierwisch 1979
41 Zur Kritik an Bierwisch s. auch Feilke 1994: 315ff.
42 Bierwisch 1979: 123
43 Bierwisch 1979: 130
44 Bierwisch 1979: 136
45 Bierwisch 1979: 123
46 Bierwisch 1979: 130

Bierwisch schlägt also ein dreigliedriges Modell vor:

1. sprachliche Bedeutung *B(A)*
2. Äußerungsbedeutung *M(t)*
   2.1 wörtliche Äußerungsbedeutung *LM(t)*
   2.2 nichtwörtliche Äußerungsbedeutung *NM(t)*
3. kommunikativer Sinn *CS(t)*

Den Zusammenhang dieser drei Ebenen erläutert er wie folgt:

> Die Sprachkenntnis [...] determiniert für jedes *A* aus [der Sprache (R.K.)]
> *L* die logische Form von *A*, die ich mit *B(A)* bezeichnet habe. *B(A)* de-
> terminiert zusammen mit den Alltagskenntnissen über den Sachzusam-
> menhang, auf den ein Exemplar *t* von *A* bezogen wird, die wörtliche
> Bedeutung *LM(t)*. Unter bestimmten Bedingungen determinieren die
> Alltagskenntnisse ferner eine von *LM(t)* verschiedene nichtwörtliche
> Bedeutung *NM(t)*. Die Äußerungsbedeutung *M(t)* ist dann je nachdem
> *LM(t)* oder *NM(t)*. Schließlich determiniert *M(t)* zusammen mit den
> allgemeinen Kenntnissen über Interaktionsbedingungen den kommunika-
> tiven Sinn *CS(t)* in Abhängigkeit von der Kommunikationssituation.[47]

Der Sprecher verfügt somit über drei Typen von Wissensbeständen:
sprachliches Wissen, Situationswissen und Interaktionswissen. Ausge-
hend von *A* entsteht eine Determinationkette bis *CS(t)*, die durch die
jeweilige Intervention des nächsthöheren Wissensbestands ausgelöst
wird:

[[*A* + sprachliches Wissen → *B(A)*] + Situationswissen → *M(t)*] +
Interaktionswissen → *CS(t)*

Bierwisch verdeutlicht diese Theorie anhand mehrerer Beispiele; eines
davon ist (ein wenig verkürzt) das folgende:

(1)   *Das habe ich nur mit der linken Hand gemacht.*
(2)   *Ich habe X nur mit der linken Hand gemacht.*
(3)   *Ich habe X nur nebenbei gemacht.*
(1b) *Ich entschuldige mich für die Fehler der Handarbeit, die daher rühren, daß
      ich sie mit der linken Hand anfertigen mußte.*
(1c) *Von diesem Artikel halte ich nicht viel, denn ich habe auf seine Ausarbei-
      tung nicht viel Mühe verwendet.*

Mit der Verwendung des Satzes (1) kann ein Sprecher je nach Kontext
etwa (1b) oder (1c) meinen. (1b) und (1c) sind Paraphrasen möglicher

---

47 Bierwisch 1979: 130

kommunikativer Sinne. Wenn der Sprecher mit dem Äußern von (1) den kommunikativen Sinn (1b) ausgedrückt hat, so hatte das Äußerungexemplar (1) die Äußerungsbedeutung (2). Meinte er hingegen mit der Äußerung von (1) (1c), so hatte die Äußerung die Äußerungsbedeutung (3). Mit anderen Worten, im ersten Fall ist die Äußerungsbedeutung *M(t)* die wörtliche Bedeutung *LM(t)*, im zweiten Fall die nichtwörtliche Bedeutung *NM(t)*. "Im Grenzfall", so schreibt Bierwisch, "kann LM(t) mit B(A) zusammenfallen, im allgemeinen Fall gilt diese Gleichheit jedoch nicht."[48] Ich will die Darstellung hier abbrechen und nun zum Kommentar übergehen.

Die Bedeutung eines Ausdruck ist dieser Theorie gemäß keine Gebrauchsregel, sondern eine logische Form, die durch eine Menge sogenannter semantischer Merkmale "spezifiziert" werden kann. Die "sprachlich determinierte Bedeutung" *B(A)* des Ausdrucks *Junggeselle* ist "UNVERHEIRATETE ERWACHSENE MÄNNLICHE PERSON".[49] Die kommalose Schreibweise in Kapitälchen soll wohl andeuten, daß es sich dabei nicht um gewöhnliche deutsche Wörter handeln soll, sondern um sogenannte semantische Merkmale. Woher aber wissen Sprecher und Hörer, welche durch diese Merkmale "spezifizierte" "logische Form" der Ausdruck *Junggeselle* "bezeichnet"? Und dank welcher Merkmale ist der Ausdruck in der Lage, genau diese Form zu "bezeichnen"? Die Antwort auf die zweite Frage ist das Geheimnis aller repräsentationistischen Ansätze. Die Antwort auf die erste Frage scheint mir lauten zu müssen: Sprecher und Hörer wissen, daß *Junggeselle* diese Merkmalmenge repräsentiert (wenn sie es denn wissen), weil sie gelernt haben, das Wort *Junggeselle* zu verwenden, um auf unverheiratete, erwachsene, männliche Personen zu verweisen, oder um von erwachsenen Männern auszusagen, sie seien unverheiratet. Wenn wir aber annehmen, daß es das ist, was sie wissen, dann heißt das offenbar, daß wir annehmen, daß sie über die Kenntnis einer Gebrauchsregel verfügen. Nun könnte man vielleicht geneigt sein anzunehmen, daß es sich bei den als Merkmalmenge bezeichneten Wörtern einfach um eine besondere Form der Formulierung einer Gebrauchsregel handelt. Dagegen spricht jedoch die These, daß ein Ausdruck seine Bedeutung *B(A)* repräsentiert. Denn ein Ausdruck repräsentiert nicht seine Gebrauchsregel, sondern er folgt ihr.

---

48 Bierwisch 1979: 140
49 Bierwisch 1979: 139

Die Ausdrucksbedeutung und die Äußerungsbedeutung können
Bierwischs Konzept gemäß zusammenfallen. Daraus folgt, daß auch
die Äußerungsbedeutung als Merkmalmenge aufgefaßt wird. Normalerweise, so ist Bierwischs These wohl zu verstehen, repräsentiert das
Äußerungsexemplar nicht genau die Merkmalmenge, die der Ausdruck
repräsentiert. "Im Grenzfall" ist dies jedoch nicht ausgeschlossen. Die
wörtliche Äußerungsbedeutung *LM(t)* eines Äußerungsexemplars *t* des
Ausdrucks A liegt nach Bierwisch genau dann vor, wenn die sprachlich
determinierte Bedeutung *B(A)* nicht im Konflikt mit Informationen des
Äußerungskontextes steht.[50]

In diesem Modell ist weitestgehend abstrahiert von Sprechern, die
versuchen, kommunikative Intentionen zu realisieren, und Adressaten,
die versuchen, diese zu entschlüsseln. Schlußprozeduren mit einem
erheblichen Anteil an "Ratespielkomponente"[51] werden zu Determina-
tionsketten reifiziert. Dies ist nicht per se unangemessen. Erfordernisse
der Darstellung mögen Merkmalschreibweisen und eine entpersonifi-
zierte quasi-algorithmische Auffassung des Kommunikationsprozesses
gebieten. In diesem Falle handelt es sich jedoch nicht um eine billigend
in Kauf genommene Verkürzung, sondern um einen Irrtum. Bierwisch
– und mit ihm wohl die meisten repäsentationistischen Semantiker –
hält es für unangemessen, die Bedeutung auf die kommunikative
Praxis der Sprachbenutzer zu gründen. Er tut sich sichtlich schwer, die
Grundidee eines solchen Programms zu begreifen, glaubt offenbar, das
Programm bestünde darin, die Bedeutung eines Ausdrucks aus dem
Sinn einer seiner Verwendungen "abstrahieren" zu wollen, und hält
dagegen: "Und in diesem Sinne ist meine These die, daß die sprachli-
che Bedeutung als ein eigenes Determinationsgefüge in das sprachliche
Handeln eingeht und nicht durch Aufgabe einer Abstraktion auf dieses
reduziert werden kann. (Strömungsgesetze und Gravitation, die die
Bahn eines fallenden Blattes bestimmen, sind auch nicht praktikable
Abstraktionen, sondern verschiedene Determinationssysteme)".[52] Der
Klammerzusatz gestattet es, den Irrtum zu lokalisieren. Bierwisch sieht
nicht den Aspekt der Genese, der in der handlungstheoretischen
Fundierung liegt. Natürlich ist die sprachliche Bedeutung, wenn man
so will, ein eigenes "Determinationsgefüge"; natürlich läßt sich die

---

50 Bierwisch 1979: 140
51 cf. Kap. 11
52 Bierwisch 1979: 120

Bedeutung eines Satzes nicht aus dem Sinn einer seiner Verwendungen "abstrahieren". Wenn die Bedeutung Interpretation ermöglichen soll, darf sie die Interpretation nicht voraussetzen.[53] Dennoch verdankt die Bedeutung des Ausdrucks *Junggeselle* ihre Existenz der kommunikativen Praxis. In Bierwischschen Worten könnte man vielleicht sagen: Das heute gültige Determinationsgefüge ist das Ergebnis der Konventionalisierung vergangener kommunikativer Praxis. Das unterscheidet Bedeutungen kategorial von Gravitation und Stömungsgesetzen! Die Bedeutung des Wortes *Junggeselle* ist die zur Gepflogenheit gewordene Praxis kommunizierender Menschen. Die Gravitation hingegen ist nicht die zur Gepflogenheit gewordene Praxis fallender Äpfel. Das Determinationsgefüge "Gravitation" verdankt seine Existenz nicht der Tatsache, daß Blätter und Äpfel in der Vergangenheit zu fallen pflegten. Die aktuale Bedeutung eines Wortes verdankt hingegen seine Existenz ausschließlich der Tatsache, daß Sprecher und Hörer dieses Wort auf eine gewisse Weise zu verwenden pflegten und dies immer noch tun. In genau diesem Sinne sind gegenwärtige Bedeutungen Funktionen zurückliegender kommunikativer Handlungen. Diese These ist sehr verschieden von der wilden These, eine Bedeutung sei eine Abstraktion sprachlichen Handelns.

Die Dreistufigkeit des Bierwischschen Modells ist, wie wir gesehen haben, durch durch die Annahme dreier Wissensbestände motiviert. Die Anwendung des sprachlichen Wissens führt zur sprachlich determinierten Bedeutung, die zusätzliche Anwendung von Alltagswissen führt zur wörtlichen oder nichtwörtlichen Äußerungsbedeutung und die nochmals zusätzliche Anwendung der Interaktionsbedingungen führt zum kommunikativen Sinn. Ich glaube, daß es sinnvoll ist, drei derartige Stufen anzunehmen, möchte diese jedoch durch die unterschiedlichen Formen des interpretativen Schließens zu motivieren versuchen. Vergleichen wir zunächst Bierwischs Beispielsatz (1) mit einem ähnlichen Satz (1'):

(1) *Das habe ich nur mit der linken Hand gemacht.*
(1') *Das habe ich mit der rechten Hand gemacht.*

Unterstellen wir, der Sprecher wolle mit (1') zum Ausdruck bringen, daß er sich bei der Ausarbeitung besonders viel Mühe gegeben hat.[54]

---

53 s. dazu Kap. 6
54 In kontrastiven Kontexten der Art *Das habe ich nur mit der linken Hand gemacht, dies jedoch mit der rechten* ist das möglich.

Der Unterschied zwischen (1) und (1') besteht doch offenbar (unter anderem) darin, daß die Lesart von (1) 'Das habe ich nur nebenbei gemacht', die Bierwisch als die nichtwörtliche bezeichnet, von den Gebrauchsregeln des Ausdrucks *etwas mit der linken Hand machen* mit vorgegeben ist, während die Lesart von (1') 'Das habe ich mit besonderer Sorgfalt gemacht' eine ist, die neben einem regelbasierten Schluß noch einen assoziativen Schluß benötigt. Mit anderen Worten, die genannte Lesart von (1') ist eine metaphorische, die von (1) ist keine metaphorische. (Wenn (1) oder (1') von einem Menschen geäußert wird, der bekanntermaßen Linkshänder ist, sind unter Umständen in beiden Fällen metaphorische Interpretationen naheliegend!) Bei dem Ausdruck *etwas mit der linken Hand machen* handelt es sich offenbar um eine ehemalige, mittlerweile lexikalisierte Metapher, das heißt, um ein sprachliches Zeichen, dem man die metaphorische Vergangenheit noch anmerkt. Lexikalisierung von Metaphern führt, wenn die frühere Bedeutung nicht gleichzeitig verlorengeht, zu ambigen Ausdrücken.[55] "Die Metapher gefriert oder, besser, verdunstet, und es bleibt ein Paar buchstäblicher Verwendungen übrig – bloße Ambiguität anstelle einer Metapher."[56]

Würden wir in bezug auf den Satz

(1'') *Er hat sich ein Schloß gekauft.*

die Lesart 'ein feudales Gebäude' als nichtwörtliche Bedeutung im Bierwischschen Sinne ansehen und die Lesart 'Vorhängeschloß' als die wörtliche? Nein, und der Grund ist folgender: *Schloß* ist zwar wie *etwas mit der linken Hand machen* (in der entsprechenden Lesart) eine lexikalisierte Metapher, aber im Falle von *Schloß* liegt der Prozeß der Lexikalisierung länger zurück, so daß die ehemalige Metaphorizität nicht mehr in gleichem Maße transparent ist wie im Falle der linken Hand. Wenn dem aber so ist, so resultiert daraus folgende Beurteilung: Der Ausdruck *Schloß* ist ambig und hat zwei sprachliche determinierte Bedeutungen $B(A)$; die Äußerung (1'') hat zwei Äußerungsbedeutungen $M(t)$, die beide wörtliche Bedeutungen $LM(t)$ sind.[57] Der Ausdruck *etwas mit der linken Hand machen* hat zwar ebenfalls zwei sprachlich determinierte Bedeutungen $B(A)$, aber eine der beiden

---

55 cf. Nieraad 1977: 45f.
56 Goodman 1968/1973: 81
57 cf. Bierwisch 1979: 138ff.

Äußerungsbedeutungen einer Äußerung von (1) hat die nichtwörtliche
Bedeutung *NM(t)*. Daraus folgt, daß die Unterscheidung in wörtliche
und nichtwörtliche Äußerungsbedeutung eine sprachhistorisch motivierte ist. Diese Lösung ist selbstverständlich nicht die von Bierwisch
präferierte. Die Alternative dazu ist: Man nimmt an, daß der Ausdruck
etwas mit der linken Hand machen keine lexikalisierte, sondern eine
echte Metapher ist.[58] Für diesen Fall sieht Bierwisch eine "Übertragungsfunktion MET"[59] vor. Er nimmt an, "daß die Bildung der übertragenen Bedeutung von einer zum Kenntnissystem gehörenden und
nicht nur auf sprachlichen Strukturen operierenden Funktion der
Metaphernbildung determiniert wird".[60] Selbstverständlich ist sich
Bierwisch der Tatsache bewußt, daß "die bloße Postulierung der
Übertragungsfunktion MET keineswegs deutlich [macht], durch
welche Kriterien *LM(t)* und *NM(t)* unterscheidbar sind".[61] Mit Hilfe
der Übertragungsfunktion MET werde lediglich innerhalb des Wissensbestands der Alltagskenntnisse ein "Zusammenhang hergestellt,
wenn *t* mit nicht-wörtlicher Bedeutung verwendet wird".[62]

In dem von mir vorgeschlagenen Rahmen sind ebenfalls Ebenen
vorgesehen, die denen entsprechen, die von Bierwisch *A(B)*, *M(t)*,
LM(t) und *NM(t)* genannt werden. Nehmen wir an, ein stadtbekannter
Linkshänder äußere den Satz:

(1') *Das habe ich mit der rechten Hand gemacht.*

Ein Adressat und Interpret dieser Äußerung wird folgende Interpretationsschritte zu vollziehen haben:

Der geäußerte Satz hat die Bedeutung, die sich aus den Regeln des
Gebrauchs der Wörter samt der morphologischen und syntaktischen
Regeln ergibt. Diese kennen Sprecher und Adressat dank der Kenntnis
der deutschen Sprache. Die Bedeutung des Satzes besteht darin, geeignet zu sein, einen Adressaten wissen zu lassen, daß der Sprecher ein
in Rede stehendes Ding mit der rechten Hand gemacht hat. Die wörtliche Interpretation bzw. den wörtlichen Sinn erhält man, wenn man
zur Interpretation keine anderen Schlüsse vollzieht als regelbasierte

---

58 Diese Annahme halte ich für inadäquat. Das spielt jedoch für das Verständnis von
    Bierwischs Theorie keine Rolle.
59 Bierwisch 1979: 142
60 Bierwisch 1979: 142
61 Bierwisch 1979: 142
62 Bierwisch 1979: 142

Schlüsse mit Ausnahme derer, die zur Referenzfixierung und gegebenenfalls zur Disambiguierung nötig sind. In unserem Beispiel ist mangels ambiger Zeichen Disambiguierung nicht erforderlich; wohl aber Referenzfixierung. Was mit *das* gemeint ist, ist nicht aus der Kenntnis der Regeln der Sprache erschließbar. Die Regeln der Sprache lassen nur erkennen, daß es sich um etwas handelt, das entweder unmittelbar vorerwähnt ist oder sich im Gesichtsfeld der Kommunikationspartner befindet. Worauf mit *das* genau Bezug genommen wird, muß der Hörer auf andere Weise erschließen. Es bieten sich zwei alternative Verfahren an: Entweder verwendet der Sprecher nichtverbale Mittel, die ihrerseits regelhaftem Gebrauch folgen, zum Beispiel den Zeigegestus. In diesem Fall kann der Hörer den wörtlichen Sinn mit ausschließlich regelbasierten Schlüssen herausfinden, wenn auch mit Regelschlüssen, die sich auf zwei verschiedene Zeichensysteme beziehen, das sprachliche und das gestische. Die andere Möglichkeit ist die, daß der Hörer das symptomische Verfahren anwendet, und das Teilwissen, das ihm die Interpretation des Satzes liefert, in sein Gesamtwissen zu integrieren versucht. Ein mögliches Räsonnement könnte folgendermaßen aussehen: "Der Sprecher referiert auf seinen Gesprächsgegenstand mit *das*. Er gibt mir keine gestischen Hinweise, worauf er sich mit *das* beziehen möchte. Das ist für mich ein Symptom dafür, daß er sich auf einen Gegenstand bezieht, von dem er annimmt, daß ich ihn ohne weitere Informationen identifizieren kann. Da er außerdem weiß, daß ich weiß, daß er gerade einen Töpferkurs besucht, nehme ich an, daß er wohl den Tonkrug auf dem Tisch meint." Wenn der Sprecher diese Schlüsse, die sprachbezogen regelbasierten und die zur Referenzfixierung notwendigen, vollzogen hat, hat er den wörtlichen Sinn der Äußerung interpretiert. Sprachliches Regelwissen reicht im allgemeinen nicht aus, um auch nur zur wörtlichen Interpretation einer Äußerung zu gelangen. Wenn jemand sagt *Komm mal her*, so kann ich nicht aus meiner Sprachkenntnis allein erschließen, daß ich gemeint bin! Ich schließe dies normalerweise aus dem Blickkontakt, der Tatsache, daß ich der einzige bin, der sich mit dem Sprecher im gleichen Raum befindet, der Tatsache, daß ich mich mit dem Sprecher duze, oder ähnlichem. Das heißt, ich nehme diese "Begleitumstände" als Symptome dafür, daß der Sprecher mich meint. Sperber und Wilson nennen eine solche Konstruktion des wörtlichen Sinns aus dem sprachlichen Material, der Referenzfixierung sowie der Disambiguierung "the *development* of a logical form".[63] Das Ergebnis einer solchen Entfaltung nennen sie eine Explikatur (in Anlehnung an den Griceschen Terminus der Implikatur).[64]

Unserem Äußerungsszenario ist die Information mitgegeben, daß es sich um einen Sprecher handelt, der bekanntermaßen Linkshänder ist. Dies wird den Hörer unter geeigneten Bedingungen dazu bringen anzunehmen, daß der Sprecher seine Äußerung metaphorisch verstanden wissen möchte. Eine Äußerung metaphorisch interpretieren heißt, die wörtliche Interpretation zur Basis eines oder mehrerer assoziativer Schlüsse zu machen. Ein solcher assoziativer Schluß könnte möglicherweise so aussehen: "Er sagte, er habe den Krug mit der rechten Hand gemacht. Ich weiß, daß er Linkshänder ist, und daß er weiß, daß mir dies bekannt ist. Ich weiß, daß der Ausdruck *etwas mit der linken Hand machen* die Lesart haben kann 'etwas mit geringer Sorgfalt machen'. Er will mich (vermutlich) dazu bringen, auf der Basis der Kenntnis seiner Linkshändigkeit und der Basis der Kenntnis einer der Gebrauchsregeln des Ausdrucks *etwas mit der linken Hand machen* zu assoziieren, was es für einen Linkshänder heißen könnte zu sagen, er habe etwas mit der rechten Hand gemacht, nämlich 'er hat es mit geringer Sorgfalt gemacht'." Welcher Art ist aber der Schluß, der den Hörer dazu bringt, das metaphorische Verfahren überhaupt anzuwenden? Die Fähigkeit, das metaphorische Verfahren anzuwenden, ist eine Sache. Zu erkennen, daß es geboten ist, von dieser Fähigkeit Gebrauch zu machen, ist eine andere.[65] Um dies erläutern zu können, muß ich ein wenig weiter ausholen.

Betrachten wir zunächst eine denkbar einfache Äußerung, von der wir annehmen wollen, sie solle nicht metaphorisch interpretiert werden:

(2) *Ich habe Kopfweh.*

Der Adressat, an den diese Äußerung gerichtet ist, ist dank seiner Kenntnis der Bedeutung des verwendeten Satzes in der Lage zu erschließen, daß der Sprecher beabsichtigt, ihm erkennen zu geben, daß der Sprecher Kopfweh hat. Denn dieser Satz ist hierzulande ein per Konvention geeignetes Mittel, eben dies erkennen zu geben. Unter

---

63 Sperber und Wilson 1986a: 181
64 Sperber und Wilson 1986a: 182; zum Begriff der Implikatur s. Kap. 16
65 Keller-Bauer (1984: 1) unterscheidet systematisch zwischen dem Interpretieren einer Metapher und dem Erkennen einer Metapher.

(normalen) Umständen glaubt der Hörer, nachdem er die Äußerung interpretiert hat, daß der Sprecher Kopfweh hat. Was aber bringt ihn dazu, das zu glauben? Sprachregeln können es nicht sein. Keine Sprachregel der Welt kann mich dazu bringen, was ich lese, auch zu glauben! Es bedarf dazu eines zusätzlichen Schrittes. Der zusätzliche Schritt ist der Schluß vom Mittel auf den Zweck unter Berücksichtigung der gegebenen Bedingungen: "Ich nehme zur Kenntnis, daß der Sprecher ein Mittel verwendet, von dem ich weiß, daß es dank hierzulande geltender Konventionen dazu dient, jemandem erkennen zu geben, daß man Kopfweh hat. Die Tatsache, daß der Sprecher mir gegenüber dieses Mittel anwendet, ist ein Symptom dafür, daß er mich glauben machen möchte, daß er Kopfweh hat. Da ich ihn für ehrlich halte und ich nichts erkennen kann, was dagegen spräche, werte ich die Tatsache, daß er diesen Satz geäußert hat, als Symptom dafür, daß er tatsächlich Kopfweh hat."

Mit anderen Worten: Wir interpretieren einerseits den Satz und andererseits die Tatsache, daß er unter gegebenen Bedingungen geäußert wurde. Den Satz selbst interpretieren wir auf der Basis der uns bekannten und dem Sprecher unterstellten Sprachregeln. Das Interpretationsverfahren ist der regelbasierte Schluß. Dieser Interpretationsschritt führt uns (wenn alles gut geht) zu der Erkenntnis, was uns der Sprecher zu erkennen geben möchte; oder salopp ausgedrückt: was er uns sagen will. Die Tatsache, daß er diesen Satz geäußert hat, interpretieren wir mittels des symptomischen Verfahrens. Die Interpretation des Tatbestands der Äußerung als Symptom führt uns (wenn alles gut geht) zu der Erkenntnis, zu welchem Zweck dieses Mittel eingesetzt wurde; oder salopp ausgedrückt: was er will, daß wir glauben oder tun sollen.

Schauen wir uns zur Verdeutlichung ein nichtsprachliches Beispiel an: Ich sehe am Ufer eines Baggersees einen Mann sitzen, der eine Angelrute ins Wasser hält. Unter normalen Bedingungen nehme ich an, daß er angelt. Was führt mich zu dieser Annahme? Es ist der Schluß vom Mittel auf den Zweck: "Ich weiß, daß das, was er tut, dazu dient, Fische zu fangen. Er tut's, also wird er wohl Fische fangen wollen." Der Schluß ist nicht zwingend! Was berechtigt mich dazu, auf der Basis der Kenntnis der Mittel-Zweck-Relation anzunehmen, daß gerade er mit diesem Mittel den üblichen Zweck verfolgt? Er könnte ja Ufos fangen wollen. Sperber und Wilson würden sagen, es sei die Relevanzunterstellung: Was einer tut, sollte etwas Relevantes sein. Das

Relevante zu tun ist jedoch lediglich ein Spezialfall rationalen Handelns.[66] Was mich dazu berechtigt anzunehmen, daß der Angler Fische fangen möchte, ist die Rationalitätsannahme. In Nozicks Formulierung lautet sie: "Interpret or translate what the person says and does so as to make the person as *rational* as possible."[67] Es handelt sich hierbei um eine Default-Annahme, eine "so-lange-nichts-dagegen-spricht"-Annahme (wie Dorothea Franck[68] sie nennt), die wir im Umgang mit unseren Artgenossen immer und überall bis zur Evidenz des Gegenteils machen. Sie ist eine sehr hartnäckige Unterstellung, eine, die wir aufrechterhalten, so lange es eben geht.[69]

Erweitern wir unser Szenario ein wenig und nehmen wir zusätzlich folgendes an: Ich weiß, daß dieser Baggersee absolut frei von lebenden Fischen ist und daß dies hier in der Gegend allgemein bekannt ist. Ich weiß, daß dieser Mann hier in der Gegend wohnt und nehme an, daß ihm bekannt ist, daß es in diesem See keine Fische gibt. Auf der Basis dieser Annahmen bleiben mir als Interpreten zwei Optionen.

Ich kann daraus erstens schließen: "Der Mann ist verrückt." Zweitens kann ich schließen: "Er will nicht wirklich angeln; er tut nur so. (Er ist Detektiv und möchte auf unverdächtige Weise den Uferweg observieren)." Die erstere der beiden Optionen heben wir uns üblicherweise auf, bis wir wirklich keine andere Wahl mehr haben. Denn sie ist nicht etwa eine unfaire Interpretation des Handelns eines Mitmenschen, sondern der Verzicht auf Interpretation. Anzunehmen, daß der Mann verrückt ist, heißt, sich mit der Uninterpretierbarkeit seines Tuns abfinden. Das heißt aber zugleich, sich mit der eigenen Unfähigkeit, zu einer Interpretation zu gelangen, mit dem eigenen Unverständnis abzufinden. Wenn wir also sagen, wir halten die Rationalitätsannahme aufrecht, so lange es irgend möglich ist, so bedeutet dies: Wir versuchen zu einer Interpretation zu gelangen, so lange es irgend möglich ist. Wenn ich die zweite Option wähle, so versuche ich, das beobachtete Ereignis als rationales Mittel für einen unter gegebenen Umständen als plausibel erscheinenden Zweck zu intepretieren. Ich

---

66 Zum Zusammenhang von Rationalität und Relevanz s. Kap. 16
67 Nozick 1993: 153
68 Franck 1980: 43
69 Dies gilt ungeachtet der Tatsache, daß es in unterschiedlichen (Sub-)Kulturen unterschiedliche Urteile gibt, welche Handlungsziele erstrebenswert sind, welche Wege zu einem gegebenen Ziel führen und welche Faktoren als Kosten und als Nutzen zu bewerten sind.

versuche, von dem beobachteten Mittel auf einen Zweck des Tuns zu schließen, der im Einklang steht mit meinem mitgebrachten Wissen und mit der Annahme, daß die Handlung des beobachteten Mannes rational ist. Das bedeutet, ich nehme an, daß das Mittel aus der Sicht des Mannes und auf der Basis der ihm subjektiv zur Verfügung stehenden Möglichkeiten den Zweck optimal erfüllt. Das Mittel ist mir Symptom des Zwecks. Wenn mir der symptomische Schluß vom Mittel auf den Zweck gelungen ist, habe ich das befriedigende Gefühl, verstanden zu haben, was der Mann am Ufer tut. Kehren wir nun zurück zu unserer metaphorischen Äußerung.

Ein Linkshänder, der den Satz *Das habe ich mit der rechten Hand gemacht* äußert, verwendet ein Mittel, das konventionsgemäß einem Zweck dient, von dem es unter den gegebenen Bedingungen unplausibel wäre anzunehmen, daß ihn der Sprecher zu verwirklichen trachtete. Jemanden wissen zu lassen, welche Hand man zu einer Tätigkeit benutzt hat, gilt gemeinhin nicht als "lohnendes Ziel", wenn man damit nicht etwas darüber hinaus Gehendes zu verstehen zu geben beabsichtigt. Eine irrelevante Mitteilung ist des Aufwands nicht wert, sie zu vollziehen. Sie ergibt einen negativen Nettonutzen und somit eine suboptimale Mittel-Zweck-Relation. Mit anderen Worten, die Annahme, daß es *nur diese* Mittel-Zweck-Relation ist, die ich dem Sprecher unterstellen sollte, steht nicht im Einklang mit der Rationalitätsannahme. Das eingesetzte Mittel *muß* einem anderen Zweck dienen. Die Unplausibilität der Unterstellung, die *prima facie* Interpretation sei die erwünschte, sowie die Unplausibilität der Annahme, der Zweck der Äußerung wäre mit der Interpretation des wörtlichen Sinns erkannt, ist für den Adressaten Symptom dafür, daß er weitere Interpretationsschritte unternehmen sollte. Die Interpretationsschritte, die ihm sein *sprachliches* Wissen ermöglicht, sind jedoch erschöpft. Was ihm bleibt, ist die Assoziation auf der Basis der Interpretation des wörtlichen Sinns und seines sonstigen "mitgebrachten", durch die Äußerung aktivierten Wissens. Der Adressat reinterpretiert das Mittel als Metapher, um es mit einem plausiblen Zweck in Verbindung bringen zu können uns somit die Rationalitätsannahme aufrechterhalten zu können. Wenn wir annehmen, daß dem Adressaten die Metaphorizität seiner Interpretation präsent ist, müssen wir auch annehmen, daß ihm die *prima facie* Interpretation bleibt. Denn das Wissen um die Metaphorizität entsteht ausschließlich durch die Erfahrung, daß die Interpretation *zwei* Schlußprozesse erforderte.

Ich will den bisherigen Stand der Überlegungen resümieren:

1. Der Adressat muß stets zwei Dinge interpretieren: den geäußerten Satz und die Tatsache, daß er unter den gegebenen Umständen geäußert wurde. Vereinfacht ausgedrückt heißt das: Der Adressat muß, um eine Äußerung zu verstehen, Antworten auf die Frage "Was hat er gesagt?" und auf die Frage "Wozu hat er das gesagt?" finden.

2. Die Interpretation des geäußerten Satzes ("Was hat er gesagt?") führt zum wörtlichen Sinn; sie geschieht mit Hilfe des symbolischen Verfahrens. Sind, was gemeinhin der Fall ist, Disambiguierungen und/oder Referenzfixierungen vorzunehmen, muß darüber hinaus noch das symptomische Verfahren angewendet werden. Das bedeutet, daß im allgemeinen sprachliches Wissen allein nicht hinreicht, um zur wörtlichen Interpretation einer Äußerung zu gelangen.[70] Wenn man, was Bierwisch[71] nahelegt, den Bereich der Linguistik auf den Bereich des reinen Sprachwissens beschränkt, so folgt daraus, daß bereits das, was Bierwisch wörtliche Bedeutung nennt, aus diesem Bereich herausfällt.

3. Die Interpretation der Tatsache, daß eben diese Äußerung unter den gegebenen Bedingungen vollzogen wurde ("Wozu hat er das gesagt?"), führt den Adressaten unter Umständen dazu, den wörtlichen Sinn zur Ausgangsbasis weiterer interpretativer Bemühungen zu machen. Wer die Tatsache, daß die Äußerung vollzogen wurde, interpretiert, schließt vom Mittel auf den Zweck. Er betrachtet den Einsatz des Mittels als Symptom der Absicht, einen bestimmten Zweck zu erreichen. Gelingt es nicht auf der Basis der wörtlichen Interpretation unter der Annahme der Rationalität, der Handlung des Sprechers einen plausiblen Zweck zu unterstellen, so ist diese Tatsache ihrerseits ein hinreichendes Symptom dafür, daß die Äußerung eine andere als die wörtliche Interpretation erfahren muß. Eine metaphorische Äußerung ist wörtlich interpretiert eine irrationale Handlung. Daß eine Metapher bei wörtlicher Interpretation "eine semantisch anomale Prädikation"[72] darstellt oder daß sie irrelevant, widersprüchlich oder sortal inkorrekt[73] ist, dies alles sind lediglich Spezialfälle irrationalen Tuns. Verkürzt gesagt: Die Metapher ist wörtlich irrational.

---

70 vgl. dazu Rumelhart 1979: 83f.
71 Bierwisch 1979: 130
72 Köller 1975: 335
73 Keller 1975

Das heißt: Im Falle der Metapher ist das Ergebnis der symbolischen Interpretation eines geäußerten Satzes Symptom der Notwendigkeit ikonischer Interpretation. Gelingt es jedoch, den wörtlichen Sinn als Symptom eines plausiblen Zwecks zu interpretieren, so ist dies Symptom dafür, es bei der wörtlichen Interpretation belassen zu können.

Die Interpretation des Zwecks ist somit in jedem Falle implikativ. Mit dieser These wollen wir uns im nächsten Kapitel befassen.

16 Rationalität und Implikaturen

Im vorherigen Kapitel haben wir gesehen, daß der Hörer, um eine Äußerung zu verstehen, stets zwei Schlußprozeduren vollziehen muß. Er muß die Äußerung auf der Basis seines sprachlichen Regelwissens (das in den meisten Fällen durch nicht-sprachliches Wissen ergänzt werden muß) interpretieren und das Ergebnis dieser Interpretation als Symptom eines mit der Äußerung verfolgten Zwecks ansehen. Mit anderen Worten, er muß das Ergebnis der Anwendung des symbolischen Verfahrens dazu nutzen, mittels des symptomischen Verfahrens die Mittel-Zweck-Relation zu rekonstruieren. Der semantischen Interpretation muß eine pragmatische Mittel-Zweck-Beurteilung folgen.

Wenn dies aus der Perspektive des Adressaten formuliert ist, so soll das nicht heißen, daß es sich hierbei um eine hörerseitige Theorie handelt. Es vereinfacht nur die Darstellung, wenn man eine der beiden Perspektiven auswählt. Ich unterstelle stets, daß die Schlüsse, die der Hörer vollzieht, genau diejenigen sind, um deren Vollzug willen der Sprecher seine Äußerung tätigt; das heißt, ich unterstelle vollständig gelungene Kommunikation.

Der symptomische Schluß vom Mittel auf den Zweck führt den Hörer zum Verständnis dessen, wozu ihn der Sprecher mit seiner Äußerung bringen will, was er ihn tun oder glauben machen möchte. In dieser Redeweise ist eine gravierende Vereinfachung verborgen, auf die ich bereits im elften Kapitel hingewiesen habe: Der Schluß vom Mittel auf den Zweck ist ein abduktiver Schluß; die Mittel-Zweck-Relation ist nicht ein-eindeutig. Daraus folgt, daß es für den Hörer kein sicheres Verfahren gibt, eine gegebene Äußerung A als Einsatz genau des Mittels M zu identifizieren. Er benötigt zur Identifikation von *A* als *M* bereits Hypothesen über den verfolgten Zweck. Er benötigt Vorurteile[74] oder Schemata[75], oder wie auch immer man es nennen will. Der Hörer befindet sich häufig in einer Art hermeneutischen Dilemmas, aus dem er nur durch ein wechselseitiges "Abchecken" von hypothetisch angenommenen Mitteln und hypothetisch angenommenen Zwecken herauskommen kann. Der einfacheren Darstellbarkeit halber werde ich auch weiterhin so tun, als handle es sich beim Schluß vom Mittel auf den Zweck um einen rein linearen, in nur eine Richtung verlaufenden Prozeß.

Ich will mich nun der These zuwenden, daß die Interpretation des Sinns einer Äußerung in jedem Falle implikativ ist; nicht nur in den Fällen, in denen die Äußerung im nicht-wörtlichen Sinne interpretiert wird.

Herbert Paul Grice[76] hat in den siebziger Jahren eine Theorie entwickelt, die zwei Erklärungsziele hat. Erstens: Wie ist es möglich, etwas anderes zu meinen als man gesagt hat? Zweitens: Wie kann man als Sprecher darüber hinaus auch noch ziemlich sicher sein, vom Hörer absichtsgemäß interpretiert zu werden? Es muß ein halbwegs geordnetes Verfahren geben, um vom wörtlich Gesagten zum nicht-wörtlich Gemeinten zu gelangen. Andernfalls wäre das hohe Maß der Zuverlässigkeit unserer Kommunikation ein schieres Wunder. Die vorgeschlagene Theorie wird im allgemeinen die Theorie der konversationalen Implikaturen genannt. Sie hat, trotz ihrer Erklärungsstärke, gewisse interne Schwächen. Es ist meine Absicht, diese zu beheben. Dazu muß ich sie jedoch zuerst vorstellen.

Wir verwenden beim Kommunizieren allerhand indirekte Mittel, um dem Hörer etwas verstehen zu geben. Auf die Frage "War Franz-Josef Strauß katholisch oder evangelisch?" könnte ich antworten: "Er war Bayer!" Auf die Frage "Ist Paul noch im Hause?" könnte ich antworten: "Im Hof steht ein gelber VW." Was würde mich zu der Annahme berechtigen, daß mein Gesprächspartner diese Aussagen überhaupt als Antworten interpretiert? Wieso sollte er nicht annehmen, ich wollte abrupt das Thema wechseln? Grices Antwort darauf ist folgende:

Unsere Gespräche bestehen normalerweise nicht aus einer Abfolge unzusammenhängender Bemerkungen, und wären so auch nicht rational.

---

74 Gadamer 1960: 261ff.
75 Rumelhart 1980
76 Grice 1975/1979; dieser Aufsatz war bereits lange vor seiner ordnungsgemäßen Veröffentlichung als "Samisdat"-Publikation im Umlauf.

Sie sind kennzeichnenderweise, wenigstens bis zu einem gewissen Maß, kooperative Bemühungen; und jeder Teilnehmer erkennt bis zu einem gewissen Grad in ihnen einen gemeinsamen Zweck (bzw. mehrere davon) oder zumindest eine wechselseitig akzeptierte Richtung an. [...] Wir könnten demnach ganz grob ein allgemeines Prinzip formulieren, dessen Beachtung (ceteris paribus) von allen Teilnehmern erwartet wird, und zwar: Mache deinen Gesprächsbeitrag jeweils so, wie es von dem akzeptierten Zweck oder der akzeptierten Richtung des Gesprächs, an dem du teilnimmst, gerade verlangt wird.[77]

Dieses Prinzip wird *Kooperationsprinzip* genannt. In den beiden fiktiven Dialogen wird somit der Griceschen Theorie gemäß der Gesprächspartner die Erwiderungen nicht als Themenwechsel interpretieren, weil er dem Sprecher unterstellt, daß er das Kooperationsprinzip beherzigt. Dieses allgemeine Prinzip fächert Grice in vier "Maximen" auf, die er in Anlehnung an Kant die *Maxime der Quantität, Qualität, Relation* und der *Modalität* nennt. Diese Maximen lauten wie folgt:[78]

Maximen der Quantität

1   Mache deinen Betrag so informativ wie (für die gegebenen Gesprächszwecke) nötig.
2   Mache deinen Beitrag nicht informativer als nötig.

Maximen der Qualität

1   Versuche deinen Beitrag so zu machen, daß er wahr ist.
1.1   Sage nichts, was du für falsch hältst.
1.2   Sage nichts, wofür dir angemessene Gründe fehlen.

Maxime der Relation

       Sei relevant.

Maximen der Modalität

1   Vermeide Dunkelheit und unklare Ausdrucksweise.
2   Vermeide Mehrdeutigkeit.
3   Sei kurz (vermeide unnötige Weitschweifigkeit).
4   Der Reihe nach!

"Und möglicherweise braucht man noch andere."[79]

---

77 Grice 1975/1979: 248
78 s. Grice 1975/1979: 249f.
79 Grice 1975/1979: 250

Bevor ich auf den Mechanismus des Implikatierens eingehe, muß ich vor einem Mißverständnis warnen.

Sperber und Wilson formulieren es in schöner Klarheit: "Grice's principle and maxims are norms which communicators and audience must know in order to communicate adequately."[80] Genau dies ist meines Erachtens nicht der Fall. Daß diese Maximen in Form von Aufforderungssätzen formuliert sind, hat ausschließlich darstellungs-technische Gründe. Allgemeine Handlungsweisen lassen sich sehr ökonomisch, gleichsam auf Kantische Weise beschreiben, indem man so tut, als seien sie Befolgungen von Aufforderungen. Grice will nie-manden zu einer bestimmten Kommunikationsweise überreden oder auffordern, sondern allgemeine Handlungsprinzipien beschreiben. Die Theorie würde vollständig fehlinterpretiert, wenn man die Maximen als idealisierende Ratschläge für das idyllische Miteinander ansähe. Er formuliert weder eine Kommunikationsutopie, die "praktisch Herr-schaftsfreiheit voraussetzen würde",[81] noch Normen, die die Ge-sprächspartner kennen müssen, sondern Prinzipien, von denen jeder an einer Kommunikation Beteiligte bis zur Evidenz des Gegenteils an-nimmt, daß sie beim Kommunizieren erfüllt sind.

Die Grundidee dieser Theorie ist folgende: Der Sprecher kann erwarten, daß der Hörer grundsätzlich davon ausgeht, daß der Spre-cher diesen Prinzipien gemäß handelt. Er kann somit dem Hörer folgenden Schluß zumuten: Wenn die wörtliche Interpretation nicht mit der Annahme in Einklang zu bringen ist, daß der Sprecher diese Prinzipien beachtet, so muß der Hörer eine weitergehende bzw. ande-re Interpretation suchen, die im Einklang mit der Annahme steht, daß die Prinzipien beachtet wurden. Der Hörer "sagt sich" gleichsam (etwas vereinfacht dargestellt): "Auf den ersten Blick sieht es so aus, als hättest du die Prinzipien nicht befolgt! Da nicht sein kann, was nicht sein darf, muß ich meine *prima facie* Interpretation verwerfen. Ich sollte eine Interpretation suchen, die mit der *prima facie* Inter-pretation zwar in Zusammenhang steht, mir jedoch erlaubt, deine Äußerung im Einklang mit der Unterstellung zu halten, daß du das Kooperationsprinzip und die Maximen beachtet hast."

Bezogen auf einen unserer eingangs erwähnten Dialoge heißt das beispielsweise: "Daß im Hof ein gelber VW steht, ist *prima facie* bezo-

---

80 Sperber und Wilson 1986a: 162
81 Braunroth, Seyfert u.a. 1975: 184

gen auf meine Frage, ob Paul noch im Hause ist, ein unkooperativer Themenwechsel und eine irrelevante Bemerkung. Die Annahme, daß der Sprecher unkooperativ im allgemeinen und irrelevant im besonderen ist, ist jedoch unzulässig. Folglich beabsichtigt der Sprecher, mich dazu zu bringen, auf der Basis meiner *prima facie* Interpretation eine weitere Interpretation zu finden. Da er weiß, daß ich weiß, daß Paul einen gelben VW fährt (etc.), wird er mir wohl damit zu erkennen geben wollen, daß er glaubt, daß Paul noch im Hause ist. Mit anderen Worten, die Antwort "Im Hof steht ein gelber VW" implikatiert, daß der Sprecher annimmt, daß Paul noch im Hause ist."

Die Wörter *Implikatur* und *implikatieren* sind Kunstwörter, die Grice "erfunden" hat, um andeuten zu können, daß es sich um etwas Ähnliches wie die Implikation und das Implizieren handelt, das aber nicht mit der logischen Relation der Implikation identifiziert werden darf. Als allgemeines Muster des implikativen Schlusses formuliert Grice:

> Er hat gesagt, daß *p*;[82] es gibt keinen Grund anzunehmen, daß er die Maximen oder zumindest das Kooperationsprinzip nicht beachtet; er könnte sie nicht beachten, falls er nicht dächte, daß *q*; er weiß (und weiß, daß ich weiß, daß er weiß), daß ich feststellen kann, daß die Annahme, daß er glaubt, daß *q*, nötig ist; er hat nichts getan, um mich von der Annahme, daß *q*, abzuhalten; er will – oder hat zumindest nichts dagegen –, daß ich denke, daß *q*; und somit hat er [implikatiert], daß *q*.[83]

Ich will die Darstellung hier abbrechen und zu einer kritischen Auseinandersetzung mit dieser Theorie überleiten. Grice hat mit seiner Theorie – meiner Interpretation gemäß – eine *Theorie der Symptomatik* vorgelegt. Das allgemeine Muster des implikativen Schlusses lautet nämlich:

Erstens: Die Tatsache, daß das, was der Sprecher gesagt hat (nämlich, daß *p*), nicht im Einklang mit der Annahme steht, daß er das Kooperationsprinzip und die Maximen beachtet hat, ist ein Symptom

---

82   Grices Formulierung "daß *p*" macht deutlich daß er ausschließlich assertive Äußerungen in Auge hatte. Ich behalte der Einfachheit halber diese Redeweise bei. Eine Verallgemeinerung der Theorie dergestalt, daß sie alle Arten von Sprechakten umfaßt, ist ohne weiteres möglich.

83   Grice 1975/1979: 255; der letzte Satz heißt im englischen Original: "and so he has implicated that *q*." Da der deutsche Übersetzer *implicated* mit *impliziert* übersetzt hat, bin ich an dieser Stelle von der Übersetzung abgewichen, und habe *implikatiert* dafür eingesetzt.

dafür, daß er will, daß ich nach einer weiteren Interpretation suche. Zweitens: Daß er gesagt hat, daß *p*, ist ein Symptom dafür, daß er will, daß die weitere Interpretation, die ich suche, in einem Zusammenhang mit *p* steht.

Die Maximen der Quantität, Qualität, Relation und Modalität geben somit an, was im besonderen als Symptom dafür anzusehen ist, daß eine über den wörtlichen Sinn hinausgehende Interpretation gesucht werden muß – nämlich der *prima facie* Verstoß gegen mindestens eine dieser Maximen.

Allgemein formuliert können wir also sagen: (i) Die *prima facie* Interpretation *I* der Aussage, daß *p*, muß zu der unzulässigen Annahme führen, daß das Kooperationprinzip und/oder mindestens eine der Maximen nicht beachtet ist. Dies ist Symptom dafür, daß *I* nicht die vom Sprecher erwünschte Interpretation ist. (ii) Daß die Aussage, daß *p*, gewählt worden ist, ist Symptom dafür, daß die erwünschte Interpretation in einem Zusammenhang mit *p* stehen soll.

Diese Theorie läßt drei Fragen offen bzw. ungeklärt.

1. Inwiefern ist Kooperativität eine notwendige Eigenschaft von Kommunikation?
2. In welchem Zusammenhang stehen die vier Maximen zu dem Kooperationsprinzip?
3. Was veranlaßt den Sprecher dazu, den indirekten Weg zu wählen, wenn es auch einen direkten Weg gibt?

Während die ersten beiden Fragen durchaus zum Erklärungsanspruch der Griceschen Theorie gehören, liegt die dritte Frage außerhalb ihrer explanativen Ziele.

Beginnen wir mit der ersten Frage. Wieso ist die Annahme, daß jemand das Kooperationsprinzip nicht beachtet, unzulässig? Warum muß ein Gespräch "einen gemeinsamen Zweck (bzw. mehrere davon) oder zumindest eine wechselseitig akzeptierte Richtung haben"?[84] Kooperativität mag tugendhaft sein, aber ist sie auch notwendig? Betrachen wir zwei völlig unspektakuläre Beispiele.

(1) Jemand spricht mich auf der Straße an: "Sagen Sie, gibt es in Düsseldorf nicht eine einzige Telefonzelle?" Antwort: "Gleich hier um die Ecke!" Zugegeben, meine Antwort war kooperativ; aber folgte auch

---

84 Grice 1975/1979: 248

die Frage bereits einem "gemeinsamen Zweck" oder einer "wechselseitig akzeptierten Richtung"? Da ich den Fragenden vorher nie
gesehen habe, kann er meine Zwecke nicht kennen; die Frage der
wechselseitig akzeptierten Richtung stellt sich nicht, da die Richtung
durch den unvermittelten Gesprächsbeginn erst hergestellt wird.[85] Der
erste Zug eines neuen Spiels kann *per definitionem* nicht kooperativ
sein. Dennoch habe ich seine Frage nicht im wörtlichen Sinne, sondern
implikativ interpretiert.

(2) Jemand stellt in kleinerem Kreis eine etwas degoutante Frage über
einen Kollegen. Der Angesprochene übergeht die Frage mit "signifi-
kantem" Schweigen. Folgt das Schweigen einem gemeinsamen Zweck
oder einer wechselseitig akzeptierten Richtung? Mit Sicherheit nicht.
Jeder im Kreis wird jedoch unter geeigneten Bedingungen in der Lage
sein, das Schweigen implikativ zu interpretieren, auch ohne zu unterstellen, daß der "Schweiger" das Kooperationsprinzip beachtet hat.

Das zweite Beispiel stammt dem Sinne nach von Asa Kasher.[86] Jede
Kommunikation ist in dem trivialen Sinne kooperativ, daß jeder die
sprachlichen Zeichen wählen muß, von denen er glaubt, daß sie sein
Gegenüber versteht. In diesem Sinne sind auch aggressive Ausein-
andersetzungen, Beschimpfungen oder Beleidigungen kooperativ.[87]
Aber solche allgemeinen Ziele sind, wie Kasher richtig feststellt, "not
sufficiently specific to have them serve as assayers of the contributions
to the conversation, as is required by the cooperation principle".[88]
Selbst wenn wir annehmen würden, daß Menschen beim Kommunizieren stets kooperativ sind, müßte dies nicht heißen, daß sie gemeinsame
Ziele haben. An anderer Stelle habe ich deutlich gemacht, daß Zieliden-
tität nicht Voraussetzung für Kooperation ist.[89] Es genügt Zielinterde-
pendenz: "Ich habe meine Ziele, und du hast deine Ziele. Unsere Ziele
sind verschieden voneinander. Aber ich kann meine Ziele nur erreichen,
wenn du deine Ziele erreichst und *vice versa*." Doch selbst Zielinterde-
pendenz muß nicht vorausgesetzt werden, um implikative Schlüsse
erklären zu können. Mit anderen Worten, erfolgreiche Kommunikation

---

85   Zur Frage der Kooperativität des Gesprächsbeginns s. Keller 1987: 11f.
86   Kasher 1976: 213
87   Keller 1987: 11
88   Kasher 1976: 202; ähnliche kritische Einwände erheben auch Sperber und Wilson
      1986a: 162f.
89   Keller 1987: 7f.

sowie die Fähigkeit oder die Möglichkeit, implikative Schlüsse zu ziehen, setzen nicht voraus, daß sich die Sprecher kooperativ verhalten, außer in dem trivialen Sinne, daß sie versuchen, "die Sprache des anderen" zu sprechen. Kashers lakonisches Urteil lautet: "The cooperation principle is regarded as wrong and needless."[90]

Die zweite offene Frage lautete: In welchem Zusammenhang stehen die vier Maximen zu dem Kooperationsprinzip?[91] Verhalten sie sich zu ihm wie das Spezielle zum Allgemeinen? Stellen sie Explikationen des Kooperationsprinzips dar? Grices Formulierung ist genau an der Stelle, wo eine Erläuterung zu erwarten wäre, von signifikanter Vagheit: "Unter der Annahme, daß irgendein allgemeines Prinzip wie dies [das Kooperationsprinzip R.K.] akzeptabel ist, kann man vielleicht vier Kategorien unterscheiden [...]."[92] Ein systematischer Zusammenhang zwischen Kooperativität und den Maximen wird von Grice weder aufgezeigt noch hergestellt.[93]

Die dritte offene Frage lautete: Was veranlaßt den Sprecher dazu, den indirekten Weg zu wählen, wenn es auch einen direkten Weg gibt? Die Gricesche Theorie gibt, wie gesagt, nicht vor, auf diese Frage eine Antwort geben zu wollen. Da der direkte Weg, wenn es einen gibt, *per definitionem* ebenso kooperativ ist wie der indirekte, kann aus dem Kooperationsprinzip die Wahl des indirekten Wegs nicht abgeleitet oder erklärt werden.

Unser Zwischenfazit lautet: Die Annahme eines generell gültigen Kooperationsprinzips ist unplausibel, der Zusammenhang eines solchen Prinzips zu den vier Maximen ist ungeklärt und die Wahl des indirekten Wegs vor dem direkten bleibt unmotiviert.

Die Lösung dieser Schwierigkeiten besteht meines Erachtens darin, das Kooperationsprinzip aufzugeben und durch das Rationalitätsprinzip zu ersetzen. Dies wurde bereits von Kasher vorgeschlagen. Ich habe das Rationalitätsprinzip in den vorherigen Kapiteln im Vorgriff bereits zugrunde gelegt. Ganz allgemein kann man das *Rationalitätsprinzip* wie folgt formulieren:

Betrachte die Gesprächsbeiträge deiner Gesprächpartner als rationale Handlungen.

---

90 Kasher 1976: 210
91 s. auch die Kritik von Sperber und Wilson 1986a: 36f.
92 Grice 1975/1979: 249
93 s. dazu die Kritik von Sperber und Wilson 1986a: 36

Was heißt, von einer Handlung zu sagen, sie sei rational? Rational handeln heißt, zur Erreichung eines Handlungsziels aus den subjektiv gegebenen Handlungsalternativen diejenige auszuwählen und anzuwenden, die den höchsten subjektiv erwarteten Nettonutzen verspricht.[94] Die Einschränkung auf den subjektiv erwarteten Nutzen ist deshalb geboten, weil dem Sprecher die ihm objektiv zur Verfügung stehenden Möglichkeiten nicht unbedingt bewußt oder präsent zu sein brauchen. Der Nettonutzen ergibt sich aus dem Nutzen abzüglich der Kosten. Daß die Kosten-Nutzen-Kalkulation der zur Wahl stehenden sprachlichen Mittel nicht quantifizierbar ist, heißt natürlich nicht, daß sie unkalkulierbar ist. Wir sind sehr wohl in der Lage abzuwägen, ob beispielsweise das artikulatorisch kostengünstigere *tschüß* oder das aufwendigere *auf Wiedersehen* in einer gegebenen Situation den höheren Nettonutzen ergibt, d.h. die angemessenere Wahl darstellt. Grice selbst nimmt an zwei Stellen Bezug auf Rationalität. Es sei sein Ziel, so sagt er, "Rede als einen Spezialfall oder eine Spielart zweckhaften, ja rationalen Verhaltens zu sehen";[95] und in der bereits zitierten Passage, in der er das Kooperationsprinzip einführt, legt er die Ansicht nahe, Unkooperativität sei nicht rational. Aber der Zusammenhang wird nirgendwo ausgeführt. Es mag sein, daß es in vielen, möglicherweise in den meisten Fällen rational ist zu kooperieren. Aber unsere Beipiele machen deutlich, daß dies nicht immer der Fall sein muß. Ein indirekt formulierter Gesprächsbeginn ist genau deshalb implikativ interpretierbar, weil dem Gesprächseröffner Rationalität des Handelns unterstellt wird. Signifikantes Schweigen kann genau deshalb als "vielsagend" interpretiert werden, weil ihm Rationalität unterstellt wird. Nicht zu kooperieren, kann eine durchaus rationale Wahl darstellen.

---

94 Bisweilen wird gegen eine solche Theorie des rationalen Handelns der Vorwurf erhoben, sie sei eine Theorie des Egoismus (s. etwa Prechtl 1991: 178). Dies ist nicht der Fall. Wenn man eigeninteressiertes Handeln mit egoistischem Handeln gleichsetzt, so ist man letztlich gezwungen, altruistischen Egoismus von egoistischem Egoismus zu unterscheiden. Auch wer ein gottgefälliges Leben zu führen wünscht und in den Himmel kommen möchte, wird aus seinen Handlungsmöglichkeiten diejenigen Handlungen auswählen, von denen er erwartet, daß sie seine Ziele zu verwirklichen in der Lage sind. Auch altruistisches Handeln ist in diesem Sinne eigeninteressiert. Altruistisches Handeln ist ein Handeln, das nicht im Hinblick auf Belohnung durch andere vollzogen wird. Egoistisches Handeln ist dadurch charakterisiert, daß es die Kosten, die es für andere erzeugt, nicht in die Kosten-Nutzen-Kalkulation miteinbezieht. Zur Theorie rationalen Handelns s. Nozick 1993.

95 Grice 1975/1979: 251

Kasher formuliert das Rationalitätsprinzip wie folgt: "Given a desired end, one is to choose that action which most effectively, and at least cost, attains that end, *ceteris paribus.*"[96] Rational handeln heißt demnach, vereinfacht gesagt, die Zweck-Mittel-Relation zu optimieren. Die einzige Dimension, in der sie optimiert werden kann, ist die Ökonomie der Zweck-Mittel-Relation.

Dan Sperber und Deirdre Wilson schlagen in ihrem vielbeachteten Buch "Relevance" vor, Grices Kooperationsprinzip durch ein Relevanzprinzip zu ersetzen. Dieses Prinzip lautet: "Every act of ostensive communication communicates the presumption of its optimal relevance."[97] Die Grundidee dieser Theorie ist in sehr verkürzter Version folgende: Der Adressat und Interpret einer Äußerung unterstellt dem Sprecher, diejenige Proposition kommunizieren zu wollen, die für den Adressaten von optimaler Relevanz ist. Relevanz ist nach Sperbers und Wilsons Definition keine absolute Größe. Der Inhalt einer Äußerung kann je nach Kommunikationssituation mehr oder weniger relevant sein. Das Maß der Relevanz einer geäußerten Proposition wird definiert durch die Stärke des sogenannten kontextuellen Effekts, den sie in einem gegebenen Kontext hat, und den kognitiven Verarbeitungsaufwand, den die Äußerung für den Adressaten darstellt. Je größer der kontextuelle Effekt und je geringer der erforderliche kognitive Verarbeitungsaufwand, desto relevanter ist die geäußerte Proposition in einem gegebenen Kontext.[98] Der Kontext einer Äußerung besteht für den Interpreten aus den Hintergrundannahmen, dem enzyklopädischen Wissen samt allen Implikationen. "In real life, contexts are not fixed in advance, but are chosen partly in function of the proposition being processed."[99] Für den Interpreten einer Äußerung bedeutet das: "According to relevance theory, the correct interpretation of an ostensive stimulus is the first accessible interpretation consistent with the principle of relevance."[100] Die Interpretationsaufgabe des Adressaten besteht somit darin, diejenige Interpretation zu wählen, die den für ihn höchsten Relevanzwert hat. Vieles an dieser Theorie ist fragwürdig: Wie läßt sich der Kontext auf den für die Relevanzkalkulation relevan-

---

96   Kasher 1976: 205
97   Sperber und Wilson 1986a: 158
98   Sperber und Wilson 1986a: 122ff.
99   Sperber und Wilson 1986b: 252
100   Sperber und Wilson 1986a: 178

ten reduzieren? Ist dieses Konzept, wie Levinson behauptet, zirkulär?[101] Was folgt aus der These, "that every act of ostensive communication *communicates* a presumption of relevance"?[102] Wenn Kommunizieren erfordert, Intentionen zu erschließen, und wenn die Intentionen mittels der Relevanzannahme erschlossen werden, sollte man
annehmen, daß die Relevanzannahme selbst nicht kommuniziert sein
kann. Ich will auf die theorieinternen Fragen nicht näher eingehen,
sondern zur Hauptlinie unserer Überlegungen zurückkehren, um
folgende Fragen zu prüfen:

- Ist das Relevanzprinzip ein geeigneter Ersatz für das Gricesche
  Kooperationsprinzip?
- Wie verhalten sich das Relevanzprinzip und das Rationalitäts-
  prinzip zueinander?

An einer Stelle erwähnen Sperber und Wilson, daß der Adressat dem
Sprecher Rationalität des Handelns unterstellen müsse: "In trying to
identify this informative intention, the addressee must assume that the
communicator is communicating rationally [...]. This applies not just
to the identification of informative intentions, but to the inferential
identification of intentions in general. Intentions are identified by
assuming that the agent is rational, and by trying to find a rational
interpretation of her actions."[103] Diese Erkenntnis scheint in der Theorie keine prominente Rolle zu spielen. Sie wird nicht in systematischen
Bezug zum Relevanzprinzip gebracht. (*Rationality* ist nicht einmal ein
Stichwort in dem ansonsten sehr reichhaltigen Index.) Ist möglicherweise Rationalität des Handelns das gleiche wie Relevanz in dem von
Sperber und Wilson definierten Sinne? Rational kommunizieren heißt,
die Mittel-Zweck-Relation zu optimieren. Optimale Relevanz der
kommunizierten Proposition liegt vor, wenn maximaler kontextueller
Effekt bei minimalen Verarbeitungskosten gegeben ist. Damit sind
zunächst einmal unterschiedliche Perspektiven vorgegeben. Das Rationalitätsprinzip besagt, daß *der Sprecher* rational handelt. Das Relevanzprinzip besagt, daß *der Adressat* die Interpretation wählt, die *für
ihn* optimal relevant ist. Das Rationalitätsprinzip ist primär ein Prinzip
des Handelns, das Relevanzprinzip ist primär ein Prinzip des Inter-

---

101   "R [relevance, R.K.) thus controls the basis for assessing R; this is one of a
      number of apparent circularities." Levinson 1989: 459
102   Sperber und Wilson 1986a: 162 (meine Hervorhebung)
103   Sperber und Wilson 1986a: 165

pretierens. Nun könnte man sagen: Das läuft im Endeffekt auf das gleiche hinaus. Die Theorie, die auf dem Rationalitätsprinzip basiert, geht davon aus, daß der Adressat unterstellt, daß der Sprecher das Rationalitätsprinzip erfüllt und seine Interpretation entsprechend einrichtet; die Theorie, die auf dem Relevanzprinzip basiert, geht davon aus, daß der Sprecher unterstellt, daß der Adressat seine Interpretation gemäß dem Relevanzprinzip vornimmt und seine Äußerung entsprechend einrichtet. Es läßt sich jedoch leicht zeigen, daß die beiden Prinzipien auf unterschiedlichen Ebenen operieren und einander nicht ersetzen können.

Unterstellen wir, ein konstantes Ziel des Kommunizierens bestünde stets darin, beim Adressaten maximale kontextuelle Effekte bei minimalen Verarbeitungskosten zu erzielen. Wenn wir nun sagen, rational handeln heißt, diejenigen Mittel zu wählen, die das Ziel optimal zu erreichen versprechen, so folgt daraus: Der Sprecher wird unter seinen sprachlichen Möglichkeiten diejenige Äußerung wählen, die beim Adressaten maximale kontextuelle Effekte bei minimalen Verarbeitungskosten erzielt. Das aber heißt nichts anderes, als daß der Sprecher eine rationale Wahl treffen muß zur Erzeugung von Äußerungen, die Propositionen von optimaler Relevanz ausdrücken. Daraus folgt: Das Rationalitätsprinzip betrifft die Mittel-Ziel-Relation. Das Relevanzprinzip hingegen betrifft das Ziel. Das Relevanzprinzip macht das Rationalitätsprinzip nicht überflüssig, sondern geradezu erforderlich. (Vielleicht ist es dies, was Sperber und Wilson mit der oben zitierten Passage sagen wollen.) Es ist ihm logisch übergeordnet. Somit ist das Relevanzprinzip auch nicht geeignet, die Rolle einzunehmen, die Grice dem Kooperationsprinzip zugedacht hatte. Es handelt sich allenfalls um eine Explikation der Griceschen Maxime der Relation "Sei relevant".

Unsere erste Frage, die sich im Anschluß an Grices Theorie stellte, ob Kooperativität eine notwendige Eigenschaft von Kommunikation sei, müssen wir also verneinen. Außer in dem trivialen Sinne, daß der Kommunikator die Sprache wählen muß, die der Adressat versteht, ist Kooperativität nicht verbindlich. Das Relevanzprinzip erwies sich als untauglicher Ersatz für das Kooperationsprinzip. Logisch notwendig ist hingegen Rationalität. Deshalb ist eine Aufforderung der Art "Vollzieh mal eine irrationale Äußerung!" paradox[104] und somit *per definitionem* nicht erfüllbar. Um sie zu erfüllen, müßte man die Mittel

---

104   Zu paradoxen Aufforderungen s. Watzlawick, Weakland, Fisch 1974: 88f.

wählen, die geeignet sind, den geforderten Zweck zu erfüllen. Dies wäre *per definitionem* eine rationale Wahl. Der Ersatz des Kooperationsprinzips durch das Rationalitätsprinzip hat außerdem den Vorzug, daß die Theorie dadurch verallgemeinert wird. Sie umfaßt alle Formen sprachlichen Kommunizierens und macht darüber hinaus deutlich, daß sprachliches Kommunizieren, wie Grice selbst sagt (und wie auch Sperber und Wilson andeuten), ein Spezialfall rationalen Handelns ist.

Die zweite Frage, die die Gricesche Theorie offenließ, war die nach dem Zusammenhang zwischen dem Kooperationsprinzip und den Maximen. Dieser Frage will ich mich nun in einer revidierten Version zuwenden: Worin besteht der Zusammenhang zwischen dem Rationalitätsprinzip und den Maximen? Die Antwort lautet: Das Rationalitätsprinzip betrifft die Wahl der Mittel in bezug auf ein gegebenes Ziel; die Maximen betreffen die Identifikation des Ziels. Ich will versuchen, dies zu erläutern. In Kapitel 11 haben wir gesehen, daß der Adressat vor einem ganz anderen Problem des Schließens steht als der Sprecher. Der Sprecher hat (vereinfacht gesagt) ein Ziel und sucht aus seinem Repertoire das erfolgversprechendste Mittel. Der Adressat bekommt das Mittel und muß das Ziel, das der Sprecher zu erreichen beabsichtigt, rekonstruieren. Die Mittel-Ziel-Relation ist jedoch weit davon entfernt, ein-eindeutig zu sein.[105] Das heißt, der Adressat und Interpret muß unter der Vielzahl der möglichen Ziele, die durch das gegebene Mittel eröffnet wird, das plausibelste auswählen. Genau dazu benötigt er die Maximen. Betrachten wir den eingangs erwähnten Dialog. Frage: "Ist Paul noch im Hause?" Antwort: "Im Hof steht ein gelber VW." Der Prozeß der Interpretation dieser Antwort könnte wie folgt nachgezeichnet werden:

1. Der Sprecher hat den Satz *Im Hof steht ein gelber VW* geäußert. Dieser Satz ist den Regeln unserer Sprache gemäß ein geeignetes Mittel, jemanden wissen zu lassen, daß im Hof ein gelbes Auto der Marke "VW" steht.

2. Die Annahme, daß mich der Sprecher dies und nur dies wissen lassen möchte, ist zwar mit dem von ihm gewählten Mittel vereinbar, jedoch unplausibel. Denn eine Äußerung, die eine Antwort auf meine Frage sein soll, sollte in relevantem Zusammenhang mit dem Inhalt der Frage stehen. Die Annahme verstößt somit gegen die Maxime der Relation.

---

105 s. Kap. 11

3. Die Unterstellung eines Maximenverstoßes kann ich vermeiden, wenn ich annehme, daß der Sprecher erstens weiß, daß ich weiß, daß Paul einen gelben VW fährt, und zweitens möchte, daß ich die Information über den VW und mein Wissen über Paul dazu benutze, den Schluß daraus zu ziehen, daß Paul noch im Hause ist.

4. Warum aber sagte er dann nicht einfach "ja"? Offenbar verfügt auch der Sprecher über keine bessere Evidenz für die Annahme, daß Paul noch im Hause ist, als die Tatsache, daß im Hof ein gelber VW steht. Hätte er "Ja" gesagt, so hätte er gegen die Maxime der Qualität verstoßen, die unter anderem besagt, daß man nichts sagen soll, wofür einem hinreichende Evidenz fehlt.

5. Also verfolgt der Sprecher offenbar das Ziel, mich wissen zu lassen, daß er der Meinung ist, daß Paul noch im Hause ist, sich dessen jedoch aufgrund unzureichender Evidenz nicht gewiß ist und nicht bereit ist, die Verantwortung dafür zu tragen.

Eine solche "Zeitlupeninterpretation" ist stets aufwendiger als die kognitive Realität selbst. Das Interpretationsräsonnement hat folgende Struktur: Die Rationalitätsunterstellung dient dem Interpreten dazu, mittels eines im wesentlichen regelbasierten Schlusses zu einer *prima facie* Interpretation zu gelangen (1). Die Erkenntnis, daß diese *prima facie* Interpretation dem Sprecher unterstellen müßte, daß er gegen die Maxime der Relevanz verstoßen wollte (2), nutzt der Adressat als Symptom dafür, eine zweite Interpretation zu suchen (3). Die zweite Interpretation kommt der endgültigen bereits recht nahe, aber sie steht nicht im Einklang mit der Unterstellung, daß der Sprecher die Maxime der Modalität befolgt (4). Dies ist für den Adressaten Symptom dafür, daß er nach einer dritten Interpretation suchen muß (5), bei der er es dann, nach Lage der Dinge, belassen kann.

Diese Analyse soll deutlich machen, wie es dem Adressaten gelingt, mittels der Annahme, daß der Sprecher gegen keine der Maximen verstoßen hat, aus dem Raum der möglichen Ziele das plausibelste herauszufiltern. Oder anders ausgedrückt: Den *prima facie* Verstoß gegen eine der Maximen sieht der Adressat als Symptom dafür an, daß er eine weitergehende Interpretation ermitteln muß. Maximen sind nötig, weil die Mittel-Ziel-Analyse keine eindeutigen Ergebnisse liefert. Bei der Verwendung von Sprachen, bei denen eindeutig vom Mittel auf das Ziel geschlossen werden kann, etwa der Algebra, sind sie überflüssig.

Eine Frage, die sich unmittelbar anschließt, ist die nach der Rechtfertigung der Art und Anzahl der von Grice vorgeschlagenen Maximen.
"Are there just the nine maxims [klassifiziert in vier Kategorien, R.K.]
Grice mentioned, or might others be needed, as he suggested himself?"
fragen Sperber und Wilson völlig zu Recht.[106] Mit anderen Worten, sind
Zahl und Art der von Grice vorgeschlagenen Maximen ad hoc? Wenn
es richtig ist, daß die Maximen der Identifikation der Ziele dienen,
sollte Art und Anzahl der Maximen aus einer Klassifikation möglicher
kommunikativer Ziele ableitbar sein. Dies ist in der Tat der Fall.

An anderer Stelle[107] habe ich eine Klassifikation der Faktoren
vorgeschlagen, die in die Kosten-Nutzen-Kalkulation der Wahl unserer
sprachlichen Mittel eingehen. Sie sieht folgendermaßen aus:

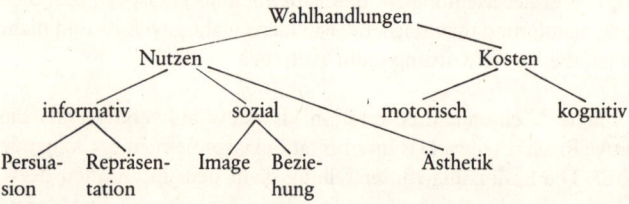

Dieser Baum ist wie folgt zu interpretieren: Die Wahlhandlungen sprachlicher Mittel haben einen Nutzen- und einen Kostenaspekt. Die Kosten
des Sprechers sind motorischer und kognitiver Natur.[108] Das heißt,
Kommunizieren kostet geistige und artikulatorische Anstrengung. Diese
versuchen wir zu minimieren. Auf der Nutzenseite können wir informativen Nutzen, sozialen Nutzen und ästhetischen Nutzen anstreben. (Ich
will dir etwas mitteilen, dabei unsere Beziehung pflegen, und ich versuche, mich schön auszudrücken.) Der informative Nutzen kann aus einem
persuasiven Aspekt und einem repräsentativen Aspekt bestehen. (Ich
will, daß du mir glaubst, oder daß du überzeugt wirst; und ich will, daß
klar und deutlich wird, was ich dir mitteilen will.) Der soziale Aspekt

---

106   Sperber und Wilson 1986a: 36
107   Keller 1994: 166
108   Der Sprecher muß darüber hinaus auch die Kosten, die sein Beitrag für den Hörer
       bedeutet, einkalkulieren. Zuhören kostet Zeit und kognitive Anstrengung; sie
       sollten aufgewogen werden durch den Wert der Mitteilung (der Information, der
       Zuwendung usw.). Den Aspekt der Kosten-Nutzen-Bilanz, die sich für den
       Adressaten ergibt und die vom Sprecher zu berücksichtigen ist, vernachlässige ich
       an dieser Stelle.

kann aus einem Image-Aspekt, d.h. einem Aspekt der Selbstdarstellung und einem Beziehungsaspekt bestehen. (Ich will, daß du mich klug, bescheiden und nett findest, und ich will, daß wir Freunde bleiben können.) Die Ziele der Kostenminimierung will ich hier außer acht lassen[109] und mich darauf beschränken, die Ziele der Nutzenmaximierung zu betrachten. Wir können uns dabei auf die letzte Zeile des Baums konzentrieren. Wenn wir diese Ziele nach Art der Maximen in Aufforderungssätze umformulieren, ergeben sich etwa die folgenden Maximen:

Persuasivität	Mache deinen Beitrag glaubhaft (überzeugend, nachdrücklich usw.).
Repräsentativität	Mache klar und deutlich, was du sagen willst.
Image	Stelle dich positiv dar.
Beziehung	Sei höflich (dominant, unterwürfig usw.).
Ästhetik	Drücke dich schön (amüsant, anspruchsvoll usw.) aus.

Nun hat Grice selbst gesagt, daß er nur einen Teilaspekt der Kommunikation berücksichtigen will: "Natürlich gibt es alle möglichen anderen Maximen (ästhetischer, gesellschaftlicher oder moralischer Natur), wie etwa 'Sei höflich', die von den Gesprächsteilnehmern normalerweise ebenfalls beachtet werden, und auch die können nicht-konventionale Implikaturen erzeugen. [...] Ich habe meine Maximen hier so formuliert, als bestünde dieser Zweck in maximal effektivem Informationsaustausch."[110] Das heißt, daß Grices Maximen lediglich die beiden ersten Zeilen betreffen, den Aspekt des informativen Nutzens, und daß er lediglich assertive Sprechakte im Auge hatte. Was muß der Sprecher tun, wenn er seine sprachlichen Mittel so wählen will, daß er glaubhaft und überzeugend ist, und deutlich wird, was er mitteilen möchte? Die Antwort lautet: Er sollte so informativ wie nötig, aber nicht informativer als nötig sein; er sollte nichts sagen, was er selbst nicht glaubt oder wofür er keine hinreichenden Evidenzen hat; er sollte nichts Irrelevantes sagen; und er sollte sich klar, eindeutig, knapp und wohlstrukturiert ausdrücken. Dies genau sind die Griceschen Maximen.

Wenn diese Klassifikation der Faktoren, die bei der rationalen Wahl der sprachlichen Mittel eine Rolle spielen können, exhaustiv ist

---

109 Sicherlich kann auch signifikant nachlässige Artikulation, d.h. signifikante Minimierung der artikulatorischen Kosten, unter bestimmten Bedingungen Implikaturen auslösen.

110 Grice 1975/1979: 250

(wovon ich ausgehe), dann folgt daraus, daß die Art möglicher Maximen nicht *ad hoc* ist. Allerdings muß man wohl zugestehen, daß die Zahl der die Maximen formulierenden Sätze variabel und unbestimmt ist.

Die dritte Frage, die von der Gricesschen Theorie unbeantwortet bleiben mußte, war: Was veranlaßt den Sprecher dazu, den indirekten Weg zu wählen, wenn es auch einen direkten Weg gibt? Da in der Dimension der Kooperativität kein prinzipieller Unterschied zwischen dem direkten und dem indirekten Weg besteht, kann eine auf dem Kooperationsprinzip basierende Theorie darauf keine Antwort geben. Vor dem Hintergrund des Rationalitätsprinzips erhält diese Frage eine völlig natürliche Antwort: Der Sprecher wählt den indirekten Weg genau dann, wenn er ihn als den aussichtsreicheren beurteilt. Wenn wir annehmen, daß der Sprecher danach trachtet, die Mittel-Zweck-Relation zu optimieren, das heißt, unter den ihm zur Verfügung stehenden Mitteln eine rationale Wahl zu treffen, so haben wir damit ein Erklärungsmodell sowohl für die Wahl indirekter Mittel durch den Sprecher als auch für die Wahl implikativer Interpretationsverfahren durch den Adressaten. Die Wahl des direkten Wegs wird in vielen Fällen als suboptimal zu beurteilen sein. Die direkt formulierte Äußerung ist zwar im allgemeinen gut verständlich, aber kommunikativ oft weniger erfolgversprechend. Eine direkt formulierte Bitte oder Aufforderung dürfte in manchen Situationen weniger Chancen haben, erfüllt zu werden als eine indirekte, per Implikatur formulierte. Beide Aspekte, der Weg der Interpretation des Hörers sowie die Wahl der Mittel des Sprechers, werden durch die Annahme eines Rationalitätsprinzips in einen inhärenten Zusammenhang gebracht. Denn die Interpretationsschritte des Hörers sind ja gerade durch die Annahme der Rationalität der Wahl des Sprechers motiviert. Oder aus der komplementären Perspektive formuliert: Die Zuversicht des Sprechers, daß seine Äußerungen auch dann in seinem Sinne interpretiert werden, wenn er nicht-wörtliche Mittel wählt, ist gerade durch seine Zuversicht begründet, daß der Hörer der Wahl seiner Mittel Rationalität unterstellt. Das gleiche gilt für die Zuversicht des Sprechers, nicht indirekt interpretiert zu werden, wenn er, was er sagt, wörtlich meint.

Ich will die Wahl metaphorischer und metonymischer Ausdrucksweisen zum Beispiel nehmen, um zu zeigen, welche Vor- und Nachteile die nicht-wörtliche Alternative gegenüber der wörtlichen hat. Dieser Frage wird das nächste Kapitel gewidmet sein.

Teil V

Die diachrone Dimension

17 Kosten und Nutzen des metaphorischen Verfahrens

Auf lange Sicht werden, wie wir gesehen haben, alle Zeichen zu Symbolen. Ehedem mit pragmatischen Mitteln erzeugter Sinn wird bei hinreichender Vorkommensfrequenz semantisiert, d.h. verregelt. Der Prozeß der Semantisierung ist eine Einbahnstraße. Es gibt zwar die Möglichkeit, unter geeigneten Bedingungen Metaphern *ad hoc* zu reliteralisieren, etwa wenn die Bundesbahn mit dem Foto eines Zuges wirbt, unter dem der Satz steht: *Ein schöner Zug von der Bahn.* Mir ist jedoch kein Fall bekannt, wo eine Reliteralisierung selbst wieder lexikalisiert ist. Wenn der evolutionäre Trend notwendigerweise in Richtung Semantisierung und Lexikalisierung[1] geht, so stellt sich die Frage, wieso wir dann nicht schon längst ausschließlich mit lexikalisierten Symbolen kommunizieren. Die vorschnelle Antwort ist: Es sind neue Aufgaben, die stets neue kreative sprachliche Mittel erfordern, wie das bereits erwähnte Wort *Blauhelmeinsatz* zur Bezeichnung eines neuen Typs militärischer Einsätze. Was auf den ersten Blick plausibel erscheint, erweist sich jedoch beim zweiten Hinsehen als Übergeneralisierung. Wir hätten solche militärischen Maßmahmen analog zur englischen Bezeichnung *U.N. mission* auch *UNO-Einsätze* nennen können. Auf der anderen Seite werden uralte Phänomene durch neue

---

1 Ich verwende den Ausdruck *Semantisierung* zur Bezeichnung des Prozesses der Verregelung von Sinn, der vormals mit pragmatischen Mitteln erzeugt wurde. Wenn metaphorischer Sinn zum wörtlichen Sinn wird, findet ein Prozeß der Semantisierung statt. *Lexikalisierung* nennt man den Prozeß, der darin besteht, daß sprachliche Ausdrücke Teil des Lexikons werden. So ist etwa *hellblau* lexikalisiert, die *ad-hoc*-Bildung *jeansblau* jedoch nicht. Dennoch ist eine Verwendung des Wortes *jeansblau* ausschließlich mit Hilfe von sprachlichem Regelwissen interpretierbar.

Bezeichnungen oft erst richtig "griffig".[2] Mit anderen Worten, neue
Phänomene in der Welt sind weder notwendig noch hinreichend zur
Einführung neuer Bezeichnungsweisen. Richtig ist, daß sich das metaphorische und das metonymische Verfahren (neben der Entlehnung)
dazu anbieten, Neues auf interpretierbare, d.h. semantisch transparente Weise zu bezeichnen. Auf der andern Seite wählen Menschen häufig
auch da das metaphorische oder das metonymische Verfahren, wo
ihnen durchaus rein symbolische Verfahren zur Verfügung stünden.
Da es offenbar nichts gibt, was sie dazu zwingt, muß die Frage lauten:
Worin sehen die Sprecher den Vorzug, der ihre Wahl begründet? Wir
müssen die Vor- und Nachteile des symbolischen und die des metaphorischen Verfahrens gegeneinander abwägen und prüfen, welche
Wahl unter gegebenen Bedingungen den höheren Nettonutzen zu
erbringen verspricht.

Die Vorzüge der direkten, klaren und wörtlichen Ausdrucksweise
sind nicht zu leugnen. Wer nichts als verstanden werden möchte, sollte
diesen Weg wählen. Allerdings ist es eine verkürzte Sicht des Zwecks
der Kommunikation anzunehmen, der Sprecher wolle nichts anderes als
verstanden werden. Der Zweck eines kommunikativen Aktes besteht
nicht darin zu sagen, was man zu sagen hat, sondern zu erreichen, was
man erreichen will. Das "Sagen" steht im Dienste der "Erreichens".
Kommunizieren ist eine Form der Beeinflussung. Schauen wir uns die
Vor- und Nachteile an einem Beispiel an, wobei wir annehmen wollen,
daß der intendierte Sinn von (1) in dem von (2) enthalten ist.

(1) *Egon trägt gern farbenfrohe Kleidung.*
(2) *Egon ist ein Papagei.*

Zunächst fällt auf, daß die Äußerung (1) mit höherer Wahrscheinlichkeit im gewünschten Sinne interpretiert wird als (2). Oder anders
gesagt, die Gefahr der Mißinterpretation ist bei (2) deutlich größer als
bei (1). Es müssen, damit der Sprecher überhaupt erwarten kann, mit
(2) die gewünschte Assoziation auslösen zu können, sehr spezifische
Bedingungen erfüllt sein. Denn unterschiedliche Äußerungen des
Satzes (2) können Anlaß zu den unterschiedlichsten Assoziationen
sein. Es könnte damit gemeint sein, daß Egon alles nachplappert, daß
er eine krächzende Stimme hat, daß er beim Klettern den "Schnabel"
zu Hilfe nimmt, und vieles andere mehr.

---

2   s. *Mobbing* Kap. 7, Anm. 22

Der regelbasierte Schluß hat also gegenüber dem assoziativen Schluß drei deutliche Vorteile: Er ist kürzer, sicherer und weniger kontextabhängig. Dies ist der Grund, weshalb metaphorische Ausdrucksweise beispielsweise in wissenschaftlichen Texten vielfach als verpönt gilt.

"Wenn dich zwei Wege ans Ziel führen, und einer davon sowohl kürzer als auch sicherer ist, so solltest du diesen wählen." Das scheint eine vernünftige Maxime zu sein, der wir vielfach folgen. Wenn aber alle Sprecher stets dieser Maxime folgen würden, wären die Metaphern zumindest aus unserem Alltagssprachgebrauch längst verschwunden. Das ist offensichtlich nicht der Fall. Es gibt ein ständiges Kommen und Gehen. Neue Metaphern werden gebildet, bürgern sich ein, demetaphorisieren, werden zu konventionalisierten Metaphern, um schließlich als völlig unauffällige Mitglieder des Wortschatzes ein graues Dasein zu fristen. Wir nehmen normalerweise nicht mehr wahr, daß *Kotflügel* einst einen Flügel im metaphorischen Sinne bezeichnete, der den Lenker des Fahrzeugs vor Verunreinigung durch Kot schützen sollte, oder daß *Angst* etymologisch mit *Enge* verwandt ist und ehedem eine Raummetapher war. Warum greifen Sprecher immer wieder zum metaphorischen Verfahren? Im Prinzip gibt es darauf zwei Antworten. Erstens: Nicht zu jedem Ziel führt ein kurzer und sicherer Weg. Zweitens: Was kurz und sicher ist, ist nicht unbedingt auch reizvoll und nicht unbedingt in optimaler Weise zieladäquat. Ich will versuchen, diese metaphorischen Antworten nicht-metaphorisch zu erläutern.

Wenn wir uns den Wortschatz einer Sprache ansehen, so stellen wir fest, daß lexikalisierte Metaphern in Bereichen des Inneren und Abstrakten gehäuft auftreten. Werfen wir einen Blick auf den Wortschatz unserer kognitiven Fähigkeiten. Wir können etwas *begreifen*, *erfassen*, *einsehen*, *durchschauen*, und wenn wir es *kapiert* haben (lat. *capere* 'fassen'), dann haben wir es *gefressen*. Dies sind einige wenige Beispiele, bei denen die ehemalige Metaphorizität noch transparent ist. Die Form *ich weiß* ist eine ehemalige Präteritumform mit heutzutage präsentischer Bedeutung, also ein sogenanntes Präteritopräsens. Wie dies entstanden ist, läßt sich leicht einsehen, wenn man sich vergegenwärtigt, daß *wissen* etymologisch verwandt ist mit dem idg. Stamm **ueid* bzw. **uid* (vgl. lat. *video* 'ich sehe'). *Ich weiß* hatte also ehemals die Bedeutung 'ich habe gesehen', und was ich gesehen habe, das weiß ich. Gegenwärtig vollzieht sich beispielsweise ein vergleichbarer Wandel mit der Bedeutung des Ausdrucks *gehört haben*. Wenn ich jeman-

den fragte: "Haben Sie schon gehört, daß Schalke gewonnen hat?", so
wäre ich verblüfft, wenn er antwortete: "Nein! Aber ich habe es gelesen." Wer behauptet, "Ich habe gehört, daß ...", verpflichtet sich nicht
darauf, daß er sein Wissen über den akustischen Kanal erlangt hat.[3]
Etwas gehört haben heißt (in einer Lesart), *etwas erfahren haben*, wobei
man – um das Etymologisieren ein wenig fortzusetzen – in früheren
Zeiten das *er-fahren* hat, was man beim Fahren durch die Lande, auf
einer Reise, *ent-deckt* hat, das heißt wovon man die Decke weggezo-
gen hat. Es gibt kaum ein Entrinnen aus der Bildhaftigkeit!

  Wer über Abstraktes oder Inneres reden will, kann es prinzipiell
nur mittels Analogie tun. Der Sprecher muß, um über etwas, das nur
ihm zugänglich ist, kommunizieren zu können, dem Hörer etwas
anbieten, was beiden zugänglich ist und ihn dazu bringen, von da aus
die gewünschten Schlüsse zu ziehen. Das heißt, er muß das ikonische
Verfahren wählen. Selten gibt es den Fall, daß Konkreteres durch
metaphorische Verwendung eines Ausdrucks bezeichnet wird, dessen
wörtlicher Sinn abstrakter ist: Derzeit verwenden junge Leute in kollo-
quialer Sprache das Wort *meinen* sehr häufig im Sinne von *sagen* zur
Einleitung wörtlicher Rede: "Ich sag zu ihm: 'Kannste nicht endlich
damit aufhören?' Da meint er: 'Du hast doch damit angefangen.'"
Lakoff und Johnson weisen darauf hin, daß Metaphern oft systematisch gebildet werden, zum Beispiel mittels Körpermetaphern. Wir
sahen es an den Beispielen der Verstehens, wo wir systematisch die
Analogie des körperlichen An-sich-Nehmens oder des In-sich-Auf-
nehmens anwenden: Sie hat es *erfaßt, gerafft, begriffen, gefressen, ge-
schluckt, in sich aufgenommen, sich reingezogen* etc. In vielen anderen
Bereichen verhält es sich ähnlich. Wenn uns etwas oder eine Person
emphatisch begeistert, sagen wir beispielsweise, es oder sie sei *toll*.
Den wenigsten Sprachbenutzern wird auffallen, daß es sich hierbei um
eine (ehemalige) Metapher der Geisteskrankheit handelt (vgl. *Toll-
haus*). Wenn wir jedoch, um unsere Emphase kundzutun, zu neueren
Metaphern greifen, so wählen wir Analogien aus demselben Bereich:
Es ist *wahnsinnig, verrückt, irre*. Auch eine kreative Metapher wie "Der
Film war *schizophren* gut!" hätte gute Chancen, entsprechend interpretiert zu werden. Und genau darin liegt der Vorteil der Systematizität der Bildlichkeit. Sie hilft, die Assoziation in die richtige Richtung zu
leiten. Dabei bieten sich natürlich Körpermetaphern in doppelter

---

3   Das Beispiel stammt von Petra Radtke; s. Radtke 1995

Weise an: Jeder hat einen Körper, und man kann leicht auf seine Teile verweisen, so daß man ihn stets und unproblematisch als Ausgangspunkt assoziativer Schlüsse wählen kann. Die Strategie des Sprechers lautet: "Wenn ich schon nicht auf eine Regel des Gebrauchs zurückgreife, so doch wenigstens auf Systematizität der Bildlichkeit." Wenn ich frage "Hast du die Theorie endlich inhaliert?", so werde ich verstanden, weil der Hörer mit dieser Sorte von Ikonizität vertraut ist. Das Risiko kreativer Innovation wird gemildert durch Regularität zweiter Ordnung. Regularität der Bildlichkeit ersetzt Regelhaftigkeit des Gebrauchs. Die oben genannte Metapher

(2) *Egon ist ein Papagei.*

ist, so nehme ich an, eine kreative Metapher. Aber sie ist deutlich konventioneller als etwa die Metapher

(2') *Egon ist ein Blumenstrauß.*

Die Äußerung (2) hat bessere Aussichten, intentionsgemäß interpretiert zu werden, wenngleich Papageien und Blumensträuße gleichermaßen bunt sein können. Der Grund für den Eindruck, daß (2') von geringerer Konventionalität ist als (2), liegt in der Systematizität der Bildlichkeit. Die Interpretation von (2) kann an eine Tradition von Tiermetaphorik anschließen, während die Interpretation von (2') sozusagen ganz von vorne anfangen muß und ganz auf sich allein gestellt ist. Das heißt nicht, daß (2') uninterpretierbar wäre. Es heißt nur, daß die Rahmenbedingungen sehr viel spezifischer sein müßten.

Bis jetzt war hauptsächlich von den Vorteilen nicht-metaphorischer Ausdrucksweise die Rede und davon, daß der Sprecher, wenn er über Abstraktes oder Inneres reden möchte, oft nicht umhin kann, das metaphorische Verfahren zu wählen. Das klingt so, als sei Metaphorik eine Art von notwendigem Übel, das durch Systematizität der Bildlichkeit notdürftig gemildert wird. Dieser Eindruck wäre falsch. Ein Blick in den Kommentarteil einer beliebigen Tageszeitung macht einen oft nachgerade lustvollen Umgang mit Metaphorik deutlich. Das metaphorische Verfahren hat nicht nur Nachteile; es bringt auch Nutzen. Metaphern sind, so sagt man, farbiger und anschaulicher. Im Zuge ihrer Lexikalisierung verblassen sie und werden vielfach durch neue farbige ersetzt. "Wie im Schreiben Bilderschrift früher war als Buchstabenschrift, so war im Sprechen die Metapher [...] das frühe Wort, welches sich erst allmählich zum eigentlichen Ausdruck entfärben mußte."[4] So beschrieb Jean Paul den Prozeß, der heute bisweilen *semantic bleaching* genannt wird. Was verleiht Metaphern die Eigenschaft farbiger zu sein als die blasse wörtliche Redeweise?

Es handelt sich hierbei um die Eigenschaft der Expressivität der Metapher. Expressivität des metaphorischen Verfahrens ist eine Funktion von vier Charakteristika, die miteinander in engem Zusammenhang stehen. (i) Das metaphorische Verfahren impliziert die Aufforderung, etwas als etwas anderes zu sehen. (ii) Jede Metapher ist ein kleines Erkenntnismodell. (iii) Die Metapher hat prädikative Struktur. (iv) Das metaphorische Verfahren ist ein Überraschungsspiel. Betrachten wir diese vier Charakteristika der Reihe nach.

Ad (i): Eine Metapher wird oft mit einem Vergleich verglichen. Aber sie ist keiner; auch kein verkürzter.[5] Schauen wir noch einmal unser Beispiel an und vergleichen wir:

(2) *Egon ist ein Papagei.*
(3) *Egon ist wie ein Papagei.*

Der entscheidende Unterschied ist: In (3) bleibt Egon, was er ist, und wird mit einem Papageien verglichen. In (2) jedoch wird er zum Papageien! (3) besagt gleichsam: Sieh dir Egon an, und sieh dir einen Papageien an, und vergleiche die beiden. (2) hingegen besagt: Sieh Egon als Papagei! Betrachte ihn unter dem Aspekt der Papageienhaftigkeit. Es ist "the 'seeing as' process which is essential for metaphor", schreiben Nerlich und Clarke.[6] Etwas als etwas betrachten ist etwas anderes, als etwas mit etwas vergleichen. Wenn ich eine Wolke als Gesicht sehe, so sehe ich ein Gesicht. Wenn ich eine Wolke mit einem Gesicht vergleiche, so muß ich die Wolke als Wolke sehen. Sonst könnte ich sie nicht vergleichen. Es ist der *seeing-as*-Aspekt des metaphorischen Verfahrens, der das erzeugt, was man als Anschaulichkeit empfindet. Menschen sind bekanntlich Augenwesen. Metaphern sind Bilder, die mittels sprachlicher Symbole gemalt sind.

Ad (ii): Eine Metapher ist kein Vergleich, sondern ein Erkenntnismodell. Sie ist eine Brille, durch die man Dinge erkennen kann, die man ohne diese Brille nicht sehen würde (könnte man metaphorisch sagen).

---

4   Jean Paul 1970 Bd.5: 184
5   Die Ansicht, daß eine Metapher ein verkürzter Vergleich sei, geht auf Quintilian (*Institutio oratoria* 8.6.8) zurück.
6   Nerlich und Clarke 1988: 84

(2) besagt auch: Erziele Erkenntnisse über Egon, indem du ihn unter dem Aspekt der Papageienhaftigkeit siehst. In Fällen, in denen die Möglichkeit direkter Anschauung fehlt, in Bereichen des Inneren und Abstrakten, ist, solange sich lexikalisierte Mittel noch nicht gebildet haben, die Metapher das einzig mögliche Erkenntnismodell. *Ich habe einen metallischen Geschmack im Mund.* Wie sollte ich dies anders als mit Hilfe des metaphorischen Verfahrens mitteilen? In den Fällen, in denen es alternative Erkenntnismodelle gibt (wie bei Egons Vorliebe für farbenfrohe Kleidung), kann der Eindruck entstehen, als seien Metaphern ohne Rest auf nicht-metaphorische Weise paraphrasierbar. Diese Ansicht gleicht der These, man könne einen Witz auch so erzählen, daß er nicht mehr lustig ist. Eine Metapher nicht-metaphorisch paraphrasieren heißt, auf das spezifische Erkenntnismodell verzichten. Natürlich muß man zugestehen, daß man zu ein und derselben Erkenntnis möglicherweise auf verschiedenen Wegen gelangen kann.[7] Das metaphorische Verfahren ist nicht etwa eine pfiffige Methode, etwas auf unkonventionelle Weise zu sagen, sondern eine Methode, Erkenntnisse mit Hilfe einer pfiffigen unkonventionellen Sichtweise zu erlangen bzw. zu vermitteln. Der Nutzen einer Metapher liegt nicht in erster Linie in ihrem Unterhaltungs- und Überraschungswert, sondern in ihrem Erkenntniswert. Der Unterhaltungs- und Überraschungswert ist eine Folge des Erkenntniswerts. Mary Hesse[8] hat die Analogie zwischen Metaphern und explanativen Theorien bzw. zwischen Metaphorizität und Explanativität dargelegt. Metaphern und explanativen Theorien ist gemein, daß Begriffe aus einem, wie sie es nennt, primären System im Lichte von Begriffen eines sekundären Systems betrachtet werden. Die Evolutionstheorie, um ein Beispiel einer explanativen Theorie zu wählen, bezieht ihre erklärende Kraft aus der Tatsache, daß Prozesse der Veränderung (= Begriffe eines primären Systems) im Lichte der Reproduktionswahrscheinlichkeit von Individuen eines Typs (= Begriffe eines sekundären Systems) gesehen werden. In unserem Beispiel der Papageienmetapher wird ein Mensch im Lichte eines sekundären Systems, nämlich des Papageien, betrachtet. Das Papageienmodell, auf einen Menschen angewendet, evoziert reichere und spezifischere assoziative Erkenntnisse als die Befolgung der Gebrauchsregel des Ausdrucks *farbenfrohe Kleidung*.

7   cf. Köller 1975: 188
8   cf. Hesse 1980

Ad (iii): Da eine Metapher stets eine Aufforderung ist, etwas als etwas zu sehen, hat sie stets prädikative Struktur. Auch eine metaphorische Benennung enthält eine implizite Prädikation.[9] Wer mittels einer Metapher benennt, benennt, indem er ikonisch charakterisiert. Darin liegt die Erkenntnisfunktion begründet. Ich nehme an, daß sich eine metaphorische Benennung zu einer nicht-metaphorischen Benennung verhält wie eine Kennzeichnung (eine sog. *definite description*) zu einem Namen, wie etwa *der Autor von Werthers Leiden* zu *Goethe*. Solange beispielsweise das Wort *Kumpan* (aus mittellateinisch *companio* 'der, mit dem ich das Brot teile', 'der Brotgenosse') noch als Metapher verstanden wurde, besagte die Äußerung "Mein Kumpan ist krank" so etwas wie "Der, mit dem ich das Brot teile, ist krank". Im Zuge der Lexikalisierung wird die metaphorisch beschreibende Bezugnahme zu einer etikettierenden. Damit wird der Informationsgehalt der Äußerung geringer.[10] Auch nicht-metaphorische Beschreibungen werden bei hinreichend frequenter Verwendung zu etikettierenden Beschreibungen. Man denke etwa an einen Namen wie *Colonia Augusta Treverorum,* 'die kaiserliche Kolonie der Treverer', der zum völlig unmotivierten *Treverorum* und schließlich zu *Trier* reduziert wurde. Es handelt sich hierbei um einen Prozeß der Demotivierung, wie wir ihn in Kapitel 12 besprochen haben. Beschreibungen sind "relativ motiviert" in genau dem Saussureschen Sinne, in dem auch *vierzehn* relativ motiviert ist. Es gilt das Prinzip der Kompositionalität: Die Bedeutung der Zeichenverbindung ist eine Verbindung der Zeichenbedeutungen. (Jedes Syntagma ist ein in diesem Sinne relativ motiviertes Zeichen.) Durch häufigen referierenden Gebrauch wird der Bezug zum Referenten gleichsam kurzgeschlossen und nicht mehr über das Verständnis der Beschreibung hergestellt. Damit wird die Kompositionalität der Bedeutung obsolet. Der Ausdruck kann dann auf das zur Identifikation des Zeichens notwendige Maß reduziert werden. Als im Jahre 1709 der Florentiner Instrumentenbauer Bartolomeo Cristofori ein Saiteninstrument baute, bei dem die Saiten mit einem Hammerwerk zum Klingen gebracht wurden und somit die Lautstärke durch die Stärke des Anschlags bestimmt werden konnte, gab er ihm den beschreibenden Namen *Gravecembalo col piano e forte*. Daraus ist mittlerweile die völlig unmotivierte Bezeichnung *Piano* geworden. Auf analoge Weise

---

9 s. Köller 1975: 170ff.
10 cf. Traugott 1989: 48

konnte aus *Colonia Claudia Ara Agrippinensis* schließlich *Colonia* (*Köln*) werden, und *Surfer's Paradise*, der Name der australischen Stadt nördlich von Brisbaine, ist im Begriff zu *Surfers* zu werden.

Ad (iv): Das metaphorische Verfahren besteht, wie wir gesehen haben, darin, mittels sprachlicher Symbole einen Impuls zu geben, der einen assoziativen Schluß auslösen soll. Assoziieren ist ein Überraschungsspiel. Regeln befolgen ist dies *per definitionem* nicht. Zwischen dem kreativen Assoziieren und dem Befolgen von Regeln gibt es natürlich ein Kontinuum. Es entspricht dem Kontinuum von der kreativen, frischen Metapher (*die Sonne weint*) über das Klischee (*die Sonne lacht*) bis hin zur voll lexikalisierten Metapher (*die Sonne geht unter*).[11]

Was wir am metaphorischen Verfahren gegenüber dem symbolischen Verfahren als Farbigkeit empfinden, ist eine Funktion der neuen Sichtweise (des *seeing-as* Effekts), der Erkenntnismodellhaftigkeit, der Prädikativität und des Überraschungseffekts. Im Zuge des Prozesses der Lexikalisierung, d.h. des Prozesses des allmählichen Übergangs vom assoziativen zum regelbasierten Interpretationsverfahren, gehen diese Eigenschaften notwendigerweise verloren. Das heißt, mit dem Prozeß der Semantisierung geht notwendigerweise ein Prozeß des Informationsverlustes einher.[12] Je strikter der Gebrauch eines sprachlichen Mittels verregelt ist, desto geringer ist seine Informativität. Am deutlichsten wird dies, wenn eine ehemalige Metapher nicht nur lexikalisiert, sondern auch noch grammatikalisiert wird. Morphologische Einheiten werden als weniger bedeutungshaft empfunden als lexikalische Einheiten. Von der Metapher zum Morphem gibt es, wie die Grammatikalisierungsforschung gezeigt hat, ebenfalls ein Kontinuum. Eine Entwicklung, wie die des katalanischen Substantivs *cap* 'Kopf' zu einem Bestandteil einer zusammengesetzten Präposition *cap a* 'nach' (*Vés cap a casa!* 'Geh nach Hause!') ist ein sinnfälliges Beispiel für die Grammatikalisierung einer ehemaligen Metapher. Die katalanische Präposition *cap a* 'nach' wurde ehedem wohl im Sinn von 'mit dem Kopf in Richtung' gebraucht.

Unsere Ausgangsfrage war: Welchen Vorzug hat das metaphorische Verfahren gegenüber dem symbolischen Verfahren? Die Antwort

---

11 cf. Kurz 1982: 19

12 Dieser Informationsverlust ist vermutlich gemeint, wenn in der englischsprachigen Literatur bisweilen von *desemanticization* die Rede ist. S. etwa König und Traugott 1988: 121.

lautet: Das metaphorische Verfahren liefert ein anschauliches Erkenntnismodell mit Überraschungseffekt bei verminderter Treffsicherheit. In
diesem Sinne ist die Metapher farbiger als die wörtliche Alternative.
Der Sprecher wird je nach vorherrschenden Rahmenbedingungen und
kommunikativen Zielen dem einen oder dem anderen Verfahren den
Vorzug geben. Ideal sollte den Kosten-Nutzen-Überlegungen gemäß
die Verwendung "halblexikalisierter" Metaphern sein – das, was man
aus literarischer Sicht *Klischees* nennt. Denn diese verbinden die wesentlichen Vorzüge aus beiden Verfahren: Explanativität, Anschaulichkeit und Prädikativität bei hoher Kontextunabhängigkeit und guter
Treffsicherheit, allerdings mit deutlichen Abstrichen beim Überraschungseffekt. Erinnern wir uns an Platons These: Wörter sind dann
"auf das bestmögliche"[13] gebildet, wenn zur Konventionalität die
Ähnlichkeit hinzukommt.

Ein Blick in eine beliebige Reportage des "Spiegel" bestätigt diese
Prognose. In einem Artikel über das *Fußballfieber* der Italo-New Yor-
ker während der Fußballweltmeisterschaft 1994 lesen wir beispielsweise: sie *liegen sich in den Armen*, das Café *hebt ab*, man *dankt den
Göttern*, die *Schlacht* gegen Norwegen ist gewonnen, Autos sind mit
Patrioten *bestückt, das Drama* ist vorbei, die *verfummelte Schlappe*
gegen Irland, der *Herzmuskel ist Dehnungen ausgesetzt*, Teenager
tauchen auf, alles *geht drunter und drüber*, jemand *hißt* ein Transparent, Menschen werden *zusammengeschweißt*, jemand *stößt etwas
zwischen den Zähnen hervor*, Menschen *des alten Schlags*, zwei Männer
sind *zwei Legenden*.[14] Bei diesen Metaphern – sie finden sich alle
innerhalb eines Artikels auf etwas mehr als einer Textspalte – handelt
es sich (fast) durchweg um halblexikalisierte Metaphern. Durch die
Verwendung solcher gerade-noch-Metaphern wird der regelbasierte
Schluß gleichsam assoziativ unterstützt und angereichert. Auf diese
Weise wird eine Art Informationsverdichtung erzeugt. Allerdings hat
die Attraktivität des Zustands der "Halblexikalisierung" selbstzer-
störende Wirkung: Sie erhöht die Frequenz und trägt so zur Beschleu-
nigung der vollständigen Lexikalisierung bei. Wenn dieser Zustand
erreicht ist, sind sie zum Zwecke der Informationsverdichung un-
tauglich geworden, und neue halblexikalisierte Metaphern müssen an
ihre Stelle treten.

---

13 Platon 435 c
14 Spiegel Nr. 26 vom 27.6.1994: 195

18 Der metaphorische Gebrauch von Modalverben

Systematizität der Bilder erhöht die Interpretierbarkeit des metaphorischen Verfahrens. Es gibt jedoch auch systematische Zusammenhänge, die nicht motiviert sind durch das Bestreben des Sprechers, dem Adressaten die Arbeit zu erleichtern und sich selbst dadurch den kommunikativen Erfolg zu sichern. Gleichartige Probleme führen oft zu gleichartigen Lösungen. Betrachten wir ein einfaches Beispiel. Das Gefühl, das Chilischoten auf der Zunge erzeugen, nennt man im Deutschen *scharf*, auf Englisch *hot* und auf Spanisch *picante* (Partizip Präsens von *picar* 'stechen'). Chili *ist scharf und brennt, is hot and burns, es picante y pica.* In diesen drei Sprachen werden zwar unterschiedliche Bilder verwendet, aber eines ist ihnen gemeinsam: Es sind Bilder körperlicher Verletzungen: schneiden, brennen und stechen. (Im Deutschen werden – im Gegensatz zum Englischen und Spanischen – merkwürdigerweise zwei verschiedene Bilder miteinander kombiniert: Was scharf ist, brennt auf der Zunge, anstatt zu schneiden.) Mit brennen, schneiden und stechen sind, wie ich finde, die äußeren Phänomene, die sich als naheliegende Assoziationsimpulse zur metaphorischen Bezeichnung des inneren Geschmackserlebnisses von Chili eignen, auch ziemlich erschöpft. Es gibt Sprachen, in denen das Mittel der Vergleichsbildung angewendet wird, in denen also ein Wort wie *chiliartig* verwendet wird, um das Geschmackserlebnis der Schärfe zu bezeichnen. Von dieser Methode macht beispielsweise das Chinesische Gebrauch. Das chinesische Wort für *scharf* ist *la* 辣 und ließe sich etymologisierend mit 'paprikaartig' übersetzen.[15] Aber in den Sprachen, in denen das metaphorische Verfahren dazu eingesetzt wird, ist die Verletzungsmetaphorik mit hoher Wahrscheinlichkeit zu erwarten.[16] Denn, wie gesagt, gleichartige Probleme führen zu gleichartigen Lösungen.

Wenn wir an das metaphorische Verfahren denken, so fallen uns meist Adjektive, Vollverben und Substantive ein, die metaphorisch verwendet werden. Wenn aber das metaphorische Verfahren darin besteht, assoziative Schlüsse auszulösen (aus der Sicht des Sprechers) bzw. zu ziehen (aus der Sicht des Adressaten), so gibt es keinen

---

15 Diese Information verdanke ich Professor Ma Wentao von der Deutschen Abteilung der Peking-Universität.

16 Scharf heißt türkisch *yakıcı* (von *yakmak* 'brennen'); im Japanischen hat das Kanji-Zeichen für 'scharf' 辛 (*karai*) auch die Lesart 'schmerzhaft' (*tsurai*).

Grund, weshalb eine prinzipielle Einschränkung auf die drei sogenannten Hauptwortarten bestehen sollte. In den letzten Jahren sind in der
Tat Metaphernbildungen entdeckt und beschrieben worden, die sich
auf sprachliche Bereiche beziehen, in denen man sie traditionellerweise
nicht vermutet hätte: Viele Gebrauchsweisen von Konjunktionen,
Modalverben oder Präpositionen sind ehemals metaphorische Verwendungen, die mittlerweile lexikalisiert sind; und das Verfahren ist auch
bei diesen Wortarten immer noch produktiv. Wer beispielsweise sagt,
er arbeite *unter* einem neuen Chef, der verwendet offensichtlich zur
Charakterisierung einer sozialen Relation eine ehemalige Metapher,
nämlich eine Raumpräposition. Der Raum ist das sichtbare Äußere.
Präpositionen, die räumliche Relationen bezeichnen, wie *in, an, vor*
usw., oder auch Raumpartikeln wie *wo, zurück*[17] usw., eignen sich
vorzüglich, um temporale Relationen auszudrücken und damit ab-
straktere Konzepte zu bilden: *vor einem Haus – vor einer Woche; geh
drei Meter zurück – rechne drei Tage zurück; der Ort, wo die Linde
stand – der Moment, wo der Kronleuchter herunterfiel.* Konstruktionen
wie etwa *damals, wo ich krank war,* oder *die Zeit, wo wenig Betrieb ist,*
werden zwar als stilistisch unschön bewertet, aber umgangssprachlich
sind sie bereits weit verbreitet.

Modalverben, Konjunktionen und Präpositionen sind oftmals dem
Prozeß der sogenannten Epistemifizierung ausgesetzt. Epistemifizierung
ist ein Spezialfall des Prozesses der Subjektivierung. Subjektivierung wie
Epistemifizierung werden meist mit Hilfe des metaphorischen Verfahrens
erzeugt. Diese Prozesse will ich im folgenden darstellen und erläutern.

Ein Beispiel mag einen ersten intuitiven Eindruck vermitteln, worin
der Prozeß der Subjektivierung besteht. Die Konjunktion *während* hat
derzeit zwei Gebrauchsweisen, eine temporale und eine adversative.
Dazwischen gibt es Übergänge. Betrachten wir die drei folgenden
Äußerungen:

(1) *Während du den Rasen gemäht hast, habe ich Geschirr gespült.*
(2) *Während du in der Sonne lagst, habe ich Geschirr gespült.*
(3) *Während Kant Ostpreuße war, war Heidegger Südbadener.*

In Satz (1) ist ohne Zweifel die Lesart temporaler Gleichzeitigkeit
geboten: 'In der Zeit, in der du den Rasen gemäht hast, habe ich
Geschirr gespült.' Die genannten Ereignisse werden bezüglich des

---

17 Bei *zurück* handelt es sich bereits um eine ehemalige Körpermetapher: ahd. *ze
    rucke* 'auf dem Rücken'.

Zeitablaufs gleichgesetzt. Im dritten Satz ist *während* rein adversativ verwendet, im Sinne von 'wohingegen'. Die Herkünfte der beiden Philosophen werden kontrastiert. Der zweite Satz ist ein Beispiel für den Übergang. Mit ihm wird wie in Satz (1) behauptet, daß die beiden genannten Ereignisse gleichzeitig stattfanden. Außerdem formuliert dieser Satz einen Vorwurf. Temporale und adversative Lesart sind koexistent. Adversative Konjunktionen dienen laut Duden unter anderem "zur Kennzeichnung [...] des Gegensatzes".[18] In welcher Hinsicht aber sind in der Sonne liegen und Geschirr spülen Gegensätze? Die Gegensätzlichkeit liegt nicht im Faktischen, sondern in der Bewertung: Während ich gearbeitet habe, hast du gefaulenzt. Die Äußerung (2) läßt sich etwa folgendermaßen paraphrasieren: "In der Zeit, in der du in der Sonne lagst, habe ich Geschirr gespült. Dies mißbillige ich, denn in der Sonne liegen ist angenehm und nicht notwendig, wohingegen Geschirr spülen eine notwendige und unangenehme Tätigkeit ist." Kontrastiert werden Faulheit und Fleiß. Gebrauchsbedingung von *während*, wie es in der Äußerung (1) verwendet wurde, ist ausschließlich der äußere Faktor der Gleichzeitigkeit. In Satz (2) werden innere Faktoren, nämlich unterschiedliche Bewertungen, zu Gebrauchsbedingungen gemacht.

Elizabeth Traugott charakterisiert den allgemeinen Trend zu Subjektivierung wie folgt: "Meanings tend to become increasingly based in the speaker's subjective belief state/attitude toward the proposition."[19] Der Bedeutungswandel, den das Adjektiv *nett* vollzogen hat, von ehemals 'sauber, rein' zu 'freundlich, liebenswert', ist ein Beispiel für einen solchen Prozeß. Der Prozeß der Subjektivierung besteht genau darin, daß Überzeugungen, Haltungen, Bewertungen (u.ä.) des Sprechers zu Bedingungen des Gebrauchs eines Ausdrucks werden. Wenn, was in vielen Sprachen passierte, Verben der Bewegung zu Tempus- oder Aspektmarkierungen werden, so handelt es sich ebenfalls um Prozesse der Subjektivierung. Bekannte Beispiele dafür sind die Entstehung der periphrastischen Futurformen im Englischen und den meisten romanischen Sprachen.[20] Engl. *I'm going to eat*, span. *voy a comer*, franz. *je vais manger*

---

18 Dudengrammatik 1984 § 666

19 Traugott 1989: 35. Zum Begriff der Subjektivierung in dem hier intendierten Sinne ist vor allem Traugott 1989 einschlägig. (Vorsichtshalber sei gesagt, daß Ronald Langacker 1990 den Ausdruck *subjectification* in einem völlig anderen Sinne verwendet.)

20 Zur Entwicklung des engl. *going*-Futurs s. Traugott 1992, für das Romanische s. Fleischman 1982.

bedeuten jeweils (unter anderem) 'ich werde essen'. (Eine Ausnahme macht das Katalanische: *jo vaig menjar* 'ich habe gegessen'.[21]) Die vollständige Entfernung von dem Aspekt der Bewegung wird in Sätzen deutlich, in denen das Subjekt auf nichts Bewegungsfähiges referiert: *It's going to rain, va a llover, il va pleuvoir* 'es wird regnen'. Im Deutschen scheint sich gegenwärtig ein Wandel zu vollziehen, der der Entwicklung des '*gehen*'-Futur im Englischen und den romanischen Sprachen ähnlich ist. Wir sind offenbar im Begriff, die Verben *hingehen, hergehen* und *ankommen* als Aspektmarker zu etablieren. Folgende Sätze sind authentische Belege: *Dann bin ich hergegangen und hab das ganze Kapitel neu geschrieben. Dann gehst du hin und nimmst ein Stück Zeitung und legst das darunter. Nachdem wir schon 20 Minuten diskutiert haben, kam der an und wollte 20 Mark geliehen haben.* Offensichtlich bezeichnen die Verben *hingehen, hergehen* und *ankommen* in solchen Verwendungen keine physische Bewegung des Gehens, sondern eine Art "geistige Bewegung" des Entschlusses oder des Beginnens. Es handelt sich um ein metaphorisches "Kommen" und "Gehen" mit inchoativem Aspekt.

Der Prozeß der Subjektivierung spielt eine große Rolle beim sogenannten epistemischen Gebrauch von Modalverben.[22] Ich will diesen Gebrauch nun eingehender darstellen und zeigen, inwiefern es sich bei der Epistemifizierung um die Anwendung des metaphorischen Verfahrens handelt. Betrachten wir die beiden folgenden Dialoge:

(1) Fritz: *Hat er alles erledigt?* Paul: *Er kann jetzt nach Hause gehen.*
(1') Fritz: *Wie lange wird er brauchen?* Paul: *Er kann jetzt zu Hause sein.*

Wodurch unterscheiden sich die beiden Verwendungsweisen von *kann*? Die Dudengrammatik beschreibt die Bedeutung von *kann*, wie es in (1) verwendet wird, mit 'Erlaubnis', und die Bedeutung, wie sie in (1') vorkommt, als 'Vermutung, Annahme'.[23] Bevor ich darauf näher eingehe, will ich noch ein anderes Beispiel vorführen.

(2) Fritz: *Was macht er damit?* Paul: *Er muß das trinken.*
(2') Fritz: *Weißt du, wo der jetzt ist?* Paul: *Er muß jetzt zu Hause sein.*

Die Dudengrammatik beschreibt die Bedeutung von *muß* in (2) mit 'Notwendigkeit' und die in (2') wiederum mit 'Vermutung, Annahme'.

---

21 Für die ungewöhnlich Ausnahme, daß eine periphrastische Form mit einem Verb, das 'gehen' bedeutet, Präteritum-Bedeutung hat, gibt es meines Wissens bislang noch keine Erklärung.

22 cf. Lyons 1977/1983: 393, Traugott 1989, Sweetser 1990

23 Dudengrammatik § 130–162

Auch die Bedeutung von *dürfen* in Sätzen wie *Er dürfte jetzt zu Hause sein* wird in der Dudengrammatik mit 'Vermutung, Annahme' angegeben. Darf man daraus schließen, daß die Sätze *Er kann jetzt zu Hause sein*, *Er muß jetzt zu Hause sein* und *Er dürfte jetzt zu Hause sein* synonym sind? Als Bedeutung für *sollen* in Sätzen wie *Er sollte jetzt zu Hause sein* wird in der Dudengrammatik 'Vermutung, Zweifel' angegeben und für die von *mögen* in *Er mag jetzt zu Hause sein* 'Vermutung, Unsicherheit'. Wenngleich man zugestehen muß, daß mit all diesen Sätzen eine Vermutung zum Ausdruck gebracht werden kann, so haben wir dennoch die sprachliche Intuition, daß sich diese Sätze in ihren Bedeutungen unterscheiden.

Ich will die Bedeutung der Modalverben, wie sie in (1) und (2) vorkommt, *faktische Bedeutung*[24] nennen und die Bedeutung in (1') und (2') *epistemische Bedeutung*. Die Unterschiede zwischen den epistemischen Bedeutungen der verschiedenen Modalverben lassen sich klar und deutlich aufzeigen, wenn man sie in Bezug zu den jeweiligen faktischen Bedeutungen setzt. Für das Englische hat dies Eve Sweetser mit Erfolg getan,[25] und zwar im Rahmen der sogenannten kognitiven Semantik. Ungeachtet der Kritik am kognitivistischen Überbau[26] sind Sweetsers Beobachtungen äußerst erhellend und im Prinzip auch aufs Deutsche übertragbar. Es gelingt ihr, plausible Zusammenhänge zwischen der faktischen und der epistemischen Lesart der Modalverben (und auch anderer sprachlicher Ausdrücke) aufzuzeigen. Daß solche Zusammenhänge bestehen, gehört nicht etwa zum linguistischen Allgemeingut. Eisenberg schreibt beispielsweise in seinem "Grundriß der Deutschen Grammatik": "Die Bedeutung von *dürfen* in [*Er dürfte das gemerkt haben*] hat wenig mit der Bedeutung von *dürfen* als 'Erlaubnis haben' in [*Er durfte das behalten*] zu tun. Entsprechendes gilt für die anderen Beispiele."[27] Ich will nun Sweetser folgend zeigen, daß diese beiden Verwendungsweisen sehr wohl etwas miteinander zu tun haben.

Wir werden zunächst die Verben *dürfen, können, mögen, müssen* und *sollen* in ihrer faktischen Lesart betrachten. Das Verb *wollen* macht, wie wir gleich sehen werden, eine Ausnahme. Nehmen wir an,

---

24 Sweetser nennt sie *root meaning*, andere auch *deontische Bedeutung*. Zur Terminologie s. Heine 1992: Anm. 2
25 Sweetser 1990: 49–73
26 s. Kap. 7
27 Eisenberg 1989: 102

dürfen diene dazu, eine Erlaubnis auszudrücken. Dann kann *Du darfst schwimmen* in etwa paraphrasiert werden mit *Jemand oder etwas erlaubt dir zu schwimmen.* Nach dem gleichen Muster können wir die übrigen Modalverben, mit Ausnahme von *wollen*, paraphrasieren: *Können* dient dazu, eine Möglichkeit auszudrücken, *mögen* einen Wunsch, *müssen* einen Zwang und *sollen* eine Verpflichtung. Unter der Prämisse, daß diese Annahmen einigermaßen zutreffend sind, können wir also folgende Paraphrasen bilden:

(1) *Er darf schwimmen.*   *Jemand/etwas erlaubt ihm zu schwimmen.*
(2) *Er kann nach Hause gehen.*   *Jemand/etwas gibt ihm die Möglichkeit, nach Hause zu gehen.*
(3) *Sie mag Kakao trinken.*   *Sie hat den Wunsch, Kakao zu trinken.*
(4) *Er muß nach Hause gehen.*   *Jemand/etwas zwingt ihn, nach Hause zu gehen.*
(5) *Er soll seine Suppe essen.*   *Jemand/etwas verpflichtet ihn, seine Suppe zu essen.*

Was hat nun die epistemische Lesart der Modalverben mit der hier angenommenen faktischen zu tun? Lassen sich die epistemischen Verwendungen auf analoge Weise paraphrasieren? Erinnern wir uns, was das metaphorische Verfahren üblicherweise zu leisten im Stande ist: Es erlaubt, innere bzw. abstrakte Phänomene zu benennen, auf dem Wege eines assoziativen Schlusses, der von einem äußeren, konkreten Phänomen seinen Ausgang nimmt. Was ist das innere Korrelat zur Erlaubnis oder zum Zwang, etwas zu tun? Es ist die Erlaubnis oder der Zwang, etwas zu glauben oder anzunehmen: eine epistemische Erlaubnis oder ein epistemischer Zwang. Aus (beispielsweise) *Etwas zwingt dich zu X-en* wird *Etwas zwingt mich zu der Annahme, daß du X-t.* Betrachten wir nun fünf analoge Sätze, die die epistemische Lesart der Modalverben exemplifizieren sollen. Wenn wir bei den Paraphrasen die jeweilige Modalität (Erlaubnis, Möglichkeit, Wunsch, Zwang, Verpflichtung) vom faktischen Bereich auf den epistemischen transponieren, erhalten wir genau diejenigen Paraphrasen, die den Bedeutungen der Modalverben in epistemischer Lesart entsprechen:[28]

(1') *Er dürfte der Täter sein.*   *Etwas erlaubt mir anzunehmen, daß er der Täter ist.*

---

28 Zu den Kontextbedingungen, unter denen die epistemische Lesart geboten ist, s. Heine 1992.

(2') *Er kann jetzt zu Hause sein.*　*Etwas gibt mir die Möglichkeit anzunehmen, daß er jetzt zu Hause ist.*

(3') *Sie mag recht haben.*　*Ich habe den Wunsch anzunehmen, daß sie recht hat.*

(4') *Sie muß jetzt zu Hause sein.*　*Etwas zwingt mich zur Annahme, daß sie jetzt zu Hause ist.*

(5') *Sollten ihre Augen lügen?*　*Gibt es etwas, das mich verpflichtet anzunehmen, daß ihre Augen lügen?*

Wir sehen nun sowohl die Gründe, die die Autoren der Dudengrammatik bewogen haben mögen, bei all diesen epistemischen Verwendungsweisen das Merkmal 'Vermutung' anzugeben, als auch die Gründe, die dafür sprechen, intuitiv Bedeutungsverschiedenheit anzunehmen. Wenn ich sage, *Peter dürfte/kann/mag/muß/sollte jetzt zu Hause sein,* so bringe ich zum Ausdruck, daß meine Indizien dergestalt sind, daß mir die Annahme *erlaubt/ermöglicht/erwünscht* ist bzw. daß ich zu der Annahme *gezwungen* oder *verpflichtet* bin, daß Peter jetzt zu Hause ist. Dies zum Ausdruck zu bringen heißt immer, eine Vermutung zu äußern. Das gilt auch für Verwendungen in der ersten Person: Den Satz *Ich muß jetzt zu Hause sein* werde ich äußern, wenn ich sagen will, daß mich Evidenzen zu dem Schluß zwingen, daß ich zu Hause bin. Wenn ich weiß, daß ich zu Hause bin, und dies ganz einfach mitteilen möchte, kann ich diesen Satz nicht verwenden. Die verschiedenen Modalverbvarianten unterscheiden sich darin, daß die Basis der Vermutung jeweils verschieden ist. Sich zu einer Annahme gezwungen fühlen ist etwas anderes, als sich zu einer Annahme erlaubt zu sehen. Genau darin liegt der Bedeutungsunterschied zwischen *Peter muß jetzt zu Hause sein* und *Peter dürfte jetzt zu Hause* sein. Auch die Bedeutungsnuance, die sich durch die Alternative zwischen Indikativ und Konjunktiv des Modalverbs[29] ergibt, läßt sich so benennen. Wer ausdrücken will, daß die Evidenzen dergestalt sind, daß er sich gezwungen sieht anzunehmen, daß Peter zu Hause ist, sollte die Indikativvariante wählen: *Peter muß jetzt zu Hause sein.* Wer hingegen ausdrücken will, daß die Evidenzen dergestalt sind, daß er sich *möglicherweise* gezwungen sieht anzunehmen, daß Peter zu Hause ist, der sollte die Konjunktivvariante wählen: *Peter müßte jetzt zu Hause sein.* In welchem Ausmaß sich die epistemische Lesart bereits verselbständigt hat, wird durch Sätze deutlich, in denen beispielsweise das Subjekt des

---

29　*Sollen* und *dürfen* erlauben keine Indikativvariante mit epistemischer Lesart.

Satzes eine faktische Lesart gar nicht mehr möglich macht: "Die feuchtkalte Luft, die vom Meer kommen *mochte*, verlieh der Atmosphäre etwas Ländliches."[30]

Eine Ausnahme macht, ich sagte es bereits, das Modalverb *wollen*. Wenn sich *wollen* analog zu den übrigen Modalverben verhielte, so sollten folgende Paraphasen korrekt sein:

(6)   *Fritz will sie sehen.*   *Fritz hat den Willen/die Absicht, sie zu sehen.*
(6') *Fritz will sie gesehen haben.* *Ich habe den Willen/die Absicht anzunehmen, daß Fritz sie gesehen hat.*

Wenn man zum epistemischen Gebrauch des Modalverbs *wollen* mechanisch nach dem Muster der übrigen Modalverben eine Paraphrase zu bilden versucht, entsteht ein Satz wie der mit dem Sternchen. Ein solcher Satz kann zwar dazu verwendet werden, eine mögliche epistemische Modalität auszudrücken, nicht jedoch die, die mit dem epistemischen Gebrauch von *wollen* ausgedrückt wird. Mit anderen Worten, der Sternchensatz in (6') ist keine Paraphrase des vorgenannten Satzes. Ist es dennoch gerechtfertigt, diesen Gebrauch von *wollen* epistemisch zu nennen? Um dies herauszufinden, wollen wir die Bedeutung des Satzes *Fritz will sie gesehen haben* näher analysieren. Die Dudengrammatik nennt als Bedeutungsangabe dieser Verwendungsweise von *wollen* 'Behauptung' und gibt dazu die folgende Erläuterung: "In dieser Variante drückt der Sprecher/Schreiber mit *wollen* aus, daß jemand von sich etwas behauptet, was nicht ohne weiteres für wahr zu halten ist."[31]

Die angemessene Paraphrase des oben genannten Satzes lautet:

(6") *Fritz will sie gesehen haben. Fritz hat (explizit oder implizit) behauptet, daß er sie gesehen hat; ich, der Sprecher, halte diese Behauptung jedoch für unglaubwürdig.*

Wie kann aus der Bedeutung der Absichtszuschreibung die Bedeutung der Unglaubwürdigkeitszuschreibung werden? Hier ist kein metaphorisches Verfahren im Spiel, sondern die Ausnutzung eines pragmatischen Schlusses: Wer sagt *Er will sie sehen*, gibt (normalerweise) zu verstehen, daß er sie zum Zeitpunkt der Äußerung nicht sieht. Mit anderen Worten, *Er will sie sehen* implikatiert normalerweise *Er sieht*

---

30 Nooteboom 1993: 1 (meine Hervorhebung). Das Textexempel verdanke ich Petra Radtke.

31 Dudengrammatik 1984: § 154

sie nicht. (Es handelt sich hierbei nicht um eine logische Implikation; denn es ist kein Widerspruch zu sagen *Ich sehe sie und will sie auch sehen*.) Analog dazu implikatiert *Er will sie gesehen haben*, daß er sie nicht gesehen hat. Die Interpretation der Absichtszuschreibung ist angesichts der Tempusverhältnisse gleichsam logisch blockiert. Man kann keine rückwärtsgewandten Absichten haben. So bleibt als mögliche Interpretation die Implikatur übrig. Wenn wir die Implikaturen in die Paraphrasen mit aufnehmen, wird der Mechanismus deutlicher:

(6) *Fritz will sie sehen.*   *Fritz hat die Absicht sie zu sehen, und er sieht sie jetzt nicht.*

(6') *Fritz will sie gesehen haben.*   *Fritz hat die Absicht, sie gesehen zu haben, und er hat sie nicht gesehen.*

Der erste Teil der Paraphrase von (6') ist logisch ausgeschlossen; was also bleibt, ist der zweite. Das Fazit lautet: Der Gebrauch von *wollen*, wie er in (6') vorliegt, ist epistemisch. Denn Teil der Gebrauchsbedingungen ist der Glaube des Sprechers, daß derjenige, dessen Behauptung referiert wird, die Unwahrheit gesagt hat. Die Epistemifizierung kommt jedoch nicht, wie bei den übrigen Modalverben, durch Anwendung des metaphorischen Verfahrens zustande, sondern durch Semantisierung eines ehedem pragmatischen Schlusses.

Abschließend sei der Vollständigkeit halber noch ein Hilfsverb erwähnt, das unter dem Aspekt der Epistemifizierung viel mit den Modalverben gemein hat, das Hilfsverb *werden*. Das Verb *werden* kann in futurischer und epistemischer Lesart verwendet werden, wie die folgenden beiden Dialoge zeigen:

(7) Fritz: *Was hast du morgen vor?*   Paul: *Ich werde das Rad reparieren.*
(7') Fritz: *Weißt du, wo Erwin ist?*   Paul: *Er wird in der Uni sein.*

In (7) dient *werde*n (samt dem Infinitiv des Verbs) dazu, von einem Sachverhalt zu sagen, daß er in der Zukunft stattfinden wird. In (7') wird *werden* dazu verwendet, von einem Sachverhalt zu sagen, daß sein Bestehen vermutet wird. Was haben Futur und Vermutung gemeinsam? Es ist die Tatsache, daß der Sprecher zum Zeitpunkt der Äußerung den Wahrheitswert der in Rede stehenden Proposition noch nicht kennt. Der futurische Satz kann, wie die Vermutung, die Bestätigung erst in der Zukunft erlangen.[32] Im ersten Fall bestätigt sich das

---

32 s. Fourquet 1970: 160, Ulvestad 1984: 276. Dies hat, wie Ulvestad zeigt, Brugmann bereits im Jahre 1918 (S.74f.) gewußt.

Ereignis, im zweiten Fall der Glaube bzw. die Überzeugung. In der Dudengrammatik wird die Bedeutung von *werden* in Verwendungen wie (7') wie folgt kommentiert: "[Der Sprecher] läßt sich von der Erwartung leiten, daß seine Aussage als wahr bestätigt wird."[33] Wir können also davon ausgehen, daß auch hier ein sprachliches Mittel von der äußeren Welt auf die innere übertragen wird. Ein sprachliches Mittel, das dazu dient, von einem *Ereignis* zu sagen, daß es in der Zukunft bestätigt wird, wird nun dazu verwendet, um von einer *Annahme* zu sagen, daß sie in der Zukunft bestätigt wird. Folgende Paraphrasen machen den metaphorischen Zusammenhang zwischen der faktischen und der epistemischen Lesart von *werden* deutlich:

(8) *Ich werde das Rad reparieren.*   *Die Tatsache, daß ich das Rad repariere, wird in der Zukunft bestätigt werden.*

(8') *Er wird in der Uni sein.*   *Meine Annahme, daß er in der Uni ist, wird in der Zukunft bestätigt werden.*

Ich habe am Beispiel der Modalverben zu zeigen versucht, daß das metaphorische Verfahren, das ja nichts anders ist als eines der drei Grundverfahren der Zeichenbildung, auch in sprachlichen Bereichen Anwendung findet, in denen man dies traditionellerweise nicht gesehen hat. Es ist Teil unseres sprachlichen Kreativprogramms. An zahllosen andern Beispielen ließe sich dies noch weiter belegen. So wurden die Konjunktionen *ehe* und *bevor* metaphorisch von Ausdrücken des zeitlichen Nacheinander zu Ausdrücken der Präferenz übertragen:[34]

(9) *Ehe/bevor ich mich an den Tisch setze, wasche ich die Hände.* (Nacheinander)

(10) *Ehe/bevor ich Emma heirate, gehe ich ins Kloster.* (Präferenz)

Die Konjunktion *aber* ist durch Anwendung des metaphorischen Verfahrens vom Ausdruck des Gegensatzes zum Ausdruck der Überraschung geworden:[35]

(11) *Er ist kräftig, aber feige.* (Gegensatz)

(12) *Der ist aber kräftig!* (Überraschung)

---

33 Dudengrammatik 1984: § 232
34 cf. König und Traugott 1988
35 "*Aber* [...] indicates that a statement is based on perceptual evidence, but is in contrast to possible inferences from the context." König und Requardt 1991: 74

Der Gebrauch des Konjunktiv II ist vom Indikator des Tatsasachen-
widrigen zum Indikator des Erwartungswidrigen geworden:

(13) *Hätte ich Geld, so würde ich nach Indien reisen.* (Tatsache ist, daß ich
habe keine Geld.)

(14) *Jetzt hätten wir die Wohnung gefunden.* (Wir hatten erwartet, daß wir sie
nicht mehr finden würden.)

Im nächsten Kapitel will ich exemplarisch die Metaphorisierung und
die damit einhergehende Epistemifizierung der Konjunktion *weil*
darstellen und versuchen, den Prozeß des Bedeutungswandels, der sich
gerade vollzieht, zu erklären.

19 Das epistemische *weil*

"Rettet den Kausalsatz" heißt eine Hamburger Aktionsgemeinschaft,
die es sich zur Aufgabe gemacht hat, erwachsene Sprecherinnen und
Sprecher der deutschen Sprache davon abzuhalten, Sätze wie diesen zu
äußern: "Ich muß noch einkaufen, weil wir bekommen heute abend
Besuch."[36] Es geht um die Verwendung von *weil* mit Hauptsatzwortstellung, mit der sogenannten Verbzweitstellung. Darum geht es auch
in diesem Kapitel. Ich werde versuchen zu zeigen, daß es sich bei
dieser Konstruktion weniger um einen Verfall der Syntax als vielmehr
um eine Bereicherung der Semantik handelt. Sie wird durch Anwendung des metaphorischen Verfahrens auf die Kausalkonjunktion *weil*
erzeugt.

Der Kinderbuchautor Henning Venske hat eine Geschichte für
Schulanfänger geschrieben: *Schultüte für Berni.* Der Ich-Erzähler – "Ich
bin fünf, und ich bin groß, und ich heiße Berni" – sagt darin Sätze wie
diese:

> [Mein großer Bruder] der macht nächstes Jahr Abitur, weil, der ist schon
> alt." "Aber das ist gar nicht wahr, weil, ich kann schon alleine über den
> Zebrastreifen gehen bei Grün, ganz ohne gelbe Mütze." "Und da war
> Mama noch viel mehr beleidigt, weil, sie kann gar nichts dafür, aber Max

---

36 Peter Eisenberg (1993) hat als Antwort auf dieses Unternehmen eine Glosse mit
dem Titel "Der Kausalsatz ist nicht zu retten" geschrieben.

ist schuld, weil, der kommt immer, wenn man ihn gar nicht gebrauchen kann." "Und da hat die Mama den Kopf zu mir gedreht und gesagt, so was darf man nicht sagen, weil, der Papa ist dann nicht tot, sondern nur Rentner.[37]

Der Autor versucht den etwas altklugen Ton eines Fünfjährigen zu treffen, und eines seiner Mittel ist die Verwendung von *weil* ohne Inversion. In der Tat ist diese Verwendungsweise nicht nur unter Kindern die in der gesprochenen Sprache heute bevorzugte.[38] Wer heute gesprochenes Deutsch erlernt, der lernt *weil* mit Hauptsatzwortstellung. Handelt es sich dabei um einen fehlerhaften Gebrauch? Nein, es handelt sich vielmehr um einen systematischen Gebrauch, der normsprachlich noch nicht toleriert ist. Aber die Tolerierung wird nur eine Frage der Zeit sein, denn systematische "Fehler" von heute sind die sich anbahnenden Neuerungen von morgen. Gegenwärtig wird diese Gebrauchsweise von *weil* mit Verbzweitstellung von den meisten Grammatiken ignoriert und von den meisten Sprechern heftig getadelt.[39] Alle von der Aktionsgemeinschaft "Rettet den Kausalsatz" "ertappten" und angeschriebenen Prominenten gelobten Besserung.[40] "Ich würde das nie sagen", entrüstete sich mir gegenüber eine Studentin und fügte die Begründung gleich hinzu, "weil das find' ich fürchterlich."

Die Systematizität dieses parataktischen Gebrauchs von *weil* zeigt sich auch an einer anderen, gleichsam komplementären Stelle. Ein Blick in Aufsatzhefte von Schülern der gymnasialen Unterstufe zeigt, daß heute ein bestimmter Fehler vorkommt, der vielleicht vor etwa zwanzig Jahren nicht systematisch hätte vorkommen können. Fehler sind bekanntlich Fenster in die Seele der Kinder. Für den Linguisten sind sie Fenster in deren Sprachkompetenz,[41] und zugleich erlauben sie einen Blick in die sprachgeschichtliche Zukunft. Folgende Sätze entstammen Aufsätzen einer Klasse 5 eines Gymnasiums:[42] "Sie möchte aber auch immer nett und beliebt bei anderen sein, weil sie sich vorgenommen hat, bei Familie Gast alles schön zu finden." "Sie hat auch

---

37 Venske 1993
38 Wegener 1993: 289f. belegt, daß dieser *weil*-Gebrauch durch alle sozialen Schichten und über den gesamten deutschsprachigen Raum verbreitet ist.
39 S. Wegener 1993: 291
40 Eisenberg 1993: 10
41 Wiese 1987
42 Die Sätze sind teilweise etwas gekürzt und von hier irrelevanten Fehlern befreit.

Mut, weil ich mich das nicht getraut hätte." "Außerdem ist sie dankbar, weil sie sich bei Anton dafür bedankt, daß ..." Worin besteht der Fehler? Auf den ersten Blick ist die Antwort ganz einfach: Anstelle von *weil* muß *denn* stehen, und statt der Endstellung des finiten Teils des Prädikats muß Verbzweitstellung gewählt werden. Das heißt, anstatt beispielsweise (1) oder (2) sollte (1') oder (2') stehen.

(1)   *Sie hat auch Mut, weil ich mich das nicht getraut hätte.*
(1')   *Sie hat auch Mut, denn ich hätte mich das nicht getraut.*
(2)   *Außerdem ist sie dankbar, weil sie sich bei Anton dafür bedankt, daß ...*
(2')   *Außerdem ist sie dankbar, denn sie bedankt sich bei Anton dafür, daß ...*

Der Irrtum der Kinder, die solche Fehler machen, ist jedoch wahrscheinlich ein anderer. Der praktizierten Kompetenz dieser Kinder gemäß würden sie (1") bzw. (2") wählen, wenn sie so schreiben würden, wie sie zu sprechen gewohnt sind.

(1")   *Sie hat auch Mut, weil ich hätte mich das nicht getraut.*
(2")   *Außerdem ist sie dankbar, weil sie bedankt sich bei Anton dafür, daß ...*

Damit sind wir wieder bei Berni. Kinder werden in der Schule vermutlich korrigiert, wenn sie nach *weil* Verbzweitstellung wählen: "Es heißt nicht *Er ist nach Hause gegangen, weil er hatte Kopfweh*, sondern *Er ist nach Hause gegangen, weil er Kopfweh hatte.*" Wenn sie diesem Korrekturvorschlag mechanisch folgen, so bilden sie Sätze wie die oben zitierten. Ist etwa der Korrekturvorschlag unangemessen? Ja, weil er ist zu pauschal. Er berücksichtigt nicht, daß sich mittlerweile zwei Gebrauchsweisen von *weil* etabliert haben, die mit den beiden im vorigen Kapitel betrachteten Gebrauchsweisen der Modalverben vieles gemein haben. Es gibt ein epistemisches *weil*, das in unserer gesprochenen Umgangssprache das schriftsprachliche *denn* substituiert und ebenso wie *denn* mit Verbzweitstellung konstruiert wird. Außerdem gibt es das althergebrachte, das faktische *weil*, das Verbendstellung fordert.[43] Diese beiden Varianten von *weil* folgen nicht nur verschiedenen syntaktischen Regeln, sie haben auch verschiedene Bedeutung. Der Fehler der Kinder in den oben zitierten Sätzen besteht darin, daß sie das epistemische *weil*, das von der Logik der Sätze gefordert ist, mit der Wortstellung des faktischen *weil* konstruiert haben.

---

43 Die oben genannte Aktionsgemeinschaft will somit auch nicht "den Kausalsatz" retten, denn dieser ist ungefährdet. Sie will offenbar, wie wir gleich sehen werden, den epistemischen Begründungssatz verhindern.

Die These, für die ich nun argumentieren werde, lautet: Es gibt in unserem derzeitigen Sprachgebrauch ein faktisches *weil* und ein epistemisches *weil*. Der faktische *weil*-Satz beantwortet gemeinhin die Frage "Warum ist das so?"; der epistemische *weil*-Satz beantwortet gemeinhin die Frage "Woher weißt du das?".[44] Das epistemische *weil* ist durch Anwendung des metaphorischen Verfahrens aus dem faktischen hervorgegangen und ist im Begriff zu lexikalisieren.

Betrachten wir die beiden folgenden Sätze:

(1) *Er ist nach Hause gegangen, weil er Kopfweh hatte.*
(2) *Er ist nach Hause gegangen, weil er hatte Kopfweh.*

Der naive Betrachter könnte der Meinung sein, daß die Sätze (1) und (2) synonym seien und sich nur stilistisch bzw. im Maß ihrer Kolloquialität unterscheiden.[45] Dem ist jedoch nicht so, wie sich durch eine Präsuppositionsanalyse leicht zeigen läßt. Die Sätze (1) und (2) haben unterschiedliche Bedeutung. Um dies zeigen zu können, will ich kurz skizzieren, was eine Präsuppositionsanalyse ist.

Die meisten Behauptungen werden auf der Grundlage stillschweigender Annahmen vollzogen, von denen der Sprecher unterstellt, daß sie Sprecher und Hörer unhinterfragt teilen. Solche Annahmen nennt man *Präsuppositionen*. Eine Behauptung kann nur dann als wahr oder falsch beurteilt werden, wenn ihre Präsuppositionen tatsächlich als erfüllt gelten.[46] Präsuppositionen sind als unstrittig erachtete stillschweigende Unterstellungen. Wenn ich beispielsweise die Behauptung "Meine beiden Kinder sind wohlauf" aufstelle, so unterstelle ich normalerweise, daß zwischen mir und meinem Gesprächspartner gemeinsames Wissen darüber besteht, daß ich zwei Kinder habe. Wenn es nicht der Fall ist, daß ich zwei Kinder habe, so ist die Behauptung, daß meine beiden Kinder wohlauf sind, (sozusagen mangels Masse) weder wahr noch falsch. Wenn ich behaupte "Meine beiden Kinder sind wohlauf", so habe ich nicht *behauptet*, daß ich zwei Kinder habe,

---

44 Der epistemische Gebrauch von *weil* ist in den letzten Jahren verstärkt Gegenstand linguistischer Reflexion geworden. S. Eroms 1980, Gaumann 1983, Küper 1984 und 1991, Günthner 1993, Eisenberg 1993, Wegener 1993, Keller 1993a und 1993b, Feilke 1994b, Willems 1994; für das Englische vgl. auch Sweetser 1990, Schleppergrell 1991.

45 Gaumann 1983: 126 hält sie für "semantisch gleichwertig".

46 Dies gilt *mutatis mutandis* auch für andere illokutionäre Akte. Der Kürze halber will ich hier nur Akte des Behauptens betrachten.

sondern ich habe dies *präsupponiert.*[47] Die Präsuppositionen eines
Satzes lassen sich durch einen Negationstest ermitteln. Sie werden
nämlich von der Satznegation nicht mitnegiert. Was negiert ist, kann
somit nicht präsupponiert sein, sondern muß behauptet sein. Sowohl
die erwähnte Behauptung als auch ihr Negat "Meine beiden Kinder
sind nicht wohlauf" präsupponieren, daß ich zwei Kinder habe.[48]
Wenden wir nun diesen Test der Reihe nach auf die Sätze (1) und (2)
an, um herauszufinden, was jeweils behauptet ist und was präsupponiert. Die Negation von (1) lautet (1'):

(1)   Er ist nach Hause gegangen, weil er Kopfweh hatte.
(1') Er ist nicht nach Hause gegangen, weil er Kopfweh hatte.

Was wird mit (1') behauptet und was präsupponiert? Die Schwierigkeiten, dies auf Anhieb entscheiden zu können, rühren daher, daß (1')
ambig ist. Deutlicher wird diese Zweideutigkeit, wenn wir eine Formulierung der Negation wählen, in der der Negator vorangestellt ist:

(1") Es ist nicht der Fall, daß er nach Hause gegangen ist, weil er Kopfweh
       hatte.

Die beiden Lesarten von (1') bzw. (1") sind:
(i)   'Er ist nach Hause gegangen, und er hatte Kopfweh, aber sein
      Kopfweh war nicht der Grund dafür, weshalb er nach Hause ge-
      gangen ist.'
(ii) 'Er ist nicht nach Hause gegangen, und er hatte Kopfweh, und sein
      Kopfweh war der Grund, weshalb er nicht nach Hause gegangen
      ist.'

Der Lesart (i) gemäß wird von der Negation nur die *weil*-Relation
betroffen: 'Das Kopfweh war nicht der Grund seines Nach-Hause-
Gehens'. Nach Lesart (ii) wird nur der Vordersatz negiert: 'Das Kopfweh war sein Grund, nicht nach Hause zu gehen.' Wenn wir annehmen, daß (i) tatsächlich die Lesart ist, die die Totalnegation des Satzes
(1) repräsentiert, so können wir feststellen: Wer den Satz (1) behaup-
tend äußert, präsupponiert sowohl, daß er nach Hause gegangen ist,
als auch, daß er Kopfweh hatte. Behauptet wird lediglich die Kausalbeziehung – das *weil*.

---

47 Selbstverständlich kann man Präsuppositionen auch kommunikativ ausnutzen, um
    dem Adressaten etwas implizit mitzuteilen.
48 Zur Theorie der Präsupposition s. Keller 1974

Werfen wir nun einen Blick auf die Alternative mit Verbzweitstellung und deren Negation:

(2)   *Er ist nach Hause gegangen, weil er hatte Kopfweh.*
(2')   *Er ist nicht nach Hause gegangen, weil er hatte Kopfweh.*
(2")   *Es ist nicht der Fall, daß er nach Hause gegangen ist, weil er hatte Kopf-
       weh.*

Zunächst ist bemerkenswert, daß (2') (bzw. (2")) lediglich eine Lesart
hat. Daß das Kopfweh kein Grund für das Nach-Hause-Gehen ist, ist
keine mögliche Lesart von (2') (bzw. (2")). Negiert ist nur der Vordersatz. Dies könnte zu der Annahme verleiten, daß die Proposition, daß
er Kopfweh hatte, samt der *weil*-Relation präsupponiert sind. Daß dies
nicht der Fall sein kann, läßt sich leicht zeigen. Die Reichweite des
Negators umfaßt nämlich den Nachsatz überhaupt nicht. (1') hat die
Form

(1')   ¬ [*er ist nach Hause gegangen, weil er Kopfweh hatte*]
während (2') die Form hat
(2')   ¬ [*er ist nach Hause gegangen*], *weil er hatte Kopfweh.*

Der unterschiedliche Skopus wird auch deutlich, wenn wir den Satz
unter einen anderen Operator als den der Negation stellen:[49]

(3)   *Ich vermute, daß er nach Hause gegangen ist, weil er Kopfweh hatte.*
(4)   *Ich vermute, daß er nach Hause gegangen ist, weil er hatte Kopfweh.*

In (3) ist der ganze Satz Gegenstand der Vermutung, in (4) nur der
Vordersatz. Die Proposition des Nachsatzes ist nicht Teil der Vermutung, sondern ihre Begründung. In (3) wird die Begründung vermutet,
in (4) die Vermutung begründet. Wenn in Satz (2') der Nachsatz
außerhalb der Reichweite des Negators ist, so kann er auch nicht
präsupponiert sein.

    Als Ergebnis unserer Präsuppositionsanalyse können wir somit
festhalten: Die Sätze (1) und (2) sind nicht logisch äquivalent. In (1) ist
die Proposition, daß er Kopfweh hatte, präsupponiert, in (2) ist sie
behauptet. Sind zwei Sätze nicht logisch äquivalent, so sind sie auch
nicht synonym, das heißt bedeutungsgleich. Denn wie immer man
Bedeutungsgleichheit definiert, logische Äquivalenz gilt gemeinhin als
Mindestanforderung.

---

49 cf. Wegener 1993: 294

Die unterschiedlichen Präsuppositionsverhältnisse sind Teil der Bedeutungsverschiedenheit von (1) und (2): Wer behaupten will, daß er Kopfweh hatte, und nicht davon ausgeht, daß der Hörer das bereits weiß, sollte (2) und nicht (1) verwenden. Oder andersherum gesagt: Wenn mich die Gesprächspartnerin nach einem Gespräch über Peters Kopfweh fragen würde, "Wo ist er denn jetzt?", so könnte ich nicht antworten, "Der ist nach Hause gegangen, weil er hatte Kopfweh." Aber dies ist nur ein Aspekt der Bedeutungsverschiedenheit der beiden Varianten von *weil*. Ein anderer ist die Epistemizität des Begründungs-verhältnisses in *weil*-Sätzen mit Verbzweitstellung. Dies läßt sich am einfachsten verdeutlichen an Sätzen, bei denen die Version mit Verb-endstellung keine plausible Interpretation zuläßt. Vergleichen wir die Sätze (5) und (6):

(5) *Er ist nach Hause gegangen, weil ich seinen Mantel nicht mehr an der Garderobe sehe.*

(6) *Er ist nach Hause gegangen, weil ich sehe seinen Mantel nicht mehr an der Garderobe.*

Wohlgemerkt, beide Sätze sind semantisch in Ordnung. Es bedarf jedoch einigermaßen merkwürdiger Umstände, damit (5) sinnvoll geäußert werden kann.[50] Ein passendes Szenario wäre folgendes: Fritz sagt zu Paul: "Wenn du so betrunken bist, daß du meinen Mantel nicht mehr an der Garderobe sehen kannst, dann gehe ich jetzt." (Fritz geht.) Daraufhin fragt Emil Paul: "Wo ist denn Fritz auf einmal?" Paul antwortet (lallend): "Er ist nach Hause gegangen, weil ich seinen Mantel nicht mehr an der Garderobe sehe." Passende Szenarios für (6) sind alltäglicher. Eine Paraphrase für (5) lautet:

(5') 'Daß ich seinen Mantel nicht mehr an der Garderobe sehe, war sein Grund dafür, nach Hause zu gehen.'

Die Paraphrase für (6) lautet:

(6') 'Aus der Tatsache, daß ich seinen Mantel nicht mehr an der Garderobe sehe, schließe ich, daß er nach Hause gegangen ist.'

Mit dem *weil*-Nachsatz in (5) wird der Grund für das Nach-Hause-Gehen genannt, mit dem weil-Nachsatz in (6) wird der Grund des

---

50 Ein Satz wie (6) ist nicht unsinnig, wie Heide Wegener (1993: 296) zu glauben scheint, sondern selten.

Sprechers für die Annahme, daß er nach Hause gegangen ist, genannt. In (5) liegt eine faktische Begründung vor, in (6) eine epistemische. Die faktische Begründung beantwortet die Frage "Warum ist das der Fall?". Die epistemische Begründung beantwortet die Frage "Wie kommst du darauf?".

Kehren wir nun noch einmal zurück zu solchen *weil*-Sätzen, bei denen beide Varianten möglich sind, und prüfen, ob sich diese These verallgemeinern läßt. Vergleichen wir:

(7) *Er wird nach Hause gegangen sein, weil er Kopfweh hatte.*
(8) *Er wird nach Hause gegangen sein, weil er hatte Kopfweh.*

Auch hier können wir die unterschiedlichen logischen Strukturen der beiden Gesamtsätze und den unterschiedlichen Bedeutungsbeitrag der *weil*-Sätze deutlich erkennen. In (7) umfaßt die Vermutung den ganzen Satz, in (8) hingegen lediglich den Vordersatz. Der mit *weil* eingeleitete Nebensatz in (7) gibt den vermuteten Grund für das Nach-Hause-Gehen oder den Grund für das vermutete Nach-Hause-Gehen an. Der Nachsatz in (8) hingegen nennt die Begründung für die Vermutung. Auch hier gilt somit: Das faktische *weil* nennt einen Grund oder eine Ursache für einen Zustand der Welt, das epistemische *weil* nennt den Grund für einen epistemischen Zustand. Schauen wir uns nun noch einmal unser Satzpaar an, mit dem wir die Analyse begonnen haben:

(1) *Er ist nach Hause gegangen, weil er Kopfweh hatte.*
(2) *Er ist nach Hause gegangen, weil er hatte Kopfweh.*

Man könnte meinen, daß in diesem schlichten Falle nichts dafür spricht, daß es sich hier um mehr handelt als nur um eine stilistische Variante. Ein Indiz dafür, daß dies nicht der Fall ist, stellt die Tatsache dar, daß in (1) die Adverbien *deshalb* oder *deswegen* einfügbar sind, in (2) jedoch nicht. Der Satz *Er ist deshalb nach Hause gegangen, weil er hatte Kopfweh* ist ungrammatisch, weil *deshalb* ausschließlich mit einer faktischen Begründung korrelieren kann, nicht aber mit einer epistemischen.[51] Es gilt also auch hier: Der Nachsatz in (1) gibt den faktischen Grund für das Nach-Hause-Gehen an, während der Sprecher in (2) mit dem Nachsatz seine Begründung für das im Vordersatz genannte Ereignis angibt. Der Nachsatz in (2) trägt epistemisches Gewicht. In (1) redet der Sprecher mit dem Nachsatz über Kopfweh, in (2) jedoch redet er über sein

---

51 cf. Wegener 1993: 293, Günthner1993: 52f.

Wissen über Kopfweh. Er sagt gleichsam: "Er ist nach Hause gegangen, und ich weiß warum und sage es dir: Er hatte Kopfweh." Wer (1) äußert, nennt einen Sachverhalt; wer (2) äußert, argumentiert. Argumente aber kann man nicht per Präsupposition mitteilen. Man muß sie explizit behaupten. Wenn der Vordersatz eine These und der Nachsatz ein Argument für diese These beinhalten sollen, so müssen Vorder- und Nachsatz auf der gleichen logischen Ebene stehen. Das heißt, der Nachsatz darf weder als Nebensatz in den Hauptsatz eingebettet sein, noch darf die Proposition, die er ausdrückt, präsupponiert sein. Der Nachsatz muß wie der Vordersatz Hauptsatzstruktur haben. Mit anderen Worten: Die Verbzweitstellung nach dem epistemischen *weil* ist keine kolloquiale Schlampigkeit im Dienste der Reduktion des kognitiven Verarbeitungsaufwands,[52] sondern die sprachlogisch korrekte Konsequenz der Bedeutungsveränderung.

Da das epistemische *weil* nicht der faktischen Begründung eines Sachverhalts dient, sondern der Begründung eines epistemischen Zustandes, ist konsequenterweise sein Gebrauch nicht auf assertive Sätze beschränkt. So, wie man begründen kann, woher man etwas weiß, kann man auch begründen, warum man etwas wissen will oder getan haben will oder jemanden von einem Tun abhalten will etc. Mit anderen Worten, das epistemische *weil* ist auch im Zusammenhang mit anderen als assertiven Sprechakten verwendbar, wie die folgenden Beispiele zeigen.

Frage: *Hast du noch was zu trinken? Weil ich hab riesigen Durst.*

Befehl: *Mach die Tür zu! Weil wir haben hier geheizt.*

Warnung: *Beiß da lieber nicht hinein! Weil das ist unheimlich scharf.*

Drohung: *Sieh bloß zu, daß das beim nächsten Mal klappt. Weil ich kann das nicht mehr mit ansehen.*

Versprechen: *Bis morgen haben Sie Ihr Geld. Weil ich will endlich wieder in Ruhe schlafen können.*

Eine weitere Konsequenz des Bedeutungswandels von *weil* ist seine Verwendbarkeit in sogenannten replikativen Schlüssen, die ja *per definitionem* der Kausalbegründung diametral entgegenlaufen. Das faktische *weil* würde hier die Logik auf den Kopf stellen.

---

52 cf. Gaumann 1983: 135, 140

(9)   *Es hat heute Nacht gestürmt, weil die Bäume sind umgeknickt.*
(10) *Er ist ins Wasser gefallen, weil er ist völlig durchnäßt.*

Kehren wir zurück zu unserem Ausgangspunkt, dem Anliegen der Aktionsgemeinschaft "Rettet den Kausalsatz". Unsere Argumentation hat deutlich gemacht, daß der Kausalsatz keiner Rettungsmaßnahmen bedarf. Er ist nicht gefährdet. Wer eine kausale Begründung abgeben möchte, dem bieten sich im Deutschen (wie wir in Kapitel 11 gesehen haben) zahllose Möglichkeiten. Eine davon ist die Konjunktion *weil* mit Nebensatzwortstellung. Auch die Nebensatzwortstellung ist im Deutschen keineswegs gefährdet. "Das Deutsche hat ungefähr vierzig subordinierende Konjunktionen, aber nur bei zweien zeigt sich die Tendenz zu Hauptsatzstellung, nämlich bei *weil* und *obwohl*. Bei allen andern ist sie ausgeschlossen."[53] Diejenigen, die vorgeben, etwas Altes retten zu wollen, wollen offenbar (vermutlich ohne sich darüber im klaren zu sein) etwas Neues verhindern. Sie wollen verhindern, daß die Sprecherinnen und Sprecher ihr semiotisches Wissen bezüglich des metaphorischen Verfahrens auf eine Kausalkonjunktion anwenden, um sie zum Ausdruck epistemischer Begründungen geeignet zu machen. "Es geht bei *weil* mit Verbzweitsatz nicht lediglich um eine sprachliche Form", schreibt Peter Eisenberg, "sondern es geht um eine Form mit einer bestimmten Leistung, letztlich um eine kommunikative Absicht. Kann es wirklich jemanden geben, der anderen vorschreiben will, nicht nur wie sie reden, sondern was sie sagen?"[54]

Ich will zum Abschluß die Frage nach einer möglichen Erklärung aufwerfen. Ein Phänomen sprachlichen Wandels zu erklären heißt zeigen, daß der Wandel eine – im allgemeinen weder intendierte noch bemerkte – Konsequenz der Wahlhandlungen der Individuen einer Sprachgemeinschaft ist. Die Wahlhandlungen des einzelnen Sprechers sind normalerweise nicht auf den Wandel oder den Erhalt der Sprache gerichtet, sondern auf den Erfolg der individuellen kommunikativen Handlung. Sind Wahlhandlungen gleichgerichtet, aufgrund ähnlicher Präferenzen der einzelnen Individuen, so entstehen Kumulations-effekte, die wir *post festum* als Sprachwandel wahrnehmen. Dies alles habe ich an anderer Stelle ausführlich dargestellt,[55] so daß ich auf weitere Ausführungen hier verzichten will. Für unseren Fall ist nur

---

53   Eisenberg 1993: 10
54   Eisenberg 1993: 11
55   Keller 1994

folgendes wichtig: Wenn wir annehmen, daß Menschen in dem Sinne rational zu handeln pflegen, daß sie aus den ihnen zur Verfügung stehenden Mitteln dasjenige auswählen, von dem sie sich den größten Erfolg versprechen, so können wir sagen: Eine Wahlhandlung gilt als erklärt, wenn gezeigt ist, daß es sich um eine rationale Wahl handelt. Ein Phänomen des Sprachwandels gilt als erklärt, wenn gezeigt werden kann, daß es die makrostrukturelle Konsequenz (d.h. die Konsequenz auf der Ebene der Sprache) von rationalen Wahlhandlungen der einzelnen Individuen ist.

Was ist im Zusammenhang mit der Epistemifizierung überhaupt erklärungsbedürftig? Es sind zwei Fragen. Den Sprechern des Deutschen steht, wenn sie epistemische Begründungen abgeben wollen, die Konjunktion *denn* zu Verfügung. Die erste Frage, die geklärt werden muß, ist somit: Was führt die Sprecher dazu, mindestens in der gesprochenen Umgangssprache, *weil* den Vorzug vor *denn* zu geben? Das zweite Problem ist folgendes: Die Sprecher haben heute die starke Tendenz, der epistemischen Begründung auch da den Vorzug zu geben, wo eine faktische Begründung ebenfalls möglich wäre.[56] Die Frage muß lauten: Worin sehen die Sprecher den Vorzug der epistemischen Begründung vor der faktischen?

Beginnen wir mit der ersten Frage. Was begründet die Wahl von *weil* gegenüber *denn*? Susanne Günthner weist darauf hin, daß in ihrem gesamten Datenmaterial gesprochener Texte *denn* als Konjunktion nur ein einziges Mal vorkommt, gesprochen von einer Radiomoderatorin. "*Denn* als Konjunktion scheint in spontanen Alltagsgesprächen wenig beliebt und eher als Kennzeichen des 'offiziellen' Sprachgebrauchs zu fungieren."[57] Einen plausiblen Grund für diese Unbeliebtheit (von der auch *da* betroffen ist), hat Helmuth Feilke genannt. *Weil* wird "zur *prototypischen* kausalen Konjunktion",[58] weil nur sie dialogisch verwendet werden kann:

Fritz: *Warum kommst du nicht mit?*
Paul: *Weil ich müde bin.* *Da ich müde bin.* *Denn ich bin müde.*

Weil wird von Kindern als erstes gelernt und hat "am Anfang alle Funktionen".[59] In der gesprochenen, dialogisch orientierten Sprache ist

---

56 cf. Feilke 1994b: 6
57 Günthner 1993: 54
58 Feilke 1994b: 8
59 Feilke 1994: 8, Anm. 18

weil der Kausalverknüpfer par excellence. Der Gebrauch von *da* und *denn* setzt voraus, daß die zu begründende Proposition vom Sprecher selbst genannt wird. Dies scheint mir in der Tat ein plausibler Grund dafür zu sein, daß Sprecher *da* und *denn* als eher schriftsprachlich bewerten, und auch noch als Erwachsene, wenn sie *da* und *denn* bereits in ihrem Repertoire haben, aus Gründen der adäquaten Registerwahl im mündlichen Sprachgebrauch vermeiden. Da ein Satz nicht mit *denn* eingeleitet werden kann, auch nicht in elliptischer Rede, ist *denn* zur Begründung epistemischer Einstellung in nicht-assertiven Sprechakten völlig ausgeschlossen.

(11) *˙Hast du was zu trinken? Denn ich hab unheimlichen Durst.*

Hinzu kommen zwei Argumente, die zeigen, daß der Gebrauch von *weil* gegenüber *da* und *denn* die Kosten der kognitiven Verarbeitung senkt.

1. Das Argument der Ersatzfunktion: *Weil* kann sowohl die Funktion von *da* als auch die von *denn* erfüllen. Das zeigt sich an Sätzen, in denen beide Konjunktionen vorkommen.

(12) *Er ist nach Hause gegangen, da die Geschäfte gleich zumachen, denn er bekommt heute abend Besuch.*
(12') *Er ist nach Hause gegangen, weil die Geschäfte gleich zumachen, weil er bekommt heute abend Besuch.*

2. Das Redundanzargument:[60] Faktizität und Epistemizität sind bei *weil* durch die unterschiedliche Wortstellung hinreichend markiert. Wird statt des epistemischen *weil denn* verwendet, so kommt zu der Markierung durch die Wortstellung noch die Markierung durch das Lexem hinzu. Epistemizität ist somit zweimal markiert, wenn *denn* verwendet wird. Bei *weil* ist sie nur einmal markiert. Der epistemische Gebrauch von *weil* ist somit kostengünstiger als der Gebrauch von *denn*.

Betrachten wir nun die zweite Frage. Warum geben Sprecher auch dann der epistemischen Begründung den Vorzug, wenn die faktische ebenso möglich und tauglich wäre? Hier gibt es ein ganzes Bündel von Argumenten, die dafür sprechen, daß die Wahl der epistemischen Begründung gegenüber der faktischen den kommunikativen Nutzen erhöht.

---

60 Das Redundanzargument stammt von Heide Wegener 1993: 303

3. Das Präsuppositionsargument: Wenn der Sprecher dem Adressaten den begründenden Sachverhalt zur Kenntnis geben möchte, so ist ein Satz, mit dem dieser Sachverhalt behauptet wird, besser als einer, in dem er präsupponiert ist.

4. Die erweiterten expressiven Möglichkeiten:[61] Das epistemische *weil* erlaubt, im Gegensatz zum faktischen, eine Topikalisierung eines Objekts, eines infiniten Teils des Prädikats sowie die Linksversetzung des Subjekts mit Wiederaufnahme in einem anaphorischen Satz. Die Konstruktion mit dem epistemischen *weil* erlaubt dem Sprecher somit mehr Möglichkeiten der Hervorhebung.

(13) *Und was gibt's außer Casablanca? Weil* DEN *hab ich schon gesehen./* *Weil* DEN *ich schon gesehen hab.*

(14) *Ich nehm nur was zu trinken, weil* GEGESSEN *hab ich schon./* *Ich nehm nur was zu trinken, weil gegessen ich schon habe.*

(15) *Da gehen wir nicht hin, weil* MEINE SCHWESTER, *die mag keinen Fisch./* *Da gehen wir nicht hin, weil meine Schwester, die keinen Fisch mag.*

5. Das epistemische Gewicht: Das epistemische *weil* ist Teil unseres gegenwärtigen Imponierrepertoires. Eine epistemische Begründung macht einen "gewichtigeren" intellektuellen Eindruck, und zwar auch da, wo die Begründung in Wahrheit trivial ist, wie die beiden folgenden Sätze deutlich machen.

(16) *Er hat die Wahl gewonnen, weil er konnte die Mehrheit der Stimmen auf sich vereinen.*

(16') *Er hat die Wahl gewonnen, weil er die Mehrheit der Stimmen auf sich vereinen konnte.*

6. Das Unbestreitbarkeitsargument: Epistemische Begründungen sind weniger leicht angreifbar als faktische. Zu sagen, wie ich darauf gekommen bin, ist weniger verpflichtend als zu sagen, warum etwas der Fall ist:

(17) *Er ist nach Hause gegangen, weil er Kopfweh hatte. – Nein, nicht weil er Kopfweh hatte, sondern weil er keine Lust mehr hatte.*

(17') *Er ist nach Hause gegangen, weil er hatte Kopfweh. – *Nein, nicht weil er hatte Kopfweh, sondern weil er hatte keine Lust mehr.*

(17") *Er ist nach Hause gegangen, weil ich sehe seinen Mantel nicht mehr an der Garderobe. – *Nein, nicht weil du siehst seinen Mantel nicht mehr an der Garderobe, sondern weil sein Auto steht nicht mehr im Hof.*

---

61 Dieses Argument und der Beispielsatz 13 sind Heide Wegener 1993: 302 entnommen.

7. Das Argument der Komplexitätsreduktion: In komplexen Sätzen ist die Verbzweitstellung einfacher als die Verbendstellung. Sie verringert somit die kognitiven Kosten:

(18)   *Ich muß jetzt gehen, weil, wenn ich noch hier bleibe, kriege ich den Bus nicht mehr.*

(18') *Ich muß jetzt gehen, weil ich, wenn ich noch hier bleibe, den Bus nicht mehr kriege.*

Wir sehen also, die Bilanz aus den sieben Argumenten ist äußerst positiv. Der Gebrauch des epistemischen *weil* senkt die Verarbeitungskosten und erhöht den kommunikativen Nutzen. Wenn man den Nutzen bei gleichzeitiger Senkung der Kosten verbessern kann, so sollte man das tun. Jede andere Wahl wäre irrational. Gegenwärtig werden die Kosten der Verletzung schriftsprachlicher Normen offenbar noch so hoch eingeschätzt, daß bei der schriftlichen Verwendung ein negativer Nettonutzen erwartet wird. Aber das wird sich ändern, weil schlechtere Alternativen, die nur deshalb in Gebrauch sind, weil es immer so war, halten sich nicht lange.

20 Resümee

Menschen sind interpretierende Wesen. Sie sind, wie wohl die meisten tierischen Lebewesen, in der Lage, aus Wahrnehmungen Schlüsse zu ziehen, um diese Schlüsse dazu zu nutzen, den natürlichen Lauf der Dinge zu ihren Gunsten zu beeinflussen. Darin unterscheiden sich Menschen noch nicht von Tieren. Was den Menschen auszeichnet, ist vielmehr seine Fähigkeit, das Wissen um die Interpretationsfähigkeit des anderen dazu auszunutzen, um dessen Fühlen, Denken und Handeln zu beeinflussen. Tiere nutzen ihre Wahrnehmungsfähigkeit zum Interpretieren; Menschen nutzen darüber hinaus die Interpretationsfähigkeit zum Kommunizieren. Schriftsteller gehen noch einen Schritt weiter: Sie nutzen die Kommunikationsfähigkeit zur Erzeugung fiktionaler Welten.[62] Wir haben es also mit einer Hierarchie von Fähigkeiten zu tun, wobei die jeweils tiefere dazu genutzt wird, die nächst höhere zu erlangen. Die Wahrnehmungsfähigkeit wird zum Interpretieren genutzt, die Interpretationsfähigkeit zum Kommunizieren und die Kommunikationsfähigkeit zur Erzeugung von Fiktion. Kommunizieren heißt, etwas in der Absicht tun, den anderen zu interpretierenden Schlüssen zu bewegen, die ihm zu erkennen geben, in welcher Weise man ihn zu beeinflussen beabsichtigt. Die Fähigkeit zu kommunizieren stellt eine exploitative Nutzung der Interpretationsfähigkeit dar. Im Zuge der exploitativen Nutzung der Interpretationsfähigkeit des andern emergieren Zeichen. Auf diesen Annahmen basiert die in den vorangegangenen Ausführungen dargelegte Zeichentheorie.

Unsere Grundannahmen legen eine bestimmte terminologische Verwendungsweise des Wortes *Bedeutung* nahe. Im Prinzip gibt es zwei Optionen: Man kann das von einem Zeichen Repräsentierte (was auch immer es sei) die Bedeutung des Zeichens nennen oder das, was seine Interpretation ermöglicht. Wer den Aspekt der Bezugnahme betonen will, der wird die erste Option wählen. Sie wurde am Beispiel von Aristoteles und Frege erläutert und die repräsentationistische Zeichenauffassung genannt. Ich habe mich für die zweite Option entschieden, da es Ziel der Theorie ist, das Entstehen und Funktionieren von Zeichen aus deren Funktionen abzuleiten. Diese Option wurde die instrumentalistische Zeichenauffassung genannt und mit

---

62 Dieser Gedanke stammt von Petra Radtke.

den Überlegungen von Platon und Wittgenstein exemplifiziert. Die
Frage, wie Zeichen funktionieren, unterscheidet sich sehr deutlich von
der Frage, wofür sie stehen. Wir denken in Begriffen, die wir über die
Regeln des Gebrauchs der Wörter bilden und erlernen. Typen begrifflicher Kategorien entsprechen Typen von Gebrauchsregeln sprachlicher Zeichen. Die primäre Funktion von Zeichen besteht, wie gesagt,
darin, interpretiert zu werden. Dies ist gemeinsames Merkmal aller
Typen von Zeichen.

Wir sind in der Lage, genau drei Typen von interpretierenden
Schlüssen zu ziehen: kausale, assoziative und regelbasierte Schlüsse.
Diese drei Interpretationsverfahren wurden in Anlehnung an einen
üblichen Sprachgebrauch das symptomische, das ikonische und das
symbolische Verfahren genannt. Die drei Zeichentypen – Symptome,
Ikone und Symbole – sind definiert durch das Verfahren, das zu ihrer
Interpretation gewählt wird. Wenn wir Zeichen nach Interpretationsverfahren klassifizieren, sind wir in der Lage zu beschreiben und zu
erklären, wie Zeichen eines Typs zu Zeichen eines anderen Typs
werden können. Es ist durchaus möglich – und auch üblich –, daß ein
Zeichen für den einen Sprecher als Ikon funktioniert, für den anderen
jedoch als Symbol. Auf diese Weise kann im Laufe der Zeit in der
Gesamtheit einer Sprachgemeinschaft ein Interpretationsverfahren
durch ein anderes abgelöst werden. Symptome können zu Ikonen
werden; Symptome und Ikone können zu Symbolen werden. Ein
solcher Wechsel der Typenzugehörigkeit von Zeichen wurde Zeichenmetamorphose genannt. Zeichenmetamorphosen sind im allgemeinen
nicht-intendierte Folgen der Benutzung von Zeichen zum Zwecke der
Kommunikation. Zeichen sind somit in ihrer überwiegenden Mehrheit
invisible-hand-Phänomene.

Die drei genannten Grundverfahren der Interpretation lassen sich
auf der Ebene der Symbole erneut anwenden. Werden Symptome
versprachlicht, entstehen Metonymien; werden Ikone versprachlicht,
entstehen Metaphern. Metonymien sind also Metasymptome und
Metaphern Metaikone. Die Mechanismen der Zeichenmetamorphosen,
nach denen Symptome und Ikone zu Symbolen werden können, finden
auch auf der Ebene der Metasymptome und Metaikone statt. Es handelt sich dabei um genau den Prozeß, der üblicherweise *Lexikalisierung*
genannt wird. Im Zuge der Lexikalisierung wird nicht-wörtlicher Sinn
zum wörtlichen verregelt; d.h., ikonische oder symptomische Interpretationsverfahren werden durch regelbasierte Schlüsse abgelöst.

Die Pointe all dieser Überlegungen ist folgende: Es gibt genau drei Verfahren, sinnlich Wahrnehmbares als Zeichen zu nutzen bzw. als Zeichen zu benutzen. Diese drei Verfahren werden auf unterschiedlichen Ebenen und in unterschiedlichen Kombinationen angewendet, um kommunikative Ziele zu realisieren. Alle erdenklichen Prozesse der Zeichenbildung und der Zeicheninterpretation können auf der Basis dieser drei Verfahren beschrieben werden. Wenn wir Zeichen als Verfahren betrachten, die dazu dienen, den Adressaten zu bestimmten Schlüssen anzuregen, so sind wir in der Lage, Prozesse wie die der Metaphorisierung und Lexikalisierung oder Phänomene wie die der Farbigkeit und des Verblassens auf nicht-metaphorische Weise zu explizieren.

Wer die Handlungen eines andern verstehen will, muß ihm Rationalität unterstellen. Wer verstehen will, *was* einer tut und *wozu* er es tut, muß unterstellen, daß der andere glaubt, sein Tun sei im Rahmen der gegebenen Umstände und Möglichkeiten optimal geeignet, seine Ziele zu realisieren. Rationalität des Handelns besteht in der Wahl der optimalen Mittel unter den subjektiv gegebenen Bedingungen. Eine Handlung interpretieren heißt somit, sie in ihrer Rationalität verstehen wollen. Das heißt, Antworten zu finden auf die beiden Fragen: "Was tut er?" und "Was will er damit erreichen?" Dies gilt für jedwede Handlung, also auch für kommunikative Handlungen. Bezogen auf kommunikative Handlungen lauten die beiden Fragen: "Was hat er gesagt?" und "Was hat er damit gemeint?" Der Adressat benutzt die Antwort auf die erste Frage ("Was hat er gesagt?"), um den Schluß von dem vom Sprecher eingesetzten Mittel auf dessen Zweck zu vollziehen. Er interpretiert die Äußerung als Symptom des Gemeinten. Grice hat mit seiner Theorie der konversationalen Implikaturen eine vielbeachtete Theorie vorgelegt, deren Anspruch es ist, die Logik des Schließens vom Gesagten auf das Gemeinte für die Fälle zu explizieren, wo der Sprecher, was er sagt, nicht-wörtlich meint. Ich habe versucht, Grices Theorie in die hier vorgelegte Zeichenauffassung zu integrieren und damit die vielfach monierten Schwächen dieser Theorie zu bereinigen. Der Vorschlag lautet, das Gricesche Kooperationsprinzip durch das Rationalitätsprinzip zu ersetzen und die Konversationsmaximen als Theorie der Symptomatik zu interpretieren. Auf diese Weise konnte dreierlei gezeigt werden: (i) daß jede Interpretation dessen, was der Sprecher mit einer Äußerung meint, implikativer Natur ist – im Falle des wörtlich Gemeinten ebenso wie im Falle des nicht-wörtlich Gemeinten; (ii) daß die Maximen in einem inhärenten Zusammenhang mit dem Rationalitätsprinzip stehen; (iii) daß die Entscheidung des Sprechers, den nicht-wörtlichen Weg zu wählen, mit zum Erklärungsbereich der Theorie gehört; und (iv) daß Kommunizieren ein Spezialfall rationalen Handelns ist.

Die Verfahren der Zeichenbildung und die Prozesse der Zeichenmetamorphosen haben eine sprachhistorische Dimension. Dies habe ich an einigen ausgewählten Beispielen gezeigt. Sprachgeschichtliche Untersuchungen kann man unter mehreren Perspektiven anstellen. Zunächst einmal dienen sie der Rekonstruktion vergangener Zustände. Dies ist sozusagen die klassische historische Perspektive, der rückwärtsgewandte Blick von der Gegenwart in die Vergangenheit. Dieser Blick kann jedoch im Dienste des Verständnisses der Gegenwart selbst stehen. Über die Rekonstruktion vergangener Zustände können wir versuchen, die Prinzipien der Genese eines gegenwärtigen Zustands zu verstehen. Dies erfordert den Blick in die entgegengesetzte Richtung: aus der Vergangenheit in die Gegenwart. Es handelt sich hierbei um eine gleichsam vorwärtsgewandte historische Perspektive. Das Verständnis eines invisible-hand-Phänomens – das habe ich an anderer Stelle erörtert[63] – setzt das Verständnis des Prozesses seiner Genese voraus. Denn invisible-hand-Phänomene sind nicht-intendierte kumulative Nebeneffekte menschlichen Handelns. Natürliche Sprachen und sprachliche Zeichen sind im wesentlichen Phänomene dieser Art. Um ihren gegenwärtigen Zustand zu verstehen, müssen wir diejenigen Prinzipien und Aspekte kommunikativen Handelns verstehen, die ihn erzeugten. In diesem Sinne ist historische Linguistik systematische Linguistik.

---

63   Keller 1994: 30ff.

Literaturverzeichnis

Adelung, Johann Ch. (1782/1971), *Umständliches Lehrgebäude der deutschen Sprache.* 2 Bde. Hildesheim und New York. Georg Olms. (Reprografischer Nachdruck der Ausgabe Leipzig 1782.).

Alston, William P. (1964), *Philosophy of Language.* Englewood Cliffs. Prentice-Hall.

Andersen, Henning (1973), Abductive and deductive change. *Language* 49: 765–793.

Anttila, Raimo (1972/1989), *Historical and Comparative Linguistics.* 2. verbesserte Auflage. Amsterdam, Philadelphia. Benjamins. (Amsterdam Studies in the Theory and History of Linguistic Sience 6.)

Anttila, Raimo (1976), The Reconstruction of Sprachgefühl: A Concrete Abstract. In: William M. Christie (Hrsg.), *Current Progress in Historical Linguistics.* Amsterdam, New York, Oxford. North Holland Publishing Company: 215–234.

Anttila, Raimo und Sheila Embleton (1989), The Iconic Index. From Sound Change to Rhyming Slang. *Diachronica* 6: 155–180.

Anttila, Raimo (1994), Collaterality and Genetic Linguistics. *The Peirce Seminar Papers.* Vol. 2. Providence, Oxford. Berg Publishers: 1–17.

Arens, Hans (1984), *Aristotle's Theory of Language and its Tradition. Texts from 500 to 1750.* Amsterdam, Philadelphia. Benjamins.

Aristoteles, *Peri Hermeneias oder Lehre vom Satz.* (Des Organon zweiter Teil). Neu übersetzt von Eugen Rolfes, 2., unveränderte Auflage. Leipzig. Meiner. 1925.

Ax, Wolfram (1992), Aristoteles. In: Marcelo Dascal, Dietfried Gerhardus, Kuno Lorenz, Georg Meggle (Hrsg.), *Sprachphilosophie. Ein internationales Handbuch zeitgenössischer Forschung.* Berlin, New York. Walter de Gruyter: 244 – 259.

(The) Barnhart Dictionary of Etymology. Edited by Robert K. Barnhart. New York. The H.W. Wilson Company. 1988.

Beeh, Volker (1980), On Linguistic Arbitrariness. *Doitsu Bungaku Kenkyu* (Deutsche Kulturwissenschaft), Universität Kyoto, Heft 26: 1–13.

Beeh, Volker (1993), Selbstkritik. In: Hans-Jürgen Heringer und Georg Stötzel (Hrsg.), *Sprachgeschichte und Sprachkritik. Festschrift für Peter von Polenz zum 65. Geburtstag.* Berlin, New York. Walter de Gruyter: 34–45.

Berlin, Brent und Paul Kay (1969), *Basic Colour Terms: The Universality and Evolution.* Berkeley. University of California Press.

Bickerton, Derek (1990), *Language and Species.* Chicago, London. The University of Chicago Press.

Bierwisch, Manfred (1979), Wörtliche Bedeutung – eine pragmatische Gretchenfrage. In: Günther Grewendorf (Hrsg.), *Sprechakttheorie und Semantik.* Frankfurt a.M. Suhrkamp: 119–149.

Brandon, Robert N. und Norbert Hornstein (1986), From Icons to Symbols: Some Speculations on the Origins of Language. *Biology & Philosophy* 1: 169–189.

Braunroth, Manfred, G. Seyfert, K. Siegel, F. Vahle (1975), *Ansätze und Aufgaben der linguistischen Pragmatik.* Fankfurt a.M. Athenäum Fischer.

Brekle, Herbert E. (1972), *Semantik. Eine Einführung in die wissenschaftliche Bedeutungslehre.* München. Wilhelm Fink (UTB).

Brown, Roger (1958), How Shall a Thing Be Called? *Psychological Review* 65: 14–21.

Brugmann, Karl (1918), Verschiedenheiten der Satzgestaltung nach Maßgabe der seelischen Grundfunktionen in den indogermanischen Sprachen. *Berichte über die Verhandlungen der Sächsischen Gesellschaft der Wissenschaften zu Leipzig.* Kl.70, H.6. Leipzig.

Chomsky, Noam (1968/1970), *Language and Mind.* New York. Harcourt, Brace & World. Dt.: *Sprache und Geist.* Frankfurt. Suhrkamp.

Chomsky, Noam (1986), *Knowledge of Language. Its Nature, Origin and Use.* New York. Praeger.

Chomsky, Noam (1992), Mental Constructions and Social Reality. In: Eric Reuland und Werner Abraham (Hrsg.), *Knowledge and Language: From Orwell's Problem to Plato's Problem.* Dordrecht. Kluwer: 29–59.

Coseriu, Eugenio (1975), *Die Geschichte der Sprachphilosophie von der Antike bis zur Gegenwart. Eine Übersicht.* Teil I. Tübingen. Gunter Narr.

Cruse, D.A. (1986), *Lexical semantics.* Cambridge. CUP.

Davidson, Donald (1978), 'What metaphors mean'. *Critical Inquiry* 5: 31–47. (Wieder in: Ders.: *Inquiries into Truth and Interpretation.* Oxford, England 1984. Dt.: Ders.: *Wahrheit und Interpretation.* Frankfurt a.M. Suhrkamp 1986: 343–371.)

Derbolav, Josef (1972), *Platons Sprachphilosophie im Kratylos und in den späteren Schriften.* Darmstadt. Wissenschaftliche Buchgesellschaft.

Eco, Umberto (1984/1985), *Semiotica e filosofia del linguaggio.* Turin. Giulio Einaudi. Dt.: *Semiotik und Philosophie der Sprache.* München. Wilhelm Fink.

Ehrismann, Otfried (1986), 'Die alten Menschen sind größer, reiner und heiliger gewesen als wir.' Die Grimms, Schelling; vom Ursprung der Sprache und ihrem Verfall. *Zeitschrift für Literaturwissenschaft und Linguistik* 16, Heft 62: 29–57.

Eisenberg, Peter (1989), *Grundriß der deutschen Grammatik.* 2. überarbeitete und erweiterte Auflage. Stuttgart. Metzler.

Eisenberg, Peter (1993), Der Kausalsatz ist nicht zu retten. *Praxis Deutsch* 118: 10–11.

Elias, Norbert (1969), Wohnstrukturen als Anzeiger gesellschaftlicher Strukturen. In: Ders.: *Die höfische Gesellschaft. Untersuchungen zur Soziologie des Königtums und der höfischen Aristokratie mit einer Einleitung: Soziologie und Geschichtswissenschaft.* Darmstadt. Luchterhand.

Erben, Johannes (1993), *Einführung in die deutsche Wortbildungslehre*. 3. Auflage. Berlin. Erich Schmidt Verlag.

Eroms, Hans-Werner (1980), Funktionskonstanz und Systemstabilisierung bei den begründenden Konjunktionen im Deutschen. *Sprachwissenschaft* 5: 73–115.

Eulenspiegel, Till (1519/1948), *Ein kurzweiliges Lesen vom Till Eulenspiegel und was er für seltsame Possen getrieben hat*. Der Urfassung aus dem Jahre 1519 nacherzählt von Robert Münchgesang. Reutlingen. Enßlin und Laiblin.

Fabian, Reinhard (1975), *Sinn und Bedeutung von Namen und Sätzen. Eine Untersuchung zur Semantik Gottlob Freges*. Wien. (Verband der Wissenschaftlichen Gesellschaft).

Feilke, Helmuth (1994a), *Common Sense-Kompetenz – Überlegungen zu einer Theorie "sympathischen" und "natürlichen" Meinens und Verstehens*. Frankfurt/Main. Suhrkamp.

Feilke, Helmuth (1994b), *Weil*-Verknüpfungen in der Schreibentwicklung. Zur Bedeutung 'lernerintensiver' empirischer Struktur-Begriffe. In: H. Feilke und P. Portmann (Hrsg.), *Schreiben im Umbruch. Ergebnisse der Schreibforschung zur Praxis und Reflexion schulischen Schreibens*. Stuttgart. Klett. [im Druck]

Fleischman, Suzanne (1982), *The Future in Thought and Language: Diachronic Evidence from Romance*. Cambridge. Cambridge University Press.

Fourquet, Jean (1970), Zum 'subjektiven' Gebrauch der deutschen Modalverba. In: Hugo Moser et al. (Hrsg.), *Studien zur Syntax des heutigen Deutsch. Paul Grebe zum 60. Geburtstag*. Düsseldorf. Schwann: 154–161

Franck, Dorothea (1980), *Grammatik und Konversation*. Königstein im Taunus. Skriptor.

Frege, Gottlob (1918/1966), Der Gedanke. Eine Logische Untersuchung. In: Patzig (1966b): 30–53. (Erstveröffentlicht in: *Beiträge zur Philosophie des deutschen Idealismus* 1, 1, 1918: 58–77.).

Frege, Gottlob (1891/1966), Funktion und Begriff. (Vortrag, gehalten in der Sitzung vom 9.1.1891 der Jenaischen Gesellschaft für Medizin und Naturwissenschaft.) In: Patzig (1966a): 17–39.

Frege, Gottlob (1892a/1966), Über Sinn und Bedeutung. In: Patzig (1966a): 40–65. (Erstveröffentlicht in: *Zeitschrift für Philosophie und philosophische Kritik*, NF 100, 1892: 25–50.).

Frege, Gottlob (1892b/1966), Über Begriff und Gegenstand. In: Patzig (1966a): 66–80. (Erstveröffentlicht in: *Vierteljahrsschrift für wissenschaftliche Philosophie* 16, 1892: 192–205.).

Frege, Gottlob (1971), *Schriften zur Logik und Sprachphilosophie*. Aus dem Nachlaß hgg. von Gottfried Gabriel. Hamburg. Meiner.

Gadamer, Hans-Georg (1960), *Wahrheit und Methode*. Tübingen. J.C.B.Mohr (Paul Siebeck).

García, Erica C. (1985), Quantity into Quality: Synchronic Indeterminacy and Language Change. *Lingua* 65: 275–306.

García, Erica C. (1994), *Reversing the Status of Markedness*. Leiden. Manuskript. (Erscheint in: Folia Linguistica.)

Gaumann, Ulrike (1983), *"Weil die machen jetzt bald zu". Angabe und Junktivsatz in der deutschen Gegenwartssprache*. Göppingen. Kümmerle.

Gauthier, David (1988), Morality, Rational Choice, and Semantic Representation. A Reply to My Critics. In: Ellen Frankel Paul, Fred D. Miller Jr., Jeffrey Paul, John Ahrens (Hrsg.), *The New Social Contract. Essays on Gauthier*. Oxford, New York. Basil Blackwell: 173–221.

Geeraerts, Dirk (1988), Where does Prototypicality come from? In: Brygida Rudzka-Ostyn (Hrsg.), *Topics in Cognitive Linguistics*. Amsterdam. Benjamins: 207–229.

Geeraerts, Dirk (1990), Editorial Statement. *Cognitive Linguistics* 1–1:1–3.

Gellner, Ernest (1988/1993), *Plough, Sword and Book*. London. Collins Harvill. Dt.: *Pflug, Schwert und Buch. Grundlinien der Menschheitsgeschichte*. Stuttgart. Klett-Cotta (dtv).

Glück, Helmut (1993), *Metzler Lexikon Sprache*. Stuttgart, Weimar. Metzler.

Goodman, Nelson (1968/1973), *Languages of Art*. Indianapolis. Dt.: *Sprachen der Kunst*. Frankfurt a.M. Suhrkamp.

Goudge, Thomas A. (1965), Peirce's Index. *Transactions of the Charles Sanders Peirce Society*. Vol.1: 52–70

Grice, Herbert Paul (1957/1979), Meaning. *The Philosophical Review* 66: 377–388. Dt.: Intendieren, Meinen, Bedeuten. In: Meggle (1979): 2–15.

Grice, Herbert Paul (1968/1979), Utterer's Meaning, Sentence-Meaning, and Word-Meaning. *Foundations of Language* 4: 1–18. Dt.: Sprecher-Bedeutung, Satz-Bedeutung, Wort-Bedeutung. In: Meggle (1979): 85–111.

Grice, Herbert Paul (1969/1979), Utterer's Meaning and Intentions. *The Philosophical Review* 78: 147–177. Dt.: Sprecher-Bedeutung und Intentionen. In: Meggle (1979): 16–51.

Grice, Herbert Paul (1975/1979), Logic and Conversation. In: Peter Cole, Jerry L. Morgan (Hrsg.), *Syntax and Semantics*. Vol. 3: *Speech Acts*. New York, San Francisco, London: 41–58. Dt.: Logik und Konversation. In: Meggle (1979): 243–265.

Günthner, Susanne (1993), "weil – man kann es ja wissenschaftlich untersuchen". Diskurspragmatische Aspekte der Wortstellung in WEIL-Sätzen. *Linguistische Berichte* 143: 37–59.

Hadorn, Wolfgang und Nepomuk Zöllner (1986), Vom Symptom zur Diagnose. 8. Auflage. Basel. Karger.

Haley, Michael Cabot (1988), *The Semeiosis of Poetic Metaphor*. Bloomington and Indianapolis. Indiana UP.

Hare, Richard M. (1963/1973), *Freedom and Reason*. London, Oxford, New York. Oxford University Press. Dt.: *Freiheit und Vernunft*. Düsseldorf. Patmos.

Harras, Gisela (1983), *Handlungssprache und Sprechhandlung. Eine Einführung in die handlungstheoretischen Grundlagen*. Berlin, New York. Walter de Gruyter.

Hayek, Friedrich August von (1952), *The Sensory Order – An Inquiry into the Foundations of Theoretical Psychology*. Chicago. The University of Chicago Press.

Hayek, Friedrich August von (1956), Über den 'Sinn' sozialer Institutionen. *Schweizer Monatshefte*. Band 36. Zürich: 512–524.

Hayek, Friedrich August von (1960), *The Constituion of Liberty*. Chicago. The University of Chicago Press.

Hayek, Friedrich August von (1976), *Individualismus und wirtschaftliche Ordnung*. 2. erweiterte Auflage. Salzburg. Wolfgang Neugebauer.

Hayek, Friedrich August von (1983), Die überschätzte Vernunft. In: Rupert J. Riedl, Franz Kreuzer (Hrsg.), *Evolution und Menschenbild*. Hamburg. Hoffmann und Campe: 164–192.

Hayek, Friedrich August von (1988), *The Fatal Conceit. The Errors of Socialism*. Band I von: *The Collected Works of Friedrich August Hayek*. Herausgegeben von William Warren Bartley. London. Routledge.

Heine, Bernd (1992), *Agent-oriented vs. epistemic modality – some observations on German modals*. Manuskript.

Hertz, H. (1894), *Die Prinzipien der Mechanik*. Leipzig. Johann Ambrosius Barth (Arthur Meiner).

Hesse, Mary (1980), *Revolutions and Reconstructions in the Philosophy of Science*. Brighton. Harvester Press.

Hjelmslev, Louis (1943/1974), *Omkring sprogteoriens grundlæggelse*. Kopenhagen. Dt.: *Prolegomena zu einer Sprachtheorie*. München.

Hoffmann, Joachim (1986), *Die Welt der Begriffe*. Weinheim. Beltz.

Hockett, Charles F. (1958), *A Course in Modern Linguistics*. New York. Macmillan.

Hurford, James R. (1992), Bedeutung und private Regelbefolgung. Diskussion. *Semiotik*. Band 14, Heft 4 (herausgegeben von Roland Posner): 367–372.

Itkonen, Esa (1977), Grammar and Sociolinguistics. *Forum Linguisticum,* Vol.1, Nr.3: 238–253.

Itkonen, Esa (1991a), *Universal History of Linguistics: India, China, Arabia, Europe*. Amsterdam, Philadelphia. Benjamins.

Itkonen, Esa (1991b), What is Methodology (and History) of Linguistics Good for, Epistemologically Speaking? *Histoire, Epistémologie, Langage*. 13/I: 51–75.

Itkonen, Esa (1983), *Causality in Linguistic Theory*. London and Canberra. Croom Helm.

Jäger, Ludwig (1976), F. de Saussures historisch-hermeneutische Idee der Sprache. Ein Plädoyer für die Rekonstruktion des Saussureschen Denkens in seiner authentischen Gestalt. *Linguistik und Didaktik* 27: 210–244.

Jiránek, Jaroslav (1992), Symptom, Index, Konnotation. *Semiotik*. Band 14, Heft 4 (herausgegeben von Roland Posner): 373–375.

Johnson, Mark (1992), Philosophical Implications of Cognitive Semantics. *Cognitive Linguistics* 3–4: 345–366.

Kanacher, Ursula (1987), *Wohnstrukturen als Anzeiger gesellschaftlicher Strukturen. Eine Untersuchung der Wohnungsgrundrisse als Ausdruck gesellschaftlichen Wandels von 1850 bis 1975 aus der Sicht der Elias'schen Zivilisationstheorie.* Frankfurt a.M. R.G. Fischer.

Kasher, Asa (1976), Conversational Maxims and Rationality. In: Ders. (Hrsg.), *Language in Focus.* Dordrecht, Holland. D. Reidel Publishing Company: 197–216.

Kay, Paul und Chad McDaniel (1978), The Linguistic Significance of the Meanings of Basic Color Terms. *Language 54,* no. 3: 610–46.

Keller, Rudi (1974), *Wahrheit und kollektives Wissen. Zum Begriff der Präsupposition.* Düsseldorf. Schwann.

Keller, Rudi (1975), Zur Theorie des metaphorischen Sprachgebrauchs. Ein Beitrag zur Semantik von *Pragmatik. Zeitschrift für Germanistische Linguistik* 3.1: 49–62.

Keller, Rudi (1987), Kooperation und Eigennutz. In: Liedtke und Keller (1987): 3–14.

Keller, Rudi (1990), *Sprachwandel. Von der unsichtbaren Hand in der Sprache.* Tübingen. Francke (UTB).

Keller, Rudi (1992), Schlußprozesse in der Kommunikation. *Zeitschrift für Semiotik* 14/4: 383–390.

Keller, Rudi (1993a), Das epistemische *weil* – Bedeutungswandel einer Konjunktion. In: Hans-Jürgen Heringer und Georg Stötzel (Hrsg.), *Sprachgeschichte und Sprachkritik.* Festschrift für Peter von Polenz. Berlin. Walter de Gruyter: 219–247.

Keller, Rudi (1993b), Der Wandel des *weil.* Verfall oder Fortschritt? *Sprache und Literatur* 71: 2–12.

Keller, Rudi (1994), *Sprachwandel. Von der unsichtbaren Hand in der Sprache.* Zweite erweiterte und überarbeitete Ausgabe. Tübingen. Francke (UTB).

Keller-Bauer, Friedrich (1984): *Metaphorisches Verstehen – Eine linguistische Rekonstruktion metaphorischer Kommunikation.* Tübingen. Niemeyer.

Kempson, Ruth M. (1989), *Semantic Theory.* Cambridge. Cambridge University Press.

Kluge, Friedrich (1963), *Etymologisches Wörterbuch der deutschen Sprache.* 19. Auflage. Bearbeitet von Walther Mitzka. Berlin. Walter de Gruyter.

Kluge, Friedrich (1989), *Etymologisches Wörterbuch der deutschen Sprache.* 22. Auflage. Bearbeitet von Elmar Seebold. Berlin. Walter de Gruyter.

Köller, Wilhelm (1975), *Semiotik und Metapher – Untersuchungen zur grammatischen Struktur und kommunikativen Funktion von Metaphern.* Stuttgart. Metzler.

König, Ekkehard und S. Requardt (1991), A Relevance-Theoretic Approach to the Analysis of Modal Particles in German, *Multilingua* 10 – 1/2: 63–77.

König, Ekkehard und Elizabeth Traugott (1988), Pragmatic Strengthening and Semantic Change: The Conventionalizing of Conversational Implicature. In:

Werner Hüllen und Rainer Schulze (Hrsg.), *Understanding the Lexicon*. Tübingen. Max Niemeyer. 110–125

Kretzmann, Norman (1967), History of Semantics. In: Paul Edwads (Hrsg.), *The Encyclopedia of Philosophy*. Vol. VII. New York, London.

Kripke, Saul (1982/1987), *Wittgenstein on Rules and Private Language*. Cambridge Mass. Dt.: *Wittgenstein über Regeln und Privatsprache*. Frankfurt a.M. Suhrkamp.

Küper, Christoph (1984), Zum sprechaktbezogenen Gebrauch der Kausalverknüpfer *denn* und *weil*: Grammatisch-pragmatische Interrelationen. *Linguistische Berichte* 92: 15–30.

Küper, Christoph (1991), Geht die Nebensatzstellung im Deutschen verloren? – Zur pragmatischen Funktion der Wortstellung in Haupt- und Nebensätzen. *Deutsche Sprache* 19: 133–158.

Kurz, Gerhard (1982), *Metapher, Allegorie, Symbol*. Göttingen. Vandenhoek und Ruprecht.

Kutschera, Franz von (1975), *Sprachphilosophie*. 2., völlig neu bearbeitete und erweiterte Auflage. München. Wilhelm Fink.

Lakoff, George und Mark Johnson (1980), *Metaphors We Live By*. Chicago, London. The University of Chicago Press.

Lakoff, George (1987), *Woman, Fire, and Dangerous Things*. Chicago, London. The University of Chicago Press.

Langacker, Ronald W. (1990), Subjectification. *Cognitive Linguistics* 1–1: 5–38.

Lapp, Edgar (1992), *Linguistik der Ironie*. Tübingen. Gunter Narr.

Levin, Jules (1994), *Towards a Semeiotic of Change*. U.C.Riverside. Manuskript.

Levinson, Stephen (1989), A Review of Relevance. *Journal of Linguistics* 25: 455–472.

Lewis, Clarence Irving (1944/1952), The Modes of Meaning. In: Leonard Linsky (Hrsg.) (1952), *Semantics and the Philosophy of Language*. The University of Illinois Press at Urbana: 50–63. (Reprinted from *Philosophy and Phenomenological Research* 4 (1944): 236–249.)

Lewis, David (1969/1975), *Convention. A Philosophical Study*. Cambridge, Mass. Dt.: *Konventionen. Eine sprachphilosophische Abhandlung*. Berlin und New York. Walter de Gruyter.

Liedtke, Frank und Rudi Keller (Hrsg.) (1987), *Kommunikation und Kooperation*. Tübingen. Max Niemeyer.

Lorenz, Konrad (1973), *Die Rückseite des Spiegels. Versuch einer Naturgeschichte menschlichen Erkennens*. München. Piper.

Lyons, John (1977/1980), *Semantics*. Vol. I. Cambridge, England. Cambridge University Press. Dt.: *Semantik*. Band I. München. Beck.

Meggle, Georg (1977), Grundbegriffe der rationalen Handlungstheorie. In: Ders. (Hrsg.), *Analytische Handlungstheorie*. Band 1, Handlungsbeschreibung. Frankfurt a.M. Suhrkamp: 415–448.

Meggle, Georg (Hrsg.) (1979), *Handlung, Kommunikation, Bedeutung*. Frankfurt a.M. Suhrkamp.

Mitscherlich, Alexander (1969), *Die Unwirtlichkeit unserer Städte. Anstiftung zum Unfrieden.* Frankfurt a.M. Suhrkamp.

Nagel, Ludwig (1992), *Charles Sanders Peirce.* Frankfurt, New York. Campus.

Nerlich, Brigitte und David Clarke (1988), A Dynamic Model of Semantic Change. *Journal of Literary Semantics.* 17/2: 73–90.

Nieraad, Jürgen (1977), *Bildgesegnet und bildverflucht. Forschungen zur sprachlichen Metaphorik.* Darmstadt. Wissenschaftliche Buchgesellschaft.

Nooteboom, Cees (1993), *Mokusei! Eine Liebesgeschichte.* Aus dem Niederländischen von Helga van Benningen. Frankfurt. Suhrkamp.

Nozick, Robert (1993), *The Nature of Rationality.* Princeton, New Jersey. Princeton University Press.

Nyman, Martti (1994), All You Need Is What the System Needs? *Suomen kielitieteellinen yhdistys vuosikirja.* (Yearbook of the Linguistic Association of Finland) Helsinki: 157–180.

(The) Oxford Dictionary of English Etymology. Edited by C.T. Onions. With the assistance of G.W.S. Friedrichsen and R.W. Burchfield. Oxford. Clarendon Press. 1966.

(The) Oxford English Dictionary. Second Edition. Prepared by J.A. Simpson an E. S. C. Weiner. Volume III. Oxford. Clarendon Press 1989.

Palmer, Frank R. (1976), *Semantics. A new Outline.* Cambridge, Cambridge University Press.

Patzig, Günther (1966a) (Hrsg.), *Gottlob Frege, Funktion, Begriff, Bedeutung. Fünf logische Studien.* Göttingen. Vandenhoek.

Patzig, Günther (1966b) (Hrsg.), *Gottlob Frege, Logische Untersuchungen.* Göttingen. Vandenhoek.

Paul, Jean (1970 ff.), *Werke.* Herausgegeben von N. Miller. 3. Auflage München. Hanser.

Peirce, Charles Sanders (CP), *Collected papers of C. Sanders Peirce.* Ed. by Charles Hartshorne and Paul Weiss, Vols. 1–6, Cambridge, Mass. 1935, Harvard UP. Vol. 7/8, ed. by Arthur W. Burks, Cambridge, Mass. 1958. Harvard UP.

Peirce, Charles Sanders (1955), *Philosophical Writings of Peirce.* Selected and edited with an introduction by Justus Buchler. New York. Dover Publ.

Peirce, Charles Sanders (PW), *Semiotic and Significs: The Correspondence between Charles S. Peirce and Victoria Lady Welby.* 1977. Ed. by Charles Hardwick. Bloomington. Indiana UP.

Peters, Robert (1985), *Mythische Sprachphilosophie: eine Studie zum Verhältnis mythologischer Sprachtheorie und Wilhelm von Humboldts Sprachtheorie am Beispiel ausgewählter Positionen.* Phil. Diss. Universität Düsseldorf.

Pinkal, Manfred (1985), Kontextabhängigkeit, Vagheit, Mehrdeutigkeit. In: Christoph Schwarze, Dieter Wunderlich (Hrsg.), *Handbuch der Lexikologie.* Königstein/Ts. Athenäum: 27–63.

Pitcher, George (1964/1967), *The Philosophy of Wittgenstein.* Englewood Cliffs, N.J. Prentice-Hall. Dt.: *Die Philosophie Wittgensteins.* Freiburg, München. Karl Alber.

Platon (1957), *Kratylos. Sämtliche Werke,* Bd. II, Hgg. von Walter F. Otto, Ernesto Grassi und Gert Plamböck. Hamburg. Rowohlt: 123–181.

Posner, Michael (1986), Empirical Studies of Prototypes. In: Colette Craig (Hrsg.), *Noun Classes and Categorization.* Amsterdam, Philadelphia. Benjamins: 53–61.

Posner, Roland (1991), Research in Pragmatics after Morris. *Dedalus: Revista Portuguesa de Literatura Comparada* 1: 115–156.

Posner, Roland (1992), Believing, Causing, Intending: The Basis for a Hierarchy of Sign Concepts in the Reconstruction of Communication. In: René J. Jorna, Barend van Heusden, Roland Posner (Hrsg.), *Sign, Search, and Communication: Semiotic Aspects of Artificial Intelligence.* Berlin, New York. Walter de Gruyter: 215–270.

Prechtl, Peter (1991), Gerechtigkeit und Individualität – gegensätzliche Komponenten einer politischen Ethik? Eine Kritik utilitaristischer Elemente in Vertragskonzeptionen. In: Walter Reese-Schäfer und Karl Theodor Schuon (Hrsg.), *Diskursethik und Gerechtigkeitstheorie – Die politische Dimension neuerer Ethikkonzeptionen.* Marburg. Schüren: 171–182.

Putnam, Hilary (1978), Meaning, Reference and Stereotypes. In: Franz Guenthner und M. Guenthner-Reutter (Hrsg.), *Meaning and Translation.* London. Duckworth: 61–81.

Radtke, Petra (1995), *Deutsche Verbalkategorien.* MS Düsseldorf.

Reddy, Michael (1979), The Conduit Metaphor – A Case of Frame Conflict in our Language about Language. In: Andrew Ortony (Hrsg.), *Metaphor and Thought.* Cambridge. CUP: 284–324.

Reinbot von Durne: *Der heilige Georg.* Herausgegeben von Carl von Kraus. Heidelberg 1907. Winter.

Reinhart, Tanya (1976), On Understanding Poetic Metaphor. *Poetics* 5: 383–402. Wieder in: Marvin Ching, Michael Haley, Ronald Lunsford (eds.) (1980), *Linguistic Perspectives on Literature.* London, Boston, Henley. Routledge & Kegan Paul: 91–114.

Richards, Ivor Armstrong (1938), *Interpretation in Teaching.* London. Harcourt Brace.

Riedl, Rupert J. und Franz Kreuzer (Hrsg.) (1983), *Evolution und Menschenbild.* Darin: Diskussion zwischen Rudolf Haller, Friedrich A. von Hayek, Niklas Luhmann, Erhard Oeser. Hoffmann und Campe: 225–241.

Rorty, Richard (1989), *Contingency, Irony, and Solidarity.* Cambridge, England. CUP.

Rosch, Eleanor H. (1973), On the Internal Structure of Perceptual and Semantic Categories. In: Timothy E. Moore (Hrsg.), *Cognitive Development and the Acquisition of Language.* New York. Academy Press: 111–144.

Rosch, Eleanor H. (1976), Classification of Real-World Objects. In: Stéphane Ehrlich und Endel Tulving (Hrsg.), *La mémoire sémantique. Bulletin de psychologie.* Paris: 242–250

Rosch, Eleanor H. (1979), Human Categorization. In: Neil Warren (Hrsg.), *Studies in Cross-cultural Psychology*. Vol. I. New York. Academic Press.

Rumelhart, David E. (1979), Some Problems with the Notion of Literal Meanings. In: Andrew Ortony (Hrsg.), *Metaphor and Thought*. Cambridge. CUP: 78–90.

Rumelhart, David E. (1980) Schemata: The Building Blocks of Cognition. In: B. Spiro, B.C.Bruce, W.F.Brewer (Hrsg.) *Theoretical Issues in Reading Comprehension*. Hillsdale, NJ. Erlbaum: 37–61.

Sanders, Willy (1965), *Glück*. Köln, Graz. Böhlau.

Saussure, Ferdinand de (1916/1967), *Cours de linguistique générale*. Lausanne und Paris. Dt.: *Grundfragen der allgemeinen Sprachwissenschaft*. 2. Auflage. Berlin. Walter de Gruyter.

Schleppegrell, Mary J. (1991), Paratactic because. *Journal of Pragmatics* 16: 323–337.

Schwarz, Monika und Jeannette Chur (1993), *Semantik. Ein Arbeitsbuch*. Tübingen. Gunter Narr.

Searle, John R. (1969/1971), *Speech Acts: An Essay in the Philophy of Language*. Cambridge. CUP. Dt.: *Sprechakte: Ein sprachphilosophischer Essay*. Frankfurt a.M. Suhrkamp.

Searle, John R. (1979/1982), Metaphor. In: Andrew Ortony (Hrsg.) (1979), *Metaphor and Thought*. Cambridge. CUP: 92–123. Dt.: Metapher. In: Ders. (1982): *Ausdruck und Bedeutung*. Frankfurt a.M. Suhrkamp: 98–138.

Shapiro, Michael (1991), *The Sense of Change: Language as History*. Bloomington. Indiana University Press.

Short, Thomas L. (1988), The Growth of Symbols. *Cruzeiro semiotico* No.8: 81–87.

Silbermann, Alphons (1966), *Vom Wohnen der Deutschen. Eine soziologische Studie über das Wohnerlebnis*. Frankfurt a.M., Hamburg. Fischer.

Sommer, Volker (1989), Lügen haben lange Beine. *Geo Wissen Nr. 2 'Kommunikation'*: 149–152.

Sperber, Dan und Deirdre Wilson (1986a), *Relevance. Communication and Cognition*. Oxford. Basil Blackwell.

Sperber, Dan und Deirdre Wilson (1986b), On Defining Relevance. In: Richard E. Grandy, Richard Warner (Hrsg.) *Philosophical Grounds of Rationality. Intentions, Categories, Ends*. Oxford. Clarendon: 243–258.

Steinthal, Heymann (1890/1971), *Geschichte der Sprachwissenschaft bei den Griechen und Römern*. 2. Auflage. Hildesheim. Olms.

Süßmilch, Johann Peter (1766), *Versuch eines Beweises, daß die erste Sprache ihren Ursprung nicht vom Menschen, sondern allein vom Schöpfer erhalten habe*. Berlin. Buchladen der Realschule.

Sweetser, Eve (1990), *From Etymology to Pragmatics. Metaphorical and Cultural Aspects of Semantic Structure*. Cambridge. CUP.

Trabant, Jürgen (1984), Zeichen. In: Klaus Kanzog und Achim Masser (Hrsg.), *Reallexikon der deutschen Literaturgeschichte*. Band 4. Berlin, New York. Walter de Gruyter.

Tränkle, Margret (1972), *Wohnkultur und Wohnweisen.* Tübingen. Tübinger Vereinigung für Volkskunde e.V.

Traugott, Elizabeth Closs (1985), 'Conventional' and 'Dead' Metaphors Revisited. In: Wolf Paprotté, René Dirven (Hrsg.), *The Ubiquity of Metaphor: Metaphor in Language and Thought.* Amsterdam. John Benjamins: 17–56.

Traugott, Elizabeth Closs (1989), On the Rise of Epistemic Meanings in English: An Example of Subjectification in Semantic Change. *Language* 65.1: 31–55.

Traugott, Elizabeth Closs (1992), *Subjectification in Grammaticalization.* Manuskript. Stanford University. (Erscheint in: Dieter Stein und Susan Wright (Hrsg.), *Subjectification.* Cambridge. CUP).

Tugendhat, Ernst (1976), *Vorlesung zur Einführung in die sprachanalytische Philosophie.* Frankfurt a.M. Suhrkamp.

Ulvestad, Bjarne (1984), Die epistemischen Modalverben *werden* und *müssen* in pragmalinguistischer Sicht. In: Gerhard Stickel (Hrsg.), *Pragmatik in der Grammatik.* Jahrbuch 1983 des Instituts für deutsche Sprache. Düsseldorf. Schwann: 262–294.

Vanberg, Viktor (1993), *Cultural Evolution, Collective Learning and Constitutional Design.* Fairfax. Manuskript.

Venske, Henning (1993), Schultüte für Berni. In: *Die Zeit* vom 20.08.1993: 58.

Watzlawick, Paul, Janet H. Beavin and Don Jackson (1967/1971), *Pragmatics of Human Communication. A Study of Interactional Patterns, Pathologies, and Paradoxes.* New York. W.W. Norton & Company. Dt.: *Menschliche Kommunikation. Formen, Störungen und Paradoxien.* 4. Auflage. Bern, Stuttgart, Wien. Huber.

Watzlawick, Paul, John H. Weakland, Richard Fisch (1974), *Change. Principles of Problem Formation and Problem Resolution.* New York. W.W. Norton & Company. Dt.: *Lösungen. Zur Theorie und Praxis menschlichen Wandels.* Bern, Stuttgart, Wien. Hans Huber.

Wegener, Heide (1993), Weil – das hat schon seinen Grund. Zur Verbstellung in Kausalsätzen mit *weil* im gegenwärtigen Deutsch. *Deutsche Sprache* 4: 289–305.

Wegener, Philipp (1885), *Untersuchungen über die Grundfragen des Sprachlebens.* Halle. Benjamins.

Wiese, Richard (1987), Versprecher als Fenster zur Sprachstruktur. *Studium Linguistik* 21: 45–55.

Wierzbicka, Anna (1990), 'Prototypes Save': On the Uses and Abuses of the Notion of 'Prototype' in Linguistics and Related Fields. In: Savas L. Tsokatzidis (Hrsg.), *Meanings and Prototypes: Studies in Linguistic Categorization.* London, New York. Routledge: 347–367.

Willems, Klaas (1994), *Weil es hat mit Bedeutung nicht viel zu tun ... Zum Sprachwandel einer Konjunktion.* Manuskript. (Seminarie Duitse Taalkunde, Universiteit Gent)

Wilson, Edward O. (1975), *Sociobiology: the New Synthesis*. Cambridge, Mass. Harvard University Press.

Wittgenstein, Ludwig (PU), *Philosophische Untersuchungen. Schriften*. Band 1. Frankfurt a.M. Suhrkamp. 1969.

Wittgenstein, Ludwig (PG), *Philosophische Grammatik*. Band 4. Frankfurt a. M. Suhrkamp. 1969.

Wittgenstein, Ludwig (BB), *Das Blaue Buch*. Schriften. Band 5. Frankfurt a.M. Suhrkamp. 1970.

Wright, Edmond L. (1976), Arbitrariness and Motivation: A New Theory. *Foundations of Language* 14: 505–523.

Wright, Georg Henrik von (1963/1977), Praktisches Schließen. In: von Wright (1977): 41–60. (Original: Practical Inference. *The Philosophical Review* 72 (1963): 159–179.)

Wright, Georg Henrik von (1972/1977), Über sogenanntes praktisches Schließen. In: von Wright (1977): 61–81. (Original: On So-Called Practical Inference. *Acta Sociologica* 15 (1972): 39–53.)

Wright, Georg Henrik von (1977), *Handlung, Norm und Intention. Untersuchungen zur deontischen Logik*. Herausgegeben und eingeleitet von Hans Poser. Berlin, New York. Walter de Gruyter.

Wunderli, Peter (1981), Der Schachspielvergleich in der analytischen Sprachphilosophie. *Cahiers Ferdinand de Saussure* 35: 87–130.

Wunderli, Peter (1992), Glanz und Elend des Poststrukturalismus. *Romanistische Zeitschrift für Literaturgeschichte/Cahiers d'Histoire des Littératures Romanes*. Heft 3/4: 251–287.

Namenregister

Sachregister

Sprachwissenschaft

Rudi Keller

Sprachwandel

Von der unsichtbaren Hand in der Sprache

UTB 1567, 2., überarb. u. erw. Aufl. 1994, 238 Seiten,
DM 26,80/ÖS 209,–/SFr 26,80
UTB-ISBN 3-8252-1567-9

Eine natürliche Sprache ist eine spontane Ordnung, d.h. sie ist weder Naturphänomen noch Artefakt, sondern ein Phänomen der dritten Art. Ihr gegenwärtiger Zustand ist – von wenigen Ausnahmen abgesehen – unbeabsichtigter, unreflektierter Nebeneffekt von Wahlhandlungen der einzelnen Sprecher im Zuge ihrer kommunikativen Bemühungen. Sprachwandel ist damit ein prototypisches Beispiel soziokultureller Evolution. Die Rekonstruktion des Wandels ist ein zentraler Baustein einer erklärenden Theorie eines Sprachzustandes. Der ihr adäquate Modus ist die Erklärung mittels unsichtbarer Hand.

Pressestimmen:

"Zusammenfassend läßt sich sagen, daß die Lektüre des Buches überaus empfehlenswert, anregend und spannend ist. Die vielen überraschenden Beispiele aus völlig anderen Bereichen, die Präzision der Argumentation und der Begriffsdefinitionen, all dies fasziniert und überzeugt. Die Synthese aus vielen Anwendungsbereichen der Philosophie und Logik zur Erklärung des Sprachwandels darf als sehr gelungen betrachtet werden."

Indogermanische Forschungen

"Die Lektüre ist ein intellektuelles Vergnügen, dessen Reiz darin liegt, nicht allein nachzuvollziehen, wie Keller die Erklärung mittels der unsichtbaren Hand auf die Sprache überträgt, sondern wie er auch den speziellen Fall des Sprachwandels mit sozialen, politischen und ökonomischen Prozessen in Verbindung bringt."

Zeitschrift für Dialektologie und Linguistik

Preisänderungen vorbehalten

UTB
FÜR WISSEN SCHAFT

Francke

Sprachwissenschaft

Gerhart Wolff
Deutsche Sprachgeschichte
Ein Studienbuch

UTB 1581, 3., überarb. und erweiterte Aufl. 1994,
311 Seiten, 20 Abb., 25 Tab.,
DM 29,80/ÖS 233,–/SFr 29,80
UTB-ISBN 3-8252-1581-4

Wilhelm von Humboldt
Über die Sprache
Reden vor der Akademie

Herausgegeben, kommentiert und
mit einem Nachwort versehen von
Jürgen Trabant

UTB 1783, 1994, 277 Seiten,
DM 32,80/ÖS 256,–/SFr 32,80
UTB-ISBN 3-8252-1783-3

Eugenio Coseriu
Textlinguistik
Eine Einführung

Herausgegeben und bearbeitet von
Jörn Albrecht

UTB 1808, 3., überarb. u. erw. Aufl. 1994,
XVI, 252 Seiten,
DM 32,80/ÖS 256,–/SFr 32,80
UTB-ISBN 3-8252-1808-2

Gert Rickheit / Hans Strohner
Grundlagen der kognitiven Sprachverarbeitung
Modelle, Methoden, Ergebnisse

UTB 1735, 1993, XVI, 325 Seiten,
DM 32,80/ÖS 256,–/SFr 32,80
UTB-ISBN 3-8252-1735-3

Gisbert Fanselow / Sascha W. Felix
Sprachtheorie
Eine Einführung in die Generative
Grammatik

Band 1: Grundlagen und Zielsetzungen

UTB 1441, 3. Aufl. 1993, 301 Seiten,
DM 29,80/ÖS 233,–/SFr 29,80
UTB-ISBN 3-8252-1441-9

Band 2: Die Rektions- und Bindungstheorie

UTB 1442, 3. Aufl. 1993, 280 Seiten,
DM 29,80/ÖS 233,–/SFr 29,80
UTB-ISBN 3-8252-1442-7

Preisänderungen vorbehalten

UTB
FÜR WISSEN
SCHAFT

Francke